중국
영화의
오늘

아시아총서 16

영화대국에서
영화강국으로

중국
영화의
오늘

강내영 지음

산지니

서론

중국영화는 무엇인가?

이 책은 중국영화의 오늘을 소개하는 글이다. 이 책에서는 정부(정책), 영화시장(산업), 영화주체(작품 동향)라는 중국영화 핵심요인들이 어떠한 상관관계 속에서 상호작용하여 오늘의 중국영화를 이끌고 있는지를 종합적 관점에서 서술하려 한다.

이 책을 이해하기 위해서는 먼저 '중국영화'에 대한 개념적 정의가 필요하다. 왜냐하면, 중국영화란 '중국'이라는 지역의 영화를 일컫는 말인데, 아시아 현대사의 궤적을 추적하면, 국적으로서의 중국과 지역으로서의 중국이 일치하지 않아, 중국영화의 개념은 호명하는 주체에 따라 다양하게 불린 전력이 있기 때문이다. 20세기 아시아를 관통하는 식민과 탈식민, 냉전과 탈냉전, 전 지구화와 개방이라는 역사의 흐름 속에서 '중국'이라는 정의는 언제나 유동적이고 불안정하며 고착되지 않고 미끄러져 온 정치적 기표였다. 특히, 이념의 대립으로 남과 북으로 분단된 우리의 입장에서 볼 때 중국이란 대만과 중공, 혹은 홍콩이라는 적어도 두 개 이상의 지역을 지칭하는 불분명한 지역이기도 했다.

1992년 중국 대륙과의 수교는 중국영화 정의에도 직접적인 영향을 미쳤다. 1970, 80년대 냉전의 대치점에 서 있던 우리나라는 자유중국 대만과 영국 식민지 홍콩의 영화를 중국영화로 명명(命名)해왔다. 1992년 8월, 전 지구화의 물결 속에 한국의 민주주의 발전과 중국 대륙의 공산당이 추진한 개혁개방노선은 새로운 인연으로 만나게 되었다. 그것은 냉전의 종식을 의미하는 것이고, 이념에 바탕을 둔 상상적 공동체보다는 현실의 생존 속에서 붕우(朋友)를 찾는 새로운 세계사적 변화와 전환을 상징하는 결단이었다. 1990년대 초까지 대만, 홍콩, 중국 대륙의 중화권 지역의 영화를 '삼중국영화'로 불러오던 우리 학계에도 중국영화에 대한 새로운 명명법이 불가피해졌다. 중국 대륙 스스로도 자신들의 영화정체성을 분명히 하기 시작했다. 특히, 1997년 홍콩이 150여년간의 영국 식민지배를 청산하고 중국 대륙으로 반환되자, 중국 대륙에서는 스스로 '민족영화(民族電影)', 혹은 '화어영화(華語電影)'라 영화의 정체성을 정의하면서, 이것을 대외적으로 '중국영화(中國電影)'라는 범주로 소개하기 시작했다.

이 책에서 '중국영화'라고 부르는 영화의 개념은 이러한 탈냉전과 전지구화 속에 형성된 쌍방향적 정의에 기초한다. 우리는 중화권 영화를 '중국영화'로 호칭하되, 실질적으로는 정치, 경제, 문화적 헤게모니를 가진 중국 대륙의 영화를 개념에 중심에 두고, 대만을 중국의 일부로 포함하려는 애매한 태도를 견지해 왔다. 한편, 중국 대륙에서는 양안삼지(兩岸三地), 즉 중국 대륙, 타이완, 홍콩 지역의 영화를 민족통일적 욕망에 기초하여 내셔널영화(民族電影)라는 의미의 '중국영화'로 포괄하여 정의하고 있다.

반면, 현실세계에서 역사의 변두리로 밀려난 대만은 중국 대륙의 '중국영화' 정의를 수용하면서도 대만의 문화정체성과 독립성에 기반하는 '대만영화'라는 용어를 강조하려는 경향이 강해 보인다. 요컨대, '중국영화'라는 정의는 중국 대륙, 대만, 홍콩 사이에 흐르는 권력과 헤게모니의 각축장이라 할 수 있다. 중화인민공화국의 입장에서 본다면, 홍콩은 이미 중화인민공화국의 특별행정구로 편입되어 사실상 하나의 중국으로 통합되었고, 대만은 자신들의 행정구역 성(省) 중의 하나로 공인하고 있다. 이와는 달리, 대만에서는 자치권을 강조하며 대륙과의 통일과 독립 사이를 오가는 정치적 갈등 양상을 되풀이하고 있다. 결국, '중국영화'는 국적과 민족 개념 사이에서 끊임없이 유동하는 기표이지만, 미셸 푸코가 말한 권력과 담론(discours)의 내밀한 관계 속에 사실상 중국 대륙의 중화인민공화국 영화를 중심에 놓고 중화권 영화를 지칭하는 문화정치학적 용어가 되었다.

현재, '중국영화'의 개념은 특정한 일국 국가에서 광범위한 일민족 다국가 개념으로 외연이 확장되고 있다. 일종의 내셔널시네마 개념이었던 '민족영화'에서 전 지구화 시대 속에 '중국어(華語)영화', '화인(華人)영화'로 점차 범주를 확장해 나가며, 중화민족주의에 대한 욕망을 발산하고 있다. 이것 또한 글로벌 시대 강대국으로 부상하고 있는 대국굴기 시대의 한 풍경이라 할 수 있다.

이 책에서 '중국영화'란 우리나라와 중화권의 쌍방향적 호명에 기초하여 중국 대륙, 대만, 홍콩 지역의 영화를 아우르는 중화권 영화를 지칭하는 용어로 정의하고자 한다. 그리고, 이 책에서 '중국영화'의 주요 서술대상은 '중국 대륙의 영화'를 중심으로 전개하고 있다는 것을 미리 밝혀둔다.

나는 왜 이 책을 집필하게 되었는가?

내가 중국영화를 처음 접한 것은 12살 초등학교 시절이었다. 내가 태어나고 유년시절을 보낸 경남의 고도(古都) 진주에는 당시 진주극장, 제일극장 등 서너 곳의 극장이 있었지만, 초등학생의 적은 용돈으로 영화를 볼 수 있는 곳은 이본동시상영이 상시적으로 이루어지던 변두리 중앙극장에서였다. 매캐한 담배 냄새와 스크린이 낡아 비가 내리는 화면 속에서 외팔이 왕우(王羽)와 영리하고 민첩한 강대위(姜大衛)를 만나며 즐거워했고 숭배했다. 친형은 이소룡(李小龍)에 매료되어 아침마다 옥

상에 올라가 쌍절곤을 휘두르며 괴성을 지르곤 했다. 되지도 않은 광동어를 섞어 농담을 하고 서로 유쾌하게 웃기도 했다. 홍콩영화가 중국영화였던 시절의 이야기다.

1980년대 후반에 대학생이 되어 서울에서 생활을 시작했고, 나만큼 성숙해진 비장한 홍콩영화가 우리 시대를 사로잡고 있었다. 군부정권의 억압된 사회 분위기는 땅에 떨어진 강호의 의리를 찾는 비장한 〈영웅본색〉의 주인공을 숭배하게 만들었다. 미아리 대지극장을 드나들며 〈첩혈쌍웅〉〈지존무상〉을 보며 우울한 젊음의 갈증을 채웠고, 〈동방불패〉, 〈신용문객잔〉을 보며 중국에 대한 상상의 판타지에 빠졌다.

하지만, 새로운 중국이 우리를 찾아왔다. 〈붉은 수수밭〉, 〈패왕별희〉, 〈인생〉이 연거푸 개봉되면서 그동안 미지의 세계였던 중국대륙영화의 현실에 눈을 뜨게 되었다. 홍콩이 아닌 중국 대륙의 등장은 감성적 낭만이 참혹한 현실로 변하는 순간이었고, 유년에서 청년으로 성장하는 내 삶의 변화와도 일치하는 환골탈태의 궤적이었다.

서울의 좁고 가난한 자취방에서 지금은 변호사가 되어 형편이 좋아진 철학과 친구와 참 열심히도 중국영화를 보고 토론했었다. 어쩌면, 중국 대륙의 중국영화는 가난하고 고단했던 군부독재 정권시대의 서울의 삶과 공감을 일으킬 수 있는 기묘한 매력을 지닌 영화였다. 중국 인민의 진솔하고 힘겨운 삶과 역사는 그대로 우리 이웃 같은 공감을 주었던 것이다. 나는 중국 대륙 영화의 만남을 우리 시대의 운명으로 생각하기 시작했다. 중국 대륙의 영화는 우리의 민주주의 성취와 중국의 개혁개방이 만나는 역사적이고 운명적 역사의 흐름에 동참하는 것이라 스스로 단언했다.

대학을 졸업하고, 잠시 직장 생활을 하다가, 어쩌다가 아예 영화로 직업을 바꾸고 말았다. 지금 생각하면 유년시절부터 늘 내 곁에 친구처럼 붙어 있었던 싸구려 낭만 같은 중국영화의 그늘이 컸던 까닭이다. 영화학과 대학원을 마친 후 계획대로 중국 유학을 결심하였고, 나는 베이징에서 운 좋게 훌륭한 지도교수님을 만나 중국영화를 학문적으로 연구하게 되었다. 지금은 대학의 영화학과에서 영화를 연구하고 가르치는 중이다. 수십 개의 영화학과가 있지만, 중국에서 박사를 마친 교수는 내가 유일했다. 미국과 유럽식 영화교육 중심으로 편제된 우리 대학에서 중국 유학파 출신이 들어온 것 자체가 하나의 시대적 변화를 상징하는 것이라 믿고 있다. 그것은 개인적 자질의 우수성 때문이라기보다는 중국영화의 성장과 그에 따른 세계영화계에서의 위상 변화가 빚어낸 우리 시대의 한 현상이라고 조심스럽게 추론해본다.

나와 중국영화의 만남이 단순한 개인의 선택적 영역이 아니라, 아시아의 탈냉전과 민주주의, 그리고 중국의 개혁개방이 부딪히는 역사의 격량에서 시작되었듯이, 중국영화 전공자가 영화학과에 들어와 연구하고 가르치는 이 현실은 결국 세계영화사의 시대적 전환을 상징하는 현상이라 믿고 있다.

실제 중국영화는 21세기 들어 놀라운 영화대국의 길을 걷고 있다. 영화시장, 극장수 등 영화산업 분야에서 매년 30%에 달하는 놀라운 성장 속도를 보이고 있으며, 작품 면에서도 역사상 가장 다원화되고 다채로운 발전상을 보이고 있다. 2012년을 기점으로 세계 영화시장 2위로 올라선 이래, 앞으로 미국의 영화시장 규모를 넘보고 있으며, 영화제작수도 600여편 이상을 기록하고, 스크린수는 2만개를 이미 초과하여 자고 일어나면 하루 10개씩 건설되어지는 놀라운 발전상을 보인다.

작품 면에서도 새로운 활기가 느껴진다. 정부의 사전사후 심사제도라는 한계 속에서도 정부선전영화인 주선율영화, 블록버스터 상업영화와 중소형 상업영화, 예술영화가 영화시장에서 공존하고 있으며, 장이모우, 천카이꺼 등으로 대변되는 5세대 감독과 지아장커와 왕샤오솨이 등의 6세대 감독들, 그리고 닝하오를 비롯한 청년감독들이 새롭게 부상하며 노장청 조화 속에 영화시장에 활력이 돌고 있다. 또한, 2002년 중국과 홍콩간의 '포괄적경제협력동반자협정(CEPA)', 2010년 중국과 대만간의 '경제협력기본협정(ECFA)'을 계기로 중국 대륙을 중심으로 대만, 홍콩과의 양안삼지의 중국영화가 더욱 긴밀한 관계를 가지게 되었다.

최근에는 우리나라와도 획기적인 합작이 이루어지고 있다. 특히 2014년 11월 한중FTA가 체결되면서, 한중합작영화는 새로운 전기를 맞고 있다. 이제 한중합작영화는 공히 양국에서 자국영화로 인정받아 수입규제를 피할 수 있으며, 한중FTA 조항에 한중영화합작의 구체적 방식, 범위 등을 명시하여 진일보한 성과가 기대되고 있다.

이와 같이, 이 책은 중국영화와의 개인적 인연에서 시작되었지만, 최근 중국영화의 급속한 발전과 부상에 대한 우리 입장에서의 주체적 진단과 전망을 다지고 싶은 학구적 소망에서 본격적으로 집필되었다.

이 책의 목적은 무엇인가

이 책은 중국영화의 오늘을 소개하는 데 그 목적이 있다. 이 책을 단행본으로 내기까지 적잖은 망설임이 있었다. 이미 학계에서는 중국지역학 연구자를 중심으로 작품론, 감독론, 영화산업론 등 다양한 주제에 대한 선행연구가 있었다. 5세대와 6세대의 대표적인 작품과 감독들이 한국에 소개되었고, 중국영화에 대한 다양한 통계와 지표가 소개되고 있다.

그럼에도 불구하고 이 책을 출간하게 된 이유는 지금까지 중국영화 연구에 몇 가지 아쉬운 점이 있기 때문이다. 부산국제영화제, 전주국제영화제 등을 찾는 관객과 비평가들은 해마다 새롭고 높은 수준을 선보이는 중국영화를 보고 깜짝 놀라기도 하지만, 이러한 현상이 최근 중국에서 이미 널리 퍼진 현실이라는 인식은 부족해 보인다. 이러한 이유 중의 하나가 우리 시대 중국영화를 정책, 산업, 작품이라는 종합적 관점에서 본격적으로 소개한 중국영화 서적이 부족하기 때문이라 본다. 유명 작품이나 감독에 대한 파편적 연구는 넘칠 정도로 많으나 국가-시장-영화주체라는 통합적 관점에서 중국영화를 체계적이고 종합적으로 연구한 시도가 늘 아쉬웠다. 특히, 중국영화는 사회주의체제가 갖는 특성상 정부의 역할과 산업과의 관계, 산업과 작품과의 유기적 관련성 등을 분석하지 않으면 맥락을 잡기 어려운 특수성을 갖고 있다.

또한, 우리 학계의 중국학에 대한 비대칭적 연구 경향도 아쉬웠다. 21세기 들어 중국이 본격적으로 강대국으로의 부상하자 정부기관, 대학연구소 등에서 앞다투어 정치, 경제를 포괄하는 광범위한 중국학 연구가 추진되어 왔지만, 중국영화와 드라마 등 대중문화에 대한 연구는 상대적으로 협소하거나 관심 밖 영역으로 밀려나 있었다. 한류를 중심으로 우리 중심의 일방향적 관점에서 중국 진출을 위한 문화연구에 집중되는 경향이 있어 왔다. '중국이라는 나라는 크게 우러러 보고, 중국인과 중국 대중문화는 우습게 보려는' 우리 시각의 착시현상 때문이기도 하다. 중국을 지나치게 거대한 강대국으로 인식하려는 과장된 사대주의적 관점도 문제지만, 최근 중국의 정치경제적 성장을 도외시하고 얕잡아 보는 90년대 인식수준에 갇힌 오만한 관점 또한 문제라 할 수 있다.

따라서, 이 책은 중국영화에 대한 비대칭적 인식과 파편적인 연구성과를 넘어 체계적이고 종합적이고 객관적인 시선으로 중국영화를 소개하고 이해하려는 시도에서 집필되었다. 또한, 과거가 아닌 바로 우리 시대 오늘의 중국영화를 다루고 싶었다. 그런 점에서 이 책은 중국영화의 오늘을 정책, 시장, 작품이라는 유기적이고 종합적 시각으로 바라보는 거의 최초의 중국영화 소개서라할 수 있다.

마침 2013년 한국연구재단에 신청한 〈아시아 신진 청년감독 연구: 중국, 일본, 동남아 및 중앙아시아〉가 운 좋게 선정되었고, 한국연구재단의 후원 속에 중국영화에 대한 종합적 연구를 추진할 수 있었다. 이 책은 한국연구재단의 1차년도 지원을 바탕으로 나온 첫 번째 성과물이며, 가까운 시기에 '중국 청년감독'을 다룬 두 번째 저서를 단행본으로 출간할 예정이다.

이 책과 다른 저서와의 차이점은 무엇인가?

이 책은 다음과 같은 점에서 기존 중국영화 저서와는 다른 차별성과 참신성을 가진다. 첫째, 이 책은 중국영화의 오늘, 즉 현재의 중국영화를 연구대상으로 삼았다는 점에서 시의성이 크다. 그 동안 중국영화에 대한 연구는 과거 기념비적인 작품이나 저명 감독들에 대한 연구에 집중되는 경향이 있었다. 동시대 오늘의 중국영화를 단행본으로 출간한 것은 거의 최초라 할 수 있다. 둘째, 정책, 산업, 작품 동향을 유기적으로 분석한 종합적 중국영화 소개서이다. 기존의 연구는 작품론, 감독론, 산업론 등 파편적이고 지엽적인 주제에 대한 개별적 연구로 진행된 경향이 있었다. 이 책은 정책, 산업, 작품이라는 국가-시장-영화주체의 삼각관계를 유기적이고 종합적인 관점에서 연구했다는 점에서 중국영화를 온전히 바라볼 수 있는 방법론을 갖춘 거의 최초의 저술이다. 셋째, 이 책은 중국영화에 대한 인문학적 상상력뿐 아니라 사회과학에 입각한 과학적 접근을 강조하고 있다. 기존에는 영화 작품을 중심으로 감독이나 영화환경을 분석하는 인문학적 연구방법이 일반적이었는데 비해, 이 책에서는 토대로서의 영화산업과 상부구조로서의 정책과 작품의 조응이라는 구조주의적 상호관계 속에서 바라보려는 사회과학 방법론을 도입하고 있다. 당국가(Party-State) 체제와 '사회주의시장경제체제'라는 독특한 이중시스템 속에 영화가 가진 특징과 모순에 주목하고 있다. 넷째, 중국영화가 가진 특수한 사회적 역할과 이데올로기 기능에 주목한 저서이다. 중국영화는 전통적으로 사회주의이데올로기를 전파하고 선전하는 문화사업이자 이데올로기 교육기능을 담당해왔다. 2001년 WTO 가입 이후 산업화와 개방화를 기치로 이념에서 산업으로 대전환을 모색하는 전환기를 맞고 있지만, 중국에서 영화가 갖는 독특한 이데올로기적 기능은 여전히 존속되고 있다. 상업성과 예술성이라는 일반적 영화 구분을 넘어 중국 특유의 이데올로기성에 주목하여 중국영화를 본격적으로 분석해내고 있다.

이 책은 어떤 내용과 구성을 담고 있는가?

이 책은 크게 네 가지 주제로 구성되어 있다. 먼저, 첫 번째 장에서는 중국영화 정책의 특징을 고찰하고 있다. 중국의 영화정책은 상명하달식 관료적 명령체계, 엄격한 사전사후 검열제도 등 정부가 산업과 작품을 주도해온 '정부주도형 영화발전 모델'을 가지고 있다. 이 장에서는 먼저, 영화정책의 근간이 되는 문화정책의 특징을 살펴본 후, 그 하부정책인 영화정책이 어떻게 추진되어 왔는지를 역사적 시기에 따라 살펴본 후, 그 특징과 의미에 대해 서술하고 있다. 이를 통해, 영화발전은 '정부주도형 영화발전 모델'이라는 독특한 중국식 정층설계(top-down)에 의해 성공했다는 것을 확인할 수 있을 것이다.

두 번째 장은 중국 영화산업의 현황과 의미를 통계와 함께 소개하고 있다. 먼저, 2012년 세계 영화시장 2위로 도약한 최근 영화시장의 통계와 그 배경에 대해 서술하고, 영화제작, 배급, 상영으로 이어지는 산업구조의 발전상과 시스템의 특징을 소개하고 있다. 이를 통해, 글로벌 시대를 맞아 중국영화의 국제경쟁력을 높이고, 영화산업을 국가기간산업이자 미래 성장동력으로 인식하여 영화산업에 박차를 가하고 있는 오늘의 중국을 확인할 수 있을 것이다.

세 번째 장에서는 최근 작품의 새로운 경향과 그 특징을 소개하고 있다. 중국영화는 주선율, 상업영화, 예술영화가 공존하는 다원화 국면을 보이고 있는데, 최근 각 영역의 작품들에 나타나기 시작한 새로운 동향과 변화에 주목하여 사회맥락적 관점에서 분석해 내고 있다. 먼저, 정부선전영화인 주선율영화는 영화시장에서의 생존을 위해 '범(汎)주선율'과 '신(新)주선율'로 변환(transformation)하는 영화 현상을 다루고 있으며, 중국 영화시장을 주도하는 중국식 블록버스터 상업영화과 국가이데올로기와의 상관관계를 규명하며 정부와 산업과의 공모관계를 소개하고 있다. 또한, 최근 장르영화의 다양한 발전상을 무협영화를 중심으로 소개하는 한편, 닝하오, 우얼션, 쉬정 등 '시장형 청년영화'의 흥행 속에 거세게 부는 세대교체의 바람을 소개하고 있다. 이를 통해, 정부의 강력한 영향력 속에 저명 감독의 중국식 블록버스터 상업영화가 영화시장을 지배하고 있으며, 상업영화조차 조금씩 주선율화 되어 가고 있는 새로운 영화현상을 확인할 수 있다. 동시에, 영화관객의 주류를 형성하고 있는 바링허우('80後), 지우링허우('90後) 세대의 지지 속에 새로운 청년감독들이 흥행에 성공하며 부상하고 있는 현실을 소개하고 있다.

마지막 장은 결론 부분으로 영화정책, 영화산업, 작품 동향이 어떠한 상호관계 속에 각자의 역할을 수행해 왔으며, 이러한 중국식 영화발전 모델이 향후 어떻게 전개될 것인지를 전망하고 중국영화사에 어떠한 의미를 가지는지에 대해 서술하고 있다.

결론적으로 중국영화는 글로벌 시대를 맞아 전면적인 산업화와 개방 정책 속에 발전을 추구하고 있다. 2001년 WTO 가입 이후 정부주도의 영화정책 속에 급속한 영화산업 성장세를 보이고 있으며, 정부-시장간의 개입과 긴장 속에 주선율, 상업영화, 예술영화는 관객과의 교감을 통해 새로운 생존의 변환을 모색하고 있다. 중국 정부의 지원에 힘입어 영화산업은 시장시스템 속에 급속한 성장을 이루어 왔지만, 그것으로 인해 영화 작품은 정부의 통제와 욕망에 더욱 충실하려는 경향을 갖게 되었다. 이것이 최근 중국영화가 상업화와 국가이데올로기 경향으로 기울어진 한 구조적 원인이 되었다. 중국영화는 정부-시장-작품의 3중주 속에 빚어지는 태생적 운명을 갖고 있으며, 영화산업의 발전은 지속되면서도 창작과 표현의 자유는 끊임없이 고민해야 하는 딜레마를 안고갈 가능성이 농후해보인다.

감사의 글

이 책은 최대한 쉬운 용어와 해석으로 중국영화를 종합적으로 소개하려 했지만, 솔직히 학술적으로 논의된 정책, 영화산업, 작품 분석 부분은 그대로 존치할 수밖에 없었다. 대중성과 학술성이 결합된 책을 시도했지만, 결과적으로는 학술서적이 되어 버렸다. 중국영화를 처음 접하는 독자라면 다소 난해한 용어나 개념이 있을 것이다. 건너뛰어도 좋고, 반드시 순서대로 읽을 필요도 없다. 다만, 중국영화에 깃든 동시대 중국사회와 중국인들의 삶과 문화에 공감하고 이해의 폭을 넓히려는 지식인, 특히 미래의 한중관계를 열어 갈 담지자인 젊은 학생들에게 이 책을 적극 권한다.

이 책이 나오기까지 많은 분들의 도움을 받았다. 헤겔(Hegel)이 '철학사 자체가 철학'이라고 말했듯이 이 책의 출간 과정이 내겐 영화공부 그 자체였다. 최근 중국영화의 동향을 단행본으로 출간하겠다는 제자의 말에 자신의 일처럼 기뻐하셨던 박사과정 지도교수 베이징사범대학 예술학원 저우싱(周星) 원장님께 감사의 말씀을 드린다. 선생은 숭고한 이상을 가진 공산주의자시지만 가끔씩 민감한 정치적 소재를 꼬집는 제자에게 늘 자상하고 관대한 어투로 토론해 주셨다. 최근 중국영화에 대한 토론과 자료를 아낌없이 베풀어 주신 베이징영화학원의 장센민 교수님, 그리고 박사시절 함께 연구하고 토론했던 베이징사범대학 장옌 교수께도 감사드린다.

　한국에서도 좋은 분들의 가르침과 도움을 받아 왔다. 뵐 때마다 학문의 초심을 일깨워 주시는 석사과정 지도교수 동국대 영화학과 정재형 교수님께 감사드린다. 시네필의 터질듯한 열정으로 만났던 이십 대부터 지금까지 선생은 늘 내가 넘어야 할 산이자 나침반 같은 존재였다. 그리고 항상 든든한 후원자인 중국영화포럼학회의 김태만, 유세종, 김양수, 김정욱, 임대근 교수님께도 머리 숙여 감사드린다. 귀국 후 영화연구자로서 계속 길을 갈 수 있는 것은 동역자인 이 분들의 가르침과 응원이 있었음을 밝힌다. 영화는 삶에서 나오는 거라며, 중국 전역의 골목골목을 같이 누비며 중국인의 삶의 현장을 가르쳐주신 IEF(국제교류연맹) 신광오 위원장께도 머리 숙여 감사드린다.

　부산에 살게 되면서 바다같이 넓은 마음을 가진 영화인들을 만나 항상 기뻤다. 경성대학교 연극영화학부의 전수일, 김진해, 양영철, 조재현, 김상오, 김성태 동료 선후배 교수님께 감사드리며, 부산국제영화제의 김지석 수석프로그래머, 전찬일 영화연구소 소장께도 머리 숙여 감사하다는 말을 전한다. 그리고, 학술가치보다 시장가치가 난무한 현실 속에서 감히 엄두도 못낼 이 책을 출판할 수 있도록 지원해 주신 한국연구재단에 감사드린다. 마지막으로 부족하고 엉망인 글을 한 권의 아름다운 책으로 세상에 선보일 수 있게 도와주신 도서출판 산지니 강수걸 사장님과 양아름 선생님께도 감사드린다.

　삶은 언제나 같이 살아가는 생명체들의 힘에서 비롯된다. 한결같은 미소로 늘 내 곁에 서 있는 아내 쑤잉과 리니, 유니 두 아이에게 말로 다할 수 없는 사랑을 전한다. 무엇보다 '현대영화이론', '아시아영화사',

'한국영화사' 수업시간에 반짝거리던 제자들의 눈빛을 잊을 수 없다. 경성대 학생들의 그 똘망똘망하고 빛나는 열정이 내게는 말 없는 가르침이며 응원의 박수이다, 사랑한다.

2015년 7월
광안리 파도소리가 젖어드는 황령산 연구실에서
강내영 씁니다.

차례

Ⅳ. 중국영화의 전망

Ⅰ 영화정책

1

문화정책

정부의 영화정책은 문화정책의 하위개념이다. 이 글에서는 문화정책의 발전과정을 역사적 전개를 통해 살펴보고, 영화정책의 특징을 도출하려고 한다. 특히, 문화정책에 대한 역사적 이해는 영화정책 이해의 전제적 요건이라 할 수 있고, 중국의 문화산업을 이해할 수 있다는 점에서 의미가 있다고 보여진다.

1) 중국에서의 '문화산업' 개념

중국영화를 이해하기 위해서는 먼저 문화정책 전반에 대한 선제적 이해가 필요하다. 중국 정부가 영화산업을 문화산업의 주도산업(용머리산업, 龍頭)으로 규정하고 있기 때문이다. 또한, 중국의 문화정책은 대국굴기(大國堀起) 시대의 중국의 문화정치학적 욕망과 직접적 관계가 있다. 개혁개방 이후 30여 년 동안 이룩한 경제적 성과를 바탕으로 소프트파워도 갖춘 '문화강국'을 지향하고 있기 때문이다. 2000년 제17

대 공산당 전당대회에서 문화산업을 직접 언급한 것은 경제적 성장동력으로서의 문화산업이 가진 효용성을 인정하는 동시에, 문화가 가진 이데올로기의 힘을 국가통치에 활용하기 위한 목표로 보여진다. 대내적으로는 공자와 유가사상의 부활을 필두로 역사유적과 문화유산의 복원, 팔영팔치(八榮八恥) 도덕운동 등 중화민족주의와 애국주의가 결합된 문화가치를 사회주의이념을 대체할 새로운 국가이데올로기로 삼고 있으며, 대외적으로는 서구에 만연된 중국위협론을 불식하고 매력국가 브랜드를 높이기 위한 소프트파워 전략의 일환으로 '문화강국', '중화문화'의 꿈을 표출해 온 것이다. 2008년 베이징올림픽 개막식에서 보여준 화려한 중화문명의 퍼포먼스는 이러한 정부기획의 분수령을 이룬다 할 수 있다.

문화산업(文化産業)은 '문화(culture)'와 '산업(industry)'의 결합이다. '문화'란 다양한 정의가 가능하지만 일반적으로 한 사회의 사상, 가치관, 행동양식, 언어, 종교, 법규, 도덕 등을 포괄하는 생활양식으로 정의된다. 문화를 체계적 개념으로 정립한 것은 매튜 아놀드(Matthew Arnold)이다. 아놀드는 문화를 정신적인 개념으로 정의하면서, 문학, 음악, 미술, 건축 등에 대한 지식과 실천을 통해 얻어지는 정신적 완성의 추구라는 의미로 사용하고 있다.[1] 영국의 저명 문화학자인 레이몬드 윌리엄즈(Raymond Williams)는 문화를 첫째, 지적, 정신적, 미학적 발전의 과정으로서 인간이 완벽함에 도달하는 과정이며 둘째, 삶의 방식에 대한 묘사로써, 어떤 의미와 가치의 표현이고, 셋째, 문학, 영화, 무용 등 기호화과정(signifying practices)을 통한 의미생성 행위로서 기록된 지적 상상적 작업이라고 정의한다.[2]

'문화산업(cultural industry)'이라는 용어를 본격적으로 사용한 것은

1) M. Arnold, 『Cultural and Anarchy』, London, Cambridge University, 1960. 6쪽.
2) Raymond Williams, 『Keywords, London』 Fontana, 1983. 87쪽.

1940년대 독일의 프랑크푸르트학파이다. 18세기 산업혁명 이후 기계적 대량생산이 지배적인 생산양식으로 등장하고, 이에 따라 전통적 인간관계는 와해되고, 고립분산된 개인들의 집합인 대중사회(mass society)가 형성되었다. 독일의 프랑크푸르트학파는 이러한 원자화된 대중사회에 라디오, 영화 등 매스미디어가 등장하여 대중들에게 지대한 영향력을 미치는 한편, 대중은 매스미디어에 의해 지배이데올로기에 수동적 상태로 노출되는 새로운 문화현상을 지적하였고, 이를 비판하기 위한 용어로 '문화산업'을 사용했다. 1947년 아도르노와 호르크하이머는 『계몽의 변증법(Dialectic of Enlightenment)』에 수록된 「문화산업 대중문화로서의 계몽」에서, 대량생산된 문화상품들이 대중매체를 통해 유통되고 대중들은 수동적인 수용자의 위치에서 소비하게 되면서 지배계급의 이데올로기와 이해관계가 재생산된다고 비판하였다. 이후, 문화산업이라는 용어는 1960년대 이후 방송산업, 영화산업, 음반산업 등 미국과 유럽의 선진 자본주의국가에서 경제수익 중심의 새로운 성장산업으로 바라보는 문화경제(cultural economy) 등의 개념으로 명명되었다가, 2000년대 이후에는 디지털산업, 콘텐츠산업, 창의산업 등 다양한 이름으로 호명되면서 지금에 이르고 있다.

'문화산업'이란 용어는 일반적으로 몇 가지 공통된 속성을 가지고 있다. 영국의 문화학자 존 스토리(John Story)에 의하면, 문화산업이란 대중들의 소비를 지향하는 대중적 속성을 가지고 있으며, 시장시스템을 통한 소비를 중시하고, 인재, 기술, 문화, 자본이 결집된 집체성 산업을 지향한다.[3] 또한, 게임, 영화, 드라마, 테마파크 등 스토리텔링을 기반으로 하면서, 저작권을 통해 창작자의 권리와 창조정신을 보호하려는 속성을 가지고 있다. 이처럼, 문화산업은 '문화'를 내용으로 '시장시스템'

---

3) John Story, 『Cultural Theory and Popular Culture: An Intoduction, Third Edition』, 2001. 7-19쪽.

이라는 형식을 통해 문화소비 주체인 '대중'에게 유통되는, 문화(내용)-시장(형식)-대중(대상)의 세 가지 요인 속에 형성되는 특징을 가지고 있다. 또한, '문화산업'은 대중들과의 교감 속에 '대중문화(popular culture)'를 형성한다. 대중문화는 "일반적인 사람들의, 일반적인 사람들을 위한, 일반적인 사람들에 의해 선호되는 문화"이며, 본래 대중적(popular)이란 말은 지위가 높고 부유하며 교육수준이 높은 계급들(classes)과 구별하기 위해 사용된 용어이다. 대중이라는 단어에는 '천민의', '비속한', '하층민의', '값싼' 등등의 의미가 들어 있다. 이에, 레이몬드 윌리엄즈는 대중문화를 '많은 사람들이 좋아하는 것', '열등한 작품들', '사람들의 선호에 우선적으로 맞춘 작품들', '사람들이 자신들을 위해 만들어낸 문화' 등으로 정의하기도 한다.[4] 존 스토리는 『문화이론과 대중문화(Cultural Theory and Popular Culture)』에서 대중문화에 대한 범주를 다음과 같이 정의내리고 있다. 첫째, 대중문화는 생산과 유통과 소비에서 상업적 성격의 대량문화를 지향한다. 둘째, 많은 사람들이 좋아하고 향유하는 문화이다. 음악, 영화, 텔레비전 드라마와 같은 대중문화는 다수의 소비자집단을 소구대상으로 삼으며 대량으로 생산되고 유통되는 상업적 특징을 가지고 있다. 셋째, 대중문화는 지적이고 도덕적인 리더십으로 동의를 얻어내려는 지배계층의 통합력과 피지배계층의 저항력 사이에 벌어지는 투쟁의 장이다. 넷째, 고급문화의 구분을 더 이상 인정하지 않는 것이다.

그렇다면, 중국에서의 문화와 문화산업은 어떠한 개념 속에 형성되어 왔을까? 문화산업의 발전경로와 의미는 서구와 어떠한 차이점과 특수성을 내포하고 있을까?

1949년 사회주의정부 수립 이후 중국은 문화를 교육, 계몽, 윤리, 가

---

4) 박명진 편, 『비판커뮤니케이션과 문화이론』, 나남출판사, 1995. 88쪽.

치관 등의 정치이데올로기 영역으로 인식해 왔으며, 인민을 위한 문화라는 국가적 목표 속에 발전해 왔다. 문화의 생산과 소비도 경제수익과 상업성을 중시하는 시장시스템 중심의 '문화산업(文化産業)'이 아닌 사회주의이데올로기를 선전하기 위한 '문화사업(文化事業)'의 일환으로 인식해온 것이다. 그러다가, 1978년 개혁개방과 1993년 '중국 특색의 사회주의시장경제' 정책 이후 경제적 필요성과 폭증하는 대중문화 수요에 대처하기 위해 '문화산업'이라는 개념을 도입하였고, 2000년 공산당과 정부는 공식적으로 문화산업이란 용어를 사용하게 되었다.

중국에서 '문화산업' 개념은 2004년과 2005년 국가통계국의 〈문화산업 분류(文化及相關産業分類)〉, 〈문화산업 통계지표(文化及相關産業分類統計指標體系)〉에 근거하여 정의할 수 있다. 국가통계국은 '문화산업'이란 "사회공중에게 제공되는 문화상품, 오락상품, 서비스 활동"을 총칭하는 개념으로 정의하고 있으며, 크게 세 가지 부분으로 나누고 있다. 첫째, 핵심층(核心層)으로 뉴스미디어, 출판, 영화, 방송 등을 말하며, 문화부, 국가광전총국, 신문출판총서 등 국가기관이 직접 관리하고, 둘째, 주변층(外圍層)으로 인터넷, 오락, 여행, 광고, 전시회 등 문화산업을 지칭하며, 셋째, 연관된 서비스층(相關層)으로 문화기획, 문화판매 등 문화콘텐츠의 제작과 서비스업무를 지칭한다. 특히, 세 번째 서비스층은 문화산업과 문화사업을 포괄하는 개념으로, 경극, 박물관, 교향악단 등 민족전통예술과 공공문화기관 등을 포괄한다.[5]

한편, 중국에서 '문화산업'과 흔히 혼용해서 사용하는 '창의산업(創意産業)', '문화창의산업'에 대한 개념 정의도 세밀히 살펴볼 필요가 있다. 영국에서 시작된 '창의산업(creative industry)'이라는 용어는 기존의 문화산업 개념에 미술, 디자인, 소프트웨어 등 창의력이 동원된 경제분야를

---

5) 張曉明, 胡惠林 主編, 『2010年中國文化産業發展報告』, 社會科學文獻出版社, 2011. 7-9쪽.

더하여 통칭하는 개념으로 사용한다. 중국 학계에서는 '문화산업'과 '창의산업'을 혼용해서 사용하기도 하고, 논자에 따라서는 창의산업을 문화산업의 일부분으로, 혹은 문화산업을 창의산업의 일부분으로 주장하기도 하며, "문화산업은 모던의 산물이고, 창의산업은 포스트모던의 산물"[6]이라고도 주장하는 등 다양한 입장이 병존하고 있다. 하지만 중국 사회과학문헌출판사가 매년 발간해 온 『중국문화산업발전보고』(2010)와 중국경제출판사가 2006년 이후 매년 발간해 오고 있는 『중국창의산업발전보고』(2011)를 비교해서 살펴보면, '문화산업'이란 국가통계국의 개념 정의에 입각하여 방송, 영화, 광고, 음악, 공연 등에 집중하고 있는 반면, '창의산업'은 영상문화, 방송, 소프트웨어, 디자인, 패션, 서비스, 여가오락, 과학연구교육 등 보다 창조적이고 기술적인 분야를 포괄하고 있음을 확인할 수 있다. 즉, '창의산업'은 '문화산업'이라기보다는 기술, 패션, 지적재산권 등 창의력을 통한 수익창출이라는 경제적인 관념을 더 강조하는 경향이 있는 것이다. 또 하나, 특기할만한 점은 지역적으로 선호하는 용어가 다르다는 점이다. 상하이에서는 '문화산업'보다는 '창의산업'을 주로 사용하면서 '문화산업'을 포괄하고 있으며, 베이징과 타이완 등에서는 문화를 중심에 둔 '문화창의산업'이라는 용어를 선호하고 있다. 다만, 중국 정부는 공식 문건에서 '문화산업'이라는 용어를 분명히 견지하고 있기 때문에 '문화산업'이라는 용어 사용이 더욱 적절하다고 보여진다.

---

6) 鍾健夫, 〈文化產業與創意產業的區別〉, 2007.
   http://wenku.baidu.com

2) 중국의 문화산업 발전단계 – 중국은 어떻게 문화산업을 발전시켜 왔는가?

중국 문화산업의 발전단계를 바라보는 관점은 중국 현지 전문가들 사이에서도 다양한 시각이 존재한다. 중국 공산당 공식입장에 가장 근접한 당교(黨校)의 문건을 보면, 문화산업 발전단계를 1979년-1991년 '탐색기', 1992년-1997년 '기초 발전시기', 1998년-2002년 '초보 발전기', 2003년-2011년 '가속 발전시기'로 구분하고 있다.[7] 또한, 베이징대학교 문화산업 학술지에서는 정책의 주요변화를 기준으로 삼아 1999년-2002년 '문화산업 정체성 확립기', 2002년-2006년 '문화체제개혁 출발기', 2006년-2009년 '문화산업 지위 확립기', 2009년 이후부터를 '문화산업 진흥시기'로 구분하고 있다.[8]

이러한 단계를 종합해 보면, '문화산업'에 대한 인식은 1990년대 이후부터 본격화 되었다. 1978년 개혁개방이 추진되었지만, 문화에 대한 인식은 '사회주의체제를 위한 문화'라는 전통적 인식에서 크게 벗어나지 못했다. 중국은 사회주의국가 성립 이후 문화를 인민과 사회주의체제를 위해 생산되고 소비되는 '문화사업(文化事業)'으로 인식해 왔다. '문화사업'이란 정부가 주도하여 사회주의 가치관을 담은 창작품을 만들어, 정부가 대중들에게 무료로 보급하는 문화활동을 말한다. '문화사업'은 문화가 대중에게 미치는 정서적 사상적 영향력을 인지하고 이를 통제하여 사회주의 이데올로기 교육에 활용하기 위한 목적에서 발전되었다.

하지만, 1993년 '중국 특색의 사회주의시장경제'를 표방하면서 고속

---

7) 王君 主編, 『中共中央關于深化文化體制改革推動社會主義文化大發展大繁榮若干重大問題的決定』, 中共中央黨校出版社, 2011. 135-136쪽.
8) 張春華, 「中國文化産業的政策演化, 産業發展, 與政策建議」, 『北大文化産業評論 2010年』, 金城出版社, 2010. 250-251쪽.

경제성장이 유지되고 대중들의 문화소비 욕구가 팽창되면서 기존 정부주도의 '문화사업'은 한계를 드러내기 시작했다. 특히, 1990년대 후반 이후 서구 선진국과 아시아국가 등에서 다양한 문화상품이 유입되고 시장시스템을 통해 소비되면서, 문화에 대한 대중의 욕구가 팽창하였고, 특히 문화를 고부가가치를 가진 미래성장산업으로 인식하려는 새로운 관념이 전 사회적으로 확산되었다. 이러한 배경 속에 중국 정부는 문화를 산업(industry)으로 수용하려는 인식의 대전환을 시도하였다. 1991년 국무원은 〈문화부의 문화사업에 대한 약간의 경제적 의견(文化部關于文化事業若干經濟政策意見的報告)〉을 비준하면서, 문화를 경제적으로 바라보는 '문화경제(文化經濟)'라는 용어를 처음으로 사용했다. 이후, 학계의 논의 속에 문화산업이라는 용어가 공식적으로 등장하기 시작했고, 1998년 문화부 산하에 '문화산업시(文化産業司)'라는 명칭의 새로운 행정기관이 설립되었다. 정부조직 속에 공식적으로 '문화산업'이라는 용어를 사용한 것은 중국 정부가 문화를 산업으로 인식하고 적극적인 발전을 추진하겠다는 상징적 조치로 해석할 수 있다. 1999년 1월에는 '전국 문화산업 발전 업무 회의'가 열렸고, '아시아 문화산업 국제회의'를 개최하는 등 문화산업이라는 용어가 정식으로 정부를 중심으로 유포되었다. 또한, 베이징대학 산하에 '문화산업연구소'가 설립되는 등 문화산업에 대한 학계의 연구가 본격적으로 시작되었다.

　문화산업 발전을 본격 추진한 것은 10.5계획(2001-2005년) 시기이다. 중국 정부가 공식적으로 '문화산업'이라는 용어를 처음 사용한 것은 2000년이다. 2000년 10월 공산당 제15대 5차 전체회의에서 〈10.5계획건의(中共中央關于制定國民經濟和社會發展第十個五年計劃的建議)〉가 통과되었는데, 이 문건에서 중국 정부는 최초로 문화산업이라는 용어와 개념을 사용하였다. 이 문건은 공산당과 정부가 문화를 산업으로 인식하는 한편, 10.5계획에 적극 반영함으로써 문화산업을 본격적으로 발전시켜 나가겠다는 강력한 의지를 표명했다는 점에서 역사적 의미가 있다. 뒤이어, 2001년 10월 문화부는 〈문화산업발전 10.5계획 강요(文化産業發展第十個五年計劃綱要)〉를 발표하여 문화산업 발전을 10.5계획 기간 중에 어떻게 추진해 나갈 것인지 방향과 목표를 제시하였다. "문화산업정책을 완수하고, 문화시장을 건설하고 관리를 강화하고, 문화산업 부문을 발전시켜 나가자(完善文化産業政策, 加强文化市場建設和管理, 推動有關文化産業發展)"는 주장을 공식 표명하였고, 11월 중국 공산당 제16대 전당대회 보고에서는 문화산업을 문화자원으로 파악하고 세계 시장으로 진출해야 한다는 의견을 제시하고 있다. 이어서, 2003년 공산당 제16기 3중회의에서는 "문화사업과 문화산업의 조화를 이루는 발전"을 목표로 제시하며 문화산업의 중요성을 강조하였다. 학계에서도 정부의 문화산업 방침에 적극 호응하였고, 2003년 정협회의에서 베이징대학교 문화산업연구소 소장인 예랑(葉朗) 교수가 '경제건설에서 문화산업을 중시하자'는 보고를 하는 등 정부와 학계와 언론이 앞장서서 문화산업 발전을 독려하는 사회 분위기가 조성되었다.

2004년 이후부터에는 문화산업이 국가발전전략의 일환으로 수용된 단계였다. 2004년과 2005년 국가통계국은 연이어 〈문화산업 분류(文化及相關産業分類)〉, 〈문화산업 통계 지표(文化及相關産業分類統計指標體系)〉 등을 발표하며 문화산업을 업종별로 분류하고 정리하였고, 2005년 공산당 중앙선전부 등 6개 부서에서 〈문화상품 수입에 대한 관리 판법(關于加强文化産品進口管理的辦法)〉, 문화부 등 5개 부서에서 〈문화 영역 외국자본에 대한 약간의 의견(關于文化領域引進外資的若干意見)〉 등의 법규와 문건을 발표하여, 문화산업, 문화시장, 문화생산력 등 문화체제 정비계획을 발표하였다. 또한, 2005년 10월에는 공산당이 〈중국공산당 당중앙 국민경제와 사회발전을 위한 11.5계획〉에서 정부의 문화산업에 대한 투자 확대와 문화공공서비스 분야를 점진적으로 완성하는 계획을 발표하였다. 이처럼, 10.5계획 시기(2001-2005)의 문화산업은 첫째, 정부가 문화산업 개념을 중국의 특수한 상황에 맞추어 정의하였으며, 둘째, 문화산업을 국가발전전략으로 공식 인정하는 인식의 대전환이 시작되었고, 셋째, 정부가 주도하여 문화산업을 추진하는 〈정부주도형 발전모델〉이 태동하기 시작했다.

11.5계획(2006-2010) 5년 동안은 문화체제개혁과 시장화를 심화 추진한 단계였다. 2006년 8월 중국 정부는 최초로 중장기 문화발전 계획인 〈11.5 문화발전 계획 강요(國家十一五時期文化發展規劃綱要)〉를 발표하여, 국가발전의 총체적 전략 속에서 문화발전 전략을 수립했다. 이 강요는 2006년 1월 중국 공산당 제16대 6중회의에서 통과되었는데, 문화산업이 문화사업 발전과 동등한 수준에서 추진하게 되었다는 점에 의미가 있다. 2007년 8월에는 문화부에서 〈문화표준화 중장기 발전계획(文化標準化中長期發展規劃): 2007-2020)〉을 발표하여, 정부주도의 문화산업 표준화가 시행되었다. 이 계획은 정부가 표준화 작업을 주도하며, 자주창신, 국제화 등 기본원칙을 세워서 2020년에는 문화표준화를 완성한다는 중장기 계획을 제시하고 있다. 이 내용은 2007년 10월 공산당 17대 전당대회에서 "문화산업 발전이 사회주의 문화의 번영을 가져온다"는 내용으로 채택되어 시행되고 있다.

특히, 2009년은 중국 문화산업 발전사에서 획기적인 도약단계라 할 수 있다. 2009년 7월 국무원은 〈문화산업진흥계획(文化産業振興規劃)〉을 발표하면서, 문화산업을 중국 국가전략산업임을 공식적으로 천명하는 한편, 구체적인 정책 방향까지 제시하였다. 〈문화산업진흥계획〉은 중국 문화산업 정책의 교과서라 할 수 있으며 현재까지 이 원칙과 목표에 기반하여 정책과 법규가 시행되고 있다. 〈문화산업진흥계획〉은 먼저, "문화산업은 사회주의 문화의 중요한 근본으로 시장경제를 통해 번영해야 한다. 국제금융위기 상황 속에서 공공성 문화를 중시하는 동시에 문화산업을 진흥시켜서 인민의 다양하고 다층화된 요구를 만족시키고, 국민들의 내수 소비를 확대하는 한편, 경제와의 결합을 추진한다". 또한, "반드시 사회의 효용성을 최우선 위치에 두고, 경제수익과 통일해야 한다. 체제개혁과 과학기술진보를 동력으로 삼아야 하며, 중화민족문화의 발전과 세계 문화의 발전이 결합되도록 추진해야 한다"고 명시하면서, '시장경제 중심', '경제수익', '중화민족주의 문화의 토대' 등 큰 방향을 제시하고 있다. 문화산업진흥계획은 문화산업에 대한 정부의 본격적인 발전전략과 진흥의지를 담고 있다는 점에서, 그리고 당면된 문화산업 과제와 목표를 제시하고 있다는 점에서, 중국 문화산업 발전사의 한 획을 긋는 중요한 정책이라 할 수 있다.

문화산업진흥계획은 (1)'문화산업진흥계획의 긴박성과 중요성', (2)'지도사상, 기본원칙, 목표', (3)'중점임무', (4)'정책조치', (5)'조건보장' 등 5가지 분야로 구성되어 있다. 지도사상으로는 덩샤오핑이론, 삼개대표, 과학적 발전관이며, 기본원칙은 "사회적 기여를 우선순위에 놓되, 사회적 기여와 경제수익의 통일을 지향한다"라고 명시하며, 그 아래 구체적인 8가지 발전 목표를 제시하고 있다. 8가지 목표는 "첫째, 창의산업, 영상제작, 출판, 인쇄, 연극, 오락, 애니메이션, 디지털콘텐츠를 국가중점 문화산업으로 지정하고, 둘째, 사회 각 방면의 노력을 모아 시범산업의 효과를 극대화하는 것을 중대항목으로 추진하며, 셋째, 업종간 지역간을 넘어서는 통합과 시너지 효과를 가진 문화기업을 골간으로 육성하고, 넷째, 산업시범기지를 건설하여 각 지역 특색의 문화산업이 자리를 잡도록 하고, 다섯째, 점증하는 대중들의 문화욕구에 부응하는 창조적 상품을 개발하고 문화서비스를 확대하며, 여섯째, 연극, 영화관 원선제도를 발전시키고, 인터넷영상, 디지털 영화관, 출판업 등 업종을 넘는 결합을 통해 문화시장을 번영하게 하고, 일곱째, 방송, 모바일 휴대폰 등 뉴미디어 문화산업 환경을 적극 발전시키고, 여덟째, 문화상품과 서비스업의 수출 지원정책을 수립하여 문화교역을 확대해 나간다"이다. 이 밖에, 문화산업진흥계획에는 체제개혁을 가속화하여 문화창조력을 높이고, 국내외 자본이 문화영역으로 들어올 수 있도록 개방정책을 수립하고, 국유기업을 주식회사로 전환하여 민간화하고, 관련 법규를 완성하여 시장시스템을 정착시키는 발전 방향도 제시되어 있다.[9]

이와 같이, 11.5계획 시기의 문화산업 발전단계는 첫째, 정부가 국가발전의 총체적 전략 속에서 문화산업을 추진하기 시작했으며, 둘째, 〈문화산업진흥계획〉을 발표하여 시장시스템 확대, 국가이데올로기 강화, 국제화 등 가속화된 문화산업 발전을 뒷받침하고 있으며, 셋째, 〈정부 주도형 시장화 발전모델〉이 완성되어 성과가 가시적으로 나타나는 첫 단계라 할 수 있다.

이와 같이, 중국 문화산업 발전단계를 거시적 관점에서 대별하여 정의해 본다면, 1978년 개혁개방 이후 2000년까지의 '맹아적 발전단계'를 지나, 2001년부터 2005년까지의 10.5계획 시기는 시장시스템 정착 속에 문화산업을 발전시키려는 '기반다지기 발전단계', 그리고 2006년부터 2010년까지 11.5계획 시기를 통해 국가발전전략의 일환으로 문화산업을 도입하고 시장시스템과 체제개혁을 추진하는 '도약적 발전단계'로 평가할 수 있다. 특히, 최근 10.5계획과 11.5계획의 10년간 역정은 중국식 '정부주도형 시장화 발전모델'이 탄생되어, 완성되어 가는 10년으로 정의할 수 있다.

---

9) 林日葵, 『中國文化産業政策法規與典型案例分析』, 浙江工商大學出版社, 2011 9-14쪽.

3) 중국 문화산업 발전의 추진동력과 정체성(identity)은 무엇인가? – '정부 주도형 시장화 모델'

최근 중국식 경제발전에 대해 "개혁주체(정부-시장), 개방형태(전면-제한), 개혁개방 범위(점진-급진)" 등의 측면에서 발전모델에 대한 활발한 논의가 진행 중이다.[10] 특히, '총칭모델', '광동모델' 등 주로 경제성장 발전모델을 중심으로 논의가 진행된 경향이 있었다. 문화산업을 이러한 발전모델을 통해 설명해 본다면, 연구범위와 대상에 따라 다양한 접근과 방법론이 가능하겠으나, 추진주체(정부-시장)로서의 정부와 문화시장과의 관계를 중심으로 본다면 크게 두 가지 모델로 대별할 수 있다. 먼저, 미국, 유럽, 일본 등과 같이 시장시스템에 기반한 발전역정을 걸어온 '시장친화형 발전모델'이 있으며, 보다 세밀하게 구분해 본다면, 미국과 같은 '시장주도형 모델', 영국의 창의산업과 한국의 문화진흥정책 등과 같이 정부가 문화산업 지원정책을 수립하고 진흥기관을 만들어 지원하는 '정부지원형 시장모델' 등이 있으며, 동남아, 러시아, 중남미 등 개발도상국이나 서구식 민주주의가 상대적으로 덜 진척된 국가에서 시장시스템보다 국가가 문화산업의 주도적 우위를 점하는 '정부친화형 시장모델' 등으로 세분화할 수 있다. 또 하나는, 중국, 북한 등 당-국가(party-nation) 사회주의체제에서 흔히 나타나는 모델로 전략부터 추진과 평가까지 문화산업 전 과정에서 정부가 주도적 역할을 수행하는 '정부주도형 발전모델'이 있다. 중국의 문화산업 발전전략은 정부주도의 시장화와 문화체제 개혁을 통해 시장발전을 추구하는 전형적인 '정부주도형 시장화 발전모델'로 요약할 수 있다.

중국의 '정부주도형 시장화 발전모델'은 정부-시장이 선(善)순환하

---

10) 장윤미, 「중국 모델에 관한 담론 연구」, 『현대중국연구』, 제13권 1호, 2011. 78-79쪽 참조.

며 발전하는 시장화 전략에 근거하고 있으나, 발전전략을 입안하고, 시장시스템을 관리하는 주체가 정부라는 점에 가장 특징적인 점이 있다. '정부주도형 시장화 발전모델'은 전환시기(轉型, transition)라는 중국이 처한 시대적 특수성과 밀접한 관련이 있다. 개혁개방 이후 30년 동안 '국가통제형 사회주의계획경제체제'에서 '정부주도형 시장경제 체제'로 바꾸는 전환기에 필연적으로 등장할 수 밖에 없는 발전모델인 것이다. 이러한 발전모델은 권위주의 체제에 기반한 성장모델으로서, '계획경제에서 시장경제로', '정부통제에서 민간자율로', '일국에서 국제사회로' 나아가기 위해 '정부'가 주도한다는 점에서 경제분야와 맥락을 같이 하고 있으나, 문화산업의 이데올로기 파급력에 주목하여 지속가능한 통제를 강조한다는 점에서 차별성을 가진다.

그렇다면, 중국식 문화산업 발전모델이 구체적으로 어떠한 전략과 실천 속에 추진됐는지를 실증적으로 방증해 보면, 아래와 같이 '정부주도의 국가전략', '정부주도의 시장화와 행정관리기구 개혁' 등으로 요약할 수 있다.

① 상명하달식 국가전략 추진

중국 문화산업은 정부가 추진주체로서, 정책과 법규 제·개정을 통해 상명하달식으로 추진되는 특징이 있다. 1999년 문화부 산하에 우리나라 행정부서의 국에 해당하는 문화산업사(文化産業司)를 설치한 이후, 문화산업을 담당하고 있는 문화부, 국가광전총국, 신문출판총서 등을 중심으로 문화산업 발전을 위한 다양한 지원정책과 법규를 발표해 왔다. 『2010년 중국 문화산업발전보고』 통계에 의하면, 문화산업과 관련된 정책과 법규는 국가법률, 행정법규, 부문규장, 법규성 문건, 부문 문건 등 5개 방면으로 발표되어 왔으며, 〈표1〉과 같이 정책법규의 부문별 통계는 국가법률 0.8%, 행정법규 5%, 부문규장 36%, 법규성 문건 31%,

부문문건 27% 등으로 구성된, 상위법은 작고 하위정책은 많은 전형적인 '상소하다(上少下多)'의 특징을 보이고 있다. 이를 통해 국가정책이 입법부의 법률 제·개정이 아니라 주로 당의 지도를 받는 정부(행정기구)의 권한에 의해 일방향적으로 추진되고 있다는 것을 알 수 있다.

〈표1〉 중국 문화산업 정책법규의 구성 비율[11]

법규 종류	부문규장	법규성 문건	부분문건	행정법규	국가법률
구성비율	36%	31%	27%	5%	1%

또한, 문화산업 정책법규를 관장하는 행정기구 구성비율을 보면, 〈표2〉에서와 같이, 각 문화 관련 부서의 연합 정책법규가 43%로 제일 많으며, 국무원이 공포한 정책법규 11.7%, 문화부 16.4%, 광전총국 10.9%, 신문출판총서 14.1%, 기타, 공업정보통신부 0.8%, 국가여행국 1.6%, 재정부 0.8% 등을 차지하고 있는데, 이를 통해, 문화정책법규는 주로 관련 부서간 연합한 내용이 제일 높은 비율을 차지한다는 것을 확인할 수 있다.

〈표2〉 중국 문화산업 정책법규 공포한 행정기관 구성비율[12]

행정기관	연합부문	문화부	신문출판총서	국무원	광전총국	여행국	공업정보통신부	재정부
비율	43%	16.4%	14.1%	11.7%	10.9%	1.6%	0.8%	0.8%

한편, 정책법규의 업종별 구성비율을 살펴보면, 뉴스 및 출판업이

---

11) 張曉明·胡惠林 主編, 『2010年中國文化産業發展報告』, 社會科學文獻出版社, 2011. 67쪽.

12) 張曉明·胡惠林 主編, 앞의 책, 68쪽.

15.6%, 문화산업 구조조정 13.3%, 문화유산보호 8.6%, 인터넷업 7.8%, 음반업 6.3%, 영화산업 5.5%, 공연업 5.5%, 애니메이션과 인터넷게임과 공공서비스업이 각각 4.7%, 여행업 3.9%, 광고업 2.3% 등을 차지하고 있는데, 이를 통해, 뉴스 및 출판업과 문화산업 구조조정 관련 정책이 업종 구성비율로 볼 때 가장 주요한 부문임을 알 수 있다.[13]

특히, 흥미로운 것은 중국 문화산업의 성향과 입장이다. 〈표3〉에 의하면, 문화산업을 지원하는 정책법규는 46.1%, 각종 허가와 관리를 위한 정책법규 46.1%, 금지 3.1%, 지원과 금지 3.1%, 지원과 관리 1.6% 등으로 구성되어 있다. 이를 통해, 중국 문화산업 관련 정책법규는 기본적으로 지원을 근간으로 하되, 기업과 시장에 대한 각종 허가제도와 관리제도가 역시 절반 정도를 차지하고 있어, 지원과 규제가 병행하고 있는 특징을 가지고 있다는 것을 확인할 수 있다.

〈표3〉 중국 문화산업 정책법규의 성향과 태도 구성비율[14]

태도	지원	관리	금지	금지 및 지원	지원과 관리
비율	46.1%	46.1%	3.1%	3.1%	1.6%

다음으로 10.5계획과 11.5계획 10년 동안의 정책 과정을 실증적으로 살펴보면, 먼저, 10.5계획 5년(2001-2005년) 동안 문화산업 발전의 초석이 될 정책과 법규를 만들기 시작했다. 앞에서 설명한 바와 같이, 2000년 10월 공산당 제15기 5차 전체회의에서 〈10.5계획 건의(中共中央關于制定國民經濟和社會發展第十個五年計劃的建議)〉에서 중국 역사상 최초로 '문화산업정책(文化産業政策)'이라는 개념을 도입한 이래, '문화산업정책'이 문화시장과 행정관리의 근거가 되고, 이를 통해 문화산업 발전을

---

13) 張曉明·胡惠林 主編, 앞의 책, 70쪽.
14) 張曉明·胡惠林 主編, 앞의 책, 62쪽.

도모한다고 명시함으로써 정부가 주도적으로 문화산업 발전을 촉진해 나가는 전형적인 중국식 발전모델의 특징을 보여준다. 예를 들면, 2003년 6월 중국공산당은 전국 문화체제개혁 회의를 개최하였고, 그해 12월 행정기관인 국무원은 당의 입장을 따라 〈국무원 판공청 문화사업 및 문화산업 체제개혁 통지(國務院辦公聽關于引發文化體制改革試点中支持文化産業發展和經營性文化事業單位轉制爲企業的兩個規定的通知)〉을 세워 문화사업과 문화산업의 병행 발전을 추진했다. 이 통지에 따라 2004년 1월부터 2008년 12월 31일까지 9개의 개혁시범지역(베이징, 상하이, 충칭, 광둥성, 저장성, 선전시, 션양시, 시안시, 리장시 등)을 지정하고, 7개의 개혁시범단위(국가도서관, 국가연극원, 동방가무단, 대외연출중심, 중국문물연구소, 베이징시 조양구 문화관, 상하이 중국화원 등)에 조세특혜와 융자 우대를 하며 전국 문화산업 개혁을 위한 제도적 시범사업을 실시하여, 당 → 국가행정기관 → 일선 지방행정기관 → 문화산업 현장으로 이어지는 상명하달식 행정기구를 통한 추진을 확인할 수 있다.

11.5계획 시기(2006–2010년) 5년간은 문화산업 정책법규를 완성한 단계이다. 2006년 8월 국무원은 〈11.5 문화발전 계획 강요(國家十一五時期文化發展規劃綱要)〉를 발표하여, 국가발전의 총체적 전략 속에서 문화발전 전략을 수립하였고, 2007년 12월 제17대 전당대회 보고에서는 "문화산업 발전을 이루기 위해서는 중대 문화산업에 대한 국가전략을 수립해야 하고, 문화시장과 국제경쟁력을 키우자"고 주장했다. 국가정책이 문화산업 발전의 근간임을 천명한 이후, 2009년 7월 국무원에서도 〈문화산업진흥계획(文化産業振興規劃)〉을 발표하여 문화산업이 중국의 국가전략산업임을 공식적으로 천명하는, 공산당의 행정기관에 대한 지도로 이어지는 방식으로 추진된다.

10.5계획과 11.5계획 10년 동안 진행된 상명하달식 정책과 법규를 사례별로 보다 구체적으로 살펴보면, 문화산업 핵심부문인 방송, 영화, 인

터넷 등 영상문화산업 부문에서는 1997년 제정한 〈방송관리조례(廣播電視管理條例)〉와 2002년 제정된 〈영화관리조례(電影管理條例), 그리고, 2001년 〈음반 관리 조례(音像製品管理條例)〉 제정이 있었다. 입법기관의 상위법률이 제정되지 않았기 때문에, 행정기관의 조례를 통해 영상문화에 대한 전반적인 방향과 기본 법적 원칙을 제시하고 있다. 또한, 행정기관 조례에 입각하여 2004년 〈해외 자본 영화관 진출 규정(外商投資電影院潛行規定)〉, 〈방송국 프로그램 제작 관리 규정(廣播電視節目制作經營管理規程)〉, 〈텔레비전드라마 심사 규정(電視劇審査管理規定)〉, 2006년 〈영화 심사 관리 규정(電影劇本備案電影片管理規定)〉, 2008년 〈SNS 프로그램 서비스 관리 규정(互聯網聽視節目服務管理規定)〉 등 행정기관 조례의 하위법규인 판법, 규정, 통지, 의견 등 다양한 관습법규와 문건을 통해 구체적으로 추진된다.[15] 행정기관의 조례를 바탕으로 행정기관이 다양한 하위 규정을 통해 문화산업을 통제하고 지원하는 것이다.

예를 들면, 2001년 WTO 가입 이후 개혁개방이 가속화되고 해외의 문화자본과 상품의 유입이 활발해지자, 2005년 문화부, 국가광전총국, 신문출판서, 국가발전계획위, 상무부 등이 공동으로 〈해외 자본의 문화 영역 진입에 대한 약간의 의견(關于文化領域引進外資的若干意見)〉을 발표하여, 3가지 층위에서 문화산업 개방 범위를 정한 바 있다. 첫째, '기본적으로 개방하는 문화산업'으로 서적, 여행, 도서출판, 광고서비스 등의 분야는 중국의 문화안전을 위협하지 않기 때문에 개방을 기본으로 하고, 둘째, '개방이 제한된 문화산업'은 주로 문화콘텐츠 영역으로써, 음반, 방송프로그램, 오락장 소경영 등에 대해서는 합작만 허용하고, 공연, 영화관 건설, 영화관 경영 등은 주식을 통한 지분 투자만 가능하도록 규정하고 있으며, 셋째, '개방이 금지된 문화산업'은 해외자본의 유입

---

15) 王列生 主編, 『中國文化政策硏究報告』: 社會科學出版社, 2011).

이 국가 문화안전과 국가이데올로기에 심대한 영향을 줄 수 있다고 판단되는 분야로써, 뉴스, 전자출판물, 방송국, 방송프로그램제작사, 영화제작사, 영화배급사, 인터넷뉴스, 인터넷동영상프로그램서비스 등이 해당된다. 이러한 원칙 속에, 2006년 〈해외자본 영화관 진입 잠정 규정 보충(外商投資電影院潛行規定, 補充規定)〉, 2005년 〈문화상품 수입 관리 판법(關于文化産品進口管理的辦法)〉, 2007년 〈해외자본 투자사업 지도 목록(外商投資産業指導目錄)〉 등이 뒤이어 발표되어 행정지도가 진행되었다.

중국의 법규 체계는 전인대(입법부)가 관장하는 '법률', 그리고 국무원에서 관장하는 '조례(행정법규)', '규범성문건(판법, 규정, 통지, 의견 등 등)'을 통해 집행되는데, 중국의 문화산업 주요 법규는 객관적이고 독립적인 '법'에 근거하지 않고, 공산당의 지도를 받고 있는 행정기관(국무원)이 문화산업 추진주체로 일선 문화시장과 현장에 하달하는 상명하달 방식을 통한 '정부주도형 시장화 발전모델'로 정착되었음을 확인할 수 있다.

중국 문화정책은 가장 상위법규인 입법부의 법(法)의 제정이 부족하고, 하위법규인 조례, 판법, 규정, 통지, 의견 등의 관습적 행정지도에 의존하는 경향이 강하다. 〈영화법〉, 〈방송법〉, 〈출판법〉 등 법이 제정되고 있지 않으면서 문화산업 발전을 위한 안정성, 원칙, 권위 등이 결여되어 있고, 행정지도에 의해 임의적으로 집행되는 문제점을 배태하게 된다.

② 정부 주도의 문화체제와 제도 개혁

중국 정부는 2003년부터 본격적으로 문화체제개혁을 단행해 왔다. 문화체제개혁이란 시장시스템 정착과 활성화를 통한 발전을 목표로, 시장시스템 체제를 효율적으로 관리하기 위한 행정관리기구의 개혁을 골자로 한다. 결국, 문화체제개혁이란 '정부주도형 시장화 발전모델'이 잉태해온 시장과 정부의 이중적 모순을 가장 효율적으로 관리하기 위한 정책이라 할 수 있다.

10.5계획 시기(2001-2005년)의 문화체제 개혁의 목표는 정부-민간의 쌍궤형(雙軌型) 발전전략에서, 시장시스템 중심으로 체제를 전환하려는 것이었다. 2001년 10월 공산당 제15대 5차 전체회의 〈10.5계획 건의(中共中央關于制定國民經濟和社會發展第十個五年計劃的建議)〉에서는 체제개혁을 통한 문화산업 발전이 국민경제에 직결되는 중대한 사항임을 명시하였고, 2003년 7월 공산당 중앙선전부, 문화부, 신문출판총서, 국가광전총국 등이 공동으로 〈문화체제개혁에 대한 의견(關于文化體制改革試点工作的意見)〉을 발표하여 문화사업과 문화산업의 구분을 명확히 하고, "한 손에는 문화사업과 한 손에는 문화산업으로 '양 손으로 두 개의 사업을 강화하는(兩手抓, 兩加强)' 정책"을 채택하여 시장시스템을 정착시키고, 체세를 개혁하고, 기업을 주식회사로 전환하는 등의 내용을 구체적으로 추진한다. 2003년 10월에는 〈문화체제개혁 중 문화사업 단위의 기업화에 대한 규정(文化體制改革試点中經營性文化事業單位轉制爲企業的規定)〉, 〈문화체제 개혁 중 문화산업 발전 규정(文化體制改革試点中支持文化産業發展的規定)〉 등을 발표하여, 국유기업을 주식회사로 전환하고 민영기업의 문화산업 진출을 강화하여 국가중심의 문화발전에서 시장중심의 발전으로 전환을 모색하고 있으며, '한 손에 정부, 한 손에는 민영'이라는 '쌍궤제(双軌制)' 발전전략이 '시장중심'으로 전환되는 계기가 되었다.

뒤이은 11.5계획 시기(2006-2010년)의 문화체제개혁은 민간의 역할을 보다 강화하면서, 동시에 행정기구 개혁을 통해 효율적 시장관리를 실행하는 방향을 제시했다. 2005년 10월 〈중국 공산당 중앙 국민경제와 사회발전을 위한 11.5계획 건의(中共中央關于制定國民經濟和社會發展第十一個五年規劃的建議)〉에서 '체제개혁 심화를 통한 문화산업 발전'이라는 명제를 재차 확인하였고, 2006년에는 중국 공산당과 국무원이 공동으로 〈문화체제개혁 심화에 대한 의견(關于深化文化體制改革的若干意見)〉을 발표하여 문화체제개혁을 전면적으로 시행해야 한다는 대원칙을 명시하였다. 이러한 방침 속에 2008년 6월에는 중국 성급으로는 최초로 운남성에서 '문화체제개혁과 문화산업 종사자 회의'를 주최하여 성급단위에서 전면적인 문화체제개혁을 촉구하였다. 2008년 10월과 2009년 국무원에서는 〈문화체제개혁 중 문화사업단위의 제도개혁과 문화기업 발전을 위한 통지(文化體制改革中經營性文化事業單位轉制爲企業和支持文化企業發展兩個規定的通知)〉를 발표하여, 문화체제개혁을 촉진하고 금융기관의 문화산업 참여를 장려하는 등 기업발전을 강조하는 문화체제개혁을 단행하였다.

문화체제개혁의 또 다른 핵심적 과제는 행정기구 개혁이다. 이는 시장시스템 정착을 효율적으로 관리하기 위한 정부의 문제의식에서 비롯되었다. 현재 문화산업을 관장하는 행정기구는 주무부서인 문화부를 비롯하여, 국무원 총리직속기관인 국가신문출판광전총국이 있다. 중국 정부는 행정기구의 역할 분담과 협조를 분명히 하는 체제개혁을 단행함으로써, 문화산업 발전을 위한 체제정비에 나서고 있다. 먼저 문화부는 2008년 제11기 전인대 제1차회의에서 비준한 〈국무원 설치에 관한 통지(國務院關于機構設置的通知)〉(국무원 11호)에 의거하여 행정기구 개혁을 시도하였다. 문화부는 (1)문화예술정책과 법규, (2)문화사업 발전계획, (3)문학예술사업과 생산 지도, (4)문화예술사업의 공공서비스 계획, (5)문화예술산업 지도, 계획, 대외협력, (6)비물질문화유산의 보호, (7)도서관, 문화관 등 기층문화 건설, (8)문화시장 발전 계획, (9)문화예술 상품의 인터넷서비스 관리, (10)애니메이션, 게임 등 산업 계획, (11)문화과학기술의 지도, 계획, (12)대외문화교류협력, 홍콩마카오 문화교류, 대외문화협정, (13)기타, 국무원이 정하는 사항 등 13가지 업무로 개혁했다. 현재 문화부 산하에는 판공청, 정책법규사, 인사사, 재무사, 예술사, 문화과학기술사, 문화시장사, 문화산업사, 사회문화사, 비물질문화유산사, 대외문화연락국의 11개 산하기구가 설치되어 있는데, 특히, 문화산업과 직접적인 관련이 있는 부서는 문화부 산하의 문화산업사(文化産業司)이다. 중국 문화산업 발전사에서 1998년 문화산업사가 설치된 것은 문화산업 발전의 중요한 전환점이라 할 수 있다. 문화산업사가 설립된 이후 각 지방 행정구역 문화청에서도 문화산업처를 신설하는 등 새로운 행정기구를 설립했다. 문화산업사는 산하에 정책연구계획처, 산업발전지도처, 애니메이션처, 종합서비스처 등 4개를 두고 있다. 주요 업무로는 문화산업 발전 계획을 수립하고, 관련 법규의 초안을 만든다. 또한 문화산업기지와 지역문화산업건설과 발전을 관리하며, 문화산업의 대외교류와 합작을 담당하고 있다. 2006년『문화산업정책 주편(文化産業政策匯編)』을 출판하는 등 문화산업의 계획, 강요, 정책 등을 체계화했으며, 중국 최초로 정부의 문화관리사례를 선집으로 편집한『중국문화산업사례선집(中國文化産業典型案例選編』등을 출판하였다. 또한, 지방 문화청을 중심으로 인재를 양성하기 위한 교육을 지도하고 있으며, 문화산업사가 주관하여 인터넷 문화산업사이트인 문화산업망을 설립하여 문화산업 정책, 환경, 발전계획 등을 알려주고 있다. 이밖에, 137개 '국가문화산업시범기지'를 관리하고 있으며, 문화부와 공동으로 주관하여 북경대학교와 상해교통대학과 연계한 '국가문화산업창신과 발전연구기지'를 건설하는 등 문화산업 정책에 결정적인 기여를 하고 있다.

또한, 국가광전총국과 신문출판총서를 통폐합하였다. 국가광전총국은 국가광파전영전시총국(國家廣播電影電視總局)의 약자로, 방송, 영화 등을 관장하고, 특히 산하에 중국 최대의 방송국인 중앙방송국을 관리하고 있으며, 〈국무원 설치에 관한 통지(國務院關于機構設置的通知)〉(국무원 11호)에 의거하여, 국무원 직속기구로 "방송과 영화의 발전 계획을 수립하고 법규를 제정하며, 방송과 영화사업과 산업을 관리 지도하고,

중대한 전국 영화와 방송 활동을 관리"하는 기관이다. 신문출판총서(新聞出版總署)는 〈국무원 설치에 관한 통지(國務院關于機構設置的通知)〉(국무원 11호)에 의거하여, 국가광전총국과 같이 국무원 총리 직속기구로 설립되어, "뉴스출판사업, 산업발전 계획, 시행 등을 지도하고, 전국의 출판, 인쇄, 복제, 출판물 수입 등을 제정하며, 문화체제 개혁을 추진"하는 기관이다. 2013년 중국 정부는 〈국무원 기구 개혁과 직무 조정 방안〉을 발표하여 '국가신문출판광전총국'으로 통합출범시켰다. 향후, 문화부와 국무원 직속기관인 국가신문출판광전총국은 시대적 필요에 의해 대(大)문화부로 통합될 가능성도 제기되고 있다. 이와 같이, '정부주도형 시장화 발전모델'을 통한 문화산업 발전을 위한 개혁조치로서 문화체제개혁이 추진되고 있다.

그러나, 현재 문화체제개혁은 몇 가지 한계점을 보이고 있다. 첫째, 미디어 분야의 체제개혁이 상대적으로 더디게 진행되고 있다. 그것은 정부가 대중들에게 미치는 이데올로기 영향력이 상대적으로 약한 문화상품, 예술품 등에 대해서는 민영자본과 해외자본 유입이 용이하게 체제개혁을 주도하였으나, 국가체제 존속과 사회주의이데올로기와 직접적인 관련이 있는 방송국, 뉴스미디어 영역에 대해서는 상대적으로 시장화와 개방화에 보수적인 정책을 견지해 왔기 때문이다. 형식적으로는 국유기업을 민간화하는 '사업체제의 기업화 운영(事業體制, 企業化運營)'을 표방하고 있으나, 중국 사회주의체제에 미치는 영향력을 고려하여 비교적 체제개혁을 신중하게 추진하고 있는 것이다. 둘째, 행정관리기구의 비효율성 문제를 들 수 있다. 문화산업 관련한 부서가 문화부, 국가광전총국, 신문출판총서 등으로 나뉘어져 있어, 업종간 수평적 수직적 통합, 개방과 경쟁력 강화를 위한 통일된 전략을 수립하고 추진하는데 일정한 비효율성이 존재한다. 셋째, 지방 문화체제개혁이 미흡하다. 시급, 현급 지방의 문화행정기관은 문화국, 광전국, 신문판국 등으로 분산되어 있는데, 이를 문화광전출판국 등으로 합쳐서 통일되고 효율적인 지방행정기구로의 개편으로 나아가려는 노력이 필요하다. 또한, 지방행정기관의 문화예산이 부족하여 시급, 현급 이하의 문화관, 도서관, 공연단 등의 건립이 부족한 것도 중국 현지 언론에서 자주 제기하는 문제점 중 하나이다.

2011년 12.5 규획의 발표와 함께 중국 정부는 문화산업 발전전략을 담은 각종 지원정책을 내놓았다. 중국이 과거와는 달리 미래전략으로서 문화산업정책을 의제화해 가고 있음은 17기 6중전회의 정책발표를 통해 확인된다. 이 회의에서 〈문화체제개혁을 심화하고 사회주의 문화 대발전과 번영을 촉진하는 중대 문제에 대한 결의〉를 채택했는데 이는 무려 1만 7000여 자에 달하는 문화산업개혁과 관련한 중요 문건이며 중국 역사상 처음으로 중국 공산당 전체회의에서 문화건설을 주요 의제로 삼은 역사적인 일이다. 이 회의에서 2015년까지 문화산업을 GDP의 5%를 차지하는 주요산업으로 육성하겠다고 발표했다. 사실상 문화산업을 중국의 신성장 지주(支柱)산업으로 지정하는 결정을 내린 것이다. 지원정책뿐만 아니라 저질 콘텐츠와 인터넷에 대한 규제정책도 예고하였다. 이러한 중국 문화산업정책의 변화와 그 영향은 한국 정부는 물론 중국 진출 기업들은 반드시 검토해야 할 내용이다. 이 연구에서는 12.5 규획에 나타난 중국문화산업정책의 기조에 대해 검토하고 특히 17기 6중전회 결정문 분석을 통해 중국의 문화산업정책의 방향과 그 함의를 진단해본다

③ '정부주도형 시장화 발전모델'의 얼개

중국 문화산업의 발전역정을 살펴보면 정부의 주도적 역할은 분명해 보인다. 먼저, 정부가 주도하여 정책과 법규 제·개정을 통한 발전전략을 추진해 왔다. 즉, 법규와 정책을 통해 통제가능한 범위 내에서 문

화산업 발전을 추진해 온 것이다. 구체적인 사례를 보면, 2007년 12월 제17대 공산당 전당대회에서 "문화산업 발전을 이루기 위해서는 중대 문화산업에 대한 국가전략을 수립해야 하고, 문화시장과 국제경쟁력을 키우자"고 발표하면, 행정집행기관인 국무원에서 구체적으로 2008년 〈SNS 프로그램 서비스 관리 규정(互聯網聽視節目服務管理規定)〉, 그리고 2009년 〈문화산업진흥계획(文化産業振興規劃)〉 등을 구체적으로 실천해 나가는 식이다. 둘째, 상명하달식 시장시스템 확대를 추진해왔다. 일례로, 2005년 공산당과 정부가 〈중국 공산당 중앙 국민경제와 사회 발전을 위한 11.5계획 건의〉에서 '체제개혁 심화를 통한 문화산업 발전'을 선언하자, 뒤이어 2006년에는 공산당과 국무원이 공동으로 〈문화체제개혁 심화에 대한 의견〉을 구체적으로 발표하여 뒷받침하고 있으며, 2008년에는 국무원에서 〈문화체제개혁 중 문화사업단위의 제도개혁과 문화기업 발전을 위한 통지〉를 발표하여, 문화체제개혁을 더욱 촉진하고 기업화로의 전환과 발전을 위한 구체적인 방침을 제시하고 있다. 또한, 곧이어 2008년 윈남성에서 '문화체제개혁과 문화산업 종사자 회의'를 열어 지방 성급 단위에서 체제개혁을 논의하고, 베이징, 상하이 등 전국 21개 도시에서는 문화체제개혁에 대한 경험과 성과를 공유하는 회의를 개최하기도 했다. 이와 같이, 당과 정부의 문화산업 전략이 세워지고, 정책법규로 구체화되면, 각 지방행정기관과 문화산업 현장에 하달되어 시행방침으로 실천해 나가는 식의 방식에 따르고 있다. 셋째, 시장시스템을 효율적으로 관리하기 위해 정부 스스로 행정기구 개혁을 추진해왔다. 중국 정부는 문화산업에 대한 지도와 주도권을 지속하기 위해 문화산업 관련 부서에 대한 대대적인 행정체제 개혁을 추진해왔다. 문화산업을 관장하는 국무원 소속의 3개 기관인 문화부, 국가광전총국, 신문출판총서 등에 대한 기능과 역할을 〈국무원 설치에 관한 통지〉(국무원 11호)를 통해 정비하였고, 대대적인 체제개혁을 단행하여 문화산업 발전과 이에 대한 효율적인 관리가 가능하도록 기능과 역할을 정비해왔다.

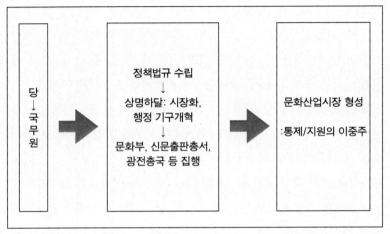

〈그림1〉〈정부주도형 시장화 발전모델〉흐름도

이와 같이, 〈정부주도형 시장화 발전모델〉을 정책과 법규 중심으로 정리하면, 아래 〈그림1〉에서와 같이, 첫째, 공산당(중앙선전부)에서 문화와 문화산업 발전전략의 방향을 제시하고, 둘째, 국무원에서는 이를 뒷받침하기 위한 구체적인 내용을 행정법규, 규범성 문건 등의 형식으로 발표한다. 문화부에서는 문화, 공연업, 인터넷게임 등 문화유산과 문물보호를, 총리직속기구인 신문출판총서에서는 뉴스, 출판업, 저작권관리 등을, 광전총국에서는 방송, 영화 등을, 공업정보통신부에서는 인터넷, 통신 등을, 체육총국에서는 체육업 등을, 여행국에서는 여행업 등을, 기타 상관부서인 국가발전개혁위원회, 재정부, 상무부, 민정부, 환경보호부 등에서도 문화산업과 관련된 행정법규와 규범성 문건을 제·개정하여 지침을 발표한다. 셋째, 이러한 당·행정부 결정에 입각한 정책과 법규를 바탕으로, 한편으로는 문화산업 시장시스템을 활성화하고 또 다른 한편으로는 행정기구 개편을 통해 정부의 효율적 관리를 지속한다. 이러한 당→국무원→정책과 법규→문화산업 시장화와 행정관리기구 개혁 등의 수순으로 실천되며, 중앙정부-성급/직할시-기층행정기구 등 3단계로 전국에 수직적으로 시행되는 것이 '정부주도형 시장화 발전모델'의 얼개라고 할 수 있다.

10.5계획과 11.5계획 10년간의 〈정부주도형 시장화 발전모델〉 발전역정을 자세히 살펴보면 미세하지만 약간의 모델 변화가 엿보인다. 10.5계획 기간 동안은 당과 국무원에 의해 결정된 문화정책이 정책과 법규를 통해 문화산업 시장을 활성화하였고, 이를 효율적으로 통제하면서 지원하기 위한 행정기구 개편이 정부주도로 진행된 바 있다. 그러나, 11.5계획 기간에는 문화산업의 민영화와 기업화라는 시장논리가 보다 강화되면서 정부주도형 발전모델은 기존의 '일방향적 지도형 모델'에서 정부가 시장시스템과 교감하고 협치하려는 '쌍방향적 관리형 모델'로의 변화가 일고 있는 것이다. 2006년 〈문화체제개혁 심화에 대한 의견(關于深化文化體制改革的若干意見)〉과 2009년 〈문화산업진흥계획(文化産業振興規劃)〉를 계기로 정부의 문화산업 전략은 '통제가능한 시장화'라는 큰 틀을 유지하면서도, 민영화와 기업화 등 보다 시장중심으로의 정책을 강화하면서 정부-시장이 선(善)순환하는 발전모델로 변모하고 있는 것이다. 〈그림2〉에서와 같이, 정부주도형이라는 큰 틀 속의 정체성에는 변화가 없지만, 이를 구체적으로 추진하는 세부방법론에서는 보다 시장화에 중점을 두는 약간의 변화된 양상이 일어나고 있는 것이다.

이러한 정책기조의 변화 속에 문화산업의 정부통제를 보다 완화하고 법제화에 의한 시장관리로 나가야 한다는 주장이 제기되기도 한다. "문화산업 관리와 규제 위주의 정책법규가 많아, 서방 선진국과 같은 지원 중심의 효력이 큰 법률 제정이 필요하다. 중국의 경우 법률에 근거한 정책법규가 미약한 편이므로, 〈문화산업촉진법(文化産業促進法)〉을 제정하여 합리적이고 과학적인 법률체계를 갖추는 것이 중요하다".[16]

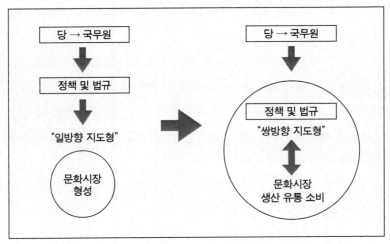

〈그림2〉 정부주도형 시장화 발전모델 변화: 일방향적 지도형 → 쌍방향적 관리형

4) 중국은 왜 '정부주도형 시장화 발전모델'을 추진하는가?

중국의 문화산업은 사회주의체제의 특성상 서구의 문화산업 지위와 차이를 보이는 특수성을 가진다. 서구와 중국의 문화산업은 경제영역으로서의 문화산업, 대중들의 소비를 지향하는 문화산업, 시장시스템을 통한 문화산업이라는 점에서 공통점을 갖지만, 중국에서의 문화산업은 정치이데올로기 선전과 유포라는 정치적 목적하에 특수한 방식으로 발전해 왔으며, 당국가(party-nation)체제라는 중국 사회주의체제의 특

16) 張曉明, 胡惠林 主編, 74-75쪽.

징 속에 당-정부가 주도하는 독특한 발전경로를 따라 발전해 왔다. 서구나 일반 자본주의체제의 문화산업은 생산, 유통, 소비 등 시장행위의 수익창출이라는 자발적 전개를 통해 발전하는 '시장친화형' 발전경로를 보이는 반면, 중국은 정부주도의 시장시스템 속에서 '한 손에는 정부, 한 손에는 민간'이라는 쌍궤형 이중적 속성 속에 발전해온 것이다. 이러한 중국식 독특한 문화산업 발전방식은 정부가 문화산업의 발전계획을 입안하고 집행하는 중국식 '정부주도형 문화산업 발전모델'로 고착된 것이다.

이와 같은 정부주도형 문화산업 발전모델을 추진하게 된 구체적인 배경을 살펴보면, 먼저, 폭증하는 대중들의 문화수요에 대한 대응 때문이다. 개혁개방 이후 대중들의 문화욕구는 급증하고 있으며, 해외의 우수한 문화콘텐츠는 유입되고 있는데 비해 중국 문화콘텐츠는 취약점을 보였기 때문에 대중들의 문화수요를 만족하는 새로운 문화생산 인프라 구축이 필요했다. 둘째, 경제발전 전략으로 인식이 전환되었다. 문화산업이 미래를 선도할 고부가가치 국가기간산업이 될 수 있다는 인식의 전환이 이루어졌고, 문화산업 발전을 통해 경제발전을 도모할 수 있다는 범사회적 합의가 이루어졌다. 셋째, 개혁개방 정책에 따라 증가하는 해외 문화수입에 대비하여 국내문화산업을 보호하는 한편, 수준 높은 문화산업을 육성하여 문화수출과 국제경쟁력을 강화하기 위함이다. 넷째, 문화가 가진 이데올로기 효과에 주목하면서 정부가 통제가능한 상황에서 발전시켜 나가기 위함이다. 다섯째, 정치적 결집에 활용하기 위함이다. 개혁개방 이후 누적되어온 빈부격차, 도농격차, 소수민족 독립 요구 등 다양한 사회문제를 치유하고 봉합하며, 민족단결과 사회총화의 이데올로기를 대중들에게 유포함으로써, 그람시(Gramsci)의 용어를 빌리자면 지배계급의 '동의의 기제'로 활용하기 위해서이다. 여섯째, 대외적으로도 중국을 유구한 문화전통을 가진 매력국가 이미지로 만들기 위한 소프트파워 외교전략의 일환으로 도입되었다. 결국, 문화산업을 경제적 영역과 문화이데올로기 영역으로 인식하려는 중국의 독특한 문화산업 개념이 정부의 통제 속에 문화산업 시장발전을 지향하려는 '정부주도형 시장화 발전모델'의 태동 원인이자 결과가 된 것이다.

결론적으로 이러한 모델이 자리잡게 된 배경은 경제적 층위 외에도 정치적 층위, 이데올로기적 층위가 중층적 결정요인(overdetermination)으로 개입된 결과로 보여진다. 즉, 문화산업이 중국의 미래 국가기간산업으로 성장할 것이라는 경제적 필요성과 함께 문화산업이 국가이데올로기 창출기제로써 사회주의체제를 수호하기 위한 문화적 도구가 될 것이라는 정치적 측면이 동시에 작용했기 때문이다. 또한, 대외적으로도 글로벌 시대를 맞아 중국 문화산업의 해외수출(走出去)이라는 국제경제 전략과 더불어 매력국가라는 국가이미지 제고를 위한 소프트파워 외교전략의 일환으로 활용할 수 있을 것으로 판단했기 때문이다. 이러한 문화산업의 대내외적 특수한 상황은 정부가 '문화'의 통제를 바탕으로 '산업'을 발전해야 하는 특수한 상황을 야기했고, 이러한 모순적 현실을 타개하기 위해 중국 정부는 위로부터 아래로의(top-down) 통제가 가능하면서도 동시에 시장시스템을 통해 발전해 나갈 수 있는 '정부주도형 시장화 발전모델'이라는 독특한 중국식 발전모델을 발전시켜 온 것이다.

5) 중국식 문화산업 발전의 성과와 문제점은 무엇인가?

정부주도형 문화산업은 괄목할 만한 발전과 성과를 이루었다. 시장화 정책을 통해 문화산업이 시장시스템 속에 발전하게 되었으며, 국유기업을 민영화하여 경쟁력을 높여 나가고, 해외수출이 증가하는 등 국민경제의 중요한 비중을 차지하게 되었다. 또한, 정부의 문화산업 발전

계획 속에 2011년 현재 전국에 137개의 문화산업시범기지가 건설되었고, 전국 22개 성급 행정구역에 429개의 '성급문화산업시범기지'가 건설되었다. 이러한 문화산업 시범기지의 건설은 경제적 수익과 사회문화적 영향력 측면에서 모두 일정한 효과를 거두었다.

중국의 문화산업은 2007년 국내총생산액의 2.6%로 미국의 25%, 일본의 20%, 한국의 15%, 유럽의 10-15%에 훨씬 미치지 못하는 수치이지만, 매년 15-20%에 달하는 성장률의 속도를 보였다.[17] 국가통계국에 의하면, 2004년 이후 중국 문화산업의 성장은 GDP 경제성장 속도보다 빠른 것으로 조사되고 있다. 2000년 공산당 전당대회에서 문화산업 전략을 발표한 이후, 10.5계획과 11.5계획 10년 동안 문화산업 성장률은 매년 15-20% 이상의 증가율과 매년 평균 1,000억 위안(元) 이상의 성장세를 보이면서 GDP 비중이 0.15%씩 증가하고 있다. 또한, 중국 중앙정부와 지방정부가 문화와 체육 부문에 지출하고 있는 예산은 2008년 1,095억 위안으로, 총 재정지출의 1.75%를 차지하고 있다. 중국 문화산업 규모를 구체적으로 살펴보면, 아래 〈표4〉에서와 같이, 2010년 1조 1,000억 위안에 달하고 있으며, 매년 증가폭이 20% 이상을 상회하고 있음을 확인할 수 있다.[18] 2010년 문화산업 관련 법인에서 생산한 총액은 1조 1천억 위안으로, 전체 GDP의 2.75%에 해당되며, 2004-2008년까지의 문화산업 관련 법인의 총생산액은 23.3% 증가율을 보이고 있으며, 2008-2010년 증가율은 24.2%를 보이고 있다.

---

17) 張春華, 「中國文化産業的政策演化, 産業發展, 與政策建議」, 『北大文化産業評論 2010年』, 金城出版社, 2010, 246쪽 참조.
18) 張曉明·胡惠林主編, 앞의 책, 63쪽 참조.

연도	규모액(단위: 억 위안)	증가율(%)
2006	5,123	17.1
2007	6,412	20
2008	7,600	18.5
2009	8,768	20.7
2010	11,000	25.8

(자료출처: 『中國文化政策研究報告』, 社會科學文獻出版社, 2011.)

또한, 2008년 문화산업 종사자수는 1,182만 명로서 2004년에 비해 18% 증가하였다. 문화산업 총생산액을 지역별로 구분하면 대도시가 밀집해 있는 동부지역이 82%, 비교적 낙후된 농촌지역인 중서부가 18% 정도 차지하고 있어, 문화산업이 동부지역의 경제발전 지역을 중심으로 성장하고 있음을 확인할 수 있다. 문화산업 성장규모와 연계할 수 있는 간접적인 지표는 국민 문화오락 소비총액으로서, 2008년 5,600억 위안에서 2009년 6,931억 위안으로 증가하여 매년 20% 정도의 증가 추세를 보이고 있는데, 이를 통해 중국의 문화상품 소비시장이 증가하고 있음을 확인할 수 있다.[20]

---

19) 王列生 外, 『中國文化政策研究報告』, 社會科學文獻出版社, 2011, 11쪽 참조. 문화산업 수출액은 통계 조사기관과 학자에 따라 약간씩 차이를 보인다. 중국 상무부가 2010년 발표한 〈문화상품과 서비스업 수출입 규모(文化商品及服務進出口狀況年度報告)〉에 의하면, 2009년 핵심문화산업 수출입 총규모는 144억 달러로 2007년에 비해 22.6% 증가한 것으로 조사되었다.
　　　張曉明, 胡惠林 主編, 『2010年中國文化産業發展報告』, 社會科學文獻出版社, 2011, 4쪽 참조.

20) 宋磊 主編, 『中國文化産業50問』, 光明日報出版社, 2011, 159-164쪽 참조.

이러한 분위기 속에 문화산업에 대한 은행들의 대출투자도 증가하고 있는데, 대규모 시중은행의 융자규모는 2011년 현재 대략 1,000억 위안에 달할 것으로 예측하고 있으며, 문화산업 기업들의 증권시장 상장기업도 2011년 26개에 달하는 것으로 조사되었다.[21] 이밖에, 문화산업 관련 수출입 총액도 증가하고 있는데, 2009년 상무부가 선전박람회에서 발표한 〈문화상품 및 문화서비스 분야 수출입 보고〉에 의하면, 2008년 중국의 핵심 문화산업의 무역 총액은 158.4억 달러로, 2007년 대비 22.6% 증가한 것으로 발표되었다.[22]

문화산업 핵심분야의 구체적인 통계를 살펴보면 문화산업 성장세를 더욱 명료하게 확인할 수 있다. 먼저, 출판업계 동향을 살펴보면, 2008년 전국도서판매총액은 791억 위안으로 정기간행물 187억 위안, 신문 317억 위안, 녹음제품 11억 위안 등으로 구성되어 있다. 2008년 출판된 도서수는 총 275,668권으로 새로 출판한 도서 149,988권, 중보판 도서 125,680권이며, 총 출판한 도서수량은 69억 3천만개로써, 총액은 791억 위안에 이른다. 2007년과 비교해 볼 때, 전체 발행종류수는 13%, 총 인쇄량은 22.7%, 총판매액은 16.9% 증가하는 성장세를 보이고 있다. 영화산업의 경우, 총수익은 2003년 22억 위안에서 2010년 156억 위안으로 5배 이상 증가했으며, 영화제작편수도 2003년 140편에서 2010년 526편으로 증가하였다. 방송부문에서도 성장세는 뚜렷하다. 2009년 방송분야 총수입은 1,665억 위안으로 2008년에 비해 82억 위안이 증가한 5.18%의 성장세를 보이고 있다. 특히, 2010년 전국에서 만들어진 방송드라마수량은 436편 14,685회로 세계 1위를 차지하고 있다. 2009년 라디오방송국은 257개, 텔레비전방송국은 277개, 교육용텔레비전방송사

---

21) 王君 主編, 『中共中央關于深化文化體制改革推動社會主義文化大發展大繁榮若干重大問題的決定』, 中共中央黨校出版社, 2011, 162쪽 참조.

22) 張曉明, 胡惠林 主編, 3-7쪽 참조.

45개, 라디오텔레비전방송국은 2,069개이며, 텔레비전 보급은 4억대, 라디오보급은 5억대이며, 전국 수신율은 96%로 서구 선진국과 비슷한 수준으로 올랐다. 중국의 광고시장에서도 괄목할 만한 성과를 보이고 있는데, 2009년 중국 광고시장 총액은 5,075억 위안으로 2008년에 비해 13.5% 증가했다.[23]

중국의 10.5계획과 11.5계획 10년 동안의 문화산업 발전 현황을 간접적으로 확인할 수 있는 또 하나의 지표가 창의산업(創意産業) 통계이다. 원래 창의산업(creative industry)은 디자인, IT분야, 소프트웨어, 영화 등 창조문화산업을 총칭하는 개념으로써, 영국의 창의산업이 전 세계에 새로운 산업트렌드로 확산되면서 중국이 도입하기 시작한 신개념 문화산업 용어이다. 중국에서 창의산업은 문화산업과 보통 호환해서 사용하고 있는데, 일반적으로 창의산업은 문화산업보다 기술적이고 경제적 관념을 더 강조하고 있다고 할 수 있다.

중국의 창의산업은 2002년 국가통계국이 발표한 〈국민경제 업종 분류 기준(國民經濟行業分類標準)〉에 근거하여 영상문화(影視文化), IT소프트웨어, 공예, 디자인, 뉴스/출판/전시회, 서비스기획분야(법률, 증권, 회계, 시장조사, 지적재산권 등), 리조트오락, 과학연구 등 8가지 분야로 나누어진다. 그 중에서 문화산업과 연관있는 영상문화, 공예, 디자인, 미디어 등 창의산업 분야 발전 현황을 살펴보면 문화산업의 성장세를 간접적으로 확인할 수 있다.

아래 〈표5〉에서와 같이, 중국에서 창의산업에 종사하고 있는 기업수는 2008년 총 699,608개이며, 전체 기업의 14%를 차지하고 있으며, 창의산업에 종사하고 있는 사람은 1,398만 명으로 전체 취업인구의 6.39%에 달한다. 창의산업의 총수익은 4조 6,811억 위안으로 전국 경제

---

23) 張曉明, 胡惠林 主編, 『2010年中國文化産業發展報告』, 社會科學文獻出版社, 2011, 4쪽 참조.

총수익의 4.49%를 차지하고 있는데, 창의산업 8개 분야 중에서 IT소프트웨어 분야가 1조 5,205억 위안으로 1위를 차지하고 있다. 창의산업 기업수 또한, 2004년 3,249,342개였으나, 2008년에는 4,959,671개로 증가하여 52%의 성장세를 보이고 있으며, 취업인구도 2004년 1억 6,693만 명에서 2008년 2억 1,889만 명으로 늘어나 31.13%의 증가세를 보이고 있다. 총영업수익은 2004년 44조 97억 위안에서 2008년 104조 1,672억 위안으로 증가하여 무려 136%의 성장세를 보이고 있다.

〈표5〉 창의산업의 기업수, 취업인구, 총수익 통계

	2004	2008	성장률 (%)	연평균 성장률(%)
기업수	385,915개	699,608개	81	16
취업인구	955만 명	1,398만 명	46.4	10
총수익	22,997억 위안	46,111억 위안	103.5	19

(자료출처: 『2011 중국창의산업발전보고』, 437쪽)

창의산업 종사자의 학력도 점차 높아지고 있다. 2004년에는 대학원생 이상 종사자가 23만 명에서 2008년 51만 명으로 늘어났고, 대졸 이상 종사자도 2004년 169만 명에서 2008년 321만 명으로 증가하는 등 창의산업에 투입되는 종사자의 학력이 높아지고 있는 추세인데, 이는 고학력 인재가 점점 창의산업에 몰리고 있다는 것을 보여준다. 특히, 2009년 〈문화산업진흥계획〉 발표 이후, 2010년 문화창의산업 가치는 1,692억 위안으로 2009년에 비해 13% 증가했으며, 전국 도시 GDP의 12.3%를 차지하고 있어 창의산업이 2009년 문화산업진흥계획의 정책 지원 속에 비약적으로 발전하고 있음을 확인할 수 있다.

또한, 정부의 문화체제개혁 정책에 힘입어 상장 기업간 합병, 지역을 넘어선 합병, 미디어 영역의 합병 등 시장시스템을 활용한 대규모 기업 구조조정이 진행되고 있다. 2008년에는 인민일보가 화원(華聞)주식회사 주식을 팔고 런바오(人保)회사가 대주주가 되었고, 이후 랴오닝잉펑(盈豐)미디어, 충칭화보(華博)미디어, 티엔진화상(華商)광고사 등을 병합하여 새로운 미디어회사를 설립하는 등 2008-2009년 동안 상장된 문화산업 기업 중에서 21개 회사가 병합하여 규모화에 나서고 있다. 또한 지역을 넘어선 합병도 진행되었는데, 2008년 장수성의 신화(新華)배급그룹이 하이난성의 신화서점그룹을 사들여 하이난평황신화배급주식회사를 만들어, 배급회사로서는 중국 최초로 지역단위를 넘어선 대형 합병회사를 창설했다. 또한, 2008년 산동성에서는 옌타이일보미디어그룹 산하의 광수잉시(光速影視)문화방송회사가 옌타이 140개의 지점을 거느린 중롄웨이예(中聯偉業)문화방송사를 사들여 옌타이일보사는 신문뿐 아니라 인터넷망도 확보하는 등 대규모 미디업합병을 진행한 바 있다.

이와 같이, 10.5계획과 11.5계획 10년 동안 중국 문화산업은 정부주도의 정책지원 속에 규모와 내용 면에서 광범위한 발전을 이루고 있다. 이러한 문화산업이 중국 사회에 가져온 영향은 지대하고 다양하다. 첫째, 중국 대중들의 문화향유권이 대폭 확장되었다. 영화, 방송, 게임, 여행, 음악회 등 광범위한 문화인프라가 형성되면서, 개혁개방 이후 증가한 대중들의 문화수요를 만족시키면서, 이에 따라 문화소비가 대폭 증가하였다. 특히, 디지털기술발전에 따른 정책지원과 디지털인프라 구축의 성공으로 블로그, 인터넷문화공간의 게시판, 토론방 등을 통한 문화교류와 문화공감의 폭과 깊이가 확장되어, 청년층의 문화소비와 문화교류에 전환점을 마련해 주었다. 둘째, 중국 국민경제에 기여하였다. 문화산업은 경제수익과 결합되어 수익창출을 확대하는 기반이 되었으며, 전체 생산에서 차지하는 비중이 점차 증가하고 있으며, 2009년 문화산업진흥계획 발표 이후 국가전략중점산업으로 명시되면서 새로운 미래

성장의 동력으로 자리잡고 있다. 셋째, 문화산업 발전은 '조화로운 사회'라는 국정목표에도 기여하였다. 문화산업 발전으로 광범위한 문화소비가 이루어지면서, 다양한 문화콘텐츠와 문화상품이 대중들의 수요를 만족시키며 대중의 욕구와 부응하였고, 문화산업을 통해 대중들의 사회단결과 응집력을 결집시키는데도 기여하였다. 넷째, 대외적으로는 국가소프트파워에도 기여하였다. 문화산업의 획기적인 성장과 발전은 개방화 정책 속에 유입된 서구 문화의 범람 속에서도 중국 문화주권과 민족문화 보호에 기여하는 것으로 평가되고 있으며, 대외적으로는 문화수출이 증가하면서 중국브랜드 가치를 높이고 국제적 매력국가로 만드는데 기여하였다고 평가할 수 있다.

반면, 몇 가지 한계점도 드러내고 있다. '정부주도형 시장화 발전모델'은 시장화, 개방화, 기업화, 규모화 등 일정한 경제적 성과를 가져온 것은 분명하나, 기본적으로 정부가 문화산업을 산업이자 이데올로기 영역으로 보는 이중적 인식 속에 추진하면서 통제와 지원이라는 양면적 특징을 보이고 있다는 점에서 몇 가지 한계점을 보이고 있다.

첫째, 상명하달식(top-down) 문화산업 발전모델은 시장시스템 속의 대중들의 욕구에 부합하는 방향과 일치하지 않는 한계를 보이기도 한다. 중앙정부와 지방정부는 위로부터의 발전계획과 예산을 동원하여 문화산업 발전에 박차를 가하고 있으나, 막대한 예산에 비해 시장과 연계되지 않은 일회성이나 전시성 문화산업 콘텐츠가 양산되면서 지방 문화단지에서는 질적 수준이 높지 않은 문화산업 시설이나 콘텐츠단지가 조성되는 한계를 보이면서 소비주체인 대중들의 욕구와 유리되는 문제점이 생기기도 한다. 2013년 현지 조사를 위해 후베이성 우한시 시청의 협조 속에 문화산업 담당 직원의 안내를 받으며 삼국지 테마파크와 적벽대전 유적지 개발 현장, 그리고 흉노족과의 전쟁영웅으로 유명한 화무란을 기념하는 청소년수련관 등을 방문할 기회가 있었다. 그러나, 주말임에도 불구하고 관광단지를 찾는 관광객은 극소수에 불과했으며, 그마나 관광객은 우한시 산하의 기업단위에서 단체로 온 관광객이 주를 이루고 있었다. 시청 공무원이 자랑하는 엄청난 예산 투입에도 불구하고 대부분 시설은 조악한 장식건물 위주로 꾸며져 있으며, 관광객들을 위한 문화행사도 몽골춤과 말타기 등으로 제한되어 있어, 삼국지와 화무란이라는 유명한 역사콘텐츠를 가진 관광지라는 이점에도 불구하고, 전시성 관광단지 조성으로 중국 관광객들에게 빈축을 사는 현장을 목격할 수 있었다. 정부주도형 상명하달식 문화산업이 성과에만 급급하여 실제 지역의 문화현장에서 대중들과 유리된 채 전시성 행정으로 진행되는 것을 확인한 방문이었다.

둘째, 정부주도형 문화산업의 국가이데올로기 통제정책은 필연적으로 문화콘텐츠 창작과 표현의 자유에 일정한 장애로 작용하기도 한다. 정부주도형 발전모델은 속성상 시장시스템에 기반한 생산자와 소비자의 자율적 책임의식보다는 국가의 관리와 검열정책 등을 통해 문화생산, 유통, 소비 과정을 통제하려는 경향이 강하다. 예를 들면, 인터넷 실명제 실시 등과 같이 규제에 의존하려는 경향이 강하기 때문에, 대중의 욕구와 자율성보다는 정부의 가치관과 윤리의식 등을 기준으로 통제하려는 사례가 많기 때문에 콘텐츠 창작과 표현의 자유 기반을 약화시키기도 한다. 영화와 방송의 심사 규정을 자세히 살펴보면, 중국 정부의 문화산업에 대한 검열기준이 어떠한가를 큰 틀에서 확인할 수 있다. 1999년 제정된 〈라디오텔레비전관리조례(广播电视管理条例)〉 제32조에서는 프로그램 제작과 방영에서 금지목록을 제시하고 있는데, (1)국가통일, 주권 및 영토의 완전성을 위해하는 내용, (2)국가안보, 명예 및 이익을 위해하는 내용, (3)민족분열을 선동하고 민족의 단결을 파괴하는 내용, (4)국가기밀을 누설하는 내용, (5)타인을 비방하거나 모욕하는 내용, (6)음란과 미신을 선전하거나 폭력을 조장하는 내용, (7)법률과 행정법규로 금지된 내용 등 일곱가지이며, 2001년 제정된 〈영화관리조례〉에서는 영화에서의 심사제도 기준으로 (1)헌법 등 기본원칙 준수, (2)국가통일과 주권 및 영토 보전, (3)국가기밀과 안전, (4)민족단결, (5)국가종교정책, (6)사회질서 유지, (7)음란폭력조항, (8)비방과 권리침해, (9)공중도덕과 민족문화 보호, (10)법규 준수 등 열 가지를 제시하고 있다.[24] 이러한 강력한 검열제도는 창작과 표현의 자유에 장애로 작용하기도 한다.

셋째, 문화주체인 기업과 문화종사자들은 정부의 정책지원에 따르고 의존하려는 경향이 있기 때문에 대중의 수요와 욕구에 기반한 문화시장 자체적인 문화산업 발전에 한계를 가진다. 중국 학계에서는 대중들의 문화향유권과 결합하면서 문화의 가치를 중심으로 수정하여 나가야 한다는 새로운 발전전략을 제시한다. 중국 사회과학원 문화산업연구센터 장샤오밍(張曉明) 부주임은 "중국에서 문화산업을 본격적으로 발전하기 시작한 것이 이미 10년이 지났다. 짧은 기간이지만, 서구 자본주의 선진국가가 100년 동안 이룩한 길을 넘어서고 있다. 사상 해방, 의식의 전환, 체제개혁, 기회를 열어가는 능력 등이 중국의 문화산업 고속발전의 원동력이 되었다"라고 자평하면서, 체제개혁을 지속하고, 발굴되지 않은 문화시장을 확대해야 하며, 문화콘텐츠의 경쟁력을 높이는 노력 등 다양한 문제점을 극복해야 한다고 지적한다.[25]

그런 점에서 앞으로도 문화시장의 규모가 확대되어 갈수록 현재와 같이 과연 정부가 문화시장의 구심점으로 주도해 나갈 수 있을지 의문

---

24) 廣播電影電視總局, 〈電影劇本(梗概)立項, 電影審查潛行規定〉, 홈페이지: www.chinasarft.gov.cn
25) 張京成 主編, 『2011年中國創意産業發展報告(上, 下)』, 社會科學文獻出版社, 2011 23-26쪽 참조. 王列生 外, 『中國文化政策研究報告』, 中國經濟出版社, 2011, 436-440쪽 참조.

이다. 시장의 규모와 다양성이 확장될수록 시장주체의 자율화 요구가 강화될 것이고, 이에 따른 새로운 관계설정을 요구하게 될 것이기 때문이다.

6) 향후 중국 문화산업은 어떤 방향으로 나아갈 것인가? - '협치형' 중국식 발전모델

정부주도형 발전모델은 '이데올로기' 영역과 '산업' 영역이라는 이중적 속성을 가진 문화산업 발전에 대한 중국 정부의 고민과 의지의 결정체라 할 수 있다. 이 장에서는 중국 정부가 정부주도형 발전모델 속에 지원정책, 문화체제 개혁, 행정기구 개혁 등 정책과 법규를 통해 문화산업을 발전시켜온 궤적을 논증해보았다. 결국 이 모델은 정부가 한편으로 '문화'에 대한 이데올로기적 통제를 견지하면서도, 한편으로는 문화산업을 보호육성하여 미래성장산업으로 발전시키려는 국가전략에서 나온 모델임을 확인할 수 있었다.

2011년 10월 26일사 〈인민일보〉는 중국 공산당 제17기 제6차 전체회의(6중전회) 소식을 전하면서, 신문 전면에 걸쳐 〈중국 공산당의 문화체제개혁 심화와 사회주의 문화발전을 위한 중대한 문제에 대한 결정(中共中央關于深化文化體制改革推動社會主義文化大發展大繁榮若干重大問題的決定)〉을 특집 보도했다. 〈결정〉은 9가지 테마로 구성되어있다. 첫째, 문화개혁의 중대성과 긴박성을 충분히 인식하고 자각하여 사회주의 문화 발전을 주동적으로 추진할 것, 둘째, 중국특색의 사회주의 문화를 견지하여, 사회주의 문화강국을 건설할 것, 셋째, 사회주의핵심 가치관을 건설하여, 전국 각 민족의 단결과 사상도덕의 기초를 공고히 할 것, 넷째, 인민을 위한 '이위(二爲, 인민과 사회주의를 위하는 문화)'방향과 '쌍백

(百花齊放, 百花爭明)' 방침을 관철할 것, 다섯째, 인민의 문화권익을 위한 공공성 문화사업을 발전시킬 것, 여섯째, 국민경제의 지주산업으로써 문화산업을 빨리 발전시킬 것, 일곱째, 개혁개방을 심화하여 문화발전을 위한 체제기제를 만들 것, 여덟째, 사회주의 문화에 기여하는 인재를 양성할 것, 아홉째, 공산당의 문화에 대한 지도력을 강화할 것 등이다.[26]

⟨결정⟩은 총 9가지 테마로 다양하게 구성되어있지만, 핵심적인 내용을 요약하면 '사회주의 이데올로기와 민족단결을 위한 문화산업', '국민경제에 기여하는 문화산업', '공산당의 문화지도력 강화' 등 세 가지 테마로 정리할 수 있다. 결국, 2011년 10월 중국 공산당 전당대회에서 채택한 중대 ⟨결정⟩이란 향후 중국 정부가 문화산업의 시대적 중대성을 절감하고 더욱 강력한 통제와 지원정책을 병행하여 추진하겠다는 '정부주도형 시장화 발전모델'에 대한 강력한 의지의 표현으로 보인다.

특히, 이번 6중회 ⟨결정⟩은 제12차 5개년 계획인 12.5규획(2011-2015년)의 실행계획을 밝혀 놓았다는 점에서 시사하는 바가 크다. 12.5계획에서는 문화산업을 국가지주산업으로 공인하고, 문화산업 부가가치 규모를 2010년에 비해 2배 이상 성장시키고 명실공히 21세기 '문화강국'으로 도약하겠다는 중국의 의지를 대내외에 천명한 것이다.

이러한 상황을 종합할 때 2000년 이후 중국 문화산업 발전을 이끌어온 정부주도형 발전모델은 향후 여전히 강력한 헤게모니 속에 지속될 것으로 예측된다. 중국 현지 문화연구자들 또한 정부주도형 발전모델의 지속성을 예견하고 있다. 문화학자인 장춘화의 전망에 따르면, 향후 중국 문화산업 정책은 첫째, 지원과 통제의 이중적 관계, 둘째, 국유자본, 외자, 민영자본의 조화로운 공존, 셋째, 문화경제와 문화민생의 상호작용, 넷째, 문화산업과 문화사업의 양 날개 속에서 현행과 같은 순

---

26) 王君 主編,『中共中央關于深化文化體制改革推動社會主義文化大發展大繁榮若干重大問題的決定』, 中共中央黨校出版社, 2011, 1-19쪽.

조로운 발전을 지속해 나갈 것으로 전망하고 있다.[27] 그러나, 지난 10여 년간 이 발전모델에 의해 형성되었고 문화산업의 원동력으로 작용해 온 시장시스템이 정부의 통제 속에서 새로운 힘을 얻어갈 가능성도 배제할 수 없다. 특히, 〈그림3〉에서와 같이 시장시스템의 최종심급이라 할 수 있는 문화소비자인 대중들의 선택과 판단에 의해서도 지금의 모델은 새로운 도전을 받을 개연성이 있다.

향후 중국 문화산업 발전을 이끌어온 정부주도형 발전모델이 확장된 시장시스템과 다양한 대중들의 수요를 포용하면서 언제까지 현행과 같은 지속가능한 통제 속의 발전을 이루어낼지 현재로선 예단하기 어렵다. 다만, 분명한 것은 '정부주도형 시장화 발전모델'의 상명하달식(top-down) 정책과 행정관리를 통해 정부가 문화산업의 헤게모니(hegemony)를 견지하면서도, 기업-문화종사자 등 시장주체들의 점증하는 자율화 요구를 수용해야만 하는, 특히 최종 소비자인 대중의 선택을 포섭해야만 하는 필연적 변화의 요구에 직면하게 될 것이라는 현실이다.

따라서, 아래 〈그림3〉에서와 같이, 중국 문화산업은 정부주도형 발전모델 속에 정부, 시장, 대중의 3중주 속에 새롭게 경쟁하고 충돌하고 융합되면서 복합변환된 모델로 전화해 갈 것으로 예상된다. 먼저, 중국 정부는 시장에 대해 '지속가능한 통제'를 견지하면서, 소비주체인 대중에 대해 그람씨가 말한 '동의와 설득'의 문화기제로 동원할 것으로 예상된다. 즉, 문화산업의 공공성과 대중성을 강조하며 지원정책을 확대해 나가면서도, 동시에 검열제도와 관료적 행정관리를 통해 규제를 병행하려는 이중적 태도를 견지할 것으로 보인다. 한편, 시장시스템 속의 문화종사자들은 문화산업의 핵심동력인 대중성을 강조하면서도 정부의 정책과 이데올로기를 일정 범위 내에 수용하고 타협하는 정부친화적인 태도

---

27) 張春華, 『中國文化産業的政策演化, 産業發展, 與政策建議』, 『北大文化産業評論 2010年』, 金城出版社, 2010, 259-260쪽 참조.

를 지향하면서, 최종 소비자인 대중들에게 협력친화적인 태도를 유지할 것으로 보인다. 반면, 최종 문화소비자인 대중은 자신들의 욕구에 따라 예술성, 상업성, 오락성 등을 소비하면서 때로는 정부이데올로기와 간섭에 저항하거나 때로는 타협적으로 수용하고 향유하는 복합적인 소비양상을 보일 것으로 전망된다.

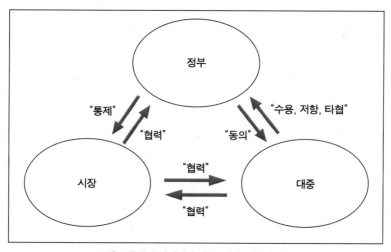

〈그림3〉 중국 문화시장의 정부, 시장, 대중의 3중주

문화산업의 역사라는 거시적 발전과정에서 고찰한다면, 정부, 시장, 대중의 3중주는 이제 시작단계이며, 특히, 시장과 대중의 자율적 협력관계가 점차 확산되어 시장주체와 대중들의 상향식(down-top) 자율의지가 성장하고 시장을 장악하느냐의 여부에 따라 새로운 발전모델이 들어설 가능성이 높다. 중장기적으로 중국의 문화산업은 현재의 '정부주도형'에서 정부-시장 선순환모델인 '정부관리형'의 과도기를 거칠 것으로 보이며, 종국에는 정부가 중심역할을 하면서도 시장-대중을 동등한 파트너 관계로 포섭하고 타협해 나갈 수밖에 없는 '협치형 발전모델'이라는 중국식 모델(chinese model)로 전화되어갈 것으로 조심스럽게 전망

해 본다.

　향후 중국은 어쩌면 정부의 검열보다 더 엄혹한 시장만능주의 가치가 문화의 영역을 지배할 지도 모르는 새로운 도전에 직면해 있다. 이것이 '문화강국', '문화산업'을 표방해온 대국굴기 시대의 중국이 맞이한 또 다른 문화풍경이다. 경제가치, 이데올로기선전을 중시해온 중국 문화산업의 '특수성'은, 헤겔(Hegel)이 표현한 대로, 중국 대중 스스로의 자각과 성찰을 통해 자유, 문화향유권, 행복권이라는 문화적 '보편성'을 획득하는, '특수성'에서 '보편성'으로 나아가는 변증법적 자기발전으로 전환되어나가지 않을까 전망해본다.

2

영화정책

이 장에서는 중국의 영화정책을 살펴볼 것이다. 영화정책은 앞 장에서 정리한 문화산업 정책의 연장선상에서 이해할 수 있다. 문화산업의 '정부주도형 시장화 모델'은 영화정책에 고스란히 적용할 수 있다. 이 장에서는 사회주의국가 수립 이후 전통적인 영화정책이 개혁개방과 2001년 WTO 가입을 계기로 개방화와 산업화로 변모되어가는 양상을 설명하고 있다.

1) 영화정책의 전통 − 상명하달식 관료주의와 검열제도를 통한 정치적 통제

① '옌안노선'과 '쌍백방침'의 대립적 쌍생관계

미국의 영화학자 라이언(Lion)과 켈너(Kellner)는 "영화의 정치적 비중은 크다. 영화는 광범위한 문화적 재현체계의 한 부분으로서, 사회현실

을 특정한 방향으로 형성하게 하는 심리적 성향을 만들어낸다"[1]고 정의
하듯이 영화는 모든 매체 중에서 가장 정치적이다. 특히 중국영화는 정
치변혁과 불가분의 관계를 맺으며 발전해왔으며, 정치교화(政治敎化)라
는 독특한 전통을 형성해왔다.

　1949년 신중국 수립 이후 공산당과 정부는 대중계몽과 정치선전
을 영화의 중심에 두면서, 사회주의 국가건설이라는 정치적 목표와 동
일선상에서 발전시켜왔다. 1960-1970년대에는 맑스-레닌이즘(Marx-
Leninism)에 입각하여 사회주의 계급투쟁을 위한 선전활동과 인민을 위
해 복무하는 '사회주의 리얼리즘'을 영화창작의 원칙으로 표방하였다.
이러한 과정 속에, 정치교화와 선전의 우위 아래 예술성이 결합되는 독
특한 중국영화의 특성이 자리잡게 된 것이다.

　'사회주의 리얼리즘'을 통해 정치교화를 우선하려는 국가권력과 자
유로운 예술창작을 지향하는 예술인 사이에는 일정한 긴장관계가 형성
될 수밖에 없다. 옌안노선과 쌍백방침의 갈등으로 점철되어온 문예이론
의 투쟁사가 이러한 현실을 방증한다. '옌안(延安)노선'이란 1934-1936
년 대장정을 마치고 옌안에 해방구를 건설하면서 시작된 사상정풍운동
을 뜻한다. 1942년 마오쩌뚱은 옌안문예좌담회강화(在延安文藝座談會
上的講話)에서, 공농병(工農兵) 중심의 문예이론을 주창하며 계급투쟁과
정치기준을 예술보다 우위에 두었다. 마오쩌뚱의 옌안노선은 이후 중국
공산당 문예정책의 기본노선이 되어, 1979년 중국예술인제4차대표회의
(中國藝術工作者第4次代表會議)에서 폐기될 때까지, 36년간 중국 문화정
책을 지배하는 이념적 지표가 되었다. 마오쩌뚱 '옌안강화'의 핵심내용
은 다음과 같다. 첫째, 문예는 혁명주체인 공, 농, 병 및 도시 소자산계급
을 포함한 인민대중을 위해야 하며, 둘째, 작가는 공, 농, 병의 생활 속으

---

1)　Lion·Kellner, 『Camera Politica』, 시각과 언어사, 1996, 36쪽.

로 들어가 그들의 언어를 배워야 하고, 셋째, 작가는 맑스-레닌이즘의 세계관을 배우고, 무산계급의 입장에 서야 하며, 넷째, 문예비평은 정치기준이 최우선이며, 예술기준은 그 다음이다. 다섯째, 문예는 계급의 인성과 사랑이 있을 뿐, 계급을 초월한 인성과 사랑은 없다 등이다.[2]

이에 반해, '쌍백방침(双百方針)'은 개성해방과 창작의 자유를 지향하면서 태동된 운동이다. 1955년 후펑(胡風)이 당중앙에 〈의견서(意見書)〉를 제출하여 예술에 대한 해방을 건의하면서, 국가권력과 예술창작자들 간의 긴장관계가 시작되었다. 1956년 2월 마오쩌뚱은 〈백화제방(百花齊放), 백가쟁명(百家爭鳴)〉을 발표하며 창작의 자유를 부분적으로 인정하였다. 하지만, 예술평론가 종띠엔페이(鍾惦棐)가 문예보(文藝報)에 발표한 〈영화의 징과 북(電影的鑼鼓)〉에서 공산당의 예술정책을 반예술적이라고 선언한 후, 공산당을 향한 비판이 확대되자, 1957년 공산당은 또다시 '옌안노선'을 내세우며 반우파투쟁을 시작했다.

'쌍백방침'의 재등장은 문화대혁명이 종식된 1976년부터이다. 덩샤오핑은 1978년 11차3중전회(11屆三中全會)에서 사상해방을 제시하였고, 1984년 제4차중국문인대회에서 '창작의 자유'를 재차 언급하였다. 그러나, 1989년 6월 4일 천안문사태가 발발하자 예술의 자유는 다시 위축되었다. 1989년 장쩌민(江澤民)은 건국40주년강화에서 예술계의 자유화사조를 비판하였고, 1996년 제6차문인대회에서는 옌안강화와 덩샤오핑 문예이론을 동시에 학습할 것을 선언하였다. 이 선언은 1989년 천안문사태 이후 중국예술정책이 계급투쟁과 이데올로기 통제 중심의 '옌안노선'으로 회귀하였음을 뜻한다. 이와 같이, 영화정책은 역사와 정치적 상황에 결부되어 왔으며, 특히 '옌안노선'과 '쌍백방침'의 대립과 반복 속에 발전해왔다.

---

2) 임대근,『중국영화 이야기』, 살림출판사, 2006, 70쪽.

② 상명하달식 관료주의를 통한 정치적 통제

공산당과 정부가 영화에 대한 주도권(hegemony)을 행사하고 있는 것은 1949년 사회주의정부 수립 이후 소련의 관리체계를 수입 모방하여, 공산당의 '행정지도'와 행정기관의 '집행'이라는 이원화된 구조의 관료주의 통치 때문이다. 공산당 중앙선전부(中央宣傳部)가 영화 등 국가문화정책의 사상과 전략을 수립하고 행정기관을 관리감독하고, 영화행정기관인 국가광파전영전시총국(國家廣播電影電視總局)은 이를 집행하는 이원화된 행정체계를 갖고 있다. 중국의 영화정책은 공산당과 정부가 사실상 영화정책 전반에 강력한 지도력을 행사하는 관료주의적 명령체계 전통을 갖고 발전해왔다.

중국 정부의 영화에 대한 정치적 통제방식은 공산당과 정부의 영화지도방침이 영화계에 관철되는 방식을 통해 실증적으로 확인할 수 있다. 중국은 현재 우리의 〈영화진흥법〉에 해당하는 영화정책의 근간이 되는 입법부의 법률체계를 갖고 있지 않다. 대신 새로운 시대적 과제나 요구에 직면할 때마다 행정기관의 조례(條例)나 통지(通知), 혹은 지도부의 강화(講話)를 통해 정부의 지도방침을 영화계에 하달해왔다. 전형적인 상명하달식 명령체계를 통해 정치적 통제를 행사하고 있는 것이다. 공산당과 정부가 '과학적 발전관'과 '조화로운 사회 건설'이라는 국정목표를 제시하면, 국가광전총국이 영화계에 이를 하달하고, 영화계는 지도방침에 맞는 구체적인 실천방법을 강구하는 방식이다.

실제 2005년 12월 공산당 중앙상무위원이자 문화정책을 담당하는 리창춘(李長春)이 중국영화탄생 100주년 기념대회에서 영화정책의 기본 지도방침으로 덩샤오핑이론, 삼개대표, 과학적 발전관을 실천하는 '삼첩근(三貼近)'의 문화정책을 제시하였고, 곧바로 행정기광인 국가광전총국 국장인 왕타이화(王太華)가 영화인들에게 "중국 정부가 확정한 과학적 발전관의 실현, 소강사회 구현, 조화로운 사회 건설을 위해 국가노선에 맞는 영화창작과 산업화 실천방침을 제시"하면서 정부의 영화정책을 구체적으로 뒷받침하고 있다. 삼첩근이란, "실제에 접근하고, 생활에 접근하고, 군중에 접근하는 원칙을 견지하고, 이에 입각하여 영화를 창작하고 제작하고 상영(始終堅持貼近實際, 貼近生活, 貼近群衆. 必須把三貼近原則貫穿到電影創作生産放映等各個環節)"하는 지침이다.[3] 또한, 2006년 중국 정부가 제11차 5개년계획을 발표하자, 2006년 1월 국가광전총국은 정부가 제시한 십일오(十一五)계획경제에 맞는 창작방법과 산업화방안을 영화인들에게 제시하고 이를 준수할 것을 요구한 사례도 있다.[4] 이와 같이, 영화정책은 투명한 법률체계와 사회적 합의 속에 수립되고 집행되는 것이 아니라, 당과 정부의 언치(言治)와 인치(人治)라는 독특한 관료주의적 통제방식 하에서 진행되는 전통을 갖고 있다.

③사전사후 심사제도(검열제도)를 통한 이데올로기 통제

영화에 대한 가장 직접적인 통제방식은 사전사후 검열제이다. 현재 중국영화는 제작허가증이 있는 영화사가 시나리오와 개요를 사전에 정부에 보내 심의를 통과한 후에 비로써 제작이 가능하다. 완성된 영화와 시나리오는 다시 한번 심사를 받고 통과해야만 비로써 배급과 상영이 가능해진다. 2003년 〈영화의 각본(내용) 입안, 영화심사에 대한 임시 규정(電影劇本(梗槪)立項, 電影審查潛行規定)〉이 발표되면서, 혁명소재와 국가지원영화를 제외한 모든 영화에 대해 1000자 이내의 시나리오를 사전에 약식으로 심사하는 등 검열제는 점차 완화되고 있는 추세지만,

---

3) 李長春,「繼承傳統改革創新爭取大繁榮」,『電影藝術』, 第307期, 北京, 中國電影家協會, 2006, 4-5쪽.
4) 李長春,「繼承傳統改革創新爭取大繁榮」,『電影藝術』, 第307期,, 北京, 中國電影家協會, 2006, 4-5쪽. 王太華,,「記念中國電影100周年國際論壇」,『當代電影』, 總130期, 北京, 廣播電影電視總局, 2006, 4쪽. 趙實,「落實科學發展觀在新起点上開倉中國電影的新紀元」,『中國電影報』, 1期, 北京, 中國文化部, 2006, 2-5쪽.

여전히 강력한 통제수단이다.

중국 정부는 중국의 영화법에 해당하는 〈영화관리조례〉에 근거하여 10가지 검열기준을 제시하고 있다. 첫째, 헌법 등 기본원칙 준수, 둘째, 국가통일과 주권 및 영토 보전, 셋째, 국가기밀과 안전, 넷째, 민족단결, 다섯째, 국가종교정책, 여섯째, 사회질서 유지, 일곱째, 음란폭력 조항 금지, 여덟째, 비방과 권리침해 금지, 아홉째, 공중도덕과 민족문화 보호, 열번째, 일반 법규 준수 등이다.[5] 문제는 이러한 검열기준이 추상적으로 제시되어 있고, 집행 또한 임의적이라는데 있다. 영화법 미제정 등 법제화가 부족하여 공정하고 투명한 검열절차가 보장되지 않고, 행정기관의 관료주의적 명령체계가 지속되고 있어, 현재의 검열제도는 정부의 강력한 이데올로기 통제수단으로 작동하고 있다. 2006년 신생대 감독 러우예(婁燁)의 〈이화원(頤和園)〉이 정부의 검열을 받지 않고 국제영화제에 참가했다는 이유로 5년간 제작금지 조치를 받기도 했으며, 통과되었던 시나리오가 자의적이고 임의적으로 번복되기도 한다. 이와 같이, 강력한 사전사후 검열제도를 통해 여전히 정부가 이데올로기적으로 영화를 통제해 나가고 있으며, 이러한 점이 중국영화 발전을 저해하는 가장 큰 요인의 하나로 작용하고 있다.

2) 개혁개방 이후 '정부주도형 시장화' 정책의 정착

① 지원과 통제의 이중적 모순 – '정부주도형 시장화 정책'

개혁개방 30주년을 맞은 2008년 12월, 중국 국가광전총국, 중국영화예술연구센터, 국영영화채널(CCTV-6)이 공동주관하는 〈개혁개방과 중

---

5) www.chinasarft.gov.cn

국영화 30주년〉기념논단이 열렸다. 중국 영화계를 대표하는 정부기관, 영화학자, 교수, 감독들이 총집결된 이날 기념논단에서 중국 정부의 영화부문을 관장하는 국가광전총국 총부국장 짜오스와 영화국 국장인 동깡이 차례로 개혁개방 30주년을 맞은 중국영화를 총평하는 강화(講話)를 하였다.

"동지들, 개혁개방 30년 동안 중국영화는 빛나는 업적과 새로운 역사를 이룩했습니다. 우리 어깨 위에 걸린 책임과 사명을 짊어지고 찬란한 미래를 열어갑시다. 바람직한 방향 속에 빠른 발전을 통해 전면적 소강사회와 중화민족의 위대한 부흥을 위해 공헌해나갑시다!(짜오스, 趙實)". "개혁개방의 경험과 과학적 발전관을 실천하면서 중국영화의 큰 발전과 번영을 추동합시다. 사상해방, 실사구시, 개혁정신, 과학적 발전관 속에 바람직한 방향 속에 빠른 영화발전의 근본방향을 견지합시다. 더욱 규모가 크고 강한 영화시장을 만들고, 우수한 작품을 더욱 많이 제작하고, 인민대중의 나날이 증가하는 문화욕구를 만족시키는 영화발전의 근본방향으로 전진합시다!"[6]

위의 강화에서 중국 정부는 지난 개혁개방 30년 동안 영화산업의 비약적 발전을 칭송하고, 사회주의시장경제체제와 사회발전을 위한 영화의 사회적 사명과 역할을 강조하는 한편, 향후 시장화와 개방화를 통한 영화산업 발전방향을 제시하는 등 정부주도의 발전방향을 제시하며 미래에 대한 강한 자신감을 드러내고 있다.

최근 중국영화의 도약과 성장세는 대중들의 영화소비 욕구 증가라

6) 趙實, 「深入學習實踐科學發展觀 以改革創新精神推動 中國電影又好又快發展」, 國家廣電總局, 『改革開放與中國電影30年: 紀念改革開放30周年中國電影論壇文集』, 中國電影出版社, 2009. 15-18쪽.

는 대내적 수요에 의해서라기보다는 지구화와 개방화로 대변되는 대외적 영향에 의해 추동된 성격이 강하다. 중국 정부는 개혁개방 노선 속에서도 영화를 사회주의이데올로기를 위해 복무하는 정치선전 성격으로 규정해왔다. 그러나, 1992년 중국특색의 사회주의시장경제 표방 이후 수출주도형 국가전략이 힘을 얻으면서, 영화산업 또한 지구화와 개방화라는 세계사적 조류에 적응해야 하는 새로운 상황에 직면했고, 미국과 세계무역기구(WTO)의 영화시장 개방압력을 선택이 아닌 필수로 선택해야 하는 새로운 상황을 맞았다.

중국영화사를 살펴보면, 산업화와 시장화 정책이 본격적으로 재개된 것은 1992년 덩샤오핑의 남순강화와 1993년의 '중국 특색의 사회주의 시장경제' 체제가 선언된 이후부터이다. 1989년 천안문사태 진압 이후 한동안 침체되었던 중국사회는 1992년 덩샤오핑이 남순강화(南巡講話)를 통해 '사회주의시장경제체제'를 천명하고 개혁개방의 지속과 강화를 촉구하면서 변화의 일대 계기를 맞이하게 된다. 중국 정부는 사회주의 시장경제를 사회주의와 시장경제가 결합된 체제, 즉 "사회주의 기본제도를 기초로, 정부의 거시적인 조절 아래 자원배분에 있어서 시장이 기초적 작용을 하는 경제체제"로 규정하고 있다. 사회주의시장경제체제는 1992년 10월 중국공산당 제14차 대표대회에서 천명되고, 1993년 제8차 전국인민대표회의에서 추인됨으로써 헌법에 삽입되었다.[7] '중국 특색의 사회주의시장경제' 선언은 영화산업에 새로운 자양분을 제공하였다.

1993년 국가광전총국은 〈3호문건(3號文件)〉과 〈영화업종 제도개혁 방안 실행세칙(電影行業機制革方案實行細則)〉을 발표하여, 자율화와 체제개혁 등 영화산업의 시장경제체제로의 전환을 모색하였다. 정부는 매년 생산지표와 검열제도를 제외한 모든 권한을 기업으로 이양하고, 정

---

7) 강준영, 「중국 사회주의시장경제 체제의 발전과 한계」, 『중국연구』, 제24권, 1999. 182쪽.

부의 역할은 거시적인 정책조절과 검열감독 등으로 한정하였다. 또한, 체제개혁을 통해 행정관리의 간섭과 독점화를 타파하고, 특히 계획경제의 상징인 중국영화그룹의 영화배급 독점권을 철폐하여 각 영화제작소가 직접 지역배급사에 배급할 수 있도록 개정했다. 또한, 공유제 회사들에 대해 주식제를 도입하였고, 영화시장의 자율경영과 시장경쟁기제 도입을 천명하였다. 뒤이어, 1994년 8월에는 〈영화 업종 개혁에 대한 통지(關于進一步深化電影行業機制改革的通知)〉, 1995년에는 〈영화제작관리 개혁에 관한 규정(關于改革故事影片攝制管理工作的規定)〉 등을 발표하여 16개 국유영화제작소에 한정된 영화제작권을 다른 국유영화제작소에서도 제작할 수 있도록 개방하는 조치를 발표했으며, 1997년에는 〈영화 한 편 제작허가증의 시행 방법(故事電影單片設置許可證施行辦法)〉을 발표하여 영화제작 허가증의 범위를 성급 국유영화제작소에 한정된 것을 일반 도시급으로 넓혀 자율권을 확대하는 지원정책을 실시하였다.

이러한 배경 속에 1994년 최초의 분장제(分賬制) 수입영화인 미국 할리우드 영화 〈도망자〉를 개봉하여 실험적 시장개방을 시도하였다. 중국의 영화수입 방식으로는 매단제와 분장제 두 가지 방식이 있는데, 매단제는 판권료만 외국배급사에 지급하는 방식이며, 분장제란 해외영화 배급사와 국내 수입사와 극장이 흥행 수익을 나누어 갖는 방식인데, 분장제 도입은 외국배급사의 진출과 이익을 보장하는 사실상의 영화시장 개방을 의미하기 때문에 영화사적 의미를 갖는다.

특히, 2001년 WTO 가입을 계기로 영화산업의 국제경쟁력 강화와 국내영화산업 보호를 위한 지원정책이 대거 쏟아져 나왔다. 2001년 12월 세계무역기구(WTO) 가입 이후에는 매년 50편의 분장제 수입을 공식적으로 선언하였고, 지구화와 개방화 시대에 적응하고 국제경쟁력을 강화하기 위해 영화행정 관리체제를 대대적으로 개혁하였다. 이에 따라, 해외영화자본의 대규모 유입, 배급체계의 원선제도 도입, 제작과 배급의 수직통합화, 멀티플렉스극장과 디지털극장 설립 등 정부가 주도하는 시장화 정책에 의해 새로운 영화산업의 지형도가 설계되었다.

2002년 출범한 제4세대 후진타오(胡錦濤) 지도부의 문예정책은 기본 적으로 제3세대 지도부인 쟝쩌민의 노선을 계승하고 있다. 후진타오는 2006년 신년사에서, "'덩샤오핑이론'과 '삼개대표(三個代表)', 그리고 '과 학적 발전관(科學發展觀)'을 전면적으로 실현하자"고 언급하면서, 대외 정책으로 "평화발전, 개방발전, 합작발전, 조화로운 발전"을 국정목표로 제시하였다. 원쟈바오(溫家寶) 총리 또한 2006년 제14차전국인민대표대 회정부보고를 통해, 동일한 목표와 노선을 밝힌 바 있다.[8] 이를 통해, 후 진타오 제4세대 지도부는 '덩샤오핑이론', '삼개대표', '과학적 발전관'을 기본노선으로 삼으면서, 대외적으로는 '평화, 개방, 합작'을 표방하면서, 중점 문화정책으로 사회주의 정신문명 건설(社會主義精神文明), 조화로 운 사회(和諧社會), 8개영욕관(8個榮恥觀)을 제시하였다. 이를 통해, 기존 '옌안노선'과 '쌍백방침'을 반복해왔던 문예정책은, 제4세대 지도부 등 장 이후 정치적 선전과 개방화 노선 사이에서 균형적 발전을 추구하고 있음을 알 수 있다. 즉, 영화에 대한 정치적 통제를 유지하면서도, 세계 화 시대를 맞아 개방과 시장시스템을 강화하여 영화산업의 경쟁력을 높 이는 정책을 전략적으로 채택하고 있는 것이다.

2003년 〈영화 제작, 배급, 상영의 경영자격허가규정(電影制作, 發行, 放映經營資格准入潛行規定)〉과 〈중외합자, 합작 경영에 대한 규정(中外合 資, 合作廣播電視節目制作經營企業管理規定)〉을 통해 민영자본에 의한 합 작영화사 설립을 허가하였고, 외국자본의 중국시장진입을 허용하였다.

---

8) 胡錦濤「2006年新年賀詞:携手建設持久和平, 公同繁榮的和諧世界」, 2006. 1. 4.
   溫家寶「第13屆全國人民代表大會第4次會政府工作報告中强調加强社會主義文化建
   設」, 2006. 3. 7.
   중국문화부: http://www.ccnt.gov.cn

또한 2003년 〈CEPA(대륙과 홍콩의 긴밀한 무역관계에 대한 협정(內地與香港關于建立更緊密經貿關係的按排)〉을 체결하여, 홍콩과 합작한 영화를 국산영화로 인정하는 등 규제완화책을 발표하였다. 이와 같이, 중국 정부의 개방화와 시장화에 입각한 규제완화정책은 민영자본과 외국자본의 영화시장 유입을 증가시켰으며, 민영영화사가 발전하고 영화시장이 확장되는 일대 계기가 되었다. 특히, 2010년 들어 국무원 판공청에서는 〈영화산업발전 촉진에 대한 지도 의견(關于促進電影產業繁榮發展的指導意見)〉을 발표하여 영화산업이 문화산업을 선도하는 용머리산업(龍頭)이자 국가발전의 핵심전략이며, 콘텐츠창의산업의 핵심시장임을 천명하고, 영화산업 발전의 시대적 요청과 주요 추진사항을 공표하였다.

한편, 심사제도 완화를 통한 자율화 조치를 취하기도 했다. 2003년 〈영화의 각본 입안, 영화심사에 대한 임시 규정(電影劇本(梗槪)立項, 電影審查潛行規定)〉이 발표되면서, 혁명제재와 국가지원영화를 제외한 모든 영화에 대해 1,000자 이내의 영화극본을 사전에 약식으로 심사하는 등 심사제도를 완화했으며, 2006년 5월 16일 〈국가광전총국의 영화심사위원회 구성원에 대한 통지〉를 통해 영화감독 정동티엔 등 37명의 영화심사위원회 위원을 새로 위촉하여 심사에서의 전문가 비중을 높였다.

2009년 국무원은 〈문화산업진흥계획(文化產業振興規劃)〉을 발표하였고, 뒤이어 문화산업발전을 위한 세제혜택과 금융지원을 골자로 한 〈문화기업 발전에 대한 세수 정책 통지(關于支持文化企業發展若干稅收政策問題的通知)〉, 〈문화수출을 위한 금융지원책(關于金融支持文化出口的指導意見)〉 등 문화산업 발전방안을 제시하였다. 2010년 〈영화산업 촉진을 위한 국무원판공청의 지도의견(國務院辦公廳關于促進電影產業繁榮的指導意見)〉에서는 영화산업 발전이 국가중점 문화산업임을 공개적으로 밝히고 있으며, 2009년 국가광전총국에서 〈청년감독 우수 시나리오 지원 계획(扶持青年優秀電影劇本計劃)〉을 발표하여 젊은 감독들의 영화시장 진출을 지원하는 정책을 제시한 바 있다.

이러한 배경 속에 중국영화는 '우물 물이 터져나오는 식(井噴式)'의 성장세를 보이고 있다. 외형적 성장지표라 할 수 있는 영화산업 수치를 살펴보면 이러한 추세는 명확히 드러난다. 영화제작수는 2002년 100편에서, 2004년 212편을 거쳐, 2006년 330편, 2008년 406편, 2009년 456편, 2010년 526편, 2012년 745편, 2013년 638편, 2014년 618편으로 2001년 WTO 가입 이후 지금까지 무려 6배에 달하는 성장세를 보이고 있으며, 영화스크린수 또한 2002년 1,834개에서 2006년 3,034개를 거쳐 2009년 4,723개, 2010년 6,200개, 2013년에는 18,000개, 2014년에는 23,600개를 돌파하며 10배 이상 성장했으며, 영화의 총수익 규모도, 2003년 22억 위안에서, 2005년 48억 위안, 2006년 57.3억 위안, 2009년 106.6억 위안, 2010년 160억 위안, 2014년 296억 위안으로 10배 가까운 가파른 성장세를 보이고 있다.[9]

그러나, 중국 정부의 영화산업 지원정책이 시장화와 개방화를 지향하는 친시장적 정책이지만, 본질적으로는 정치적 통제가 가능한 범위 내의 정책, 즉 정부통제형 친시장정책이라는 한계를 갖고 있다. 정부의 지원정책이 관료주의적 명령체계에 의존해 집행되고 있으며, 엄격한 사전사후 영화심사제도가 여전히 존재하고 있는 것이 대표적인 사례이다.

현재 중국은 영화정책의 근간이 될 '영화법'을 아직 제정하지 않고 있으며, 대신 2001년 제정된 〈영화관리조례〉를 근간으로 새로운 시대적 과제나 사회적 요구가 분출할 때마다 행정부의 규범문건이나 당지도부의 강화(講話)를 통해 일방적으로 하달해 왔다. 공산당이 제11차 5개년계획을 발표하자, 2006년 1월 국가광전총국은 정부가 제시한 십일

---

9) 尹鴻 外, 「2014年中國電影産業備忘」, 『電影藝術』, 第361期, 北京, 中國電影家協會, 2014. 13-16쪽.

오(十一五)계획경제에 맞는 창작방법과 산업화 방안을 영화인들에게 제시하고 이를 준수할 것을 요구하고 있는 것이 대표적인 경우이다.[10] 지원정책은 시장화를 표방하지만, 기본적으로 당과 정부의 판단에 근거한 관료주의적 통제방식 하에서 추진되는 한계점을 보이고 있는 것이다.

또한, 엄격한 사전사후 심사제도 또한 지원정책과 모순적인 제도라 할 수 있다. 현재 중국에서는 우리의 영화진흥법에 해당하는 '영화법'은 아직 없기 때문에, 현재 중국의 영화관련 기본법규는 2001년 제정된 〈영화관리조례〉를 근간으로, 각종 규정, 판법, 통지 등 규범문건으로 집행되고 있다. 〈영화관리조례〉는 2001년 12월 12일에 거행된 국무원 제50차 상무회의에서 통과되었으며, 2002년 2월 1일부로 시행되고 있는데, 이 조례의 기본 목적은 제1조에 명시되어 있듯이, 영화산업의 관리강화, 영화산업의 발전과 진흥을 도모하고, 인민대중의 문화생활 수요를 충족하여 사회주의 물질문명과 정신문명 건설을 촉진하기 위해 제정된 것이다. 이 조례에 의하면, 영화의 제작, 수입, 수출, 배급, 상영 등에 종사하는 자는 헌법과 관련 법규를 준수하고 인민을 위한 봉사와 사회주의를 위한 봉사를 지향해야 하며(제3조), 국무원 국가광전총국이 전국의 영화사업을 주관하도록 명시했다(제4조). 또한, 정부는 영화 제작, 수입, 수출, 배급, 상영에 대하여 허가제도를 시행하며, 허가를 받지 아니한 단체와 개인은 영화의 제작, 수입, 배급, 상영을 할 수 없으며, 허가를 받지 아니한 영화는 수입, 수출도 할 수 없다고 규정(제5조)하여 엄격한 허가제도를 견지하고 있다. 제작허가증을 얻은 영화사가 시나

---

10) 李長春,「繼承傳統改革創新爭取大繁榮」,『電影藝術』, 第307期, 北京, 中國電影家協會, 2006, 4-5쪽.
   王太華,「記念中國電影100周年國際論壇」,『當代電影』, 總130期, 北京, 廣播電影電視總局, 2006, 4쪽.
   趙實,「落實科學發展觀在新起点上開倉中國電影的新紀元」,『中國電影報』, 1期, 北京, 中國文化部, 2006, 2-5쪽.

리오를 사전에 심의를 받은 후에야 제작이 가능하고, 완성된 영화 또한 사후에 다시 심사에 통과해야만 배급과 상영이 가능한 것이다.

비록 2003년 〈영화의 각본(내용) 입안, 영화심사에 대한 임시 규정〉이 발표되어 심사가 완화되었지만, 앞장에서 언급한 〈조례〉의 10가지 심사제도 기준은 여전히 엄격하게 적용되고 있다. 2008년 정부는 심사를 거치지 않고 국제영화제에 참가한 〈사과〉를 불법 영화로 규정하고, 제작사인 라오레이영화사에 대해 2년간 제작금지 처분을 내리고, 감독 등 스탭들에게도 자아비판 교육과 엄격한 재교육을 실시한 바 있다.[11] 심사기준 또한 추상적이고 적용범위조차 구체적이지 않아, 정부 당국이 임의로 집행할 수 있는 문제점이 있어 창작의 자유를 침해할 소지가 다분하다. 이밖에, 극장상영에 영화등급제가 없기 때문에 전체관람가 수준의 영화만 허가를 받을 수 있어, 친시장적 장르영화라 하더라도 동성애와 같은 과감한 소재나 폭력미학과 같은 실험적 형식 등이 제한을 받는 등 영화시장 자율화에 역행하는 제도적 문제가 잔존하고 있다.

이와 같이, 중국 정부의 영화정책은 시장화와 개방화를 표방하며 시장시스템 도입 확대와 민영화 정책을 견지하고 있지만, 영화정책 자체가 정부의 관료주의적 명령체계에 의해서 수행되고, 영화작품에 대한 엄격한 사전사후 심사제도가 존재하고 있기 때문에, 중국 정부의 영화지원 정책은 '정부통제형 친시장'이라는 한계를 보이고 있다. 이러한, '정부통제형 친시장' 정책은 영화산업의 시장시스템을 발전시켰지만, 역설적으로 시장시스템의 성장에 의해 정부와 시장은 새로운 관계정립을 해야 하는 시대적 변환을 맞고 있다.

---

11) 廣播電影電視總局, 「電影劇本(梗槪)立項, 電影審査潛行規定」, 2011. 홈페이지: www.chinasarft.gov.cn 〈新京报〉, 2008. 1. 4.

② 정층설계(頂層設計) 전략의 지속과 헤게모니(hegemony) 전략

중국은 '중국 특색의 사회주의시장경제'라는 국가전략의 하위개념 속에 영화산업을 발전시켜온 탑-다운(top-down)식의 '정부주도형 영화산업 발전모델'을 지속해왔다. '정부주도형 영화산업 모델'은 정부가 영화산업을 국가기간산업으로 육성하려는 경제적 동기 외에, 정부가 검열제도와 영화시장 개입을 통해 이데올로기적으로 통제하려는 정치적 욕망이 작동하는 이중적 전략 속에 형성된 독특한 모델이다. 정부는 상명하달식 지원정책과 검열제도를 통해 영화시장과 작품에 개입하고 통제하려 들고, 무한경제이윤을 지상과제로 삼는 시장시스템은 이윤추구의 극대화를 위해 정부와 공모하는 경향을 보이고 있으며, 영화시장의 주체들(감독, 영화사, 관객)은 정부의 통제에 순응하거나, 저항하거나, 타협적 수용 등 다양한 양상을 보이고 있다. 이와 같은 '정부주도형 영화산업 발전모델'의 특수성으로 인해 중국영화는 정부의 헤게모니 견지 전략, 시장시스템의 탈주 욕망, 영화주체들의 순응과 저항 등이 상호영향을 미치며 발전해 나가는 독특한 궤적을 나타낸다.[12]

따라서, 최근 주선율영화의 상업화, 블록버스터 영화의 국가이데올로기 강화, 독립영화의 퇴조, 상업형 신세대 영화의 약진 등 새로운 영화계의 현상은 단순히 감독연구, 장르연구와 같은 파편화된 영화분석만으로는 분석해내기 어렵다. 정부의 검열제도와 지원정책, 영화시장의 공모, 관객의 저항과 순응이라는 정책(정부), 산업(시장), 작품(대중)이라는 세 가지 연구대상을 독립변수로 삼고, 이들 상호간의 중층결정과 유기적 영향에 주목하는 종합적 분석이 필요하다.

최근 중국영화의 정책 방향은 2012년 시진핑 주석이 언급한 정층설

---

12) '정부주도형 영화산업 발전모델'에 대해서는 아래 논문을 참조할 것. 강내영, 「중국영화의 생산, 유통, 소비 인프라연구: 정부, 시장, 대중의 3중주」, 『현대중국연구』 제 13집, 2012.

계(頂層設計, top-level design)로 요약할 수 있다. 시진핑 주석은 2012년 12월 중앙경제공작회의에서 종합적인 상위전략에 기초한 하위 부문들의 통합적인 개혁을 뜻하는 정층설계를 강조한 바 있다.[13] 중국영화계에서도 당지도부의 지침에 화답하듯 성공적인 외국영화의 생산, 배급, 마케팅을 배워서 위로부터의 개혁을 통해 중국영화 발전을 추진하자는 정층설계론을 따르고 하였다. 중국영화가협회 사무국장인 라오슈광은 "정층설계에 기초한 영화발전의 로드맵과 타임테이블을 전략적으로 기획하고 실천하자"고 주장한다.[14] 이처럼, 중국영화 정책의 가장 특징적인 점은 정부가 영화산업과 창작의 방향성을 제시하는 뇌의 신경계와 같은 역할을 하고 있다는 것이다. 이러한, 중국영화의 독특한 특징을 집약한 개념이 '정부주도형 영화발전 모델'이다.

2001년 WTO 가입 이후 '전면적 시장화와 개방화' 정책이 실시됨에 따라, 정부통제 하에 영화시장을 확장해 나가는 '정부주도형 발전모델'이 정착하게 되었다. 이러한 모델은 정부가 주도하여 시장시스템을 정착시키고, 시장시스템에 조응하는 관리체제로 개혁하고, 동시에 엄격한 검열제도를 존속시켜, 영화산업 발전과 영화이데올로기 통제를 동시에 추진하겠다는 이중적 국가전략의 일환에서 결과된 것이다. 2012년은 이러한 정부주도형 영화발전 정책을 본격적으로 추진한 10년째 해로써, 이러한 국가전략의 연장선상에서 내실을 다져나가는 정책이 발표되고 있다는 것을 볼 수 있다.

2012년 11월 중국공산당 제18대 당대회에서 시진핑 국가주석 등 향후 10년을 이끌 상무위원이 선출되었고, 향후 새로운 10년을 열어갈 지도부의 국가전략을 확인할 수 있다는 점에서 2012년은 영화적으로도 주

---

13) 지만수, 「중국 개혁의 재시동」, 『성균 차이나브리프』, 성균중국연구소, 2013, 37쪽.
14) 中國電影家協會 産業硏究中心, 『2012電影創意硏究』, 中國電影出版社, 2013, 120-121쪽.

목할만한 중요한 해이다. 2012년 문화정책에서 특기할 만한 사실은 5년 단위의 국가발전계획인 '12.5계획' 중에서 구체적인 방향을 제시한 것이다. 2012년 2월 15일 국무원은 〈12.5기간 문화개혁 강요(國家"十二五"時期 文化改革發展規劃綱要)〉를 발표하면서, 첫째, 과학발전관을 바탕으로 창작의 질적 수준을 올릴 것, 둘째, 사회주의 가치관 홍보를 창작의 근본으로 삼을 것, 셋째, 진실을 바탕으로 한 역사 소재를 채택할 것, 넷째, 인민의 만족을 기준으로 하는 건강한 비평을 기울일 것, 다섯째, 관리와 인재 배양에 힘쓸 것 등 문화정책의 기본방침을 밝혔다. 이에, 문화부에서는 〈강요〉에 근거하여 2월 28일 〈문화부 12.5기간 문화산업 증진 계획(文化部"十二五"時期文化産業倍增計劃)〉을 발표하여, 매년 문화산업 성장률 20%를 목표로 설정하고, 2015년도에는 2010년의 2배 규모가 넘는 문화산업 발전을 추구하겠다고 공약하였다. 또한, 6월 28일에는 문화부가 〈민간자본의 문화산업 진입 실현에 대한 의견(關于鼓勵和引導民間資本進入文化領域的實現意見)〉을 발표하였고, 9월 12일에는 〈문화부 12.5 문화기술 발전계획(文化部"十二五"文化技術發展規劃)〉를 발표하는 등 문화산업 성장과 활성화를 위한 정책적 지원의 틀을 제시하였다. 2012년도 영화정책은 이러한 문화정책의 큰 틀 속에서 추진되었다. 2012년도에 정부에 의해 공표된 핵심적인 영화정책을 정리하면 아래 〈표6〉과 같다.

〈표6〉 2012년도 주요 영화정책[15]

순서	일시	법규명	담당기관
1	2.9	해외 영화와 드라마 수입과 방영 개선에 대한 관리 통지 (關于進一步加强和改進境外影視劇引進和播出管理的通知)	국가광전총국

---

15) 中國電影家協會 産業研究中心, 『2013 中國電影生産研究報告』, 中國電影出版社, 2013, 18-19쪽 참조.

2	11.22	고기술 국산영화 창작 보조금에 대한 통지 (關于對國産高技術格式影片創作生産進行補貼的 通知)	국가영화발전기금 위원회
3	11.22	신설 영화관에 대한 보충 통지 (關于"對新建影院實行先征後返政策"的補充通知)	국가영화발전기금 위원회
4	11.22	국산영화 영화기금 납부에 대한 통지 (關于返還放映國産影片上繳電影傳項資金的通知)	국가영화발전기금 위원회
5	11.22	디지털방영시설 보조금에 대한 보충통지 (關于對安裝數字放映設備補貼的補充通知)	국가영화발전기금 위원회

2012년 2월 9일 발표된 정책은 해외영화와 드라마 수입과 방영을 확대하되, 상영에 대한 관리를 철저히 하는 시스템을 갖추자는 내용이다. 또한, 11월 22일 발표된 일련의 정책은 3D와 IMAX 영화제작을 독려하기 위한 보조금 지원, 디지털방영시설 확대를 위한 보조금 지원 등 중국영화 기술발전 촉진에 중점을 두고 있다. 특히, 11월 22일 정책을 발표한 '국가영화발전기금위원회(國家電影事業發展傳項資金管理委員會)'는 영화관 수익의 일부를 영화기금(電影傳項基金)으로 납입받아 관리하는 국가기관이다. 이날 발표된 정책의 핵심내용은 3D와 IMAX 등 하이테크 기술로 창작된 국산영화의 흥행에 따른 대한 장려금을 수여하여 영화 기술 발전을 강화하는 정책이다. 박스오피스 500만 위안 이상의 영화는 100만 위안, 1억에서 3억 위안 흥행은 200만 위안, 3억에서 5억 위안 흥행은 500만 위안, 5억 위안 이상 흥행은 1000만 위안의 장려금을 지급하여 영화수익이 영화제작으로 흘러들어가 전체 중국영화발전에 기여하는 선순환 생태계를 조성하겠다는 것이다.

2012년 중국영화계에 가장 큰 충격과 파장을 준 것은 2월 18일 미국과 체결한 '중미영화협의(中美電影協議)'이다. 2월 18일 중국 정부는 시진핑 당시 국가부주석의 미국 방문을 즈음하여 미국 측이 요구해온 영화시장 개방확대를 위해 WTO협정을 보완 개정하는 새로운 영화협의를 체결하였다. 주요내용을 보면, 첫째, 매년 수입영화를 3D와 IMAX 위주로 14편 늘여, 기존 20편에서 34편 이상으로 수입을 확대한다, 둘째, 분장제(分賬制) 수입영화의 경우, 기존 미국 측 수익비율을 18% 이하로 정한 규정을 25% 이하로 높여 시장개방을 확대한다. 셋째, 중국의 국영영화사 중심의 수입독점구조를 타파하고 중국 민영영화사의 영화수입을 확장하여, 미국 민간영화사의 중국진출을 늘일 것을 합의하였다. 그 동안 분장제 수입은 1994년 11월 허용한 이후, 매년 미국 블록버스터를 포함하여 10편의 분장제 영화수입을 추진해왔고, 2001년 12월 WTO 가입 이후에는 매년 20편으로 증가하였다가, 2012년 2월 18일 미중간의 영화수입 합의를 계기로 분장제 영화수입은 34편으로 늘어나게 되면서, 영화수입 편수는 총 70편으로 확대되었다.

'2.18 중미영화협의'가 발표된 후, 정부의 보호막 속에 안주해오던 중국영화계는 큰 충격을 받은 것 같다. "할리우드(好萊塢)가 할리우드호랑이(好萊虎)"로 변신했다면서, 할리우드 영화를 이기고 중국영화의 발전을 촉진하기 위한 획기적인 대책을 마련하였다. 먼저, 중국영화의 국제경쟁력 강화를 위한 국제화 전략을 수립하였다. 할리우드 및 세계영화와 경쟁할 수 있는 글로벌 영화기업 양성, 미국 주식시장 상장을 통한 글로벌 영화투자 유도, 글로벌 국제공동제작 등 다양한 글로벌 전략을 추진하였다. 또한, 대내적으로도 영화관련 업체의 수직/수평통합을 통한 대규모 영화기업 설립, 3D 영화기술을 도입한 영화창작 지원정책, 시장시스템에 입각한 영화산업 구조조정 등 할리우드 영화와 경쟁할 수 있는 대내적 개혁을 재가동 하였다. '2.18 중미영화협의'는 중국사회에 만연된 미국에 대한 국가적 콤플렉스와 경쟁의식, 애국주의 열기가 영화계로 유입하는 전환점이 되었으며, '할리우드를 극복하는 것'이 중국영화계의 당면 목표로 설정되는 배경이 되었다

2012년에 시행된 또 하나의 획기적인 제도 개선은 비합리적인 극장 부율을 합리적으로 조정한 것이다. 2011년 국가광전총국은 〈제작사와 배급사와 극장의 협조에 대한 지도의견(關于促進電影制片發行放映協助發展的指導意見)〉에 근거하여, 2012년부터 제작사·배급사와 극장원선간의 부율 조정을 시도했다. 2012년 11월 15일에 국가광전총국의 주선으로, 중국 최대의 영화배급사인 중잉(中影), 싱메이(星美), 화이(華誼), 보나(博納), 광셴(光線) 등 5대 영화제작사가 공동명의로 〈국산영화 극장 부율 조정에 대한 통지(關于調整國産影片分賬比例的通知)〉를 발표하여, 제작·배급사의 부율을 전체 극장 수입의 43%에서 45%로 올리기로 합의했다. 그동안 중국 제작·배급사의 수익 부율은 35% 정도로 운영되었으며, 할리우드나 우리나라의 제작·배급사 대 극장의 수익 부율은 50% : 50% 정도이다. 이와 같이, 중국의 제작·배급사 대 극장 부율의 합리적 조정은 중국영화가 비합리적 관행이 아니라 시장시스템의 원칙 속에 영화산업이 운영될 것이라는 정책방향을 보여주는 대표적인 사례이다.

이를 통해, 최근 중국영화는 정부가 헤게모니를 견지하면서 영화산업 발전을 적극 추동하고 있는 독특한 현상을 확인할 수 있다. 정부가 주도적으로 영화산업 발전전략의 로드맵을 제시하고 실행해 나가는 탑다운(top-down)식 '정부주도형 영화산업 발전모델'이 여전히 견고하게 운영되고 있으며, 또한, '2.18 중미영화협의' 체결에서 할 수 있듯이, 영화시장 개방확대와 시장시스템에 의한 영화발전을 더욱 가속적으로 추진하고 있다는 것을 확인할 수 있다.

Ⅱ 영화산업

1

영화시장 규모의 확대와 산업구조 변화
- 세계 영화시장 2위로의 도약

    중국 영화산업의 외형적 성장세는 폭발적이다. 〈표7〉에서와 같이, 중국영화가협회가 발간하는 영화학술지『전영예술(電影藝術)』에서는 매년 2기(3월) 잡지에 칭화대학교 인홍 교수의 영화산업 통계조사를 발표하고 있다. 이를 종합하면 영화극장 박스오피스 수익은 2014년도 296.39억 위안으로 2013년 217억 위안보다 36% 증가했으며, 2013년도는 2012년 170억 위안보다 27.5% 증가하는 등 대체로 30%에 달하는 성장세를 보이고 있다.[1]

〈표7〉 중국 영화시장 수익 현황(단위: 억인민폐)

	2003	2006	2008	2009	2010
영화채널 수익	7	12	15.64	16.89	20.32
해외시장 수익	5.5	19.1	25.28	27.7	35.17

---

1) 尹鴻 外,「2014年中國電影産業備忘」,『電影藝術』, 第361期, 北京, 中國電影家協會, 2015, 13-15쪽.

극장 수익	9.5	26.2	43.41	62.06	101.72
	2011	2012	2013	2014	
영화채널 수익	22	24	26		
해외시장 수익	20.46	10.6	14.14		
극장 수익	131.15	170.7	217.7	296.4	

(자료출처: 인홍, 『전영예술』, 2014. 2기, 6쪽.)

특히, 2012년 중국 박스오피스 수익은 170.7억 위안으로 그 동안 부동의 2위였던 일본을 제치고 세계 영화시장 2위로 올라섰다. WTO 가입 직후인 2003년 9.5억 위안이었던 극장수익은 2014년 296억 위안을 기록하며 무려 30배 가까이 성장한 셈이다. 미국잡지 〈스크린 다이제스트(Screen Digest)〉의 2012년 통계에 의하면, 전 세계 박스오피스 규모는 약 340억 달러로 추정되고 있는데, 북미 박스오피스가 108.35억 달러로 세계 1위이며, 2위인 중국 박스오피스 시장규모는 27억 달러로 북미영화시장의 4분의 1 정도이며, 전 세계 영화시장의 6%를 차지하고 있다. 이는 예전의 2위였던 일본의 박스오피스가 줄어든 것이 아니라 중국의 박스오피스 규모가 해마다 30% 정도 성장해온 결과라는 것을 알 수 있다.[2] 반면, 중국 영화시장에서 국산영화의 시장점유율은 2012년 48.46%를 기록하여, 2007년 시장점유율 75%에서 해마다 조금씩 감소하는 추세를 보이고 있다.

영화관객수도 가파른 증가세를 보이고 있다. 〈표8〉과 같이, 2013년 중국 관객수는 8.3억 명으로 북미, 인도 다음으로 세계 3위이다. 인구당

---

2) 2009년 일본 박스오피스는 22억 달러로 2위였고, 3위는 인도로 18.6억 달러, 4위는 프랑스 17억 달러, 중국은 9억 달러로 9위에 머물러 있었다. 불과 3년만인 2012년도에 중국영화는 세계 2위로 올라선 것이다.
尹鴻, 「2012年中國電影産業備忘錄」, 『電影藝術』, 總349期, 2013. 5쪽.

비율을 보면, 미국은 13.6억 명이 관람하여 매년 1인당 4.5편의 영화를 보는 반면, 중국은 1인당 0.6편으로 거의 2년당 1편씩 영화관을 찾는 셈이다. 중국 전체 인구가 13억명이라는 광대한 영화시장과 가파른 영화산업 성장세를 감안한다면 영화관객수 비율은 여전히 낮은 편으로 이것이 세계영화계가 중국 영화시장을 주목하는 이유이기도 하다.

〈표8〉 2001년 WTO 가입 이후 중국영화 주요 지표[3]

연도	2002	2003	2004	2007	2010
제작수	100	140	212	402	526
국산영화 시장점유율	/	/	/	75	56.3
영화관객수(억 명)	2.2	2.5	0.75	1.1	2.8
스크린(개)	1,834	2,285	2,396	3,527	6,256
	2011	2012	2013	2014	
제작수	558	745	638	618	
국산영화 시장점유율	53.6	48.4	45.68	54	
영화관객수(억 명)	3.7	4.7	6.1	8.3	
스크린(개)	9,286	13,111	18,195	23,600	

　　세계 영화시장에서의 중국영화 수익규모를 보면, 중국영화는 2009년 세계 영화시장 10위권에 진입한 것으로 집계된다. 〈표9〉에서와 같이, 중국영화의 극장수익이 2005년 2.4억 달러에서 2009년 9.06억 달러로 급성장하여 세계 극장수익 9위로 진입하였으며, 특히 2005년 대비 2009년

3)　中國電影家協會 産業研究中心,『2013中國電影生産研究報告』, 中國電影出版社, 2013.

성장률이 무려 271%에 달해 세계 최고라는 것을 확인할 수 있다.

<표9> 2005-2009 세계 주요국가 극장수익 순위 10위권(단위: 억 달러)

순위	국가	2005	2006	2007	2008	2009	2005년 대비 성장률
1	미국	90	95	88.4	89.8	97.1	5.6%
2	일본	18	17.4	16.8	18.8	22	22%
3	인도	11.9	14.16	17.3	18.5	18.6	56%
4	프랑스	12.7	14.07	14.5	16.7	17.1	34%
5	영국	14.2	14.05	16.4	15.8	14.7	3.4%
6	독일	9.2	10.23	10.4	11.7	13.5	46%
7	이탈리아	6.6	6.8	8.46	8.74	9.4	40%
8	스페인	7.8	7.9	8.8	9.12	9.29	18.9%
9	중국	2.4	3.1	4.34	6	9.06	271%
10	캐나다	6.8	7.3	7.9	8.63	8.8	29%
11	한국	8.8	10.6	10.7	8.9	8.5	-3.9%

(자료출처:「최근 세계국가 영화산업 발전 현황」,『전영예술』, 337기, 2011. 26쪽.)

이와 같이, 2001년 WTO 가입 이후 최근 몇 년간 중국 영화시장의 규모가 확대되고 영화수익이 급증하고 있는 것을 확인할 수 있는데, 이는 정부가 주도한 시장화, 체제개혁이 일정한 성과를 거둔 결과로 보인다. 정부주도의 영화산업 시장화 정책 속에 제작편수와 영화스크린수가 급증하였고, WTO 가입 이후 매년 30-50편에 달하는 분장제 영화수입이 확대되었으며, 경제발전에 따른 대중의 영화소비욕구 증가로 극장수익이 증가한 것을 주요한 원인으로 꼽을 수 있다. 특히, 2009년과 2010년 이후 정부의 주도 속에 과감한 시장지원정책, 국유영화사 개혁, 증시 상장 등 다양한 시장화와 체제개혁 정책이 시도되면서 중국 영화산업이 급속한 발전상을 보이고 있다고 말할 수 있다.

최근 중국 영화시장의의 핵심적인 구조변화를 정리하면 아래와 같다. 먼저, 시장시스템 전환정책에 따라 국유영화사가 새로운 영화시장 변화의 주체로 전면에 부각하고 있다. 2009년 이후 16개 국유영화사는 정부의 지원 아래 본격적인 주식회사로의 전환, 대규모 그룹화 등의 체제개혁을 시도하고 있다. 국유영화사의 개혁은 크게 네 가지 형식으로 진행되고 있다. 첫째, 국유영화사를 완전히 독립된 영화기업으로 전환하는 방향, 둘째, 국유영화사를 배급·상영부문 영화기업과 통합을 통해 제작, 배급, 상영의 수직통합(vertical integration)를 구축하는 경향. 예를 들면, 2009년 텐진영화그룹은 10여 개의 연관기업들과의 합병을 통해 10억 위안 이상의 자산을 확보하는 한편, 대형미디어 및 대형영화기업그룹으로의 변신을 도모하고 있다. 넷째, 국유영화사가 영화업 이외의 투자자본과 결합하는 방향. 예를 들면, 시잉(西影)영화그룹은 섬서문투(陝西文投) 등과 합작하여 영화자본의 규모화를 목표로 개편작업에 들어가 있으며, 주장(珠江)영화그룹 또한 배급, 상영, 영화채널, 뉴미디어 등이 통합되는 영화산업 규모화로의 변모를 진행 중이다. 이와 같이, 국유영화그룹은 '사업체제를 위한 기업관리'에서 '기업체제를 위한 사업관리'라는 개념으로 기업체제로의 전환을 시도하고 있다. 이러한 전환은 자칫 관리자와 소유자의 관계가 불분명해지고, 기존 자본과 새로운 자본 사이의 충돌을 야기할 수 있으나, 경영의 책임성과 관리의 합리성을 가져온다는 점에서 긍정적인 평가를 받고 있다.

둘째, 민영영화사의 자본증권시장 진입이 본격화 되고 있다. 2009년 들어 대표적인 민영영화사인 화의송띠영화사(華誼兄弟傳媒有限公司)와 지아허(嘉禾)영화사가 각각 홍콩과 선쩐에 있는 중국증권거래소에 상장을 하여 본격적으로 자본시장에 진입했다. 2010년에는 민영영화배급사인 보나기업(博納國際影業集團)이 미국 나스닥증시에 주주공개모집 형식으로 상장했다. 중국의 대표적인 민영영화사의 증권시장 상장은 중국영화산업의 시장화와 체제개혁을 상징한다는 점에서 여러모로 의미가 깊다. 이러한 증시 상장은 첫째, 중국영화기업이 본격적으로 자본시장에 진입했음을 상징한다. 이제 영화업은 더 이상 정부주도가 아니라 시장의 통제와 시스템 속에서 조절된다는 것을 상징하는 징후라 할 수 있다. 둘째, 영화기업의 증시 진출은 영화산업을 통해 경제수익을 창출할 수 있다는 확신을 자본시장에 불어넣어 주었다. 셋째, 중국영화산업이 자본시장의 투자자본을 이용하여 대규모산업으로 성장하고 통합해나갈 수 있는 발판을 마련했다. 이번 영화사의 증시 상장은 중국영화산업이 새로운 시장시스템 속의 발전 국면으로 접어들었음을 의미하는 결정적 방증이다.

셋째, 대형화와 수직통합(vertical integration)을 통한 영화산업 체제개혁이 진행되고 있다. 현재 중국 영화산업의 체제개혁은 대표적인 국유영화사인 영화사인 중국영화그룹과 상하이영화그룹, 대표적인 민영영화사인 화의슝띠 등이 주도하고 있다. 중국영화그룹(中國電影集團)은 중국 최대의 국유영화사로서 전국방영권을 가진 영화채널을 소유하고 있으며, 외국영화 수입허가증을 보유하고 있는 한편, 주식회사 형태로 배급원선(院線)을 지배하거나 참여하고 있는 대표적인 중국 영화기업이다. 2009년에는 건국 60주년 '조국헌정영화'인 〈건국대업〉을 제작하여 4억 위안 이상의 박스오피스를 기록하여 그해 최고의 흥행을 기록하였다. 또한, 향후 5년 이내에 1,000만 위안 이상 흥행을 낼 수 있는 대형영화관 50여개를 건립하는 계획을 포함하여, 전국 100여개 영화관(800-1000개 스크린)에 주식지분을 확대해나가는 계획을 수립하면서, 중국 영화산업 체제개혁의 최선두에 서 있다. 상하이영화그룹(上海電影集團)은 대규모 제작시스템, 지역간 경계를 넘은 원선 건립, 영화기술 제고, 영화채널을 중심으로 잡지와 음반을 발간하는 콘텐츠 확대 전략 등 4대 사안을 핵심적으로 추진하고 있다. 특히, 상하이영화그룹은 애니메이션과 합작영화의 제작, 배급, 방영에 장점을 보여왔으며, 제작, 배급, 방영의 수직통합시스템 구축을 완성했다. 수직통합을 활용하여 제작한 〈학력고사 1977〉은 전국에서 1,500만 위안의 흥행 성적을 올렸는데, 상하이영화그룹 소속의 원선인 상하이롄화원선(上海聯和院線)에서만 흥행의 절반이 넘는 700만 위안의 수익을 거두었고, 〈마란화〉 역시 상하이영화그룹이 제작하여 1,000만 위안의 흥행을 거두었는데, 소속 원선에서 500만 위안의 흥행을 기록하는 등 수직통합시스템이 성공적으로 가동되고 있다는 것을 입증했다. 또한, 중국의 대표적인 민영영화사인 화의 쑹띠영화사는 중국 최고의 흥행 감독인 펑샤오깡 감독의 영화를 중점적으로 제작해 오고 있으며, 〈비성물요〉, 〈풍성〉 등을 제작하면서 장한위, 쩌우쉰, 리빙빙 등 스타급 배우의 브랜드와 결합한 전략으로 지속적인 성장세를 보이고 있다.

넷째, 배급과 상영을 연계하는 원선 제도가 확대발전되고 있다. 원선 제도는 전국 34곳 중에서 상위 6곳의 원선이 전국의 흥행을 주도하고 있다. 이들은 새로 건설된 원선과 전통적인 원선으로 구분되는데, 새로 건설된 원선으로는 완다(萬達), 중잉싱메이, 광주진이 등이 있으며, 전통적인 원선으로는 상하이롄화, 난방신간선, 베이징신잉롄 등이 있다. 2009년 통계를 보면 상위 6위권의 원선들은 2009년 박스오피스 40억 위안을 기록했으며, 전국 영화시장의 66.6%을 차지하고 있다. 그중에서 가장 큰 성장을 보이고 있는 곳은 완다 원선이다. 완다 원선은 박스오피스 8.33억 위안으로 관객수는 2,710만 명으로 전년 대비 63.6% 성장하는 급등세를 보이고 있다. 완다 원선은 현재 통합, 합병, 주식투자 등 다양한 방식으로 원선이 확장하고 있으며, 보리그룹(保利集團)은 충칭완허(重慶萬和) 원선에 자본을 투자하고 있고, 중국영화그룹은 중잉싱메이(中影星美) 원선에 대규모 투자를 추진하고 있다. 특히, 완다원선은 70여곳의 극장에서 600개 스크린을 운영하고 있으며, 전국 박스오피스의 20%를 차지하고 있는 아시아 1위 원선이다. 2015년에는 150여 곳의 극장 1,200개 스크린을 보유하여 전국 박스오피스의 40%를 점유하고 세계 4위 규모로 성장하는 것을 목표로 삼고 있다. 현재와 같은 추세라면, 완다원선은 머지않은 장래에 아시아 최대 규모로 성장할 것이다.

이와 같이, 중국 영화산업은 시장화, 체제개혁, 대규모화의 전략으로 영화산업 발전을 추구하고 있으며, 이러한 동향은 영화시장 규모 확대와 산업구조 변화라는 새로운 현상을 낳고 있다.

2

영화 제작편수의 증가와 지역편중 현상

제작 면에서도 급속한 증가세를 보이고 있다. 〈표10〉과 같이, 극영화 수는 2002년 100편에 머물렀다가, 2004년 212편, 2006년 330편, 2010년 526편, 2013년 638편으로 급성장하고 있다. 2002년에 비해 6배 가까이 증가한 셈이다. 특히, 디지털영화제작의 경우 2003년 15편에 불과했으나 2009년에는 20배나 증가한 306편이 제작되어 영화제작의 대세가 되고 있음을 알 수 있다.

〈표10〉 2002년-2010년 10년간 중국 극영화 제작편수

년도	2002	2003	2004	2005	2006	2008	2009	2010
필름		125	201	208	220	146	150	-
디지털		15	11	52	110	260	306	-
총제작편수	100	140	212	260	330	406	456	526
	2012	2013	2014					
필름	-	-	-					

디지털	-	-	-						
총제작편수	745	638	618						

(자료출처: 『전영예술』, 『중국영화산업연구보고』 등을 참조하여 재구성.)

최근 영화제작 경향을 세부적으로 들여다보면, 2012년도의 경우 역대 최고인 745편의 극영화가 제작되었는데, 극영화 외에도, 다큐멘터리 15편, 애니메이션 33편, 과학교육영화 74편 등 총 893편의 영화가 제작되었다. 2010년도의 경우에도, 526편의 극영화가 제작되었으며, 극영화 외에도 애니메이션 16편, 다큐멘터리 16편, 과학교육용 54편, 특종영화 9편, 영화채널방송용 디지털영화 100편이 제작되었다.

또한, 아래 〈표7〉에서와 같이 세계주요국의 영화제작 현황을 보면, 중국영화 제작편수는 현재 세계 3위를 차지하고 있음을 확인할 수 있다. 대부분 국가에서 영화제작편수가 하락하고 있는데 반해, 인도와 중국영화는 증가세를 보이는 특징을 보이고 있다.

하지만, 외형적 성장세에도 불구하고 지적해야할 사실이 있다. 중국영화 제자편수 증가가 저예산 영화에 집중되어 있는 현상이다. 일반적으로 중국영화계에서는 영화제작비 규모에 따라 제작을 4가지 규모로 분류하고 있다. 8천만 위안 이상을 대작(大作)영화, 1천만 위안 이상을 중작(中作)영화, 4백만 위안에서 1천만 위안 사이를 중소작(中小作)영화, 1백만 위안에서 4백만 위안 사이를 소작(小作)영화라 한다. 평균적으로 대작은 스타감독들을 동원하여 연간 4-5편이 제작되고, 중작은 10편, 중소작은 20여 편에 이르며, 나머지 대부분은 소작영화이다. 따라서, 중국영화제작의 폭발적인 증가세를 말할 때 제작이 늘어난 영화의 대다수는 소작영화나 저예산영화의 제작증가를 의미한다.

<표9> 세계 주요국의 영화제작편수

년도	인도	미국	중국	프랑스	영국	일본	한국
2008년	1173	716	406	240	126	122	113
2009년	1325	677	456	240	125	116	110

(자료출처:『중국영화산업연구보고』)

　　제작비 규모에 따라 나타난 새로운 현상을 살펴보면, 첫째, 블록버스터 상업영화는 점차 정치이데올로기를 강조하는 경향으로 전환되고 있다. 현재 중국형 블록버스터 시장전략은 대규모 투자를 통해 영화의 경쟁력을 높이고, 스타배우와 스타감독을 동원하여 국내시장을 주요 수익원으로 삼되, 해외시장에서 수익을 보충하는 전형적인 상업영화 마케팅방식을 취하고 있다. 2009년의 경우 1억 위안 이상의 대자본이 투입된 영화로는 〈십월위성(10月圍城)〉(1.2억 위안), 〈공자〉(1.2억 위안), 2010년도에는 〈탕산대지진〉(1.5억 위안) 등이 있다. 대작영화들은 흥행에서도 좋은 성과를 거두었으나, 대부분 중화민족 애국주의와 정치이데올로기를 주제의식으로 내세우는 경향이 두드러졌다. 특히, 〈10월위성〉은 홍콩에서 제작하여, 홍콩지역의 배우와 영화사 자금으로 제작된 영화지만, 중국 대륙의 주류정치이데올로기(主流意識形態)에 충실한 영화로 제작되었다.

　　둘째, 중형 영화가 약진하고 있다. 중작영화는 제작비가 1,000만 위안에서 1억 위안 사이의 중규모 영화자본이 투입된 영화를 말한다. 2009년도의 경우 〈난징! 난징!〉(9,000만 위안), 〈풍운2〉(8,000만 위안), 〈건국대업〉(6,000만 위안), 〈삼창박안경기(三槍拍案驚奇)〉(6,000만 위안), 〈화목란〉(5,000만 위안), 〈맥전(麥田)〉(5,000만 위안), 〈풍광적새차(瘋狂的賽車)〉(2,300만 위안), 〈1977년도 수능(高考 1977)〉(2,000만 위안), 〈투우(鬪

牛)〉(1,300만 위안) 등이 중작영화로 제작된 바 있다. 중작영화는 코미디, 액션, 어린이영화, 애니메이션, 재난영화 등 다양한 장르를 영화제작에 활용하여 일반대중의 영화욕구를 충족시켜 주었다는 점에서 호평을 받았다. 특히, 건국 60주년 기념작인 주선율영화 〈건국대업〉의 성공이 대표적인 사례이다. 이 영화는 스타급배우를 기용하고, 치밀한 홍보와 마케팅 전략을 통해 투입된 영화자본의 10배 이상이 되는 수익을 올렸다. 〈삼창박안경기〉 또한 스타감독인 장이모우라는 네임밸류(name value)를 활용한 영화홍보와 민간예술인 소품(小品)을 영화와 결합하여 흥행에 성공하였다.

셋째, 소작영화는 제작비가 1,000만 위안 이하의 소규모 영화를 말하는데, 2009년도의 경우 청년감독들의 실험정신과 활약이 돋보였다. 〈팬더 대협(雄猫大俠)〉(1,000만 위안), 〈성룡을 찾아서(尋找成龍)〉(1,000만 위안), 〈밤/상점(夜/商店)〉(600만 위안), 〈심야의 택시〉(300만 위안) 등이 제작되었는데, 이 중에서 〈밤/상점〉과 〈심야의 택시〉 등이 신선한 소재와 장르에 기대어 대중들의 인기를 받기는 했으나, 2009년 들어 유행한 이른바 '산짜이(山寨)영화'의 유행에 기대어 창작정신과 노력이 부족하다는 비판을 받기도 했다.

결론적으로 최근의 영화제작 경향을 제작비 규모 중심으로 살펴보면, 대규모 자본이 투입된 중국형 블록버스터의 정치이데올로기화, 다양한 장르 영화의 부족, 소작영화의 작품수준 저하 등의 문제가 지적되고 있으면서도, 중규모 영화의 흥행 성공은 새로운 특징으로서 영화시장의 안정성을 도모할 수 있다는 점에서 긍정적인 현상이라 할 수 있다.

한편, 최근 영화제작 분야에서 가장 특기할 만한 현상은 영화제작의 지역분포가 베이징에 편중되어 있다는 점이다. 〈표11〉에서와 같이 중국 영화의 지역별 제작 현황을 보면, 베이징 지역이 2008년 186편, 2009년 231편 등으로 중국 전국 영화제작을 압도적으로 주도하고 있음을 알

수 있다. 2위를 차지한 상하이는 전통적인 영화중심 도시였지만 2008
년 14편, 2009년 25편 등 1위 베이징의 제작편수의 10% 정도에 미치고
있다. 영화제작이 베이징 중심으로 편중되어 있는 현상에 대한 주된 원
인은 베이징이 현재 중국 문화정책의 핵심적 주제인 창의산업(創意産業)
열풍의 중심기지로 발전되고 있으며, 영상문화기구와 영상예술대학이
집중되어 있는데다가, 정부기관의 적극적인 지지가 결합되었기 때문으
로 보인다. 중국영화 제작의 지역분포 중 또 하나의 특징은 지역간 연합
출품이 증가하고 있다는 현상이다. 〈표11〉을 보면, 2008년 지역간 연합
출품은 96편이었으나, 2009년에는 140편으로 45.8% 증가하고 있음을
알 수 있다. 이러한 경향은 지역간 연합출품이 영화에 대한 투기성 투자
를 방지하고, 각 지역의 영화제작 이점을 활용하여 제작수준을 높일 수
있는 장점이 있기 때문이다. 이밖에, 경제발달지역인 광동성, 저장성 등
을 중심으로 영화제작산업은 계속적으로 활발히 발전하고 있으며, 기존
의 낙후지역이었던 중부와 서부지역의 영화제작산업이 최근 들어 점점
증가하는 추세를 보이고 있다는 점을 확인할 수 있다.

〈표11〉 2008-2009년 중국영화 지역별 제작 현황

2008년(순위)	지역명	단독출품	지역간연합출품	총제작편수
1	베이징	130	56	186
2	상하이	5	9	14
3	절강	4	9	13
4	섬서	6	3	9
5	산동	5	3	8
6	광동	4	3	7
7	하남	3	3	6

8	천진	1	4	5
9	길림	0	5	5
10	산서	4	1	5
총합		162	96	258

2009년(순위)	지역명	단독출품	지역간연합출품	총제작편수
1	베이징	167	64	231
2	광동	13	12	25
3	상하이	10	11	21
4	하남	6	10	16
5	절강	9	6	15
6	산서	1	14	15
7	산동	5	8	13
8	호남	7	6	13
9	복건	5	6	11
10	섬서	7	3	10
총합		230	140	370

(자료출처: 『중국영화산업연구보고』)

3

투자/제작사
– 민영영화사의 시장 주도와 글로벌화

① 민영영화사의 시장 주도

최근 중국영화의 제작/투자에 나타난 새로운 경향은 민영영화사의 성장과, 다양한 영화자본의 유입, 영화사의 투자방식 개선 등을 들 수 있다. 먼저, 민영영화사가 시장의 주류로 부상하고 있는데, 2013년 통계를 보면 국유영화사 제작편수가 70편으로 51억 위안의 박스오피스 수익을 거둔 반면, 민영화사는 240여편을 제작하여 102억 위안의 수익을 거둔 것으로 나타났다.

특히, 2008년과 2009년에 이러한 전환이 두드러졌다. 2008년과 2009년 중국영화 제작사를 민영제작, 국유제작, 합작 등의 유형으로 나누어 전체 제작편수에 대한 백분율로 통계를 내어보면, 〈표12〉과 같이, 2008년도에는 민영영화사가 52.6%, 국유/민영 합작이 19.8%, 국유영화사 10.3%, 민영/기타 제작기구 합작 5.9%, 국유/민영/외국/홍콩·타이완 자본합작이 4%, 국유/민영/기타 제작기구 합작이 3%, 민영/외국/홍콩·타이완 자본합작이 2.4%, 기타 제작기구 1.6%, 국유/기타 제작기구 합작이 0.4%를 기록하고 있다. 또한, 2009년에는, 전체 영화제작사 중에서 민영영화사가 51%, 국유/민영 합작이 23.3%, 국유영화사가 10.5%, 국유/민영/기타 제작기구 합작이 4.3%, 민영/기타 제작기구 합작이 3.7%, 기타 제작기구가 3.7%, 국유/민영/외국/홍콩·타이완 자본 합작이 2.3%, 민영/외국/홍콩·타이완 자본합작이 0.9%, 국유/기타 제작기구 합작이 0.3%를 기록하고 있음을 알 수 있다. 이와 같이, 민영영화사가 제작의 절반 이상을 차지하며 영화시장을 주도하고 있으며, 그 다음으로 국유/민영 합작, 그리고 국유영화사가 그 뒤를 잇고 있는 양상임을 알 수 있다. 한편, 해외자본과의 합작은 중국 법규상 반드시 중국영화사와의 제휴를 전제해야 하기 때문에 국유/민영영화사가 해외자본과의 합작에서 우위를 갖고 주도하고 있지만, 합작비율은 전체의 5-6%에 머물고 있다.

결국, 〈표12〉 통계에 의하면, 중국 영화제작은 전통적으로 국유영화사 중심으로 이루어졌으나, 시장화와 개방화 정책 이후 민영영화사가 절반 이상을 차지하면서 서서히 시장의 새로운 강자로 부상하고 있음을 확인할 수 있다. 이러한 현상은 국제경쟁력 강화와 국내영화시장 활성화를 위해 영화산업의 시장화와 개방화를 주도적으로 추진해온 국가권력이 국가의 정책드라이브 속에 재구성된 시장시스템에 의해 역설적으로 밀려나는 국가-시장간의 새로워진 관계를 가장 극명하게 드러내는 사례라 할 수 있다.

〈표12〉 2008-2009년 중국영화 제작 형태별 구분(정부 허가받은 제작사)

제작형태	2008년 제작편수	2009년 제작편수	변화량
국유영화사	26	39	50%
국유/외국/홍콩·타이완 자본 합작	0	8	800%
국유/민영 합작	50	83	66%

국유/민영/외국/홍콩·타이완 합작	10	1	-90%
민영영화사	8	15	88%
국유/민영/기타 제작기구	133	180	35%
민영/기타 제작기구 합작	15	13	-13%
민영/외국/홍콩·타이완 자본 합작	6	3	-50%
국유/기타 제작기구	1	0	-100%
기타 제작기구	4	13	225%

(자료출처: 『중국영화산업연구보고』)

대표적 민영영화사인 화이슝띠그룹은 2012년에는 〈1942〉, 〈태극〉, 〈십이생초〉, 〈역전〉, 〈사랑〉 등을 제작했으며, 2013년 6편의 영화를 제작하여 30억 위안의 박스오피스 수익을 올렸는데, 2012년 21억 위안 수익에 비해 45% 성장세를 보이고 있다. 보나영화사는 2013년 11편의 영화를 제작하여 12억 위안의 수익을 올렸으며, 전년도에 비해 72%의 성장세를 보이고 있다. 민영영화사로는 3번째로 주식시장에 상장한 광센미디어(光線傳媒)는 2012년 역대 최고 흥행작 〈로스트 인 타일랜드〉와 〈사대명포〉 등을 제작하였다. 반면, 국영기업은 그간의 정부의존적 경영관행을 벗어나기 위해 시장시스템에 맞는 기업으로의 전면적인 개혁을 지속하고 있지만, 흥행 수익과 영화시장 영향 면에서 민영영화사가 주도적인 입지를 굳히고 있는 현상이 굳어지고 있다.

또한, 투자/제작 분야에서는 국유영화사와 민영영화사의 체질개선을 위한 노력이 가시화되고 있다. 2001년 WTO 가입 이후 중국 영화산업은 할리우드 메이저스튜디오가 거대미디어와 합병하여 발전한 것을 모델로 삼아, 영화사 외에 방송국, 인터넷, 게임, 애니메이션 등 여러 매체의 자금을 유입하여 영화자본 부족을 해소하는 한편, 병합과 수직통합 등 다양한 방식의 체질개선을 시도해오고 있다. 대표적인 사례로, 장쑤방송국은 텔레비전뿐 아니라 영상콘텐츠 발전을 지향하며 〈난징! 난징!〉, 〈건국대업〉, 〈10월위성〉 등에 투자하였고, 상하이원광신문미디어(上海文廣新聞傳媒)는 〈희양양(喜羊羊與灰太狼)〉에, 텐진방송국은 〈난징!난징!〉 등 영화에 투자를 한 바 있다. 방송국, 인터넷, 텔레비전 등이 투자한 영화들은 다양한 매체를 활용한 홍보방식을 통해 마케팅의 성공이라는 새로운 성과도 일구어내었다. 특히, 2009년 들어 정부가 문화체제 개혁의 중요한 정책이슈로 국유영화기업의 체질 개선을 다루면서, 텐진, 내몽고, 닝샤제편창 등 16개 국유영화제작소의 체질개선과 체제개혁이 완료되었으며, 1999년 중국영화그룹(中國電影集團)에서 시작된 국유영화사 체질개선이 2009년에 완성되었다고 발표했다.[4]

그러나 아직까지 국유영화사 사이에도 대형영화사와 중소형영화사에 따라 투자와 제작 능력은 큰 차이를 보이고 있다. 대형영화사인 중국영화그룹은 2009년 19편 영화를 제작하였고 19편 영화에 자본을 투자한 바 있다. 중점영화로 지목한 〈건국대업〉, 〈천안문〉, 〈풍광적새차〉, 어린이영화인 〈성룡을 찾아서〉, 상업형 블록버스터인 〈미래경찰(未來警察)〉, 중규모 영화인 〈대내밀탐영영구(大內密探靈靈狗)〉, 청년감독 지원영화인 〈밤/상점〉, 〈화성몰사(火星沒事)〉 등을 제작하여 중국영화발전의 견인차 역할을 하고 있다. 상하이영화그룹(上海電影集團) 또한 〈대입고사 1977〉, 〈사랑스런 중국(可愛的中國)〉 등을 제작한 바 있다. 대표적인 두 국영영화사는 현재 증시 상장을 준비하고 있는 반면, 나머지 중소형 국유영화사는 영화시장에서 정체된 현상을 보이고 있다.

민영영화사의 제작/투자방식도 새로운 체질개선에 나서고 있다. 2009년 자본시장에 상장한 화의숑띠영화사는 〈라벨일기(拉貝日記)〉,

---

4) 中國電影家協會 産業研究中心, 『2010電影産業研究報告書』, 電影出版社, 2010, 32-33쪽.

〈풍성(風聲)〉 등 신진 감독의 영화작품을 제작하면서, 그 동안 펑샤오깡 감독의 작품에 의존해오던 제작방식을 벗어나 새로운 시도를 하였다. 바오리보나영화사는 〈10월위성〉 등의 작품에 큰 성공을 거두었으며 향후 5억 위안 이상의 영화자본을 유입하여 3년 안에 15편 이상을 제작한다는 계획을 세우고 있다. 드라마를 주로 제작하던 샤오마번텅영화사는 〈무인구(無人區)〉 등 8편 영화를 제작했으며, 공동투자 형식으로 〈화목란〉을 제작하기도 했다. 소형 민영영화사들 또한 상대적으로 빈약한 영화자본 사정 속에 디지털영화 제작에 집중하는 경향을 보였으며, 베이징성세영화사(北京盛世華銳)의 〈흠아십만영오천(欠我十萬零五千)〉과 같은 흥행에서 좋은 결과를 낳기도 했다.

② 투자경로의 다양화

투자 방면의 또하나 새로운 현상은 다양한 루트의 영화자본 유입이다. 영화자본의 유입방식에 대한 고찰은 영화자본의 안정성 여부를 판단할 수 있는 중요한 지표이다. 기존 영화자본은 영화사 중심으로 투자가 이루어진데 비해, 최근 2-3년 동안의 영화자본은 영화사 자본을 비롯하여 은행대출, 광고, 저작권 판매, 개인투자자, 정부투자, 수익보장성 은행펀드 등 다양한 방식으로 유입되고 있다. 최근 대표적인 사례로 2009년도에 국유영화사의 대명사 격인 중영그룹과 광선영업(光線影業)이 중국공상은행 등에서 영화제작을 위한 대출을 받은 바 있으며, 하이나이(海內), 홍션, 징웨이(經緯中國) 등 투자회사가 바오리보나영화사에 1억 위안 이상의 투자를 한 바 있다. 특히, 가장 주목할만한 현상은 중국의 대표적인 민영영화사 화의슝띠가 자본시장에 상장을 한 것이다. 사실 그 동안 민영영화제작사는 영화자본이 절대적으로 부족하였고, 이것이 영화기업의 성장을 가로막는 주요 요인으로 꼽히기도 했다. 이러한 영화계 분위기 속에서 화의슝띠가 주식상장을 통해 12억 위안 이상의 영화자본을 확보하였고, 이를 영화제작, 드라마제작, 영화관 건설 등에 투입하여 자본부족을 해소하는 계기를 마련함으로써 영화제작의 일대 전기를 일구어내었다. 화의송띠영화사의 중국 최초의 자본시장 상장은 영화산업의 규모화, 현대화, 전문화라는 점에서 중요한 의미를 가지는 사건이다.

현재 중국영화 투자 방식은 사모투자기금(私募投資基金), 주식시장 상장(上市融資), 은행대출, 신탁(信托), 정부기금지원 등 크게 다섯 가지 방식으로 분류된다.

첫째, 영화제작을 위한 사모투자기금 펀딩방식은 2007년부터 시작되어 2012년까지 18건에 걸쳐 진행되었고, 총 200억 위안 이상 규모로 모금된 것으로 집계된다. 2007년 'IDG뉴미디어기금'을 통해 〈대입고사 1977〉, 〈산사 나무의 사랑〉, 〈미래 경찰〉 등에 5000만달러(USD) 규모로 중국 최초의 사모기금 투자가 시작되었고, 2012년도에는 홍리(紅利) 기금 등 5건에 걸쳐 펀딩이 진행된 바 있다. 둘째, 주식시장 상장을 통한 펀딩은 2000년대 이후 점차 늘어나고 있다. 2000년 이후 2012년까지 15개의 영화기업이 주식시장 상장을 했다. 2012년도에는 차이넥스트(Chinext) 등 3개 영화사의 주식시장 상장이 완성되었다. 셋째, 은행대출 방식은 은행 이자가 10-15%이기 때문에 제작자 입장에서 볼 때에는 상대적으로 유익한 펀딩이다. 은행대출 방식은 영화흥행수익을 나누는 계약, 판권을 가져가는 계약 등 다양한 방법이 있으나, 절차가 엄격하고 까다로운 단점이 있다. 넷째, 금융전문가들로 구성된 투자신탁사를 만들어 투자자를 모아 수익을 나누는 영화펀딩 방식이 있다. 2012년도에는 3건의 투자신탁사를 통한 펀딩이 이루어졌는데, 대표적인 사례로는 베이징국제신탁주식회사가 3000만 위안을 모금하여 화원(華聞) 미디어에 의뢰하여 대형역사영상물 〈중국 근현대 영상사〉를 제작한 후, 30만-100만 위안 투자자에게는 8% 수익율을, 100만 위안 이상 투자자에게는 9%의 수익율을 배당한 사례가 있다. 다섯째, 정부가 직접 투자하는 방식은 대표적으로 공산당과 정부 선전영화인 주선율영화 제작에 투자하는 사례를 들 수 있다. 2012년 중국 5세대 지도부를 선출한 역사적인 제18대 공산당 전당대회를 위한 헌정영화 〈충성과 배반(忠誠與背反)〉, 〈티벳의 하늘(西藏的天空)〉 등에 정부가 직접 투자한 바 있다. 그 다음, 영화발전기금을 통한 지원 방식이 있다. 현재 중국에서는 극장 수익의 5%를 영화발전기금으로 납부하도록 되어 있으며, 영화기금을 통해 우수시나리오 포상, 농촌 지역영화 제작, 기타 장려금 지급 등 다양한 투자를 한다.

이와 같이, 영화제작을 위한 펀딩 방식은 사모투자기금, 주식시장 상장, 은행대출, 신탁, 정부기금 지원 등 갈수록 시장시스템에 근거하여 운영되고 있으며, 그 방식 또한 다양해지고 있다. 이러한 현상은 중국 영화시장의 투자와 펀딩이 정부의 직접적 지원이 아닌 시장시스템에 근거하는 합리적 방식으로 전환되고 있다는 중요한 사례로서, 영화제작에 활력을 불어넣는 긍정적 요인이 되고 있다.

③ 영화사의 글로벌화와 합병

글로벌화 시대를 맞아 중국의 영화사들은 대규모화로의 새로운 구조변화가 일고 있다. 첫째, 글로벌 국제합병이 증가하고 있다. 2012년 들어 할리우드 영화에 대항하고 국제경쟁력을 강화하기 위해 세계적인 외국영화사와의 합병과 국제합작이 늘어나고 있다. 2012년 중국 최대 영화극장기업인 완다(萬達)그룹은 26억 달러를 들여 미국 최대 극장업체인 AMC를 사들여, 세계 2위의 극장기업으로 올라섰다. 완다그룹의 이러한 글로벌 합병과 인수는 중국 정부의 국제화 전략 속에 추진된 것으로 중국영화기업의 국제경쟁력 강화를 위한 프로젝트를 상징하는 대표적인 사례라 할 수 있다.

둘째, 국내 영화기업의 수평·수직 통합화가 가속화되고 있다. 영화에서 수평통합(horizontal integration)이란 영화사가 유사업종인 드라마, 광고 등 회사를 횡적으로 합병하여 대기업화하는 방식을 말하고, 수직통합(vertical integration)이란 영화사가 영화의 제작-배급-극장-부가가치 시장 전 과정을 수직적으로 통합하는 것을 말한다. 2012년 중국 영화계에서는 수평·수직 병행통합, 수직통합, 수평통합 등 주로 3가지 방식의 통합이 진행되었다. 먼저, 수평·수직 병행통합을 추진한 기업으로는 대표적인 민영영화사인 화이송띠그룹이 있다. 수평통합을 추진하고 있는 영화사로는 광셴영화사가 있으며, 수직통합을 추진하고 있는 대표적인 회사는 싱메이(星美)영화사이다.

이와 같이, 최근 중국영화의 투자와 제작 분야에서는 '투자경로의 다양화', '글로벌 국제합병과 국내 수직·수평통합의 증가' 등 시장시스템에 충실한 민진국퇴(民進國退)의 산업구조로 변모해나가고 있다. 특히, 이러한 산업구조 변화는 2012년 중미영화협의 체결 이후 할리우드 영화의 시장개방에 맞서 국제경쟁력을 갖춘 영화강국으로 나가기 위한 정부와 영화계의 추격 의지로 인해 더욱 가속화되고 있다.

총괄적으로 본다면, 영화제작/투자의 새로운 현상으로는 민영영화사의 시장주류로의 부상, 다양한 방식의 영화자본 유입, 국유/민영영화사의 체질개선 노력 등을 꼽을 수 있다. 이와 같은 변화 속에, 영화자본은 '영화사가 중심, 정부투자로 보완'하는 방식에서 '영화계 투자자본, 영화계 외 자본, 은행펀드, 투기자본, 사모자본, 정부지원금, 영화기금, 판권수입, 상장주식자본 등'의 다양한 방식으로 전환되고 있다.

최근의 이러한 제작/투자계의 체질변화는 필연적으로 영화시장의 체질개선으로 이어지고 있다. 첫째, 영화자본의 회수율을 끌어올려야 한다. 2009년의 경우 영화 평균 제작비가 500-600만 위안 정도이며, 총 영화자본은 27억 위안으로 추정된다. 제작된 영화와 실제 극장에 상영된 영화수가 적음으로 인해 수익 차이가 발생하는데다, 중국영화그룹, 화의슝띠 등 대형영화사는 수익성이 높은 반면, 대다수 중소영화사의 제작투자는 손해를 보는 악순환이 이어지고 있다. 따라서, 정부가 영업세와 소득세를 감면하는 정책과 영화기금 지원정책 등으로 수익을 보완하는 대책을 수립해야 하며, 영화시장 주체인 영화사 스스로도 관객의 소비성향을 파악하고, 성수기 조절 등 과학적 시장판단을 추구해야 할 것이다.

둘째, 시장시스템에 근거하지 않은 관행을 개선해야 한다. 최근 주선율영화와 중소형 '조국 헌정 영화'는 정부기관의 선전부문이나 지방정부로부터 자본을 유입하고 있다. 이런 배경을 가지고 있어서 영화제작사는 시장시스템에 의해 수익을 회수하려는 경향이 약해지고 있다. 따라서, 정부출자의 제작관행에 대한 보다 전문적인 경영관리가 도입되어야 한다. 또한, 정부부문의 영화자본은 시장수익을 목적으로 하지 않는데다, 공짜표(玩票) 심리가 만연해 있어 이러한 반(反)시장화 관행을 개선해야 한다.

셋째, 투자를 관리감독할 수 있는 제3의 기관을 설립해야 한다. 현재 해외자본, 은행대출자본 등에는 제3자 관리감독기관이 있어, 각 시기별로 심사보고를 통해 투기성 위험을 방지하고 있다. 그러나, 일반 영화자본에는 관리감독기구가 설립되어 있지 않아, 제작자본의 투명성이 떨어지고, 영화자본 유입에도 악영향을 주고 있다. 제3의 관리기구를 설립하여 제작자본의 투입과정에 대한 기준지표를 세우고, 시기별 평가를 정기적으로 진행하여 영화자본의 안정성을 높여야 한다는 주장이 일고 있다.[5]

---

5) 中國電影家協會産業研究中心, 『2010電影産業研究報告書』, 인홍, 『전영예술』 등 내용 참조 요약.

4

배급/상영
– 원선제의 정착과 수직통합(vertical integration)추세

① 배급부문 – 배급단계의 간소화, 배급업의 다원화, 수직 통합화 추세

최근 중국영화의 배급 부문은 배급단계의 간소화, 배급업의 다원화, 민간배급사의 부상, 수직통합화 추세 등 시장시스템에 맞는 새로운 변화상을 보이고 있다.

먼저, 2002년 시행된 원선제(院線制) 시행 이후, 여러 단계를 거치던 배급체계가 대폭 간소화되었다. 원선제란 영화관들의 수평적 통합을 통해 일정한 지역이나 구역 내에 상당 수량의 영화관을 장악하고 상영망을 건립하는 일종의 독점적 경영시스템이다. 배급체제의 비효율성을 타파하고 배급체계의 간소화 및 지역독점주의의 폐해를 없애기 위해 추진되었다. 2001년 〈영화배급 체제에 관한 실시세칙(關于改革電影發行放映機制的實施細則)〉에서 구체적으로 정립되었다. 영화배급사나 제작사가 개별적으로 여러 개의 극장과 접촉할 필요가 없어져 효율적인 배급과 상영이 가능해진다. 2002년 전국 23개 성(省)에서 30개로 출발한 원선제는, 2004년 36개, 2005년 38개로 늘어나면서, 현재 전국 극장의 90%

이상이 가입된 것으로 집계된다.[6] 이로써 영화배급단계가 점점 간소화되고 있다. 중국의 배급과 상영 분야의 주축 제도인 원선(院線)은 본격적인 성공 궤도에 오른 것으로 보여진다.

2002년 35개 원선 1,845개 스크린으로 시작한 원선제도는 2014년 현재 5,785개 영화관에 23,6000개 스크린으로 발전되었으며, 이 제도는 배급과 상영의 시장시스템 정착에 기여했으며, 멀티플렉스 영화관 도입, 지방 중소도시 영화 상영 확대 등 긍정적인 영향을 준 것으로 긍정적인 평가를 내릴 수 있다. 참고로, 2012년 1억 위안 이상 수익을 올린 원선은 전국 25개이며, 10억 위안 이상 수익을 올린 원선은 완다(萬達), 상하이롄허(上海聯和), 중잉싱메이(中影星美), 중잉난팡(中影南方), 광쩌주진이(廣州金逸), 광둥따띠(廣東大地) 등 이른바 '중국 6대 원선'이다. 아래 〈표12〉에서와 같이, 국가대표급 6대 원선 중 1위는 흥행 20억 위안을 기록한 완다그룹이며 아시아 최대의 극장이기도 하다. 2011년과 2012년 원선의 순위가 거의 고정되어 있는 것으로 미루어 볼 때, 중국에서 원선제도가 안정적으로 정착되었다는 것을 알 수 있다.

〈표12〉 2012년 중국 원선의 수익 순위[7]

순위	2012년		2011년	
	원선명	수익	원선명	수익
1	베이징완다(萬達)	24.5억	베이징완다	17.8
2	중잉싱메이(中影星美)	16.2억	중잉싱메이	13.7
3	상하이롄허(上海聯和)	16.5억	상하이롄허	13.3

6) 尹鴻 外,〈2006年中國電影産業備忘〉,『電影藝術』, 第313期, 中國電影家協會, 2007, 10쪽.
7) 中國電影家協會 産業研究中心,『2013 中國電影生産研究報告』, 中國電影出版社, 2013.

4	중잉난팡(中影南方)	13.2억	중잉난팡	10.8
5	광쩌우진이(廣州金逸)	11.7억	광쩌우진이	8.5
6	광동따띠(廣東大地)	11억	베이징신영롄	7.6
7	베이징신영롄	8.2억	광동따띠	6.7
8	저쟝스다이(浙江時代)	7.1억	저쟝스다이	5.5
9	쓰촨타이핑양	6억	쓰촨타이핑양	4.6
10	저쟝헝뗸(折江橫店)	5.6억	랴오닝베이팡	3.8

둘째, 외화배급의 다원화가 추진되고 있다. 기존의 수입영화 배급은 국영영화사인 중국전영공사(中國電影公司)가 독점해왔다. 그러나 중영의 외화독점배급이 비효율성과 부패 등 문제를 유발하자, 정부는 2003년 제2의 외화배급사인 화하전영배급사(華夏電影發行有限責任公司)를 출범시켜, 중영영화사의 독점배급 체계를 타파하였다. 또한 3대 국영영화제작소(베이징, 창춘, 상하이)에게도 각 1편씩의 외화배급권을 부여하고 있어, 현재 공식적으로 외화배급을 할 수 있는 곳은 5개 영화사로 늘어나는 등 외화배급을 다원화시켰다.

셋째, 민간배급사가 성장하고 있다. 현재 중국 배급시장의 3대 민영배급사는 보리박납배급사(保利博納影視發行公司), 베이징신화면영화사(北京新畵面影業有限公司), 섬서영화배급사(陝西西影華誼電影發行有限責任公司)이다. 이 중 보리박납배급사는 중국 최대의 민영영화제작사인 보리화억영화사(保利華億傳媒) 산하의 배급사로서, 2003년 15편을 배급하여 전체 극장수익의 1/8을 차지하였고, 2004년에도 18편을 배급하여 전체 극장수익의 1/10을 차지하였다.[8] 이와 같이, 민영배급사가 극장흥행을 주도해나가고 있다.

---

8) 중국문화부, 『中國電影報』, 2005. 1. 7.

넷째, 수직통합화가 대세가 되었다. 수직통합은 미국 할리우드 영화가 경쟁력 강화를 위해 고안해낸 미국식 영화산업모델이다. 한 기업이 업종이 유사한 다른 기업체를 인수하거나 통합하는 것을 수평적 통합(horizontal integration)이라 하고, 동일한 사업 내에서 다른 단계로의 사업 확대를 수직통합화(vertical integration)라 한다. 현재 중국은 제작과 배급과 상영의 합일(制發放合一)을 미래 중국영화산업의 새로운 모델로 추진하고 있다. 현재 중국의 대표적인 영화사인 중영(中國電影集團公司), 화납횡점(中影華納橫店影視有限公司), 보리화억(保利華億公司) 등 대다수 영화사들이 수직통합화를 통한 대형화와 경쟁력 강화를 전략적으로 추진하고 있다.

그러나 배급부문의 문제점 또한 적지 않다. 먼저, 국영배급사의 독점문제가 여전히 해결되지 않고 있다. 2006년 국영배급사인 중영(中國電影集團公司)의 배급영화수는 총105편으로 극장수익의 69%를 차지하고 있다.[9] 이러한 통계는 계획경제 하의 배급방식이 여전히 강력하게 잔존하고 있으며, 정부는 국영영화사의 독점적 배급체계를 통해 영화시장을 관리하는 한편, 이데올로기 통제를 위한 토대를 구축하고 있는 것으로 분석할 수 있다. 또한 수직적 통합화에 따른 대형화와 상업화 추세로 예술영화와 독립영화의 상영 가능성이 줄어들고 있는 문제점도 있다. 이와 같이, 배급 부문에서는 시장화와 개방화 속에 시장법칙으로의 개혁이 단행되고 있으나, 여전히 계획경제의 관습과 정부의 통제가 강력한 구심력을 발휘하며 배급시장을 좌우하고 있다.

② 원선의 경쟁 가열과 극장건설 열기 확산

최근 극장과 스크린수가 급증하는 가운데 원선간 경쟁과 극장 건

---

9) 尹鴻 外, 위의 논문, 9쪽.

설 붐이 가열되고 있다. 중국 영화산업의 성장을 가장 가시적으로 보여주는 것은 스크린수의 폭발적 증가이다. 2014년도 중국의 스크린수는 23,600개이며, 〈표13〉에서와 같이 WTO 가입 직후인 2002년에 비해 무려 10배나 증가하였다. 2012년 한 해 동안 스크린수는 3,832개 증가하여, 전년 대비 41%의 성장률을 보이는 등 해마다 40% 이상의 성장세를 보이고 있다. 날짜로 계산하면 매일 10.5개의 스크린이 새로 만들어지고 있는 셈이다.

반면, 〈표14〉과 같이, 2014년 제작편수 618편 중에서 실제 상영된 영화편수는 250편으로, 전체 제작수의 절반에 미치지 못한다. 또한, 상영된 영화 중 박스오피스 1억 위안 이상을 기록한 영화수는 36편에 불과하지만, 박스오피스 수익의 65%를 차지하고 있으며, 흥행 50위권 영화가 전체 박스오피스 수익의 80%를 차지하는 영화양극화 현상을 보이고 있음을 알 수 있다.

〈표13〉 2002-2010 극장과 스크린수 증가 추세

년도	2002	2004	2006	2007	2008	2010	2012	2013	2014
스크린수	1,834	2,396	3,034	3,527	4,097	6,256	13,118	18,195	23,600
극장수	1,019	1,188	1,325	1,427	1,545	2,000	3,000	3,200	5,785
극장당 스크린수	1.8	2	2.3	2.47	2.65	3.2	4	5.6	4

(자료출처: 『중국영화연감』, 『전영예술』, 『중국영화산업연구보고』참조)

먼저, 〈표13〉를 보면, 2002년 원선제 시행 이후 영화 극장수와 스크린수가 급증하고 있는 사실을 확인할 수 있다. 2002년 극장수가 1,019에서 2014년 5,785개로 증가했으며, 스크린수 또한 2002년 1,834개에서 2014년년 23,600개로 10배 이상의 성장세를 보이고 있다. 또한, 2014년 한 해 동안 새로 건립된 스크린수는 4,000여개이며 극장 1곳당 평균 4

개의 스크린을 보유하고 있어, 영화관이 점차 멀티플렉스형으로 건설되고 있음을 알 수 있다.

<표14> 최근 4년간 국산영화 실제 상영수 및 흥행 추이[10]

연도	2009	2010	2011	2012	2014
영화제작수	456	526	558	745	618
실제상영된 극영화	/	/	/	208	250
1천만 위안 이상 흥행	42	59	66	78	160
1억 이상 흥행 영화수	10	17	20	21	36

최근 배급/상영 부문의 새로운 현상으로는 첫째, 원선제의 완전한 정착과 안정적 발전을 들 수 있다. <표15>에서와 같이, 1억 위안 이상 극장 수익을 올린 원선은 14곳으로 2008년에 비해 4곳이 증가했으며, 5억 위안 이상의 수익을 올린 곳이 5곳, 7억 위안 이상의 수익을 올린 곳은 2곳으로 집계되었다. 구체적으로 살펴보면, 원선 흥행 1위 완다와 2위인 중잉싱메이원선은 7억 위안 이상의 수익을 기록하고 있다. 특히, 완다 원선은 51개 극장에 400여 개의 스크린을 가지고 있으며, 2009년도에는 12개 극장과 97개 스크린을 새로 건설하여 '메이저 원선 모범적 발전 모델'로 평가받고 있다. 흥행 2위인 중잉싱메이원선 또한 2009년에 새로 20개 극장과 121개 스크린을 새로 건설하여 총 127개 극장에 537개 스크린을 확보하고 있다. 이러한 경향은 <표16> 2010년도 원선 순위 10위권 통계에서도 그대로 드러난다. 완다, 중잉싱메이, 상하이롄화, 베이징신잉롄, 중잉난방신간선 등 전통적 흥행 강세를 보인 메이저 6개 원

---

10) 中國電影家協會(産業硏究中心), 『2012中國電影産業硏究報告』, 中國電影出版社, 2013. 中國電影家協會(産業硏究中心), 『2012電影創意硏究』, 中國電影出版社, 2013 참조.

선들을 중심으로 원선제도는 안정적 수익기반 위에 점차 발전하는 추세를 보이고 있다.

<표15> 2009년 전국원선 상위 10위권 통계

순위	원선(院線)명	방영횟수 /만 번	관객수 /만 명	흥행 /만 위안	시장점유율
1	완다(萬達)	57.7	2685	83300	13.4
2	중잉싱메이(中影星美)	75	2423	79400	12.8
3	상하이롄화(上海聯和)	59.1	2643	69864	11.3
4	베이징신잉롄(北京新影聯)	65.3	2037	62400	10.1
5	난팡(中影南方新幹線)	48.7	1791	60016	10
6	광저우(廣州金逸珠江)	35.2	1346	44168	7.11
7	저장(浙江時代)	28.8	860	26099	4.2
8	랴오닝(遼寧北方)	35.9	930	23560	3.8
9	스촨(四川太平洋)	24.5	795	20893	3.37
10	신스지(北京新世紀環球)	11.87	432	14071	2.27

(자료출처: 『중국영화연감』, 『당대전영』, 『중국영화산업연구보고』 참조)

<표16> 2010년 2014년 전국원선 상위 10위권 통계

	2010년 순위	2014년 순위	2014년
순위	원선명	원선명	수익(억 위안 인민폐)
1	완다(萬達)	1	42.1
2	중잉(中影星美)	2	24.5
3	상하이롄화(上海聯和)	4	22.2
4	난팡(中影南方新幹線)	6	19.9

5	신잉롄(北京新影聯)	10	10.1
6	광저우(廣州金逸珠江)	5	20.9
7	저장(浙江時代)	7	11.9
8	광동(廣東大地)	3	23.5
9	스촨(四川太平洋)	*8위: 중잉디지털극장	11
10	랴오닝(遼寧北方)	*9위: 저장횡디엔	10.6

(자료출처: 『중국영화산업연구보고』 참조)

한편, 구체적인 극장흥행을 살펴보면, 〈표17〉에서와 같이 전국의 영화관 중에서 3,000만 위안 이상 흥행을 기록한 극장은 34개 극장으로 2008년도의 18개 극장에 비해 두 배 가까운 증가세를 보이고 있어, 극장 수익이 급증하고 있음을 알 수 있다. 또한, 흥행 10위권의 영화관 지역 분포를 보면, 베이징, 광주, 상하이, 우한, 텐진 등 주로 대도시 지역에 위치하고 있으며, 특히, 베이징은 10위권 안에 4개(수도화융, UME, 싱메이, 완다) 극장이 진입하고 있어 베이징이 영화수익의 1번지로 '영화관의 수도'라는 것을 확인할 수 있다.[11] 특히, 2008년도에 개관한 수도화융영화관은 극장 시설 현대화와 경영기법의 개선 등을 추구하면서 개업한지 2년만에 6,000만 위안 이상의 수익을 기록하며 전국 영화관 흥행 2위로 올랐다. 이와 같은 영화관 수익의 증가는 여러 가지 배경이 있겠으나, 중국 영화학계에서는 일반적으로 도시청년들의 영화소비 증가 이외에도, 극장 현대화, 경영방법의 선진화 기법 등의 개선작업을 꼽고 있다.

---

11) 中國電影家協會産業研究中心, 『2010電影産業研究報告書』, 16쪽.

<표17> 2009년 전국 극장 흥행 상위 10위권

순위	극장명	소속 원선	흥행/만 위안	방영횟수	관객수/만
1	광저우(廣州飛揚影城)	중잉(中影南方新幹線)	8220	35153	172
2	베이징쇼우두(北京首都華融影院)	베이징신잉롄(北京新影聯)	6182	28000	150
3	우한완다(武漢萬達影城)	완다(萬達)	5756	18236	183
4	션쩐(嘉禾影城)	중잉(中影星美)	5560	20000	106
5	충칭(重慶UME)	중잉(中影南方新幹線)	5415	25105	150
6	베이징우메(北京UME)	중잉(中影星美)	5412	17500	116
7	상하이용화(上海永華國際影城)	상하이롄허(上海聯和)	5272	23400	119
8	톈진완다(天津萬達影城)	완다(萬達)	5136	20645	173
9	베이징싱메이(北京星美)	중잉(中影星美)	5084	17000	126
10	베이징완다(北京萬達)	완다(萬達)	4920	18255	113

(자료출처: 『중국영화산업연구보고』)

　　두 번째 특징은, 영화관 건설이 붐을 이루면서 극장간 경쟁이 격화
되고 있는 현상이다. 박스오피스가 날로 증가함에 따라, 부동산 자금
과 해외자본 등을 중심으로 영화관 건설 투자붐이 일고 있다. 최근 중
영, 화의슝띠, 바오리보나 등 영화사들의 영화관 건설 투자가 증가하고
있으며, 한국 CGV 등 해외투자사들과 합작하여 건설이 추진되기도 한
다. 중영그룹은 2008년 극장 건설을 위해 베이징상업은행에서 6억 위안
을 대출받은 바 있으며, 향후 10억 위안을 더 대출하여 극장건설 부문
에 투자할 예정이다. 민영기업과 홍콩기업 또한 투자에 적극적이다. 우
쓰위안(吳思遠) 감독이 투자한 UME국제영성집단을 비롯하여, 홍콩 지
아화그룹(嘉禾娛樂集團)이 지아화극장을 건설했으며, 안러기업은 중국

4대 직할시 안에 바이라오영화관(百老匯影院) 건설을 추진하고 있다. 국내외 투자자들의 과도한 자본유입으로 인해 대도시에 집중된 영화관 건설 투자는 이미 포화상태이며, 도시에서의 극장건설 경쟁은 갈수록 심해져서, 극장임대료 상승, 제작사와 수익비율 분배 문제 등 새로운 문제점이 출현하고 있다. 영화관 사업은 대규모 자본으로 소요되며, 건설이 되더라도 수익을 거두려면 적어도 5-8년 정도의 기간이 걸리는 특성을 가지고 있는데, 영화관 건설에 대한 과도한 투자와 경쟁으로 영화관 수익 회수기간이 늦어질 것으로 예상된다.

세 번째로, 대도시 중심에 편중되었던 극장 건설 붐이 지방도시와 중소도시로 확장되고 있다. 2009년 들어 영화관 건설은 장강 및 주강 삼각주 등을 중심으로, 기존의 대도시 중심 건설에서 중소도시, 그리고 지방소도시 등의 계단식 방향으로 확대 양상을 보이고 있다. '시장을 발굴하고, 주변부 시장을 개척하고, 새로운 극장 건설과 개량'이 새로운 원선발전의 경향이 되고 있는 것이다. 저장시대원선의 경우, 극장이 4곳 늘었는데, 자장중심지인 항주시를 중심으로, 장강 삼각지를 비롯하여 안후이, 장시 등의 지역으로 건설이 확산되었다. 랴오닝북방원선도 발해경제지구를 중심으로 5곳 극장 22개 스크린이 더 늘어났으며, 스촨태평양도 스촨성 내 지방도시로 극장이 확산되면서 10개의 극장과 49개 스크린이 증가했다.

넷째, 디지털 영화관기술이 확산되면서 영화시장 발전의 견인차 역할을 하고 있다. 3D디지털 극장은 영화수익 증가의 주요한 배경이 되고 있다. 〈아이스 에이지3〉는 350개 스크린에서 개봉되어 1.6억 위안의 흥행을 올렸고, 2010년 〈아바타〉는 13.5억 위안이라는 중국 역사상 최고의 흥행을 기록했다. 2009년 이후 새로 증설되는 영화관의 80%가 디지털극장이며, 현재 3D디지털 스크린수는 1,100개로 미국에 이어 세계 2위이다. 2009년 이후 디지털영화의 방영은 전체 원선의 90% 이상을 차지하고 있으며, 전체 흥행은 18억 위안에 달하고 있어, 향후 디지털영화관이 흥행의 견인차 역할을 할 것으로 예상된다.

다섯째, 중국 영화시장의 전통적인 성수기에 새로운 변화가 일고 있다. 2009년도 영화성수기에 상영된 〈트랜스포머2〉는 4.5억 위안의 흥행을 기록했으며, 〈2012〉는 4.6억 위안, 국산영화인 〈건국대업〉은 4.2억 위안으로 국산영화 사상 최고의 흥행 기록을 갱신했다. 기존 국내시장에서 국산영화의 최고 흥행 기록은 2002년 〈영웅〉이 2억 위안이었으나, 성수기를 활용한 방영에 힘입어 2008년에는 3억 위안, 그리고 2009년에는 4억 위안을 돌파하는 발전양상을 보이고 있다. 전통적인 영화 성수기(檔期)라 하면 일반적으로 '5월 1일 노동절', '10월 1일 국경절', '여름방학 성수기', '연말연시 하세편 성수기' 등 4대 성수기였다. 그러나, 최근 들어 '양력 1월 1일 원단', '발렌타인데이', '3월 8일 여성의 날', '청명절', '단오절', '6월 1일 어린이날', '칠월칠석', '성탄절' 등 중국 전통 문화절기와 서양의 문화행사가 겹치면서 다양한 영화성수기가 형성되고 있다. 2009년의 경우, 기존의 4대 성수기가 흥행을 주도하고 있지만, '3월 8일 여성의 날'(1100만 위안), '청명절'(3750만 위안), '단오절'(5,820만 위안)' 등 최근 지정된 전통 문화축제일을 기점으로 새로운 영화성수기 시장이 형성되고 있다. 2009년의 사례를 보면, '노동절' 성수기에 〈난징! 난징!〉 등이 상영되어 3일간 6,200만 위안 흥행을 기록했으며, '여름방학' 성수기에는 〈트랜스포머2〉, 〈해리 포터〉 등 30편이 방영되어 17.3억 위안을 돌파했으며, '국경절'과 '추석' 8일간에는 2.16억 위안의 흥행을 기록하였다. 반면, 연말연시 하세편 성수기에 〈자릉〉, 〈풍운2〉, 〈삼창백안경기〉, 〈10월위성〉 등이 이 일시에 쏟아져나왔으나, 〈삼창백안경기〉 한 편 정도만 흥행을 올렸고, 70% 이상이 지나친 경생 과열로 흥행에서 밀렸다. 또한, 영화성수기 개념과 기간이 점차 모호해지고 있다. 여름 성수기와 연말연시 하세편 상영시기는 각각 3개월씩

방영되고 있기 때문에 사실상 1년에 절반이 영화상영 성수기라 할 수 있다. 따라서, 새로 형성되는 다양한 영화성수기를 활용한 새로운 방영 전략도 도입되고 있다.

여섯째, 대도시가 영화시장을 점유하는 현상이 지속되고 있다. 중국 영화시장은 '8+N 현상'이 형성되고 있다. '8+N 현상'이란 8개의 대도시와 기타 박스오피스 흥행이 좋은 20여개의 도시군을 지칭한다. 8개의 대도시란 베이징, 상하이, 선전, 광저우, 청두, 우한, 항저우, 충칭 등이며 현재 흥행 순위 30위권 영화관 전부가 8개 도시 지역에 집중되어 있다. 2009년 베이징의 박스오피스는 8억 위안으로 전국의 13%를 차지하고 있으며, 상하이는 10% 정도를 차지하고 있는데, 8개 대도시의 전국 시장 점유율은 거의 70%에 이른다. 이밖에, 난징, 다롄, 톈진 등 박스오피스 4,000만 위안에서 1억 위안 사이의 도시가 새로운 흥행 지역으로 떠오르고 있다. 영화소비 방식은 여전히 대도시, 발달지역, 동쪽, 남쪽 주변으로 집중되고 있으나, 최근 연안경제구역과 동남지역을 중심으로 20여 개의 중소도시에서 영화수요가 증가하는 등 전국 영화시장의 규모가 확대되고 디지털영화관의 확산으로 배급비용이 절감되면서 향후 영화시장은 전국적으로 더욱 확산 발전될 것으로 전망된다.

일곱째, 2012년 배급 및 상영 분야에서 가장 특징적인 변화는 극장 부율의 조정이다. 앞 장에서 언급한 바와 같이, 2012년 11월 중국 5대 배급회사는 국가광전총국의 주선 아래, 제작사의 부율을 전체 극장 수입의 43%에서 45%로 올리기로 합의했다. 이에 따라, 화이슝띠의 〈1942〉는 3억 위안 이상의 박스오피스를 기록하여 분장제 비율 45%를 가져갔고, 루촨 감독의 〈왕의 성찬〉은 43%를 분장 비율로 가져갔다. 중국에서는 제작·배급사 대 극장 부율이 평균 35:65로 선진국의 50:50 비율에는 미치지 못하지만, 2012년을 기점으로 점차 제도적으로 개선해 나갈 것으로 전망된다.

③ 극장 흥행영화의 특징

최근 박스오피스 흥행 순위를 보면 영화의 새로운 동향을 감지할 수 있다. 〈표18〉, 〈표19〉과 같이, 2012년 영화 흥행 순위를 살펴보면, 1억 위안 이상의 흥행을 올린 영화는 43편으로 2011년에 비해 5편 증가했으며, 이들 영화가 총 125억 위안의 흥행을 올려 전체 흥행의 74%를 차지하고 있다. 2012년도 최고 흥행은 〈로스트 인 타일랜드〉이다. 이 작품은 "2012년 영화의 기적"이라 불리워진다. 연말연시특별영화(하세편, 賀歲片)으로 상영되어 32일 동안 12억 위안 이상 흥행을 기록했으며, 관객수 3,732만 명을 동원하여 〈아바타〉의 관객수 3,100만 명을 초과하는 놀라운 성과를 보였다. 〈로스트 인 타일랜드〉의 흥행에 대해 베이징사범대학 장옌교수는 "그 동안 중국영화에는 관객이 없었던 것이 아니라, 관객을 만족시켜 줄 영화가 제작되지 않았다는 것을 의미한다"고 진단한다.[12] 한편, 3억 위안 이상 흥행을 기록한 외국영화는 11편인데 비해, 중국영화는 4편에 불과하며, 2억 위안 이상 흥행 기록한 외국영화는 15편인데 비해 중국영화는 6편에 머물고 있다. 이를 통해, 중국 영화시장의 강자는 해외수입영화라는 것을 알 수 있다. 한편, 2014년도에는 1억 위안 이상의 흥행을 올린 중국영화는 총 36편이며, 1천만 위안 이상의 흥행을 올린 중국영화는 총 160여 편에 달한다. 10위권 순위는 〈표19〉와 같다.

---

12) 2013. 6. 인터뷰.

<표18> 2012년도 1억 위안 이상 43편의 흥행 순위[13]

순위	수입영화	수익(억)	중국영화	수익(억)
1	타이타닉(3D)	9.4	로스트 인 타일랜드	10
2	미션임파서블	6.7	화피II	7
3	파이 오브 라이프	5.7	십이생초	5.3
4	어벤저스	5.6	1942	3.7
5	맨인 블랙3	5	콜드 워	2.5
6	아이스 에이지4	4.4	청풍자	2.3
7	잃어버린 세계2	3.8	4대명포	1.9
8	다크 나이트 라이즈	3.4	대마술사	1.74
9	어메이징스파이더맨	3.3	수색	1.7
10	익스펜더블2	3.1	희양양과 회태랑4	1.65
11	배틀쉽	3	잃어버린 탄환	1.6
12	본 시리즈4	2.2	Bait(3D)	1.59
13	헝거 게임	1.8	황금대겁안	1.54
14	셜록 홈즈2	1.8	태극1	1.5
15	존 카터	2.6	백록원	1.3
16	프로메테우스	2.2	애	1.3
17	마다가스카르3	2.1	역전	1.27
18	타이탄	1.6	태극2	1.2
19	2012(3D)	1.3	2차폭광	1
20	루퍼	1.2	공작대	1
21	워 호스	1.1		
22	테이큰2	1.1		
23	토탈 리콜	1.1		
	전체 시장 점유율	45.2%		31.3%
	총액	75억		52억

---

13) 中國電影家協會 産業研究中心, 『2013 中國電影生産研究報告』, 中國電影出版社.
2013.

순위	영화제목	장르	수익(억 위안)
1	심화로방(心花路放)	코미디	11.6
2	서유기	액션	10.4
3	아빠 어디가	다큐	6.9
4	이별대사(分手大師)	코미디	6.6
5	후회무기(後會無期)	애정	6.2
6	총총나년	애정	5.7
7	마카오풍운	액션	5.2
8	소시대3	애정	5.2
9	일보지요(一步之遙)	코미디	4.9
10	지취위호산	액션	4.5

이런 가운데, 〈표18〉, 〈표19〉의 박스오피스 흥행 순위가 보여주는 새로운 동향은 먼저, 청년 상업영화의 부상이다. 펑샤오깡, 장이모우 등 이른바 국민감독들이 주도하는 블록버스터 상업영화 흥행이 주춤하고, 〈심화로방〉, 〈로스트 인 타일랜드〉, 〈화피II〉 등 청년감독의 작품이 흥행 순위에 올라선 점이다. 둘째, 민영영화사 작품이 흥행을 주도하고 있다. 2012년도 흥행 1위를 기록한 〈로스트 인 타일랜드〉(광센영화사)을 비롯하여, 2위 〈화피II〉, 3위 〈십이생초〉, 4위 〈1942〉, 5위 〈콜드 워〉, 6위 〈청풍자(聽風者)〉, 7위 〈4대명포〉, 8위 〈대마술사〉 등 대부분 민영영화사 작품이다. 광센영화사가 1위와 8위, 화이숑띠가 2위, 3위, 4위 작

---

14) 尹鴻 外, 〈2014年中國電影産業備忘〉, 『電影藝術』, 第361期, 中國電影家協會, 2015, 14쪽.

품, 홍콩 민영영화사가 5위와 6위, 보나영화사가 8위를 차지하고 있다. 셋째, 민영영화배급사가 영화배급을 주도하고 있다. 중국영화배급사 순위를 보면, 화의슝띠가 1위, 광셴이 2위, 보나가 3위를 차지하고 있으며, 대표적인 국유영화사인 중영은 5위에 머물고 있어 민영영화사가 배급을 주도하고 있는 것을 알 수 있다. 2014년도에는 2위 〈서유기〉, 3위 〈아빠 어디가?〉 등 2위부터 8위까지의 영화가 민영영화사에서 제작하고 배급한 영화들이다. 넷째, 3D와 IMAX 작품이 증가하고 있다. 2012년 국산 3D영화는 11편(애니메이션 6편 포함), IMAX 영화는 4편이 제작 상영되었는데, 이들의 시장점유율은 12.8%에 달한다. 2011년에 비한다면, 3D는 5편, IMAX는 4편이나 증가한 셈이다. 국내영화 흥행 2위 〈화피II〉, 3위 〈1942〉, 4위 〈십이생초〉도 3D영화로 제작되었다. 3D영화는 영화시장의 새로운 블루오션으로 성장하고 있으며, 특히 2012년 '2.18 중미영화협의'에 의해 할리우드 영화의 3D와 IMAX용 영화수입이 확대됨에 따라, 이에 맞서기 위해서도 정부의 지원 속에 3D영화 제작은 대폭 증가해나갈 것으로 전망된다.

하지만, 지금의 박스오피스 흥행에는 여전히 몇 가지 문제점을 안고 있다. 먼저, 제작편수에 비해 실제 극장에 걸려 상영되는 영화는 30-40%에 불과한 현실을 들 수 있다. 2004년에 상영된 영화는 212편 중 30% 정도가 상영되었고, 2005년도에는 260편 중 125편, 2007년도에는 402편 중 150여편, 2010년도에는 526편 중 200여만 상영된 것으로 집계되고 있어, 전체적으로 평균 30-40% 정도의 영화만 극장에 걸려 관객과 직접 만나고, 나머지 60% 이상의 영화는 빛을 보지 못한 채 부가가치시장으로 흘러들어 가고 있다. 2009년의 경우, 중국 전역에서 극장을 통해 방영된 영화는 수입영화를 포함하여 총 189편으로 2008년에 비해 23편이 더 늘었다. 방영된 외국수입영화는 49편으로 2008년에 비해 7편 늘었으며, 국산영화 또한 140편으로 2008년에 비해 16편이 더 늘었다. 그러나, 상영되지 않은 중국 국산영화는 무려 316편에 달하고 있으며, 제작과 상영의 불균형이 극심하다는 것을 알 수 있다.[15] 둘째, 흥행의 양극화 현상이다. 아래 〈표19〉에서와 같이 2004년부터 2008년 동안의 흥행 통계를 보면, 2008년 상위 5편 영화가 전체영화시장의 48%를 점유하고 있으며, 상위 10편 영화가 전체 영화시장의 65%를 점유하고 있음을 알 수 있다. 최근 5년 동안의 흥행영화의 시장점유율을 평균적으로 환산하면, 상위 10편이 전체 박스오피스 수익의 56%를 차지하고 있고, 상위 5편이 44.2%를 차지하는 등 소수의 흥행영화가 영화시장을 휩쓸고 있는 '싹쓸이 현상'이 나타나고 있다는 것을 확인할 수 있다. 이러한 양극화 현상을 주도하고 있는 것은 장이모우, 천카이꺼, 펑샤오깡 등 3명의 흥행 감독을 중심으로 이들에게 자본, 인력, 정부지원, 선진마케팅기법 등이 몰리고 있기 때문이다. 2004년의 경우, 장이모우의 〈연인〉과 펑샤오깡의 〈천하무적〉 등 2편 영화가 그해 전체 흥행수익의 31%를 차지했으며, 2005년도에는 장이모우의 〈천리주단기〉와 천카이꺼의 〈무극〉이 17%, 2006년도에는 펑샤오깡의 〈야연〉과 장이모우의 〈황후화〉가 25%, 2007년도에는 펑샤오깡의 〈집결호〉가 10%, 2008년도에는 펑샤오깡의 〈비성물요〉와 천카이꺼의 〈매란방〉이 전체 흥행수익의 16%를 차지했다.

〈표20〉 2004-2008년 중국 흥행 상위영화 시장점유율 현황

	2004	2005	2006	2007	2008	평균
상위 5편 영화	55	42	43	33	48	44.2%
상위 10편 영화	67	54	55	41	65	56.4%

(자료출처: 『2010 중국영화산업연구보고』)

---

15) 인홍, 「2009, 2010, 2011年中國電影産業備忘」, 『電影藝術』.

흥행의 양극화 현상은 중국영화가 가진 문제점 중의 하나이다. 앞의 〈표14〉에서 이미 살펴본 바와 같이, 2014년의 경우 1억 위안 이상의 흥행을 거둔 영화는 36편으로 전체 제작편수 618편의 5% 비율이다. 양극화 문제는 특히 2009년, 2010년 박스오피스 통계에서도 확연히 드러난다. 〈표14〉에서와 같이, 박스오피스 1억 위안 이상 영화가 〈표20〉에서와 같이 2009년 흥행 10위권 안에 국산영화가 6편을 차지하고 있으며, 2009년도 영화 중 1억 위안 이상 흥행을 수립한 국산영화는 10편으로, 이들이 전체 흥행의 3분의 1을 차지하고 있다. 특히, 박스오피스 전체 3위이자 국산영화 흥행 1위를 기록한 〈건국대업〉은 '건국 60주년 조국에 헌정하는 영화'라는 타이틀로 정부의 전폭적인 지원 속에 제작이 진행되었으며, 스타급 배우들을 대거 기용하고 제작비에 버금가는 홍보비용을 투입하는 한편, 아우디 회사가 영화표 30만장을 단체로 구입하는 등 정부와 기업을 망라하는 단체영화 티켓발행을 통해 주선율영화의 새로운 흥행 기록을 세웠다. 이러한 영화시장 흥행의 양극화 현상은 〈표19〉〈표21〉〈표22〉에 고스란히 재현되고 있다. 2010년도의 경우, 1억 위안 이상을 초과한 흥행기록을 세운 영화는 27편이며, 그 중에서 4억 위안 이상의 흥행을 기록한 영화는 4편이고, 특히 〈아바타〉는 13.2억 위안으로 중국영화사상 최고의 흥행기록을 갈아치웠다. 또한, 1억 위안 이상의 흥행을 기록한 영화는 전체 영화수익의 65%를 차지하고 있어, 영화수익의 양극화 현상이 갈수록 두드러지고 있다. 박스오피스 흥행을 구체적으로 세분화하여 분석하면, 2009년도의 경우 1,000만 위안에서 1억 위안 사이의 흥행을 기록한 영화는 32편으로, 전체 극장흥행의 20%를 차지하고 있으며, 2008년에 비해 10편 더 늘었다. 〈비상완미(非常完美)〉가 9,600만 위안, 〈희양양과 회태랑〉은 8,600만 위안, 〈화목란〉은 8,600만 위안, 〈풍운2〉는 5,600만 위안, 〈해각7호〉는 2,250만 위안 등을 기록하고 있다. 1,000만 위안에서 1억 위안 사이의 우수한 흥행을 기록한 국산영화의 장르를 살펴보면, 코미디, 역사, SF, 애니메이션 등 다양한 장르를 선보였다는 점에서 새로운 변화와 발전을 예감하고 있다. 2014년도에도 〈표19〉에서와 같이, 흥행 순위 10편의 수익이 총 67억 위안으로 전체 618편의 수익 296억 위안의 22.6%를 차지하고 있어, 양극화 현상을 확인할 수 있다.

<표21> 2009년 전국 흥행 기록 상위 10위 영화

순위	영화	국적	장르	상영시기	흥행/만 위안	배급사
1	2012	미국	재난/SF	11.13	47000	중영/화하
2	트랜스포머2	미국	액션/SF	6.24	45500	중영/화하
3	건국대업	중국	역사	9.17	41500	중영
4	적벽2	중국	역사전쟁	1.7	26000	중영
5	삼창박안경기	중국	고대희극	12.11	23300	북경신화면
6	10월위성	중국	역사/액션	12.18	23300	보리박납
7	풍성	중국	간첩	9.29	22500	화의형제
8	해리포터: 혼혈왕자	미국	SF	7.15	17200	중영/화하
9	난징!난징!	중국	전쟁	4.22	17200	중영
10	아이스에이지3	미국	애니메이션	7.9	16100	중영디지털

(자료출처: 『중국영화연감』, 『전영예술』, 『중국영화산업연구보고』 등 참조)

<표22> 2010년 전국 흥행 기록 상위 10위 영화

순위	영화명	배급사	상영시기	극장수익 (억인민폐)
1	아바타	20세기폭스사	4월 25일	13.5
2	당산대지진	화의형제	9월 16일	6.6
3	인셉션	워너브라더스	11월 4일	4.57

4	양자탄비	영황전영	12월 26일	3.8
5	적인걸	화의형제	11월 11일	2.95
6	이상한 나라의 앨리스	디즈니	5월 2일	2.24
7	해리 포터7	워너브라더스	12월 9일	2.2
8	엽문2	동방전영	6월 10일	2.19
9	감사대	밀레니엄 필름	9월 30일	2.15
10	비성물요2	화의형제	12월 26일	2.1

(자료출처: 『중국영화연감』, 『전영예술』, 『중국영화산업연구보고』 등 참조)

셋째, 국산영화의 치열한 경쟁 속에 수입영화의 흥행이 계속되고 있다. 2008년 분장제 수입영화는 38편이었고, 2009년에는 49편으로 11편이 더 늘었다. 수입영화 중 4억 위안 이상의 흥행을 기록한 영화는 2편으로, 각각 흥행 1위와 2위를 차지하고 있다. 수입영화 중에서 흥행 상위 15위권 순위영화가 4,000만 위안 이상의 흥행을 올렸으며, 이들 총 15편 수입영화의 흥행을 합산하면 20여억 위안으로, 중국 영화시장점유율의 3분의 1에 달한다. 특히, 2010년에는 〈아바타〉가 상영되어 13.5억 위안이라는 역대 최고 흥행 기록을 올렸다. 할리우드 영화는 대규모 자본 투입, 높은 영화기술, 시장마케팅 전략, 인류보편적 가치관 등으로 여전히 중국 영화시장에서 가장 매력적인 영화로 각인되고 있다. 외국 수입영화의 흥행을 살펴보면, 2009년도에 1억 위안 이상의 흥행을 올린 수입영화는 총 7편으로, 상위 10위권 영화 이외에도 〈박물관은 살아있다2〉가 1.14억 위안, 〈터미네이터4〉가 1.18억 위안 등의 흥행을 기록하면서, 8,000만 위안 이상의 흥행을 기록한 수입영화는 총 9편에 이른다. 특이한 점은, 외국수입영화 상영시기와 시장과의 관계이다. 수입영화 상영시기를 자세히 살펴보면, 〈박물관은 살아있다2〉가 5월 26일, 〈터미

네이터4〉가 6월 9일, 〈해리포터: 혼혈왕자〉가 7월 15일, 〈아이스에이지
3〉이 8월 9일, 〈2012〉가 11월 13일 등 대부분 수입영화 상영시기가 영화
상영의 비성수기에 집중되어있다는 점을 알 수 있다. 즉, '성수기에는 중
국국산영화, 비성수기에는 외국수입영화'라는 방영시기를 조절하는 정
부의 '보이지 않는 손'의 작용이 있었음에도 불구하고, 외국수입영화가
여전한 흥행을 기록했다는 점이다. 이러한 점은 성수기 조절을 통한 정
부의 비공식적 규제가 있을지라도 국산영화보다 수입영화를 더 선호하
는 영화소비자들의 취향이 시장시스템에 반영된 결과로 보인다. 즉, 영
화시장은 정부 통제와 정책에 의해 조절되기도 하지만, 시장주체들의
수요와 공급에 의해서도 지대한 영향을 받고 있다는 현실을 방증하는
사례라 할 수 있다.

넷째, 브랜드 가치(네임 밸류)를 활용하여 영화시장의 소구력을 확대
하려는 경향이 나타나고 있다. 예를 들면, '베이징신화면영업공사'는 장
이모우 영화를 주로 제작하고 있으며, '화의숑띠'는 펑샤오깡 감독의 영
화를 주로 제작하고 있는데, 이와 같이 스타급 감독, 스타급 배우, 스타
급 제작자 등이 결합하여 국산영화의 브랜드 가치를 높이고, 이를 영화
흥행에 활용하는 새로운 모델이 정착하고 있다.

다섯째, 급증하는 제작편수에 비해 질적 완성도가 높은 영화는 정체
되고 있다. 최근 2007년 이후 두드러진 박스오피스의 새로운 현상은 이
른바 '산짜이영화(山寨)'의 유행이다. '산짜이'라는 말은 2008년 12월
CC-TV에서 소개하면서 널리 알려진 문화현상이다. '수호전' 양산박 호
걸들이 거주하는 산짜이(山寨)에서 나온 말로, 주류문화에 대한 모방,
풍자, 희화화 등의 현상을 일컫는다. 핸드폰이나 전자제품 복제 등의 짝
퉁이나 해적판 출현 등은 비판적인 면이나, 중국 인민의 풀뿌리 성향에
근거한 대중적인 하위문화라는 점에서 주목받고 있다. 산짜이영화 현상
은 주로 중소형 영화에서 제작되었고, 고대 역사극(古裝)의 코미디 장르

형식이 주를 이룬다. 2009년에는 닝하오 감독이 연출한 저예산 영화 '크레이지(瘋狂)' 시리즈가 제작되어 인터넷 상의 조어와 유행어를 대폭 도입하면서 대화 위주의 스토리구성을 시도하였고 '정니개폐(頂你個肺)'라는 유행어를 히트시키기도 했으나, 영화작품의 창조성이 떨어지고, 인스턴트 음식문화 같은 경박한 수준을 벗어나지 못한 한계를 보이는 산짜이영화라는 평단의 비판을 받기도 했다.2007년과 2008년 들어 패러디코미디를 추구하는 〈십전구미〉, 〈대전영〉 시리즈가 제작되어 흥행에 성공한 사례가 늘자, 2009년 들어 이러한 산짜이영화 제작이 더욱 잦아지고 있다. 그중 2009년 연말 성수기에 하세편으로 상영된 산짜이영화 〈웅묘대협〉은 2,000만 위안의 흥행 성적을 거두었으나, 저속하고 공허한 영화라는 영화평단의 비판을 받기도 했다. 장이모우 감독은 〈삼창박안경기〉를 소품(小品) 풍격으로 창작하였는데, 소품이란 주로 2명이 반주에 맞춰 흥겹게 춤추고 노래를 주고받는 2인극으로 랴오닝, 헤롱장, 지린 등 동북 3성에서 유행하는 민간예술이지만, 영화계에서는 '대형 산짜이영화'에 불과하다는 비판을 내놓았다.

이밖에, 3D영화의 유행사조 속에 중국 최초의 3D영화가 제작되었다. 2009년 3D영화인 〈쾌락남해〉가 제작되어, 비록 영화시장에서 흥행에 실패하였으나, 중국영화의 미래를 조망한다는 차원에서 의미있는 도전이 시도되었다. 〈쾌락남해〉의 흥행 실패는 3D영화라도 결국 기술 수준뿐 아니라, 창조력과 경영기법, 현실과 접목된 소재 등 다양한 대중화 노력 속에서 제작되어야 한다는 것을 확인했다.

④ 국제합작영화의 증가와 한중FTA의 의미

최근 중국 박스오피스의 또 다른 특징은 합작영화의 증가와 흥행이다. 중국에서 영화합작을 담당하는 국영기관인 중국전영합작공사(中國電影合作公司)에 의하면, 2012년 합작을 신청한 작품은 총 88편이었고 그 중 66편이 통과되었다. 합작의 효과는 박스오피스 흥행에서도 여실히 드러난다. 천만 위안 이상의 박스오피스를 기록한 영화 중 합작영화는 29편, 1억 위안 흥행 이상의 합작영화는 10편에 달하는 등 합작영화의 중국 영화시장 점유율은 무려 42%에 달한다. 이를 통해 합작영화가 중국영화의 새로운 제작 경향으로 부상하고 있다는 것을 확인할 수 있다.[16] 특히, 중국 대륙과 홍콩, 타이완과의 영화합작이 대세를 이루고 있다. 2억 위안 이상 흥행을 올린 6편 영화 중, 홍콩과의 합작이 〈화피II〉, 〈십이생초〉, 〈1942〉, 〈콜드워〉, 〈청풍자〉 등 5편 차지하고 있으며, 타이완과도 〈사랑〉, 〈음식남녀〉 등을 합작했다. 2012년 홍콩과는 39편, 타이완과는 14편 합작을 진행했으며, 미국과는 2편에 그쳤다. 한편, 중국 정부는 합작을 확대하기 위해 전방위적 국제교류에 나서고 있다. 캐나다, 이탈리아, 오스트레일리아, 영국, 프랑스, 싱가포르, 벨기에 등과 이미 합작협정을 맺은 바 있고, 우리나라와도 2013년 6월 17일 한국 문화관광부 청사에서 '한중영화공동제작협정문'에 가서명을 한 바 있다. 우리나라와도 합작은 계속 진행 중인데, 2012년에는 장동건이 출연한 〈위험한 관계〉, 권상우가 출연한 〈십이생초〉 등이 있으며, 특히 2013년도에는 김용화 감독의 〈미스터고〉가 중국대륙에 흥행 돌풍을 일으켰다. 〈미스터고〉는 〈국가대표〉를 만든 한국의 김용화 감독이 연출을 맡고, 중국 화의형제영화사가 총 제작비 250억원의 20%인 50억원을 투자했다. 영화는 한국과 중국에서 2013년 7월 중순에 동시개봉하였는데, 중국에서는 무려 5000여개 스크린 확보하여, 개봉 첫주 박스오피스 1위를 차지했다. 7월 셋째주 통계에서 3위를 차지한 〈비셴2〉의 감독 또한 한국의 민병기 감독으로 예전 자신의 작품 〈분신사바〉를 리메이크한 것이다.[17] 홍콩과 아시아영화를 전공하는 베이징사범대학 예술학원 장옌(張燕) 교

---

16) 尹鴻, 「2012年中國電影産業備忘錄」, 『電影藝術』, 349期, 2013, 13쪽.
17) 〈세계일보〉, 2013. 7. 31.

수는, "합작영화는 마케팅과 상업수익에도 유익한 책략이다. 공동투자를 통해 비용을 절감할 수 있으며, 합작 당사자의 시장을 활용할 수 있는 장점이 있다"고 긍정적으로 평가하고 있다.[18] 중국은 합작영화를 세계로 진출할 또 하나의 통로로 여기고 있으며, 중국영화의 미래를 발전시켜나갈 새로운 동력으로 삼고 있다.

특히, 지난 2014년 11월 20일에는 한중FTA가 체결되었고, 문화산업 방면에서는 엔터테인먼트 분야 해외지분 49% 확대, 저작권 강화, 그리고 한중영화합작에 대한 조항이 들어가 있다. 특히, 한중영화합작에 대한 구체적인 조항이 명시되어 활발한 한중영화교류가 기대되고 있다.

먼저, '부속서 8-나 영화공동제작' 조항에는 제1조에서 "공동제작영화란 양 당사국의 권한 있는 당국에 의하여 공동으로 승인된 사업에 따라 한쪽 국가의 1 명 또는 2 명 이상의 국민이 다른 쪽 국가의 1 명 또는 2 명 이상의 국민과 협력하여 만든 영화를 말하고, 제5조가 적용되는 영화도 포함한다"고 정의하고 있다. 제2조에서는 "자국 영화로서의 인정과 혜택 부여: 이 부속서에 따라 제작된 공동제작영화는 각 당사국이 현재 시행 중이거나 미래에 시행 될 자국의 법 및 규정에 따라 자국 영화에 부여되거나 부여될 수 있는 모든 혜택을 완전히 누릴 권리가 있다"고 명시함으로써, 한중합작영화는 한국과 중국 양국에서 공히 자국영화로 인정받을 수 있다. 이러한 합작조항은 엄격한 수입규제와 영화수 제한 법규 속에서도 한국영화가 중국영화로 인정받아 중국 정부의 규제를 피해 중국 진출을 확장할 수 있다는 점에서 의의가 있어 보인다. 제3조에서는 "사업 승인: 1. 공동제작영화는 제작 착수 전에 양 당사국의 각각의 권한 있는 당국으로부터 잠정 승인을 받아야 한다. 공동제작자는 권한 있는 당국이 잠정 승인 과정을 완료할 수 있도록 권한 있는 당국

---

18) 중국 베이징 현지 인터뷰. 2013. 6월.

이 요구하는 모든 서류를 제공할 책임이 있다"는 조항이 들어있고, "7. 중국의 권한 있는 당국이 공동제작영화에 '영화 공공상영 허가'를 부여하면 공동제작영화는 최종 승인 절차를 완료한 것으로 인정된다", 제9조에서 "영화 배급: 1. 권한 있는 당국에 의한 공동제작영화의 최종 승인은 어느 한쪽 당사국의 관련 당국이 그 당사국에서 그 영화의 공공상영을 허가하도록 의무화하는 것은 아니다"라는 조항이 명시되어 있어, 중국 정부가 여전히 합작영화의 승인권을 가지고 있음을 확인할 수 있다.

기타 제8조에서는 공동제작영화 장비 및 기자재의 반입에 대해 무관세 적용을 하기로 명시하고 있고, 제15조에서는 2014년 7월 체결된 〈대한민국 정부와 중화인민공화국 정부 간의 영화 공동제작에 관한 협정〉은 이 협정이 발효된 날 종료된다고 명시하여, 기존 협정서를 대체하는 효과를 가진다.

한편, "부록 8-나-1 이행 약정"에서는 한중국제공동제작의 주체와 범위를 구체적으로 명시해 놓고 있다. "1. 이 부속서의 권한 있는 당국은, 한국의 경우, 영화진흥위원회(KOFIC)이고, 중국의 경우, 국가신문출판광전총국의 전영국이다. 중국전영합작제편공사는 공동제작영화의 공동제작 지위를 평가하는 중국의 주관 기관으로 지정된다"고 양국의 공동제작 주체를 정해놓고 있으며, "3. 신청 절차: 저작권 서류, 줄거리, 시나리오, 주간별 작업계획, 예산안, 수익분배율 및 계약서" 등 합작의 절차와 방식을 구체적으로 명시해놓고 있다.

따라서, 이번에 체결된 한중FTA는 기존 시진핑 주석의 방문 때 체결했던 한중공동제작협정을 계승하고 있으며, 이전보다 구체적인 합작의 구체적 범위와 절차와 방식을 명시하고 있다는 점에서 진일보된 협정이리 평가할 수 있다. 또한, 한국영화의 중국 영화시장 진출이 보다 용이해질 것으로 기대된다.

중국은 현재 〈영화관리조례(电影管理条例)〉에 의해, "영화의 수입은 국가광전총국이 지정한 영화수입사가 업무를 맡으며, 이러한 지정 절차없이 어떠한 단위나 개인도 영화 수입을 할 수 없다"(제30조). 또한, "공개 상영용 영화 수입은 사전에 반드시 영화심사기구의 심사를 의뢰해야만 한다. 지정된 영화수입사는 임시수입 수속을 밟아야 하며 임시로 수입된 영화는 영화심사기구의 심사를 거쳐, 합격한 경우에만 영화수입 비준문건을 발급받고, 영화수입사가 이를 지참하고 세관에 가서 수입 수속을 밟아야 한다"(제31조). 또한, 수입이 허가된 이후에도 배급과 상영 또한 〈영화관리조례〉에 따라 국가광전총국의 허가증을 얻은 이후에야 가능하다. "영화수입사는 저작권자의 사용허가를 받은 후 허가된 범위 안에서 영화를 사용해야 하며, 사용허가를 받지 아니한 경우 어떠한 단위나 개인을 막론하고 수입영화작품을 사용할 수 없게 규정되어 있다"(제33조). 즉, '영화배급사업허가증'과 '영화공개상영허가증'을 취득하여야만 배급과 상영이 가능하다. 이처럼, 해외영화 수입부터 상영까지 전부 정부의 허가와 심사를 반드시 거치게 되어있는 등 엄격한 규제정책 속에 시행되고 있다. 영화합작 또한 〈영화관리조례〉에 의거하여, 해외 영화제작사와의 합작은 국무원 국가광전총국의 비준을 받아야 하며, 기타의 단체나 개인은 합작할 수 없다(제18조). 또한, 중외합작으로 영화를 제작하는 경우, 중국측 합작사가 사전에 국가광전총국에 허가를 신청하여야 하며, 국가광전총국은 관련 부서의 의견을 구한 후 심사규정에 부합하는 자에 대하여 일회용 중외합작영화제작허가증을 발급한다. 신청인은 중외합작영화제작허가증을 취득한 후 중외영화합작계약을 체결하여야 한다(제19조). 이번 한중FTA는 한중합작영화는 향후 자국영화로 인정받을 수 있기 때문에, 중국 정부의 까다로운 영화수입 규제법규에 저촉되지 않은 중국영화로 개봉될 수 있다는 점에서 합작영화의 긍정성이 있다. 또한, 한중FTA는 한중합작의 승인 절차, 조건,

장비 및 기자재 무관세, 구체적인 방법과 서류절차 등을 투명하게 제시하고 있어, 한국영화의 중국시장 진출이 지금보다 더욱 증가할 것으로 예상된다.

하지만, 남겨진 문제점도 있다. 한중FTA에는 사전사후 승인 절차, 신청절차의 엄격함, 〈중국영화조례〉의 심사제도와 수입규제 기준의 적용 등을 인정하는 내용을 담고 있어서, 여전히 중국 정부의 통제 속에 진행될 것으로 보이며, 엄격한 사전사후 검열제도를 거쳐야 하기에 창작과 표현의 자유에 한계가 있을 것으로 전망된다.

현재 중국은 해외영화에 대한 투자를 본격화하면서 글로벌 차이나 머니의 위력을 입증해나가고 있다. 2014년에는 〈트랜스포머: 사라진 시대〉에 CCTV6가 자회사를 통해 5천만 달러를 투자한 바 있으며, 영화업체에 투자하거나 인수하는 경향도 나타났다. 완다는 AMC엔터테인먼트를 26억 달러에 인수했으며, 중국의 민영투자사 푸싱그룹(复星集团)은 워너브러더스픽처스의 제작자 제프 라비노프가 설립한 신생 영화사 스튜디오에 10억 달러를 투자하였다. 또 바이두는 미국의 제작사 아쿠아멘 엔터네인먼트(Aquamen Entertainment)에 4천만 달러를 투자했고, 알리바바는 미국 라이온스 게이트 필름(Lions Gate Films)과 협력 관계를 맺었다. 이와 같이, 중국은 한국을 비롯해 미국, 프랑스, 일본 등 여러 국가와의 공동제작을 활발히 추진하고 있는데, 이번 한중FTA는 이러한 중국의 글로벌 합작 전략의 연장선상에서 추진될 것으로 보인다.

2014년 개봉된 곽재용 감독의 〈내 여친은 조기 갱년기〉, 안병기 감독의 〈분신사바2〉 등은 완전한 합작이 아니라 부분적 결합이었지만 흥행에 성공한 바가 있고, 2015년 1월 개봉한 〈수상한 그녀〉의 중국판 〈20세여 다시 한 번(重返20歲)〉은 3억 6,533만 위안의 흥행 수입을 기록한 바 있다. 중국영화가 가진 막강한 자본력을 우리가 가진 연출력, 시나리

오, 배우 등의 우월한 분야와 효과적으로 결합해낸다면 이번 한중FTA
는 한국영화의 새로운 활로가 될 것이며, 한중 영화교류에도 새로운 전
기가 될 수 있을 것으로 예상된다.

Ⅲ 작품 동향과 특징
다원화 국면과 새로운 변환(transformation)

2001년 WTO 가입 이후 개방화와 시장화가 가속화되면서, 중국 영화시장의 작품 경향은 '블록버스터 상업영화(大片)의 시장 주류화', '주선율의 대중화', '예술영화의 주변화' 등 다원화된 국면을 형성하고 있다.

먼저, '대편(大片)'이라 불리우는 '블록버스터 상업영화'가 영화시장의 흥행을 주도하고 있다. '블록버스터 상업영화'는 미국 할리우드의 제작-배급-방영의 수직통합 방식과 수익방식이 도입되면서 상업성을 극대화할 수 있는 대작 제작의 필요성, 그리고 외국 대작에 맞서 중국 영화시장을 보호하고, 세계 영화시장으로 진출할 수 있는 새로운 대작 영화의 시대적 요청에 의해 시작되었으며, 2002년 장이모우(張藝謀) 감독의 〈영웅(英雄)〉이 최초의 본토 대작으로 평가받고 있다. 〈영웅〉은 기획단계부터 제작, 배급, 상영단계까지 철저히 시장논리에 맞춰 제작된 첫번째 대작 영화로서, 국내 박스오피스 2.5억 위안이라는 대성공을 거두었다. 〈영웅〉의 성공을 계기로 〈신화〉(2005), 〈무극〉(2005), 〈공자〉(2010)와 같은 대작 상업영화가 시장의 대세를 이루는 현상이 나타났다. 중국형 블록버스터 상업영화는 영화시장 구조재편에 적합한 상업영화이며, 할리우드 대작과 경쟁하며 세계로 진출하기 위한 전략에서 나온 영화로서 대외적으로는 소프트파워 외교의 일환으로 일익을 담당하기도 하지만, 최근 대작 상업영화에는 정부의 국가이데올로기가 강조되는 '주선율형 대작상업영화' 경향을 보이고 있어 문제로 지적되기도 한다.

둘째, 주선율영화는 상업성과 결합하면서 새로운 대중화를 시도하고 있다. 주선율영화는 중국 사회주의체제 아래 발전한 독특한 중국영화 장르이다. 때로는 지나친 정치선전으로 인해 체제의 나팔수라는 비판을 받기도 했지만, 중국인민의 단결, 애국심, 도덕관념, 민족정신 배양 등에 긍정적인 영향을 끼쳐왔다. 그동안 정부의 국가기금(國家電影事業發展專項基金)을 통해 지원을 받으며, 상영에서도 '중점영화(重點電影)'로 지정되어 일정 기간 동안 의무상영을 보장받고, '박리다매(薄利多銷少)' 원칙에 근거하여 최대한 낮은 입장료가 책정되었으며, 화표장(華表獎)과 금계장(金鷄獎) 등 정부가 주관하는 영화제에서 표창을 받아왔다. 그러나, 최근 들어 젊은 관객의 거부감 속에 영화시장에서의 흥행 또한 저조해지자, 변화하는 환경에 맞춰 대중들에게 호응받을 수 있는 새로운 상업화 노력을 기울이고 있다. 스타를 대거 기용하거나, 스토리를 흥미롭게 구성하고, 화려한 볼거리를 연출하는 등 새로운 대중화 방식을 적극 도입하고 있는 것이다. 특히, 2009년은 '건국 60주년'을 맞아 50편의 주선율영화를 제작하였는데, 그 중 청룽, 리우더화, 리롄지에 등 세계적인 톱스타들이 대거 등장한 〈건국대업〉의 흥행 성공은 언론과 영화인들에 의해 '상업모델 속에 주선율을 운용한 첫 번째 표준규범'이라는 극찬을 받았다. 최근 주선율영화는 스타배우의 기용, 화려한 특수효과, 재미있는 스토리 구성 등을 도입하여 영화시장에 부합하려는 대중화 노선을 시도하고 있다.

셋째, 예술영화와 독립영화가 점점 영화시장에서 밀려나고 있다. WTO 가입 이후 예술영화는 6세대 감독을 중심으로 꾸준히 제작되었다. 2003년에는 〈그 산, 그 사람, 그 개(那山, 那人, 那狗)〉(훠지엔치 감독), 2004년에는 〈세계(世界)〉(지아장커 감독), 2005년에는 〈청홍(青紅)〉(왕샤오솨이 감독), 2006년에는 〈삼협호인(三峽好人)〉(지아장커 감독), 2012년에는 〈늙은 당나귀〉(리뤼쥔 감독), 2014년에는 〈천주정〉(지아장커 감독),

〈틈입자〉(왕사오솨이 감독) 등이 제작되어 국제영화제에서 수상하기도 했다. 그러나. 지아장커 감독이 "검열제도보다 더 무서운 것이 영화시장 이다"라고 말했듯이, 예술영화는 갈수록 영화시장에서 밀려나고 있다. 시장화가 가속화될수록 상업영화가 시장의 주류로 자리잡았고, 예술영 화는 점점 소외되고 있다. 또한, 사전사후에 걸친 엄격한 정부의 검열제 도는 여전히 감독들에게 보이지 않는 압력을 행사하면서, 이제 예술영 화는 정부의 검열제도뿐 아니라, 영화시장이라는 새로운 영화환경과 싸 워야 하는 이중적 질곡으로 빠져들고 있다.

이와 같이, 최근 중국영화는 '주선율의 대중화', '블록버스터 상업 영화의 영화시장 주도', '예술영화의 약화'라는 다원화 국면을 형성하 면서도, 정부의 개입, 영화시장의 시장시스템 정착,관객층의 변화라 는 정부-시장-관객의 상호관계 속에서 각 분야별로 새로운 작품 변환 (transformation)이 이루어지는 새로운 현상이 나타나고 있다.

이 장에서는, 이러한 새로운 작품 변환의 동향을 '블록버스터 상업영 화의 영화시장 주도와 국가이데올로기 강화', '주선율영화의 변화: 범주 선율과 신주선율', '장르영화의 발전과 변천', '시장형 청년감독의 등장' 이라는 4가지 층위에서 구체적이고 심층적으로 살펴보려 한다.

1

중국식 블록버스터 상업영화의
영화시장 주도와 국가이데올로기의 심화

1) 2001년 WTO 가입 이후 대작 상업영화의 눈부신 발전

중국식 블록버스터(blockbuster) 상업영화는 2001년 12월 WTO 가입 이후 본격적으로 출현했다. 블록버스터(blockbuster) 상업영화란 대자본, 높은 영화기술, 빅스타 동원, 대규모 스펙타클 장면 연출, 대규모 수익, 2시간 내외의 영화 등의 조건을 구비한 영화를 지칭한다. 중국에서는 보통 '대편(大片)'으로 명명하고 있으며, 한국에서는 일반적으로 '대작 상업영화'로 부른다. 베이징대학 천쉬광(陳旭光) 교수는 대편(大片)을, "대규모 자본, 대규모 제작, 대규모 마케팅, 대규모 시장의 네 가지 대(大)자가 들어간 영화로서, 할리우드 영화에 대항하기 위해 등장한 본토영화를 지향한다"고 밝히고 있다.[1]

'중국식'이라는 용어를 앞에 붙인 이유는 미국 할리우드의 블록버스터 영화와는 달리 중국의 독특한 시대적 배경과 동기 속에서 블록버스

---

1) 國家廣電總局, 『改革開放與中國電影30年: 紀念改革開放30周年中國電影論壇文集』, 中國電影出版社, 2009. 736-737쪽.

터 영화가 출현했기 때문이다. 2001년 12월 WTO 가입으로 매년 해외
영화 50편 이상으로 수입이 확대되면서 중국의 영화시장 개방화 시대
가 열리게 되었고, 이 시기를 전후하여 중국 정부와 영화인들은 할리우
드 블록버스터의 본격 유입에 대응하기 위해 본토 대작 상업영화를 제
작하게 된다. 특히, 중국 정부가 2001년 WTO 가입 협정에서 매년 50편
이상의 해외영화를 외국 배급사와 중국 배급사가 일정한 수익비율을
나누는 방식의 분장제(分賬制)로 수입하기로 한 것은 사실상 중국영화
의 시장개방이 본격화됨을 알리는 신호탄이었다. WTO 가입과 분장제
영화수입의 확대는 할리우드 블록버스터 영화유입을 확대하는 것으로
중국영화계가 새로운 자성과 도전을 시작하는 일대 계기가 되었다. 따
라서, '중국식'이라는 의미는 할리우드 블록버스터에 대항하고 중국 본
토의 역사와 미학을 갖춘 대작 상업영화를 지향한다는 의미에서 개념적
차별성을 가진다.

현재 중국영화는 정부 선전영화인 주선율영화, 상업영화, 예술영화
가 삼족정립(三足鼎立)의 다원화 국면을 형성하고 있지만, 최근 가장
특기할 만한 사실은 그 동안 영화시장을 주도해온 주선율영화가 퇴조
한 자리에 대작 상업영화가 주류영화(主流電影)의 위치를 대신한 것이
다. 일반적으로 주류영화는 주선율영화와 같이 사회주의체제가 요구
하는 정치이데올로기를 전면적으로 표출하는 영화이며, 동시에 산업
적으로도 영화시장에서 주도적 위치를 차지하는 영화를 의미해 왔다.
이 글에서 대작 상업영화가 주류영화의 위치를 차지했다는 것은 영화
시장의 박스오피스라는 측면에서 말하는 것인데, 영화시장에서의 그와
같은 영향력으로 인해 역설적으로 국가이데올로기가 개입하는 결과를
초래했다.

중국식 대작 상업영화의 부상은 충분히 예견되었던 일이다. 개혁개
방 이후 30년 동안 대내적으로 상업영화에 대한 시장수요와 대중의 욕

구가 폭발적으로 증가해 왔고, 대외적으로도 개방화 시대에 맞게 국제
경쟁력을 갖춘 새로운 중국영화의 필요성이 제기되어왔기 때문이다.
2001년 WTO 가입 이후 시장개방을 새로운 도전과 기회로 받아들이면
서, 대외적으로는 국제영화시장에서 경쟁력을 가질 수 있는 중국 본토
미학을 갖추고, 대내적으로는 시장시스템에서 성공을 거둘 수 있는 대
작 상업영화의 제작이 본격적으로 시작되었다. 그에 따라 2002년 장이
머우 감독의 〈영웅〉을 시작으로 많은 대작 상업영화들이 쏟아져 나왔
으며, 이 영화들은 중국 정부의 다각적인 지원에 힘입어 상업적 성공을
거두었다.

    2001년 WTO 가입 이후 중국영화는 양적으로나 질적으로 눈부신 성
장세를 보이고 있다. 중국영화는 위의 〈표8〉과 같이 2013년 현재 제작
편수가 638편으로 인도, 미국에 이어 세계 3위에 올라섰고 극장 총수익
은 217억 위안으로 세계 영화시장 2위로 올라섰다. 중국 영화시장이 급
부상하면서 중국시장 진출을 확대하려는 미국 할리우드와 이를 지키려
는 중국 정부 사이에 치열한 협상이 전개되고 있다. 2012년 2월 시진핑
(習近平) 당시 부국가주석은 미국 방문 자리에서 분장제 수입쿼터를 확
대하는 '2.18 미중영화수입협정'을 체결하였다. 이 협정은, 첫째, 매년 20
편씩 수입하던 영화를 3D와 IMAX 위주로 14편을 늘여 매년 34편 이상
을 수입할 것, 둘째, 분장제 수입에서 미국 측 수익비율을 13%에서 25%
로 올릴 것, 셋째, 중국 측의 국유영화사 중심의 독점구조를 타파하고
미국 민간영화사의 진출 기회를 늘일 것 등을 골자로 하고 있다. 이러
한 미중영화수입협정은 미국에 의한 일방적 압력이라기보다는 미국과
중국의 영화산업 발전을 위한 공모관계에 의한 것이라는 주장이 설득
력을 얻고 있다. 할리우드 영화는 중국 영화시장을 통해 활로를 개척하
고, 중국 영화업계는 미국 시장진출을 확대하여 국제경쟁력을 갖추면서
미중간의 공모관계에 의한 영화시장 변화가 자연스럽게 형성되고 있다.

'2.18협정'은 사실상 2001년 WTO 가입의 연장선상에 있는 것으로 이미 예견된 일이기도 했다. WTO 가입 이후 중국 정부와 영화인들은 시장개방의 세계사적 조류를 인정하면서 중국영화의 생존을 위한 국제화 전략, 영화산업 수직통합화와 대규모 병합, 시장시스템에 적합한 대중영화 제작 등 다양한 방식의 생존방안을 강구해오고 있었기 때문이다.

중국 영화산업의 이와 같은 놀라운 성장 이면에는 심각한 양극화의 그림자가 드리워져 있다. 중간 규모의 영화가 절대적으로 부족한 가운데, 거대 예산이 투입된 소수 대작 영화의 급속한 성장과 수익성이 거의 없는 저예산 영화의 폭발적 증가가 뚜렷한 대비를 이룬다. 국내외 거대 자본들이 투입된 대작 상업영화들이 정부의 정책적 지원을 받아 중국 영화의 주류로 부상하면서 양극화 현상이 심화되고 있는 것이다.

2001년 WTO 가입 이후 상업영화의 블록버스터 제작 경향은 통계에서 분명히 드러난다. 〈표23〉과 같이 중국영화 흥행 순위에서 1억 위안 이상의 박스오피스를 기록한 대작 상업영화들을 연도별로 정리해 보면, 대작 상업영화가 매년 증가하고 있음을 확인할 수 있다. 2002년부터 2011년까지를 보면, 2002년의 경우 〈영웅〉 1편에 불과했지만, 2008년 9편, 2009년 10편, 2010년 17편, 2011년 20편으로 늘어났다. 이 표에서 〈건국대업〉, 〈건당위업〉 등과 같은 전형적인 주선율영화들은 목록에 포함시키지 않았다. 스타배우 기용, 상업적 내러티브, 마케팅전략 등 상업영화의 요소들을 다수 도입하고는 있지만, 여전히 주선율영화의 틀을 유지하고 있어서 전면적인 대작 상업영화로 분류하기는 어렵다는 판단 때문이다.

<표23> WTO 가입 이후 연도별 박스오피스 1억 위안 이상 대작 상업영화 목록

연도	작품수	작품명(억 위안)
2002	1	〈영웅〉(2.5억)
2003	0	
2004	3	〈연인〉(1.53억), 〈쿵후 허슬〉(1.25억), 〈천하무적〉(1.03억)
2005	1	〈무극〉(1.7억)
2006	3	〈황후화〉(2.3억), 〈야연〉(1.3억), 〈곽원갑〉(1.03억)
2007	3	〈투명장〉(1.9억), 〈집결호〉(1.8억), 〈색계〉(1.2억)
2008	7	〈적벽(상)〉(3.2억), 〈화피〉(2.3억), 〈장강7호〉(2.02억), 〈쿵후의 왕〉(1.8억), 〈비성물요〉(1.8억), 〈매란방〉(1.13억), 〈집결호〉(1.1억), 〈미이라3〉(1.1억)
2009	11	〈십월위성〉(2.73억), 〈적벽(하)〉(2.6억), 〈삼창박안경기〉(2.56억), 〈풍성〉(2.25억), 〈난징! 난징!〉(1.66억), 〈유용희봉〉(1.13억), 〈크레이지 레이싱〉(1.1억), 〈대내밀탐009〉(1억), 〈소피의 연애매뉴얼〉(1.1억), 〈희양양과 회태랑〉(1.1억)
2010	17	〈탕산대지진〉(6.6억), 〈양자탄비〉(3.82억), 〈적인걸: 통천제국〉(2.95억), 〈염문2〉(2.19억), 〈비성물요2〉(2.1억), 〈조씨고아〉(1.91억), 〈대소강호〉(1.58억), 〈대병소장〉(1.54억), 〈산사나무 아래 사랑〉(1.44억), 〈금의위〉(1.42억), 〈정무풍운〉(1.37억), 〈전성열연〉(1.28억), 〈희양양과 회태랑2〉(1.25억), 〈창왕지왕〉(1.26억), 〈두라라 승진기〉(1.24억), 〈월광보합〉(1.19억)
2011	20편	〈금릉의 13소녀〉(4.67), 〈용문비갑〉(4.12억), 〈실연33일〉(3.56억), 〈신소림사〉(2.16억), 〈풍운-2〉(2.15억), 〈백사전설〉(2.1억), 〈장애정진행도저〉(1.96억), 〈무림외전〉(1.89억), 〈화벽〉(1.78억)

출처:尹鴻 外, 〈中國電影産業備忘〉, 『電影藝術』, 中國電影家協會, 2006, 2007, 2008, 2009, 2010, 2011, 2012; 中國電影家協會産業研究中心, 『中國電影産業研究報告』, 中國電影出版社, 2009, 2010, 2011; 2002년과 2003년 통계는 중국 인터넷 바이두에서 검색한 불완전한 통계를 바탕으로 정리함.

통계를 살펴 보면, 대작 상업영화가 중국 영화시장을 주도하는 주류로 부상했다는 것을 확인할 수 있다. 2004년부터 2008년 사이의 통계를 보면, 평균적으로 상위 5편 영화가 전체 영화시장의 44.2%를 점유하고 있으며, 상위 10편 영화가 56.4%를 점유하고 있다. 외국수입영화와 주선율영화도 포함시킨 수치이기는 하지만, 대작 상업영화의 흥행이 압도적인 비율을 차지한다는 점에서 이 수치로부터 충분히 경향성을 읽어낼 수 있다. 소수의 대작 상업영화가 전체 영화시장을 휩쓸고 있는 '대작 영화 싹쓸이 현상'이 나타나고 있는 것이다. 2004년의 경우, 장이머우의 〈연인〉과 펑샤오강의 〈천하무적〉이 그해 전체 흥행수익의 31%를 차지했다. 2005년도에는 장이머우의 〈천리주단기〉와 천카이거의 〈무극〉이 17%, 2006년도에는 펑샤오강의 〈야연〉과 장이머우의 〈황후화〉가 25%, 2007년도에는 펑샤오강의 〈집결호〉가 10%, 2008년도에는 펑샤오강의 〈비성물요〉와 천카이거의 〈매란방〉이 전체 흥행수익의 16%를 점유했다. 또, 2011년의 경우, 1억 위안 이상의 박스오피스 흥행을 기록한 중국 국산영화는 총 20편으로, 편수로는 전체(558편)의 4%에 불과했으나 박스오피스 총 매출액 131억 위안 중 중국영화가 차지하는 시장점유율의 절반 이상을 이들 소수 대작 상업영화가 차지했다. 〈표24〉를 통해서도 흥행 상위권 영화가 영화시장을 압도적으로 점유하고 있는 현상을 확인할 수 있다. 이를 통해서도, WTO 가입 이후 영화시장의 중심축이 당과 정부가 제작을 주도한 주선율영화로부터 시장시스템에 의해 제작되는 대작 상업영화로 이동해 있음을 확인할 수 있다.

<표24> 2004-2008년 중국 흥행 상위영화 시장점유율 현황 　(단위: %)

	2004	2005	2006	2007	2008	평균
상위 5편 영화	55	42	43	33	48	44.2
상위 10편 영화	67	54	55	41	65	56.4

출처: 中國電影家協會産業硏究中心, 2010, 『2010中國電影産業硏究報告』, 中國電影出版社, 2010, 54쪽.

WTO 가입 이후 10여 년 동안의 대작 상업영화들을 장르별로 분류해 보면, <표25>와 같이, 무협액션, 고전역사극, 멜로영화, 코미디, 범죄, 가정윤리극 등의 순이다. 최근 들어 주목할 만한 현상은 근대와 현대를 시대적 배경으로 하는 대작 상업영화가 증가하고 있는 현상이다. <금릉의 13소녀>, <탕산대지진>, <양자탄비>, <두라라 승진기> 등이 대표적인 사례이다. 영화의 장르 또한 휴머니즘, 풍자, 가정윤리극, 청춘영화 등으로 과거보다 훨씬 더 다양화되는 경향이 있다. 최근 미국 할리우드를 비롯한 세계 상업영화계는 하나의 영화작품 안에 2개 이상의 장르를 포함하는 혼합장르 영화를 제작하는 것이 대세이다. 중국의 대작 상업영화에도 이러한 세계적인 추세가 반영되어 있다. 예를 들면, <용문비갑>은 고전역사극이면서 동시에 무협액션과 멜로드라마의 특성을 함께 가지고 있다. 따라서 표의 분류는 하나의 영화를 하나의 장르와 대응시킨 것으로 개별 영화의 장르적 특성에 대한 정확한 분석이 아니라 대작 상업영화들의 장르별 추세를 대략적으로 보여주는 데 불과하다.

대작 상업영화의 제작이 흥행성적이 입증된 소수의 감독들에 의해 주도되는 현상도 주목할 만하다. 특히, 중국의 3대 국민감독이라 일컬어지는 장이머우, 천카이거, 펑샤오강 등 5세대 출신을 비롯한 50대 중반 이후의 세대적 특징을 갖는 감독들이 중추 역할을 하고 있다. 장이머우는 2002년 <영웅>을 제작하여 본격적인 중국식 대작 상업영화의 신호탄을 쏘아올린 감독으로 〈연인〉, 〈천리주단기〉, 〈황후화〉, 〈산사나무 아래의 사랑〉, 〈삼창박안경기〉, 〈금릉의 13소녀〉 등 자신의 대작 상업영 화 전부를 상위권에 올려놓는 대단한 역량을 보이고 있다. 그는 자신의 장기인 무협장르와 고전역사극 외에도 멜로드라마, 코미디, 현대역사극 을 오가며 다양한 장르를 선보이고 있다. 천카이거는 과거에 비해 철학 적 문제의식이나 미학정신이 다소 후퇴했다는 평가를 받고 있기는 하 지만, 〈투게더〉, 〈무극〉, 〈매란방〉, 〈조씨고아〉 등 역사극 장르를 중심으 로 대작 상업영화를 활발하게 제작하고 있다. 대작 상업영화의 최고봉 은 펑샤오강이다. 그는 중국인들이 사랑하는 서민 풍격의 상업영화 감 독으로 1990년대 후반 이후 '설날특선영화'(賀歲片)라는 독특한 장르를 중국영화계에 정착시킨 감독이다. 〈갑방을방〉, 〈불견불산〉 등의 코미디 장르로 상업영화 흥행을 주도해 왔고, 2002년 이후에도 〈휴대폰〉, 〈천 하무적〉, 〈야연〉, 〈집결호〉, 〈비성물요1, 2〉, 그리고 최대의 흥행작인 〈탕 산대지진〉을 연출하면서 대작 상업영화 감독으로서의 위상을 굳혔다.

〈표25〉 2002-2011년 중국식 대작 상업영화의 장르별 구분

장르 유형	영화제목과 감독
무협액션	〈영웅〉(장이머우), 〈천하무쌍〉(리우쩐웨이), 〈천맥전기〉(빠오더시), 〈천지 영웅〉(허핑), 〈연인〉(장이머우), 〈쿵후 허슬〉(저우싱츠), 〈천기변2〉(위안꾸 이), 〈용봉투〉(뚜치펑), 〈신화〉(청룽), 〈무극〉(천카이거), 〈칠검〉(쉬커), 〈한 성공략〉(마추청), 〈서유기3〉, 〈황후화〉(장이머우), 〈야연〉(펑샤오강), 〈곽원 갑〉(위런타이), 〈묵공〉(장즈량), 〈용호문〉(예웨이신), 〈투명장〉(천커신), 〈크 레이지 레이싱〉(닝하오), 〈남아본색〉(천무성), 〈철삼각〉(쉬커), 〈적벽〉(우위 선), 〈화피〉(천쟈상), 〈쿵후지왕〉, 〈미이라3〉, 〈삼국지: 견룡어갑〉(리런강), 〈십월위성〉(천더선), 〈풍성〉(가오췬슈), 〈대내밀탐009〉, 〈양자탄비〉(장원), 〈적인걸: 통천제국〉(쉬커), 〈엽문2〉(예웨이신), 〈조씨고아〉(천카이거), 〈대 병소장〉(청룽), 〈금의위〉(리런강), 〈정무풍운〉(리우웨이챵), 〈대소강호〉(주 옌핑), 〈용문비갑〉(쉬커), 〈신소림사〉(천무성), 〈백사전설〉(청샤오둥), 〈무 림외전〉(상징), 〈화벽〉(천시샹)

멜로드라마	〈화양연화〉(왕쟈웨이), 〈2046〉(왕쟈웨이), 〈휴대폰〉(펑샤오강), 〈노서애대미〉, 〈연애 중인 베이비〉(리샤오롱), 〈이니셜 D〉(리우웨이챵), 〈만약에 사랑한다면〉, 〈색계〉(리안), 〈말할 수 없는 비밀〉(쩌우지에룬), 〈화피〉, 〈비성물요1, 2〉(펑샤오강), 〈소피의 연애매뉴얼〉(진이밍), 〈유용희봉〉(리우웨이챵), 〈산사나무 아래 사랑〉(장이머우), 〈두라라 승진기〉(쉬징레이), 〈실연33일〉(천무성), 〈장애정진행도저〉(장이바이), 〈화벽〉(천시샹)
고대역사극	〈영웅〉, 〈천하무쌍〉, 〈천지영웅〉, 〈연인〉, 〈신화〉, 〈무극〉, 〈칠검〉, 〈서유기3〉, 〈황후화〉, 〈야연〉, 〈묵공〉, 〈투명장〉, 〈적벽(상)〉, 〈적벽(하)〉, 〈매란방〉(천카이거), 〈삼국지: 견룡어갑〉, 〈십월위성〉(천더썬), 〈적인걸: 통천제국〉, 〈엽문2〉, 〈조씨고아〉, 〈금의위〉, 〈정무풍운〉, 〈공자〉, 〈용문비갑〉, 〈무림외전〉
코미디	〈쿵후 허슬〉, 〈크레이지 스톤〉(닝하오), 〈크레이지 레이싱〉, 〈철삼각〉, 〈장강 7호〉(저우싱츠), 〈유용희봉〉, 〈소피의 연애매뉴얼〉, 〈대내밀탐009〉, 〈양자탄비〉, 〈대병소장〉, 〈대소강호〉
범죄드라마	〈무간도3〉(리우웨이챵), 〈쌍웅〉(천무성), 〈천하무적〉(펑샤오강), 〈폴리스스토리4〉(청룽), 〈상처받은 도시〉(리우웨이챵), 〈문도〉(얼둥성), 〈남아본색〉, 〈천당구〉(알렉시 탄), 〈풍성〉(가오췬수)
가정윤리극	〈투게더〉(천카이거), 〈천리주단기〉(장이머우), 〈베이비 계획〉(천무성), 〈희양양과 회태랑〉(황웨이밍), 〈탕산대지진〉(펑샤오강)
전쟁영화	〈집결호〉(펑샤오강), 〈삼창박안경기〉(장이머우), 〈난징! 난징!〉(루촨), 〈금릉의 13소녀〉(장이머우)

이들 3대 감독 외에 대륙 출신 감독으로는 최근 장원 감독이 〈양자 탄비〉를 연출하여 흥행과 비평 면에서 좋은 평가를 받고 있으며, 청년 감독인 닝하오는 〈크레이지 스톤〉과 〈크레이지 레이싱〉, 그리고 2012년 〈황금대겁안〉으로 흥행 상업영화 감독의 반열에 올랐다. 루촨은 〈커커시리〉, 〈난징! 난징!〉, 그리고 2012년 〈왕의 연회〉를 제작하여 포스트 6 세대의 기대주로 부상하고 있다. 여성감독이자 인기배우인 쉬징레이는 〈두라라 승진기〉로 흥행 감독의 서열에 올랐으며, 〈실연33일〉의 텅화타오 감독도 청년세대의 사랑과 욕망을 담은 상업영화로 흥행의 돌풍을

일으키면서 바링허우(八零後)와 주링허우(九零後) 세대의 폭발적인 지지를 받고 있다.

홍콩 출신 감독들도 중국식 대작 상업영화 제작 부문에서 활발한 활동을 보이고 있다. 쉬커 감독은 〈칠검〉, 〈적인걸〉, 〈용문비갑〉 등을 비롯하여 무협장르를 중심으로 대작 상업영화를 연출하고 있으며, 저우싱츠는 〈쿵후허슬〉, 〈장강7호〉 등을 제작하면서 중화권의 대표적인 코미디 배우 겸 연출자로서 위치를 굳혔다. 청룽은 〈신화〉, 〈폴리스스토리4〉, 〈대병소장〉 등으로 녹슬지 않은 기량을 선보였고, 류웨이창 감독은 〈무간도〉, 〈상처받은 도시〉 등 도시범죄영화에 집중하고 있다. 이들 외에도 홍콩 출신 두치펑, 천커신 감독이 대작 상업영화 감독의 위상을 지키고 있다.

지금까지 살펴본 것처럼, 대작 상업영화는 2001년 WTO 가입 이후 주선율영화를 대신하여 영화시장의 주류영화로 자리매김했으며, 5세대 및 50대 연령의 대륙 출신 유명 감독들과 홍콩출신 감독들의 주도적 활약 속에 다양한 장르를 선보이며 중국 영화시장을 선도하고 있다.

2) 중국식 블록버스터 상업영화의 특징 분석 – 〈금릉의 13소녀〉, 〈탕산대지진〉을 중심으로

이 장에서는 최근 대작 상업영화를 대표하는 〈금릉의 13소녀〉와 〈탕산대지진〉에 대한 구체적인 분석을 통해 특징과 의미를 논의해 보고자한다. 이 두 작품은 중국을 대표하는 감독들의 최근 작품으로서 역대 최고의 흥행성적을 거두었을 뿐 아니라, 정치이데올로기의 개입이라는 측면에서도 주목할 필요가 있다고 본다.

① 〈금릉의 13소녀〉

〈금릉의 13소녀〉(2011)

〈금릉의 13소녀(The Flowers of War)〉는 장이머우 감독의 2011년 작품이다. 원작은 옌거링(嚴歌苓)의 동명 소설인데 작가는 영화의 시나리오 작업에도 참여했다. 이 영화는 장이머우의 대작 상업 영화를 전문적으로 제작해온 베이징신화면(新畵面)영화사가 기획·제작했으며 6억 위안의 제작비가 투입되었다. 영화는 중국에서는 2011년 12월 15일, 미국에서는 일주일 뒤인 12월 23일에 개봉되어 지금까지 중국 국내에서만 6억 위안 이상의 수입을 올리는 좋은 흥행성적을 거두었다. 영화는 할리우드 스타인 크리스찬 베일이 남자주인공으로 출연했고 다수의 일본인 배우들이 참여하는 등, 국제적 합작으로 진행되었다. 영화 배급에는 민영영화사인 신화면영화사를 필두로 대표적인 국유영화사인 중국영화그룹, 그리고 화샤영화배급사 등의 국내 배급사들과, 미국의 로우 엔터테인먼트(Row Entertainment), 레킨힐 엔터테인먼트(Wreckin Hill Entertainment), 터키의 피네마(Pinema) 배급사 등 여러 해외 배급사가 참여했다.

영화는 1937년 일본의 난징 점령과 난징대학살을 시대적 배경으로 삼아 맨체스터성당에 잔류한 수녀원 소녀들과 홍등가 여성들의 생사를 넘나드는 고난과 고통을 사실적으로 묘사하고 있다. 영화의 내러티브는 대략 13개의 시퀀스(sequence)로 분절될 수 있다.

i)일본군의 난징 점령과 주인공 존과 수녀원 소녀들의 도망 장면, ii)중국 군인 리소령 부대의 저항과 장렬한 죽음, iii)존, 수녀원 학생들, 홍등가 여인들이 맨체스터성당에 모임, iv)일본 군대의 성당 난입과 잔인한 횡포, v)일본군 치안 담당자 하세가와 대좌가 성당에서 일본 민요를 부르는 장면, vi)일본군이 물러간 이후의 성당 풍경, vii)홍등가 여인들 중 또우와 란이 외출했다가 겁탈당하고 죽음, viii)하세가와 대좌는 수녀원 학생 13명에게 점령축하연에서 노래하고 어울릴 것을 요구함, ix)학생들이 자살하려 하자 홍등가 여인들이 대신 참석하는 것으로 만류함, x)홍등가 여성들이 대신 참석할 준비를 함, xi)홍등가 여인 12명으로는 1명이 부족하여 존이 여장하여 갈 것을 자청함, xii)일본군이 13명의 홍등가 여인을 학생들 대신 데려감, xiii)수녀원 학생들이 트럭을 타고 탈출하고 스톱모션으로 마무리됨

이 영화의 내러티브는 전형적인 전쟁재난 장르영화의 발단-전개-위기-절정-결말을 따르고 있으며 전형적인 상업영화의 서사구조처럼 시간의 순서에 따라 사실적인 묘사를 통해 전개되고 있다. 한 가지 흥미로운 점은 미국인 존(크리스챤 베일 역)의 존재이다. 여기에는 상업적인 의도와 이데올로기적인 의도가 모두 엿보인다. 중국영화해외수출공사(中國電影海外推廣公司) 대표인 저우티에동이 "서구 영화시장에 영합하기 위해 '백인 구원'이라는 위험을 감수하고 미국인을 핵심인물로 배치했다"[2]고 말한 데서 알 수 있듯이, 이것은 글로벌 시장을 겨냥한 캐스팅이다. 동시에, 미국인의 시선을 따라가면서 일본군의 잔인함과 비열함을 보여주고 중국 홍등가 여성들의 희생과 수녀원 소녀들의 고난을 추적함으로써 글로벌 차원에서 난징대학살에 대한 객관적이고 정당한 평가

---

2) 周鐵東, 「好萊塢與中國電影的全球戰略」, 『電影藝術』, 總346期, 2012. 7쪽.

가 내려지도록 유도한다. 이러한 장치는 2008년 루촨 감독이 〈난징! 난 징!〉에서 난징대학살을 중국인이 아니라 일본군인의 시선을 통해 보여 줌으로써 글로벌 정당성을 획득한 것과 같은 맥락이라 할 수 있다.

영화는 일본군의 침략에 유린당한 중국의 역사를 사실적으로 묘사 하고, 그 속에서 중국인들의 우애와 단결, 휴머니즘을 미국인의 시선으 로 표출하고 있다. 영화 속 일본군은 겁탈하거나 살해하는 자로 나오며, 심지어 일본 민요를 풍금으로 켜며 노래를 하던 교양인 하세가와 대좌 도 결국 소녀들을 성노예로 만드는 압제자로 묘사된다. 영화의 주제의 식은 미국인 존의 시선과 여성들의 시선에서 확연히 드러난다. 미국인 존은 평범한 장의사에 불과했으나, 여성들과 함께 고난을 겪으면서 숭 고한 휴머니스트로 거듭나게 된다. 전쟁의 고난 속에서 인간 본연의 양 심이 미국인을 움직였던 것이다. 또한 홍등가 여성들과 수녀원 소녀들 사이의 일체감과 우애에서도 영화의 주제의식을 찾을 수 있다. 홍등가 여성들은 고난을 피해 성당 안으로 와서 이기적인 행동을 일삼다가, 수 녀원 소녀들의 고난과 희생 속에 같은 중국인이자 여성으로서의 일체감 을 갖게 된다.

영화는 몇 가지 특징적인 스타일을 보여준다. 먼저, 핸드헬드(hand-held) 카메라기법과 극중 소녀의 내레이션을 통해 불안하고 위기에 찬 난징 현장의 분위기를 살리고 있다. 영화는 전 장면에 걸쳐 조금씩 움직 이거나 핸드헬드 카메라로 촬영되고 있으며, 주인공 소녀의 내레이션이 등장하면서 영화 속 장면에 대한 감정적 동일시가 강화되는 효과를 준 다. 또한, 장이머우 감독의 특기인 시각적 스펙타클 효과를 부각시키고 있다. 특히, 매춘 여성들이 수녀원 소녀들 대신 연회에 가기로 의견을 모으는 장면에서 슬로우 모션, 파스텔풍 조명, 화려한 색채의 홍등가 여 인들의 걸음, 춤, 노래, 비파연주 등을 환타지풍으로 결합시켰다.

일부에서는 작위적인 장면과 정치이데올로기 효과 때문에 연출의 완

결성이 떨어졌다는 평가를 내리기도 했다. 홍등가 여성들을 잡는 카메라는 다수의 불필요한 장면들을 잡아내고 있다. 극의 흐름과 관계없는 여성들의 잘록한 허리, 진한 화장의 얼굴, 노출된 목선과 가슴 부분, 흔들리는 엉덩이 등을 에로틱하게 부각하면서 남성관객의 시각적 쾌락을 유발하는 장면이 계속적으로 등장한다. 베이징대학 천쉬꽝 교수는 "대규모 화면에 꽉 찬 여성의 신체와 치파오, 각종 스펙타클 이미지는 오리엔탈리즘 기호"라고 비판하고 있으며, 칭화대학 인홍 교수 또한 "백인을 주인공으로 등장하여 구세주로 만든 것은 오리엔탈리즘 기호이며, 여주인공과 백인주인공의 섹스장면 등은 불필요한 것이었다"고 지적했으며, 상하이대학 천스허 교수 역시 "몸을 팔아 애국한다는 식의 '민족대의(民族大義)'에 대한 묘사 방식은 현재에 와서는 점차 줄어들고 있다"고 비판한 바 있다또한, 등장하는 여성들은 전부 강인한 애국주의자이거나 민족주의자이거나 정의감이 강한 반일주의자들로 묘사되고 있다. 이기적인 동기를 가진 매춘부 여성들이 막판에 모두가 민족주의자, 애국주의자, 휴머니스트로서의 숭고한 모습으로 돌변한 것도 극의 현실감을 떨어뜨렸다. 이것은 지나치게 정치이데올로기적 메시지를 부각시키려 한 데 따르는 부작용으로 보인다.

이와 같은 부분적인 비판에도 불구하고 중국 국내의 평가는 전체적으로 매우 긍정적이다. 2012년 중국영화가협회가 발간한 『중국영화예술보고서』를 보면 "국제영화시장으로 진출하기 위한 관념이 투입된 영화", "가장 아름다운 구원, 그것은 휴머니즘으로의 회귀이다", "국내 대작 상업영화에서 국제 대작 상업영화로 전환하는 이정표가 되는 작품", "2011년도뿐 아니라 최근에 나온 영화들 중에서 상업성과 예술성이 균형을 이룬 가장 좋은 중국영화", "서사구조에서 미학과 정치가 균형을 이룬 아름다운 영화"등과 같은 호평이 주를 이루며, 〈금릉 13소녀〉가 "초국적 문화소재와 표현방식을 추구했으며, 국제화와 상업화 모델, 혹은 국제시장과 평등한 관계를 만들 수 있는 작품으로 창조되었다"는 점, "장이머우 감독이 희생을 주제로 휴머니즘과 선량함과 용기를 표현했고 이러한 가치관은 국가와 인종과 문화를 넘어 소통될 수 있으며 역사적 서술과 할리우드 서사구조를 취하면서도 전 지구화 시대 주류미학의 경향을 보여준다"는 점 등이 강조되고 있다. 베이징영화학원 허우커밍 교수는 〈금릉의 13소녀〉가 "관중의 환호를 받은 이유는 민족의 비극적인 역사를 다루면서 영웅주의 서사구조 표현에 성공했기 때문이다"고 평한 바 있다.[3]

〈금릉의 13소녀〉는 대작 상업영화의 일반적인 제작 경로를 따라 기획과 제작은 민간영화사인 신화면영화사가 맡았고, 배급과 상영은 민간배급사와 국영배급사(중국영화그룹)가 공동으로 진행하였다. 표면적인 주제의식으로 인류보편적 휴머니즘을 내세운 것 외에, 역사에서 국가적 대의를 위해 스스로를 희생한 모범적인 영웅인물을 강조하면서 애국주의와 민족단결이라는 정치이데올로기를 영화 속에 배치한 것은 영화의 생산, 유통, 소비의 과정에서 정부의 협조와 지원을 확보하여 좋은 흥행성적을 올려야 하는 영화제작사의 합리적 선택이었다고 할 수 있다. 그런 점에서, 이 영화는 상업적 성공을 위해 국가권력의 헤게모니에 동의하고 그에 부합하는 주제와 소재를 선택하는 중국식 대작 상업영화의 대표적 작품인 셈이다.

② 〈탕산대지진〉

〈탕산대지진(Aftershock)〉(2010)은 중국 상업영화계의 아이콘인 펑샤오강 감독이 연출한 작품으로, 대가족주의와 민족단결이라는 국가권력의 정치적 욕망이 상업성과 중첩되어 있는 전형적인 대작 상업영화이

---

3)   中國電影家協會理論評論工作委員會, 『2012中國電影藝術報告』, 中國電影出版社, 2012. 14쪽.

다. 펑샤오강 감독은 1958년생으
로 고등학교를 마친 후 〈뉴욕의
베이징인〉 등 드라마 연출을 시
작했으며, 그 후 1990년대 후반
부터 〈갑방을방〉, 〈휴대폰〉 등 코
미디 장르를 주로 연출하면서 설
날특선영화(賀歲片)라는 독특한
상업영화 모델을 만들었다. 2000
년대 중반 이후부터는 상업영화
를 한 단계 더 발전시켜 〈천하무
적〉, 〈집결호〉, 〈탕산대지진〉 등
애국주의와 사회도덕관념이 더
해진 대작 상업영화의 연출에 주

〈탕산대지진〉(2010)

력하고 있다. 이 영화는 장링(張翎)의 소설 〈여진(餘震)〉을 각색한 재난
영화로서 1976년 7월 28일에 발발한 탕산대지진을 소재로 하고 있다.
"32년만에 회고하는 23초"라는 홍보문구를 통해 1976년 탕산대지진과
2008년 발생한 쓰촨성 대지진을 중첩적으로 서술한 것이 특징적이다.
영화의 서사구조는 대략 9개의 큰 시퀀스로 구성되어 있다.

i)프롤로그: 1976년 7월의 탕산시, ii)쌍둥이 아들딸을 둔 부모와 평화
로운 탕산시 풍경, iii)지진이 발생하여 아버지가 사망하고 삶의 터전이
파괴되며 쌍둥이 중 한 명만 구해야 하는 상황에서 아들을 구함, iv)지
진 이후, 아들은 한쪽 팔을 잃은 채 엄마와 살아가고 쌍둥이 딸은 군인
가족에게 입양되면서 가족관계가 조각나는 상황이 벌어짐, v)1986년,
아들은 재단사로 일하는 탕산시의 어머니 곁을 떠나고 딸은 지진의 트
라우마 속에 의대에 진학함, vi)딸의 입양모가 사망하고 딸이 미혼모가

되는 상황, 아들이 결혼하고 자식을 얻는 상황이 겹쳐지면서 가족관계의 변화를 보여줌, vii)2008년 쓰촨 대지진 때 딸이 캐나다에서 돌아와 자원봉사를 하고 아들도 탕산구조대의 일원으로 자원봉사를 하다가 두 사람이 해후함 viii)딸이 마침내 탕산에서 엄마와 상봉하고 아버지의 무덤에서 화해함, ix)에필로그: 1976년 24만 희생자 위령기념비를 보여주면서 "24만 동포에게 애도를 표하고, 재난을 딛고 일어선 탕산 시민에게 바칩니다"라는 자막으로 마무리함

이 영화는 2008년 쓰촨대지진과 1976년 탕산대지진을 중첩시키면서 공동체의 재난을 가족주의와 단결로 극복해내는 한 가족의 모습을 그리고 있다. "진정한 예술가치는 재난을 표현한 것에 있는 것이 아니라 재난이 닥쳤을 때 감정과 영혼의 표현에 있다. 이 영화는 장르영화를 표방하면서 휴머니즘에 주목하고 있다. 재난영화로 포장된 가정윤리극"이라는 인홍 교수의 평처럼,[4] 이 영화는 휴머니즘에 초점을 맞춘 영화이다. 이 영화는 국가의 정치이데올로기를 직설적으로 전달하는 주선율 영화와는 뚜렷하게 구분되지만 그 휴머니즘의 본질을 따지고 들어가면 중국 공산당과 정부의 정치적 메시지와 연결되는 부분이 분명히 존재한다. 재난영화라는 장르의 특성상 이 영화는 재난으로 인한 무질서와 상처를 가족주의와 국민적 단결로 이겨낸다는 내러티브가 중심을 이루는데, 재난 극복의 과정에 자연스럽게 정치이데올로기가 개입하게 되는 것이다. 국가적 재난에 대해 공동으로 대처하는 가족주의적 연대와 휴머니즘으로 포장되어 있지만, 실질적으로는 가족주의의 연장으로서의 국가주의에 대한 지지가 바탕에 깔려 있으며 국민적 단결에 대한 은유를 포함하고 있다.

---

4) 中國電影家協會理論評論工作委員會, 『2012中國電影藝術報告』, 中國電影出版社, 2012. 4쪽.

총 제작비 1.2억 위안이 투입된 이 영화는 〈아바타〉에 밀려 2011년 중국 박스오피스 1위를 달성하는 데는 실패했지만 6.7억 위안의 극장수익으로 중국영화 사상 최고의 성적을 기록했다.[5] 이처럼 엄청난 상업적 성공을 거둘 수 있었던 주된 요인은 전 국민의 기억 속에 하나의 사회적 트라우마로 상존하는 탕산대지진과 쓰촨대지진이라는 소재를 가족 간의 따뜻한 유대라는 휴머니즘의 감동과 결합시켜 완성도 높은 영화를 만들어낸 점에 있다. 그러나, 중국 정부가 이 영화의 연성 이데올로기적 측면에 주목하고 전면적인 지원을 아끼지 않았던 것도 결정적인 요인 중 하나였다.

이 영화는 제작, 배급, 상영 과정뿐 아니라 홍보에까지 국가가 깊숙이 개입하고 있다. 제작을 주도한 것은 중국 최대의 민영영화사인 화이형제전매그룹(華誼兄弟傳媒集團)이지만, 전체 투자액 중에서 화이가 담당한 몫은 45%에 그치고 나머지는 탕산시 정부(45%)와 국유회사인 중국영화그룹(10%)이 투자했다. 펑샤오강 감독은 주로 화이형제전매그룹과 함께 작업을 해왔다. 왕중쥔, 왕중레이 형제가 설립한 이 영화사는 2005년 이후 영화제작, 드라마제작, 투자사, 매니지먼트사업, 오락산업 등으로 사업 범위를 넓혀 중국 최대의 종합엔터메인먼트 회사로 성장했다. 이 회사에 소속된 대표적인 감독에는 펑샤오강, 장원 등이 있으며 〈비성물요〉, 〈집결호〉, 〈풍성〉 등이 대표 작품으로 꼽힌다. 공산당 중앙 선전부와 국가광전총국은 인민일보, 광명일보와 함께 〈'탕산대지진' 영화 좌담회〉를 개최하여 이 영화에 대한 사회적 관심을 유도하는 등, 영화 홍보에도 적극 관여했다. 이 자리에서 참석자들은 〈탕산대지진〉이 윤리와 인성을 핵심으로 드러내면서도 시대정신과 전통미덕을 표현하고 있고 중국영화의 현실주의 전통을 계승하고 있다는 점을 강조하면

---

5) 中國電影家協會産業硏究中心, 『2011中國電影産業硏究報告』, 中國電影出版社, 2011, 140-141쪽.

서, '삼성(정치성, 예술성, 상업성) 통일' 영화의 이정표가 된 작품, 중국영화가 실천해야 할 '삼첩근(三貼近)'[6] 영화라는 극찬을 늘어놓았다.

이 영화의 이데올로기적 측면은 영화평론가들에 의해서도 긍정적인 시각에서 조망되고 있다. 중국영상자료원연구소의 자레이레이는 〈탕산대지진〉이 정부, 국가제작기구, 민영영화사, 해외영화사가 공동으로 제작한 작품임을 지적하면서 "예술성과 주선율의 사상성이 상업성과 결합된 삼위일체의 영화", "중국 주류이데올로기 영화의 창작방향을 밝힌 작품", "국가가 제시한 전제 하에서 상업성을 바탕으로 제작된 주류이데올로기 영화"로 평가했다.[7] 저명한 평론가인 가오산 교수 역시 "정치이데올로기로서의 주류가치의 새로운 좌표를 제시한 영화"[8]라는 점을 부각시켰다. 중국 전매대학교 리춘 교수는 "박스오피스, 구전홍보, 사회영향력 모든 면에서 종합 1위인 영화"[9]라고 극찬했다.[10] 이들은 모두 이 영화가 단순한 상업적 성공을 넘어서서 2008년 쓰촨대지진 이후 상처받은 중국인들에게 위안과 희망을 주는 보편적 휴머니즘을 다루는 한편, 가족주의의 확장된 외연으로서 대가족적 민족 단결과 유대를 부각시키는 사상적 메시지를 던지고 있음을 포착한 것이다.

6) 高山, 「主流電影的新座標-〈唐山大地震〉座談會綜述」, 『當代電影』, 第9期, 2010. 140쪽.
7) 賈磊磊, 「衆評: 唐山大地震」, 『電影藝術』, 第334期, 2010. 20-26쪽.
8) 高山, 「主流電影的新座標-〈唐山大地震〉座談會綜述」, 『當代電影』, 第9期, 2010. 139쪽.
9) 李春, 「對主流電影的再思考」, 『當代電影』, 總190期, 2011. 165쪽.
10) 中國電影家協會.

3) 중국식 블록버스터 상업영화에는 어떤 특징이 들어 있는가?

① 연성화된 정치이데올로기가 개입하고 있다 – 애국주의, 민족단결, 가정윤리

〈표26〉은 WTO 가입 이후 10년 동안 만들어진 대작 상업영화들을 정치이데올로기와 오락성의 측면에 초점을 맞춰 대략적으로 분류한 것이다. 주요 특징들을 살펴보면, 먼저 대부분의 작품 속에 오락성과 정치이데올로기가 혼재되어 있음을 알 수 있다. 예를 들어, 〈영웅〉과 〈곽원갑〉은 무협액션 장르영화로서, 관객들에게 시각적 스펙타클과 액션의 쾌감을 제공하는 동시에 중국 고대 역사 속의 화려한 중화민족 문화를 재현함으로써 '상상의 공동체'로서의 민족에 대한 인식을 새롭게 한다. 또, 〈천하무적〉과 〈쿵후 허슬〉은 멜로드라마이자 코미디영화로서 관객들에게 감동과 웃음의 쾌락을 제공하는 한편, 사회주의 도덕가치와 중화민족의 전통무술에 대한 자부심을 고취시킨다.

〈표26〉 정치이데올로기와 오락성에 의한 대작 상업영화 분류

	분류	영화
정치이데올로기 민족문화 재현 민족의식 고취 애국주의 인성	중화민족문화 재현	〈영웅〉, 〈연인〉, 〈황후화〉, 〈무극〉, 〈야연〉, 〈투명장〉, 〈적벽〉, 〈화피〉, 〈적인걸〉, 〈엽문2〉, 〈조씨고아〉, 〈금의위〉, 〈정무풍운〉, 〈공자〉, 〈용문비갑〉 등 대부분의 고전역사극
	애국주의와 민족단결	〈금릉의 13소녀〉, 〈매란방〉, 〈십월위성〉, 〈난징! 난징!〉, 〈탕산대지진〉, 〈곽원갑〉, 〈집결호〉, 〈십월위성〉, 〈엽문2〉, 〈정무풍운〉 등 대부분의 근현대역사극
	가정윤리 휴머니즘 도덕관념	〈장강 7호〉, 〈탕산대지진〉 〈쿵후허슬〉, 〈천하무적〉, 〈적벽〉, 〈대병소장〉, 〈난징! 난징!〉, 〈금릉의 13소녀〉 등 대부분의 대작 상업영화

오락성과 상업성 시각적 스펙타클 로맨스 도시문화 코미디	시각적 스펙타클	〈영웅〉, 〈쿵후허슬〉, 〈무극〉, 〈야연〉, 〈곽원갑〉, 〈적인걸〉, 〈용문비갑〉 등 대부분의 무협액션
	로맨스	〈연인〉, 〈쿵후 허슬〉, 〈천하무적〉, 〈색계〉, 〈비성물요〉, 〈산사나무 아래의 사랑〉, 〈실연33일〉, 〈장애정진행도저〉 등
	도시문화	〈소피의 연애매뉴얼〉, 〈두라라 승진기〉, 〈실연33일〉 등
	코미디	〈쿵후 허슬〉, 〈천하무적〉, 〈크레이지 레이싱〉, 〈대내밀탐009〉, 〈소피의 연애매뉴얼〉, 〈무림외전〉 등

둘째, 고전역사극이 높은 비중을 차지한다. 〈영웅〉, 〈곽원갑〉, 〈공자〉, 〈적벽〉, 〈엽문2〉, 〈정무풍운〉, 〈용문비갑〉 등 고전역사극과 무협장르를 결합시킨 대작 상업영화들은 해마다 빠짐없이 제작되고 있다. 이 영화들은 중화민족의 전통문화를 볼거리 전략으로 활용하면서도, 관객들에게 민족의식을 공유하게 만들고 민족단결 이데올로기를 고취시킨다. 민족문화와 민족단결의 강조는 2002년 출범한 후진타오 4세대 지도부가 새로운 통치이념으로 내건 중화민족의 부흥이라는 국가이데올로기와 그 문화정치학적 맥락이 일치한다는 점에서 흥미로운 부분이다. 사회주의에 입각한 통치이념이 한계를 드러내고 있는 상황에서 새로운 국가이데올로기로 동원되고 있는 중화민족주의는 대내적으로는 민족의식 고취를 통한 사회통합, 대외적으로는 경제대국과 군사대국 이미지에 문화대국의 이미지를 더하기 위한 소프트파워 외교 전략의 일환이 된다. 중국의 공식적인 외교방침으로 확정한 '조화로운 세계(和諧世界)'와 '평화로운 발전(和平發展)'은 모두 유가사상에 기초한 것이다. 유가사상을 외교정책의 일부로 활용하는 것은 서구 자본주의 국가의 현실주의나 자유주의 외교노선뿐 아니라 사회주의국가의 마르크스-레닌주의와도

완전히 다른 중국 특색의 외교노선이라 할 수 있다(조영남, 2009: 215). 중국 정부의 소프트파워 강화 전략의 대표적인 사례로는 '공자학원'의 확산을 들 수 있다. 중국 정부는 2004년 국가수평고시(HSK)를 담당하던 기관을 공자학원으로 발전시켜 전세계에 중국어와 중국문화를 전파하는 창구로 활용하고 있다. 2011년 현재 전세계 100여개 국가에 400여개의 공자아카데미가 설립되어 있다.

셋째, 장르상으로 볼 때 무협영화가 대작 상업영화의 절반 이상을 차지하는데, 무협영화는 중국과 중국인의 정신을 대표하는 가장 독특한 장르라는 특징을 가지면서 장르의 내러티브 구조에서 정치이데올로기를 강하게 분출할 수 있는 형식적 특징을 갖는다. 일반적으로 무협영화 장르는 안정된 사회나 공동체를 그려내는 도입부, 위협자와 주인공간의 갈등과 대결로 인한 위기를 보여주는 본론, 그리고 위협자에 대한 처벌과 권선징악을 통한 재안정화를 특징으로 하는 결말부로 내러티브가 구성된다. 여기서 특징적인 점은 주인공/타자, 선/악, 평화/폭력, 안정/불안, 정의/불의 등의 이항대립 구도 속에서 서사구조가 전개되다가 결말 부분에서 공동체에 대한 위협을 물리치고 사회질서 회복과 재안정을 달성하는 것으로 종결된다는 것이다. 바로 이러한 장르적 특징 때문에 무협영화는 정치이데올로기와 결합하기 쉽다. 예를 들면, 〈적인걸〉(2010)은 측천무후를 제거하려는 테러리스트 집단과 충신 적인걸이 대결하는 구도로 되어있는데, 최후에 적인걸은 테러집단을 제거하고 측천무후를 구함으로써 중국을 위기에서 구하고 안정을 이룩한다는 내용을 갖고 있다. 여기서, 적인걸이 목숨을 걸고 구원하고자 한 것은 국가권력(측천무후)의 안정과 사회적 질서의 확립이다. 무협영화 장르가 대작 상업영화로 선호되는 이유는 무엇보다 시각적 스펙타클과 내러티브의 쾌감이 상업영화의 쾌락의 원칙(principle of pleasure)에 충실하여 상업적 호소력이 강하다는 점 때문이겠지만, 정치이데올로기와 쉽게 결합될 수 있다는 점 또한 무시하기 힘든 요소인 것으로 보인다.

넷째, 근현대가 소재나 배경이 되는 대작 상업영화가 늘고 있다. 대작 상업영화는 고전역사극이 주류를 이루었으나 최근으로 올수록 〈엽문 2〉, 〈정무풍운〉, 〈금릉의 13소녀〉, 〈난징! 난징!〉, 〈비성물요〉 등 근현대 사를 배경으로 하는 장르영화로 전환하는 경향이 나타난다. 이것은 경제발전에 힘입어 정치적 강대국으로 부상하고 있는 중국사회의 자신감과 역사인식이 반영된 결과로 보인다. 칭화대 인훙 교수는, 이러한 전환에 대해 "최근 몇 년 동안 〈집결호〉, 〈탕산대지진〉, 〈양자탄비〉에서 〈금릉 13소녀〉에 이르기까지 대작 상업영화가 고대역사극 소재에서 점차 근현대 배경으로 전환하면서 우리 현실을 점점 더 사실적으로 반영해 나가고 있는데, 이는 현재를 살아가는 중국인의 기억과 마음에 더욱 영화가 의존하게 되는 까닭이다"고 언급하고 있다.

다섯째, 주제의식으로 볼 때 외면적으로는 인류보편적인 휴머니즘과 인성 문제를 표방하면서도 내면적으로는 애국주의, 도덕성, 가정윤리, 사회주의 가치관 등 연성화된 정치이데올로기를 은유적으로 표출하는 영화들이 주류로 등장하고 있다. 예를 들어 〈집결호〉, 〈매란방〉, 〈십월위성〉, 〈난징! 난징!〉, 〈탕산대지진〉, 〈금릉의 13소녀〉 등은 중국 공동체가 처한 국난이나 전쟁 상황을 배경으로 인류보편적인 휴머니즘과 인간의 본성 문제를 다룬 영화들이다. 하지만 그와 동시에 이 영화들은 가정윤리, 도덕정신, 단결정신, 애국주의 등 연성화된 정치이데올로기를 관객들에게 전달하고 있다는 것이 지배적인 시각이다. 휴머니즘과 인성으로 포장된 연성화된 정치이데올로기는 특히 경제발전 이후 태동한 합리적 성향의 중산층과 청년세대의 공감을 이끌어 내고 지배체제 속으로 포섭하는 힘을 발휘할 수 있다는 점에서 중국 공산당과 정부의 사회통합 이데올로기와 일치하는 부분이 있다.

여섯째, 청년세대 관객의 욕구와 내면을 반영한 장르영화가 새로운 대작 상업영화 장르로 부상하고 있다. 남녀 간의 순수한 사랑과 희열을 담은 〈천하무적〉, 〈비성물요〉, 〈산사나무 아래의 사랑〉 등과 대도시의 풍요로운 밤문화와 소비생활을 상업적으로 다룬 〈소피의 연애매뉴얼〉, 〈두라라 승진기〉, 〈실연33일〉 등의 멜로드라마의 흥행도 주목할 만한 현상이다. 2011년도 중국영화 장르별 제작 비율을 보면, 로맨스영화 28%, 코미디 26%, 액션물 14%, 스릴러물 12%, 애니메이션 11%, 역사물 5%, 전쟁물 3%, 기록물 1% 등의 순이다. 한편, 2011년도 중국영화의 박스오피스 흥행을 장르별로 나누어 보면, 로맨스영화 28%, 액션물 22%, 코미디 20%, 전쟁물 10%, 역사물 9%, 애니메이션 6%, 스릴러 5% 등의 순서이다.[11] 이를 볼 때 중국에서 인기 있는 장르는 애정물, 액션물, 코미디장르임을 알 수 있다. 이러한 장르영화의 인기는 관객층의 구성과 직접적인 관계가 있다. 2011년 영화산업 통계에 의하면, 중국 영화시장 관중의 비율은 남성 45.4%, 여성 54.4%이다. 연령별로 보면, 18-30세가 75.5%, 31세-40세 15.8%, 18세 이하 4.3%, 41-60세 3.4%, 60세 이상 0.8%를 차지한다. 바링허우와 주링허우 청년세대는 영화관중의 약 90%라는 절대 다수를 차지한다.[12] 영화소비에서 압도적 주류로 부상한 청년세대의 내면적 욕망을 반영한 소재들—결혼, 돈, 출세, 소비문화—을 다룬 영화들과 로맨스영화, 그리고 〈크레이지 레이싱〉, 〈매내밀탐 009〉, 〈무림외전〉 등 청년세대가 즐겨보는 코미디장르가 대작 상업영화의 본류를 차지하게 된 것은 의외가 아니다. 그러나, 중국의 로맨스영화와 코미디영화는 검열제도로 인해 파격적인 내용과 실험정신을 담기 힘든 문제 때문에 종국에는 가정윤리나 사회윤리의 테두리 속에 주제의식

---

11) 中國電影家協會産業研究中心, 『2012中國電影産業硏究報告』, 中國電影出版社, 2012. 100-101쪽.
12) 中國電影家協會産業研究中心, 『2012中國電影産業硏究報告』, 中國電影出版社, 2012. 135-136쪽.

이 머무르고 마는 한계점을 드러낸다.

마지막으로, 은유와 풍자로 가득 차 있는 〈양자탄비〉와 역사에 대한 새로운 해석을 보여준 〈난징! 난징!〉 등은 예술성과 상업성이 결합된 대작 상업영화로서 새로운 가능성을 보여준다. 그러나, 이런 수작들이 아직은 극소수에 불과하다는 점이 중국영화의 슬픈 현실이다.

전체적으로 볼 때, 중국의 대작 상업영화는 강렬한 시각적 쾌락을 통해 관객을 만족시키는 고전역사극과 무협 장르가 주류를 이뤘으나, 이제는 연성화된 정치이데올로기가 인류보편적 휴머니즘의 주제의식과 결합된 근현대 역사극 장르가 주도적 위치로 부상하고 있다.

② 영화산업과 정부가 공모적 교환관계를 맺고 있다.

〈금릉의 13소녀〉와 〈탕산대지진〉은 민영영화사가 제작을 주도하고는 있지만 제작 · 배급 · 상영 부문에서 정부기관이 공동으로 참여하고 있다. 영화텍스트 상의 주제의식으로 볼 때 휴머니즘 영화를 추구하면서도 동시에 애국, 민족단결, 도덕가치 등 연성화된 정치이데올로기를 표출하고 있다. 그렇다면, 최근 들어 주선율영화와 비슷하다는 평이 나올 정도로 주류이데올로기를 강하게 반영한 대작 상업영화들이 많이 제작되고 있는 현상은 어떻게 이해해야 할까? 그것은 정부주도형 시장화 모델이 만들어놓은 환경적 제약 속에서 상업적 수익을 추구해야 하는 영화제작 주체들의 합리적 선택에 따른 결과로 볼 수 있다.

WTO 가입 이후 대작 상업영화가 본격적으로 등장한 10년 시기는 공교롭게도 중국 4세대 지도부가 등장하고 집권한 시기로서, 정부의 10.5계획과 11.5계획 속에 문화산업 발전체계가 정착되고 도약한 시점과도 맞아떨어진다. 2001년 10월 문화부는 〈문화산업발전 10.5계획 강요(文化産業發展第十個五年計劃綱要)〉를 발표하여 문화산업 발전의 방향과 목표를 제시하였다. 이 발표는 2001년 12월 중국의 WTO 가입을 대비하여 문화산업의 기반 조성, 해외 문화산업 개방 속도 조절, 문화산업 지원 법규 제정 등을 명시하였다. 11.5계획(2006-2010) 시기로 접어든 이후 중국 정부는 국가발전의 총체적 전략 속에서 문화발전 전략을 수립하고자 하였다. 2009년 7월에 발표된 〈문화산업진흥계획(文化産業振興規劃)〉에서 국무원은 문화산업이 국가 전략산업임을 공식적으로 천명하는 한편, 구체적인 정책 방향까지 제시하였다. 여기에는 '시장경제 중심', '경제수익', '중화민족주의 문화의 토대' 등 문화산업 발전의 주요 추진방향이 제시되어 있다. 또한, 정부의 시장화 정책 주도와 관료제를 통한 시장통제라는 이중적 구조의 정부주도형 문화산업 발전모델이 정착된 시점과 일치하기도 한다. 중국의 영화산업 또한 문화산업을 선도하는 용머리(龍頭)산업이라는 칭호 속에 '정부주도형 시장화 모델'에 따라 정립되었다.

2001년 WTO 가입 이후 중국 정부는 영화산업과 관련하여 시장화 정책과 산업화 정책을 동시에 추진하였다(박정수, 2011: 55-61). 개방화와 시장화에 입각한 규제완화 정책은 민영자본과 외국자본의 영화시장 유입을 증가시켰으며, 민영영화사가 발전하고 영화시장이 확장되는 일대 계기가 되었다. 또 혁명제재와 국가지원 대상 영화를 제외한 모든 영화에 대한 약식 심사의 도입, 전문가 심사의 강화 등과 같은 조치를 통해 검열제도를 일정하게 완화시켰다. 다른 한편으로, 영화기업 집단화, 주식회사제도 도입, 원선제 추진 등을 골자로 하는 산업화 정책은 국유 영화기업들을 중심으로 거대기업, 거대자본이 형성되는 결과를 가져왔다. 미국 할리우드의 영화시스템을 벤치마킹하여 제작-배급-상영체계를 수직적으로 통합한 대규모 영화사들이 만들어졌고 원선제가 도입되면서 배급과 상영 부문에서 영화관들이 수평적인 통합을 이루게 되었다. 최근에는 영화와 문화산업에 대한 금융자본, 상장사 자본, 증권업계의 지원 확대를 추진하는 등, 영화산업 발전전략을 다각적으로 모색하고 있다. 2010년 중국 정부가 발표한 〈문화산업 발전과 번영을 위한 금융 지지에 대한 지도의견(關于金融支持文化産業振興和發展繁榮的指導意見)〉에 따라 대작 상업영화에 대한 자본투자가 더 확대되고 있다. 예를 들어, 민생은행은 판권 방식으로 2011년 〈금릉 13소녀〉에 1.5억 위안을 투자하였고, 베이징은행은 원선 담보 방식으로 〈용문비갑〉에 1억 위안을 투자하였다. 또 중국영화그룹, 중국출판그룹 등이 공동출자하여 2011년 영시기금(影視基金)을 조성했으며, 뉴미디어와 인터넷 부문에서도 텅쉰기업이 5억 위안 규모의 영상투자기금을 조성하였다

'정부주도형 시장화 모델'에서는 정부가 영화에 대한 통제를 견지하면서 국내 영화산업을 보호 · 육성하고 국제경쟁력을 강화해 나가는 것을 목표로 한다. 정부는 지원정책 등을 통해 시장시스템을 확대하는 동시에 검열제도, 허가제 중심의 규제법규, 관료주의적 명령체계 등을 통해 시장을 통제하는 것이다. 영화 제작에 대한 국가권력의 개입은 크게 두 가지 방향에서 이뤄질 수 있다. 먼저, 국가는 엄격한 사전 · 사후 검열제도와 상명하달식 행정관리제도를 통해 영화제작 과정의 모든 단계에 걸쳐 개입할 수 있다. 검열은 크게 두 단계로 나눠진다. 첫 단계는 사전 검열로서 시나리오 단계에서 '제작허가증' 발행을 통해 개입할 수 있다. 다음은 사후 검열로서 촬영 후 방영 단계에서 '상영허가증' 발행을 통한 개입이 가능하다.

두 번째는 제작, 배급, 상영 단계에서 국유영화사와 정부가 발휘하는 영향력이다. 대형 상업영화 제작을 위해서는 투자자 확보가 관건인데, 중국의 경우 국유영화사와 정부기관 등이 거대 투자자로 참여하는 경우가 많다. 2010년 현재 중국 영화제작사는 모두 1,100개 정도이다. 그중 민영영화사는 1,000개이며, 실제로 영화투자와 제작에 참여한 영화사는 600여 개로 추산된다. 하지만, 대작 상업영화는 대부분 국유영화사인 중국영화그룹과 상하이영화그룹, 그리고 화이형제영화사와 보나

영화사 등과 같은 소수의 민영영화사가 제작을 주도하며 이들 간에 투자와 제작을 둘러싸고 다양한 방식의 협력이 이뤄진다. 최근 들어 국유영화사들은 수익 확대를 위해 주선율영화 외에 대작 상업영화 제작에 열을 올리고 있다. 예를 들어 중국영화그룹은 2010년 〈무림외전〉 등을 제작했고, 상하이영화그룹 또한 대작 상업영화인 〈조씨고아〉 등을 제작한 바 있다. 국유영화사 외에 은행 등 국유기업이나 정부기관의 자본 투자 사례도 늘고 있다. 민생은행의 〈금릉의 13소녀〉 투자, 베이징은행의 〈용문비갑〉 투자, 탕산시 정부의 〈탕산대지진〉 투자 등이 대표적인 사례이다.

배급 분야에서는 민영영화사와 국유영화사가 공동으로 대작 상업영화를 배급하는 것이 관행처럼 자리 잡고 있다. 예를 들어, 2011년 중국 영화 흥행 상위 10위권에 든 대작 상업영화 중에서 민영영화사가 제작하여 국영영화사와 공동으로 배급한 영화가 절반 정도를 차지했다. 1위인 〈금릉의 13소녀〉는 강소성 광전총국 등이 민영회사인 신화면과 공동배급을 진행했으며 3위 〈용문비갑〉도 민영 보나영화사와 국영 중국영화그룹 등이 공동으로 배급했다. 이런 방식은 5위 〈신소림사〉, 9위 〈무림외전〉, 10위 〈화벽〉의 경우에도 마찬가지로 나타난다.

상영 분야 역시 국유영화기관과 정부의 영향력이 크게 작용한다. 현재 중국 박스오피스 수익은 상위 10개 원선이 전체 수익의 75%를 차지하고 있다. 원선은 민영 원선과 국유 원선으로 나뉘는데, 2011년 전국 원선 박스오피스 상위 10위권에 국유 원선으로는 중잉싱메이(2위), 상하이롄허(3위), 중잉난팡신간센(4위), 베이징신잉롄(6위)이 올라있다.[13] 이는 상영 분야에서 국유 원선의 시장 영향력이 강하게 작용한다는 점을 말해준다.

---

13) 中國電影家協會産業研究中心, 『2012中國電影産業研究報告』, 中國電影出版社, 2012. 42쪽.

이와는 별도로, 중국 정부는 다양한 방식으로 영화 홍보나 상영에 개입하여 영화 흥행에 결정적인 영향을 미칠 수 있는 막강한 힘을 가지고 있다. 예를 들면, 〈영웅〉이 개봉된 기간 동안 할리우드 분장제 영화의 개봉을 금지하였고 영화 상영 전후로 해적판 판매금지 조치를 엄격하게 시행했으며 인민대회당에서 시사회를 갖게 해주는 등, 중국 정부는 자국 영화의 성공을 지원하기 위해 다각적으로 협조했다. 또, 2010년 전세계적으로 〈아바타〉 열풍이 확산되는 가운데 이 영화의 개봉시점이 〈공자〉와 겹치게 되자, 중국 정부는 "사회주의 문화와 인민대중의 정신문화를 건설하고 경제발전과 국제경쟁력을 강화하기 위하여 국가 문화 소프트파워를 증강시킬 필요가 있다"는 〈영화산업 촉진 발전에 대한 국무원 판공청의 지도의견〉에 근거하여 영화관의 3분의 2 이상에 국내 영화를 배정하였고 그에 따라 당시 2,500여개 스크린에서 상영되던 2D 버전의 〈아바타〉는 상영이 중단되거나 제한되었다.[14]

이처럼 영화 제작부터 상영 단계에 이르기까지 정부에 의한 직간접적 개입의 여지가 매우 큰 중국적 환경 속에서 제작주체들이 국가의 가이드라인을 벗어나는 주제의식이나 소재를 선택하는 것은 매우 힘든 일이다. 소규모 프로젝트도 예외는 아니지만, 특히 대자본이 투입되는 대작 상업영화의 경우 그것이 더 분명하게 드러난다. 만약 국가가 정해놓은 테두리를 벗어나게 되면 제작 자체가 무산될 위험성이 있을 뿐 아니라 상영까지 간다 하더라도 정부의 비협조나 재제로 인해 흥행에서 실패할 가능성이 크다. 대자본을 투입해야 하는 영화사의 입장에서 그것은 무모한 모험이 아닐 수 없다. 반대로, 만약 작품이 정부의 정치이데올로기에 잘 부합하는 내용이라면 투자에서부터 영화 개봉 스케줄 조정, 영화제 진출 등에 이르는 각종 지원과 협조를 통해 상업적

---

14) 김동하, 『차이나 소프트파워』, 무한출판사, 2011. 255쪽.

성공의 가능성을 높일 수 있다. 그렇기 때문에, 국가의 정당성과 통치력을 제고하기 위한 중국 지도부의 문화정치학적 기획이 어느 때보다 강력하게 추진되고 있는 2000년대 중반 이후의 문화산업 환경에서 이데올로기성이 강한 대작 상업영화의 증가 추세는 어쩌면 당연한 결과로 보인다.

과거와 전통은 국가와 산업의 이해관계가 만나는 지점으로서 국가의 시선을 의식하지 않을 수 없는 제작주체들에게 매력적인 주제의식과 소재를 제공한다. 예를 들어, 〈영웅〉, 〈연인〉, 〈무극〉, 〈야연〉 등의 무협 스펙터클 영화들은 국가의 지지와 대중의 호응을 모두 성공적으로 확보할 수 있었다. 민족정체성의 상징이자 사회통합의 기제로서 민족문화를 강조하는 중국 공산당과 정부의 입장에서 볼 때, 중국 고대 역사 속의 화려한 중화민족 문화를 재현하고 '상상의 공동체'로서의 중화민족 정체성을 고취하는 이런 영화들은 국내 영화산업에 대한 보호의 차원뿐 아니라 국가의 이데올로기적 헤게모니 유지에 기여한다는 점에서도 적극 지원할 필요가 있었다. 한편, 산업의 입장에서 볼 때 민족문화는 국내외 시장의 수요와도 부합하는 요소였다. 중국사회의 문화보수주의 경향이 강화되면서 대중들이 중화민족주의를 적극적으로 수용하는 시대적 분위기 속에서 이런 영화들은 대중들에게 환영받는 상품이 되었다. 게다가, 선별된 과거를 이용하여 전형적인 중국적 특색을 강조하는 것은 국내 시장뿐 아니라 세계 시장에서도 효과적인 마케팅 포인트가 될 수 있었다.

최근 주류로 부상한 〈금릉의 13소녀〉나 〈탕산대지진〉과 같은 연성 이데올로기 영화들 역시 국가와 산업의 이해관계가 일치하는 지점에 있다. 시장경제 도입 이후 문화가치 진공상태와 서구문화의 침투에 대한 위기의식이 심화되면서 지식인들을 중심으로 민간 차원의 민족주의가 확산되는 가운데, 중국 정부 역시 2000년대 중반 이래 종합국력과 국가안보 차원에서 문화안보 개념을 제시하고 그것을 문화정책에 적극적으로 반영하기 시작했다. 정부의 시선에서 볼 때 〈금릉의 13소녀〉, 〈탕산대지진〉 등과 같은 영화는 가까운 역사로부터 국민들이 공유하는 아픈 상처와 기억을 소환하여 휴머니즘의 프리즘을 통해 보여줌으로서 관객들에게 사회통합, 민족단결, 애국주의 등의 가치들을 공감할 수 있게 한다는 점에서 국가적 기획과 일치한다.

산업의 관점에서 볼 때, 연성 이데올로기 요소들은 영화 제작부터 상영에 이르는 전 과정에 걸쳐 다각적인 개입 수단을 가진 국가의 협조와 지지를 끌어낸다는 점에서 중요할 뿐 아니라 국민적 호응을 불러일으킬 수 있는 상품성을 가진 요소들이다. 오늘날 중국에서 민족주의나 애국주의는 단순히 위로부터의 이데올로기가 아니라 아래로부터의 자발성을 수반하고 있다. 개혁개방 이후의 급속한 경제성장과 대국화에 따라 국민적 자신감과 자부심이 날로 커지고 있고 그것은 대중들 사이에서 민족주의 정서와 애국주의가 확산되는 경향으로 나타난다. 예를 들어, 1990년대 중반 강한 중국의 면모를 내세운 『No라고 말할 수 있는 중국』이라는 책이 대중들 사이에서 폭발적인 반응을 불러일으켰고 그 뒤에도 그와 유사한 현상들은 계속 나타나고 있다. 2008년 베이징올림픽 때 표출된 중국 국민들의 열광적 응원과 자원봉사 열기 또한 대중 속에 뿌리내린 민족주의와 애국주의의 모습을 보여준다. 여기에는 아픈 근현대사의 기억을 뒤로 하고 세계 강대국의 하나로 부상한 국가와 민족에 대한 자부심이 반영되어 있다. 최근 들어 근현대를 시대적 배경으로 하는 연성 이데올로기 영화들이 많이 제작되고 있는 것은 바로 이와 같은 대중적 정서를 감안하여 작품의 상업성을 합리적으로 평가한 결과라 할 수 있다. 그런 점에서 그것은 국가와 산업이 "사회주의 시장과 경제의 영역에서 각자 최대한의 이익을 만들어내기 위해 서로의 타협점을 고민하는 순간에 만들어지는 공동의 작품"[15])인 것이다.

　　결국 '정부주도형 시장화 모델' 속에서 제작사, 배급사, 극장 등 영화시장 주체들은 이윤극대화를 지상과제로 삼지만 영화에 대한 정부의 통제와 개입을 염두에 두면서 '협력적 조화'를 추구하고 있는 것이다. 영화에 대한 이데올로기적 통제로 헤게모니를 장악하려는 정부와 이를 감안하면서 경제이윤을 추구하는 시장주체 사이에서 내밀한 교환이 이뤄진다. 정부는 시장시스템을 지원하면서도 정치이데올로기 측면에서의 통제를 놓지 않으려 하고, 반대로 시장주체들은 시장시스템 속에 경제이윤을 추구하면서도 정부의 통제시스템(검열제도, 관료적 명령주의)과 정치이데올로기를 거슬릴 수 없기 때문에, 정부와 산업 사이에는 공모적인 교환관계가 형성되는 것이다. 이데올로기적 상업성을 추구하는 대작 상업영화들의 부상은 바로 이와 같은 이와 같은 공모적 교환관계에서 비롯된 현상이라 할 수 있다.

4) 중국식 블록버스터 상업영화의 문화정치학

　　2001년 WTO 가입 이후 출현하기 시작한 대작 상업영화는 국가의 지원과 시장시스템의 환호를 받으며 주선율영화를 밀어내고 영화시장의 실질적인 지배자가 되었다. 그러나, 새로운 영화시장 주류로 등장한 대작 상업영화는 역설적으로 국가와 공모적 교환관계를 통해 정치이데올로기의 침투에 자발적으로 협력하는 상황에 처하게 되었다. 정부 주도형 시장화 모델이 지배하는 중국 영화산업의 특성상, 지구화 시대의 개방화에 맞춰 시장을 견인할 기대주로 떠오른 대작 상업영화들이 시대

---

15) 이응철, 「국가, 사회, 시장의 공모: 현대 중국 영상산업의 사례」, 『비교문화연구』 2
　　집 1호, 2006. 30쪽

에 어울리는 충분한 자율성을 확보하는 데는 한계가 있었던 것이다.

이러한 배경 속에 현재 대작 상업영화는 기존의 주선율영화를 대신하여 대내적으로는 국제경쟁력을 갖춘 본토 상업영화라는 국가의 산업적 요구에 호응하는 동시에, 민족단결이나 애국주의 등과 같은 정치이데올로기를 전달하는 문화정치학적 기능을 더 폭넓게 수행하고 있다. 대외적으로도 중국의 유구한 전통문화를 과시하고 인류보편적 휴머니즘을 강조함으로써 문화대국을 지향하는 중국의 문화정책에 부응한다.

영화 인프라 측면에서 본다면, 대작 상업영화의 태생적 한계는 '정부주도형 시장화 모델'이라는 독특한 중국식 영화산업 발전모델에서 비롯된다. 이런 산업적 토대 위에서 제작된 작품들 속에는 가정윤리, 사회통합, 민족단결 등 연성화된 정치이데올로기가 오락성과 혼재되어 있으며 최근 들어 그것은 새로운 주제의식으로 더 확산되고 있다. 한편으로는 국가권력의 헤게모니 견지라는 문화정치학적 목적에 복속되고, 다른 한편으로는 그러한 주제의식에 뜨겁게 반응하는 대중의 욕구를 상업적인 성과로 연결시키면서, 대작 상업영화의 주선율화는 앞으로도 당분간 지속될 것으로 전망된다.

중국식 대작 상업영화는 글로벌 시대에 접어들어 미국 할리우드 영화의 침투에 맞설 수 있는 유일한 본토영화라는 점에서 정부와 영화계는 그 지속적 발전을 도모하기 위해 타협과 공모의 관계를 유지해 나갈 가능성이 크다. 양자의 공모적 교환관계에 의해 중국식 대작 상업영화는 일정 정도 주류이데올로기를 수용하면서 상업성을 추구해나가는 독특한 중국영화 장르로 자리 잡을 것으로 보인다.

실제, 중국 영화평론가 중에 대작 상업영화의 주선율화를 지지하는 사람들이 직지 않다. 중국 최초의 영화학 박사인 딩야핑은 2001년 WTO 가입 이후 본토영화의 사명을 '영화보국(電影報國)'이라 언급하면서, 시장과 미학과 정치이데올로기가 일치하는 방향으로 발전되어야 한다고 주장하고 있다. "2002년 이래 중국 대작 상업영화는 〈영웅〉, 〈야연〉, 〈매란방〉, 〈적벽〉, 〈탕산대지진〉 등을 통해 시장을 장악해왔고 표현도 빼어났다. 그러나, 시장을 지나치게 중시한 나머지 오락성과 상업성을 강조하는 경향이 있었다", "건강한 민족영화 발전을 위해서는 주류이데올로기와 본토시장이 일치되어야 하며, 공공에 복무하는 발전을 지향해야 한다"고 말하는 등, 보수적 색채의 주장이 펼치고 있다.[16] 일부 학자들은 최근의 〈건국대업〉, 〈건당위업〉과 같은 상업형 주선율영화, 루촨 감독의 〈난징! 난징!〉과 같은 작가주의 대작영화가 흥행에 성공했고 〈실연33일〉, 〈두라라 승진기〉 등 청년감독 영화가 '1억 위안 클럽(億元俱樂部)'에 들어갔다는 점을 거론하면서 작가주의 영화와 청년감독 영화도 앞으로는 정치이데올로기를 담은 대작 상업영화처럼 만들어야 한다는 주장을 내놓기도 했다.[17]

이런 분위기를 종합해 보면, 중국식 대작 상업영화는 정부의 헤게모니 전략과 영화계의 공모 속에서 연성화된 정치이데올로기를 더 확장시키고 다변화시켜나갈 가능성이 크다. WTO 가입 이후 출현한 중국식 대작 상업영화는 상업성의 추구를 통해 시장시스템 속에서 생존하는 데는 성공했지만 그러한 상업적 성공에 따르는 대중적 영향력으로 인해 다시 정치이데올로기와 연동하지 않으면 안 되는 상황에 빠진 것이다. 주선율영화는 상업영화를 지향하고, 대작 상업영화는 주선율영화를 지향하는 영화시장의 역설적인 가치교환 속에서, 결국 헤게모니를 쥔 국가권력과 정치이데올로기의 존재감은 중국 영화들에서 쉽게 지워지지 않을 것으로 보인다.

---

16) 丁亞平, 「文化强國與入世以來中國電影的發展及趣向」, 『當代電影』, 總189期, 2001. 12-13쪽
17) 國家廣電總局, 『改革開放與中國電影30年: 紀念改革開放30周年中國電影論壇文集』, 中國電影出版社, 2009. 690-695쪽

2

주선율영화의 영화시장 생존을 위한
새로운 변환(transformation)
- 범(汎)주선율과 신(新)주선율영화의 등장

1) 주선율영화의 개념과 연혁

중국의 주선율(主旋律)영화는 사회주의혁명정신과 애국주의 등 정치이데올로기를 선전하기 위해 국가주도로 창작된 영화를 말한다. 주선율은 영어로 'main theme', 혹은 'main melody' 등으로 번역할 수 있는데, 마치 음악에서 주도적이고 반복적인 역할을 하는 선율처럼 국가이데올로기를 분명하게 표출하는 영화라는 의미이다. 주선율영화의 정의를 영화의 생산, 유통, 소비과정이라는 측면에서 좀 더 구체적으로 살펴보면, 우선 영화의 창작주체는 국가권력인 공산당과 정부의 주도로 이루어진다. 국가권력의 기획과 제작비 지원 속에 국영영화제작소(국유제편창) 소속의 감독, 시나리오 작가, 배우들이 참여하면서 창작이 완성되는 것이다. 제작된 영화는 기본적으로 시장시스템을 통해 유통이 이루어지지만, '정부주도형 시장화 모델'이라는 중국영화의 독특한 시스템에 의해 정부의 영향력 속에 유포되는 과정을 거친다. '정부주도형 시장화 모델'이란 개혁개방 이후 30년간 중국영화가 발전해온 방식을 명명한 것이다. 영화의 생산, 유통, 소비 전 과정에 걸쳐 정부가 주도하여 산업발전을 추진해온 중국식 영화발전모델을 의미한다. 정부가 시장시스템을 관리하고 통제해온 발전모델이다. 이러한 과정 속에 탄생되는 주선율영화텍스트의 속성과 목적은 분명해질 수밖에 없다. 주선율영화는 국가권력의 국정방향과 이념적 지향성을 적극 선전하는 목적과 기능을 가지고 있으며, 동시에 국가권력의 정당성을 관객들에게 유포하는 '동의의 기제'로 작동하는 태생적 한계를 가진다. 결국, 주선율영화란 중국 국가권력(공산당과 정부)이 주체가 되어 관객들에게 사회주의, 애국주의, 집단주의 등 국가이데올로기를 선전하고 고양시키기 위한 영화텍스트라고 정의할 수 있다.

주선율이라는 용어는 1987년 3월 정부가 주관한 전국극영화창작회의(全國故事片創作會議)에서 "주선율을 널리 알리고, 다양화를 견지하자(弘揚主旋律, 堅持多樣化)"라는 구호 속에 처음 등장했다. 주선율이라는 용어의 등장은 역설적으로 정치이데올로기 영화의 위기의 징후라 할 수 있다. 개혁개방 이후 중국영화는 사상해방의 흐름 속에 영화산업의 시장화, 개방화가 추진되었고, 이 과정 속에 다양한 외국영화, 상업영화, 예술영화가 범람하게 되면서, 그동안 영화시장의 주류 위치를 유지해오던 정치이데올로기 선전영화가 점점 시장에서 밀리게 되는 상황이 초래된 것이다. 1987년 주선율 용어의 등장은 개혁개방 이후 대중문화의 팽창과 문화열(文化熱)로 상징되던 새로운 문화변동 속에서 국가권력이 정치이데올로기 영화의 위기감 속에 영화시장에서의 헤게모니를 견지하기 위해 동원한 강권력의 표출이라 할 수 있다.

주선율영화는 1990년대 이후 시장화와 개방화가 심화되면서, 영화시장에서 주류위치를 고수하고 유리된 대중들과의 거리를 좁히기 위해 상업성, 예술성 등을 수용하는 대중화 노력을 기울이게 된다. 〈홍색연인(紅色戀人)〉(1998), 〈책상서랍 속의 동화〉(1999), 〈그 산, 그 사람, 그 개〉

(1999) 등이 대표적인 사례이다. 특히, 2001년 WTO 가입을 계기로 매년 외국 수입영화가 평균 50편 이상으로 증가하고, 영화시장의 시장시스템이 확산되고 민영영화사가 국영영화사를 대신하여 영화제작의 주류로 부상하면서, 주선율영화는 생존을 위한 다양한 변화를 추구한다. 주선율영화, 상업영화, 예술영화 등 삼족정립(三足鼎立)의 다원화된 국면이 형성되면서, 새로운 영화환경에 적응하기 위한 주선율의 새로운 변신이 요청되었다. 국가권력의 상명하달식 기획과 제작비 지원으로 창작되었던 주선율영화는 스타배우 기용, 상업영화식 홍보마케팅 등 상업시스템과 결합하기도 하고, 때로는 민영영화사와 공모하여 중국식 대작 상업영화 속에 주선율 이데올로기를 선전하는 방식으로 진화하게 된 것이다. 〈건국대업〉(2009), 〈공자〉(2009), 〈집결호〉(2006), 〈탕산대지진〉(2011) 등이 대표적인 작품이다. 1949년 이후 사회주의 리얼리즘 창작기법을 기반으로 '17년 영화', '문혁시기의 모범극', '주선율'로 이어지는 전통적인 정치이데올로기 영화는 대중화라는 명목 하에 상업영화와 결합하거나, 심지어 대작 상업영화 스스로가 주선율 경향을 포함하는 새로운 변화를 추구하고 있다. 따라서, 전통적 의미에서의 주신율영화의 개념은 와해되고, 민영제작사가 주관하는 상업영화나 예술영화라 할지라도 국가가 지향하는 이데올로기를 담고 있다면 그것을 주선율영화로 보려는 새로운 시각이 나타나게 되었다.

주선율영화의 이데올로기 연구는 크게 두 가지 층위에서 고찰할 수 있다. 첫째, 영화텍스트를 생산하고 유통하는 영화환경 요인, 즉 영화의 기획, 제작, 배급, 상영의 주체에 대한 거시적 분석과, 둘째, 영화텍스트 속의 이데올로기. 즉, 작품 속 영화텍스트가 표출하는 이데올로기와 의미화 작용에 대한 미시석 분석이 그것이다. 전통적 의미에서의 주선율은 두 가지 층위에서 본다면 국가권력에 의한 생산, 유통, 소비이며, 영화텍스트에서 분출되는 의미화 작용은 애국주의, 사회주의혁명정신, 윤리의식 등 정치이데올로기를 담고 있다. 현재 중국영화계에서는 시장화와 개방화 이후 다양하게 변모하고 있는 주선율 경향의 영화를 일반적으로 '주류영화(主流電影)', 혹은 '주류영화의 주선율화' 등의 개념을 동원하여 설명하고 있다. 일반적으로 '주류영화'란 영화시장에서 시장점유율이 다수인 영화를 통칭하는 개념이나, 중국 학계에서는 국가이데올로기를 반영하고 있는 정치선전영화를 포함하는 의미로 사용되고 있다. 즉, '주류영화'란 문화가치 측면에서 국가이데올로기를 분출하면서도 영화시장을 주도적으로 선도해야 하는 주류이데올로기를 담은 영화(주선율과 상업영화 포함)를 의미한다. 그러나, 주선율영화는 기획, 투자, 제작, 배급, 상영 주체가 기존의 국가권력에서 민간영화사로 확장되고 있으며, 영화텍스트의 정치이데올로기 또한 다양해지고 있기 때문에 이를 단순히 '주류영화'로 통칭하는 것보다는 제작방식과 정치이데올로기라는 측면에서 보다 세밀하게 분류하는 것이 학문적으로 바람직한 접근이라 보여진다.

이 글에서는 기존의 전통적인 '주선율'이 스스로 대중화 노력을 통해 변신하는 영화를 '신(新)주선율'로 명명하고, 주선율 이데올로기를 표출하는 대작 상업영화를 '범(汎)주선율'로 명명한 후, 그 원인과 문제점에 대해 논의하고자 한다. 기존의 중국 주선율영화에 대한 연구경향은 국내외에 따라 극명하게 엇갈리고 있다. 국내에서는 주선율영화의 변천을 국가의 개입 속에 비판적으로 바라보려는 연구(이응철, 박춘식), 대작 상업영화를 중국 내셔널리즘과 연관 속에 독해하는 연구(윤성은) 등의 성과가 있다.[1] 반면, 중국 영화학계에서는 주선율영화의 변신과 상업영화

---

1) 이응철 「현대 중국의 주선율영화와 독립 다큐멘타리」, 『비교문화연구』, 제14집 호, 서울대학교 비교문화연구소, 2008.
박춘식 「중국인민공화국의 탄생: 건국대업」, 『영화로 만나는 현대 중국』, 산지니, 2012.
윤성은 「현대 중국 영화의 내셔널리즘」, 『현대영화연구』, 2008.

의 주선율화 경향을 긍정적으로 바라보고 주류영화 위치로 부각하려는 다양한 논리와 시도들이 주된 연구의 흐름을 형성하고 있다.[2] 이러한 연구시각의 차이는 한국의 학자들이 주선율영화를 가치중립적이고 학문적인 외재적 시선으로 접근하려는 반면, 중국 학계에서는 주선율영화를 자신들의 공동체의 염원 속에 당파적으로 바라보려는 내재적 접근방식에서 오는 차이점에서 연유된 것으로 보인다.

2) 주선율영화의 변환과 그 배경 - '주선율'에서 '신(新)주선율'과 '범(汎)주선율'로

주선율이라는 용어는 1987년 등장했지만, 사실상 1949년 사회주의국가 수립 이후 채택된 '사회주의리얼리즘'의 연장선상에서 나온 것이다. 직접적으로는 1942년 5월 마오쩌뚱이 옌안에서 행한 '문예강좌'에서 정립한 노·농·병 중심의 문예이론에 기원을 두고 있으며, 이후 1949년부터 1966년까지의 '17년 영화', '문화대혁명 시기의 모범극' 등 이른바 홍색(紅色)영화의 전통에 뿌리를 두고 있는 영화라 할 수 있다.

개혁개방 이후 주선율영화는 정치적 상황, 영화시장의 환경변화 등 대내외적 요인에 조응하면서 크게 3단계의 진화과정을 겪어왔다. 먼저, 1단계 진화는 1987년 주선율 용어의 등장부터 90년대 초반까지이다. '주선율'이라는 용어가 등장한 것은 당대의 시대적 현실과 무관하지 않다. 1980년대 중반 이후에 진용의 무협소설, 왕수오의 통속문학 등으로 대변되는 대중문화 소비가 폭증하였고, 정치이데올로기를 담은 주류영화와 관방문화는 상대적으로 냉대받거나 저하되는 분위기를 맞게 되

---

2) 王一川「主流電影與中式主流大片」,『電影藝術』, 總330期, 2010.
　　李云雷「建國大業: 新模式及其問題」,『電影藝術』, 總330期, 2010.

었다. 이에, 위기감을 느낀 정부는 사회주의혁명정신과 정치이데올로기를 보호하고 헤게모니를 견지할 새로운 과제에 직면했고, 주선율 용어는 이러한 시대적 필요성에 의해 등장한 개념인 것이다. 1987년 3월 전국극영화창작회의(全國故事片創作會議)에서, "주선율을 널리 알리고, 다양화를 견지하자(弘揚主旋律 堅持多樣化)"라는 구호를 채택함으로써 주선율 용어가 처음으로 등장하였다. 1987년 3월에는 문화부 산하의 광전국(영화국)에서 '전국 국영영화제작소 회의'를 소집하여, '중대한 혁명역사를 소재로 하는 창작집단'을 결성하기로 하였고, 7월에 베이징에서 '중대혁명역사소재영상창작지도소조(重大革命歷史題材影視創作領導小組)'를 만들어 주선율영화 제작에 나섰다. 이에 1988년 이후 정부 기금을 지원받는 헌정영화(獻禮片)가 제작되었는데, 사회주의체제와 역사적 모범인물 찬양 등 전통적인 사회주의리얼리즘에 입각한 제작경향을 보여왔다. 〈개국대전〉(1989), 〈대결전〉(1991) 등이 대표적인 사례라 할 수 있다.

주선율영화의 2단계 진화는 '부분적 개방화와 시장화'가 진행된 1993년에서 2001년까지로 볼 수 있다. 1989년 천안문 사태 이후 위축된 사회분위기는 1992년 덩샤오핑의 남순강화와 1993년 제8차 전국인민대표회의에서 '중국 특색의 사회주의 시장경제' 채택으로 새로운 활기를 띠었다. 새로운 국정운영철학은 영화계에도 반영되어, 1993년 당시 광전부(廣電部, 현 국가신문출판광전총국)에서 '영화업 제도개혁에 관한 약간의 의견(關於當前深化電影行業機制改革的若干意見)'(광전부 3호문건)을 발표하였다. 3호문건은 정부 산하기관인 중국전영공사의 배급독점을 철폐하고, 극장입장료를 자율화하는 등 영화산업에 시장시스템을 도입하는 것이 핵심 골자이다. 이후 1993년 '영화업종 제도개혁의 세칙(電影行業機制改革方案實施細則)'과 1994년 '영화업종 제도개혁에 관한 통지(關於進一步深化電影行業機制改革的通知)'에서는 정부 산하의 중국전영공사의 독점적 배급권 철폐를 보다 명확히 하고 지역의 영화제작소가 직접 배급할 수 있는 근거를 제공하였는데, 이는 정부주도의 영화산업이 시장시스템으로 전환되는 신호탄으로 볼 수 있다. 또한, 1994년에는 이러한 영화시장의 개방화와 시장화 분위기에 편승하여 중국 최초의 분장제(分賬制) 수입영화인 할리우드 영화 〈도망자(The Fugitive)〉가 극장에 상영되는 등 부분적 영화시장 개방이 이루어졌다. 이러한 시대 분위기와 위기 속에 주선율을 견지하기 위한 새로운 노력이 시도되었다. 장쩌민 국가주석이 직접 나서서 "주선율을 널리 휘날린다는 것은 중국 특색의 사회주의 건설 이론 및 당의 기본 노선의 지도 아래 모든 애국주의, 집체주의, 사회주의에 유리한 사상과 정심을 힘껏 제창하고, 모든 민족단결, 사회진보, 인민행복에 유리한 사상과 정신을 제창하기 위한 것이다"고 강조하였고[3], 1996년부터 2000년까지 우수한 주선율영화를 5년간 50편씩 만들자는 '9550' 계획이 발표되었다. 이 시기의 주선율영화는 전통적인 주선율영화에서 탈피하여, 사회주의 혁명정신과 이데올로기를 직접 선전하기보다는 예술성과 상업성과 결합한 대중적인 영화를 지향하는 새로운 시도가 선보였다. 멜로드라마 장르를 도입한 〈홍색연인〉(1998), 장이모우와 같은 저명 감독을 유입한 〈책상서랍 속의 동화〉(1999), 예술영화와 결합한 〈그 산, 그 사람, 그 개〉(1999), 보통 사람들의 일상을 통해 교훈을 전달하려는 〈레이펑을 떠나 보내며〉(1996) 등과 같이 내용과 형식 면에서 새로운 변화를 시도했다.

3단계 진화는 2001년 WTO 가입 이후 현재까지의 변화이다. 2001년 WTO 가입 이후 영화시장 개방화와 시장화가 가속화 되었다. WTO협정의 주요내용은 첫째, 수입영화를 3년 내에 50편으로 늘일 것, 둘째, 외국자본이 49% 이내에서 영화관 건설과 경영에 참여할 수 있다, 셋째, 외

---

3) 박완호 외『영화로 이해하는 중국 근현대』, 르네상스출판사, 2006, 241쪽.

국자본이 49% 이내에서 영상, 음반 판매업에 참여 등을 골자로 하고 있다. 수입영화가 증가함에 따라 중국영화를 보호하고 경쟁력을 강화하기 위한 전방위적 노력이 요구되었고, 영화산업에서 시장시스템이 정착되고 활성화됨에 따라 시장가치에 맞는 영화제작 증가가 시대적 과제로 부상했다. 이러한 상황 속에 영화시장은 상업영화가 시장의 주류로 새롭게 부상하였고, 주선율영화는 영화시장의 헤게모니를 견지하기 위해서는 새로운 영화환경에 맞는 변신을 도모해야만 했다. 이 시기 새로운 주선율영화는 두 가지 기류에서 나타나기 시작했다. 첫째, 전통적인 주선율영화는 〈장사덕〉(2004), 〈천구〉(2006) 등과 같이 평범한 인물의 일상과 헌신을 상업영화 내러티브 형식으로 다루기도 하고, 특히, 〈건국대업〉(2009), 〈시월위성〉(2009) 등과 같이 홍보마케팅 전략, 스타마케팅, 할리우드의 스펙타클 기법 도입 등 상업적 요소를 대폭 도입한 새로운 대중화 노력을 진행하였다. 둘째, 〈영웅〉(2002), 〈집결호〉(2006), 〈탕산대지진〉(2009)와 같이 해외수입대작에 맞선 대작 상업영화를 만들어 민족영화의 생존과 자존심을 지키고, 동시에 민족주의와 정치이데올로기 등 주제의식을 내포하여 새로운 주류영화 제작 경향이 시작되었다.

이와 같이, 주선율영화의 변천에 주목하여 2001년 이후 주선율영화 속에 90년대의 대중화 노력에서 진일보된 본격적인 상업적 요소를 도입한 영화를 기존의 '주선율'과 구분하여 '신(新)주선율'로 명명(命名)하고, 또한, 2002년 〈영웅〉을 기점으로 중국식 대작 상업영화 속에 주선율 이데올로기가 강하게 표출되는 영화를 '범(汎)주선율'로 명명하여 구분하여 바라보고자 한다. '신주선율'의 대중화 노력과 대작 상업영화의 '범주선율' 경향 속에 기존의 주선율영화는 시장영역에서 대폭 확장되어 재등장하고 있는 것이다.

최근 주선율영화가 '신주선율', '범주선율'영화로 다시 등장하게 된 원인과 배경은 아래와 같다. 첫째, 국가권력이 영화에 대한 영향력을 확보하기 위한 헤게모니 전략에서 비롯되었다. 주선율은 '조화로운 사회' 등 당대의 국가정책이념을 대표하여 선전해왔기 때문에 국가권력으로서는 반드시 견지해야할 대상이다. 영화시장이 주선율, 상업영화, 예술영화라는 다원화 국면을 맞게 되면서, 특히, 대작 상업영화에 밀려 주선율영화의 역할과 위상이 영화시장에서 점점 떨어지자 이에 대한 헤게모니 지위를 회복하기 위해 '신주선율' '범주선율' 같은 새로운 시도와 방식으로 주선율을 견지해 나가는 것이다.

둘째, 영화시장 생태계 변화에 따른 필연적인 결과이다. 1994년부터 본격적으로 추진된 영화산업 시장화와 개방화 정책에 의해, 시장시스템이 정착되고 대폭 확대되었다. 정부가 주도하던 영화시장은 시장시스템과 공존해야 하는 새로운 환경에 직면하게 되었다. 2011년 중국 영화시장 통계에 의하면, 중국 국산 극영화는 558편이 만들어졌으며 박스오피스는 총70억 위안인데, 그 중에서 흥행 1억 위안을 넘은 20편의 영화가 40억 위안 이상의 흥행을 기록하고 있다. 해외수입영화까지 포함한다면, 대작 상업영화의 시장점유율은 일반영화와 8:2 비율로 추정된다.[4] 따라서, 정부의 전면적인 지원을 받아온 주선율영화는 시장시스템에 적응하기 위해 새로운 변화를 수용할 수밖에 없고, 한편으로는 새로운 영화시장의 주류로 부상한 대작 상업영화의 영향력을 의식하여 이들에 대한 국가권력의 개입과 공모가 불가피해진 것이다.

셋째, 영화관객층의 인식변화를 들 수 있다. 2011년 영화시장 통계에 의하면, 영화관객의 90% 이상을 빠링허우('80後)와 지우링허우('90後)가 차지하는 시대에 접어들었다. 2011년 영화산업 통계에 의하면, 중국 영화시장 관중의 비율은 남성 45.4%, 여성 54.4%이다. 그 중 연령별로 보면, 18-30세가 75.5%, 31세-40세가 15.8%, 18세 이하가 4.3%, 41-60세

---

4) 尹鴻「2011年中國電影産業備忘錄」, 『電影藝術』, 總343期, 2012, 6-7쪽.

가 3.4%, 60세 이상이 0.8%를 차지하고 있는 것을 확인할 수 있다. 빠링 허우와 지우링허우 청년세대는 영화관중의 약 90%에 달하는 절대적 위치를 차지하고 있음을 알 수 있다.[5] 이들은 개혁개방의 성과와 물질적 풍요로움을 직접 체험한 새로운 소비세대로서, 개인주의, 개방된 마인드, 물질주의, 출세주의 등을 선호하는 경향이 있다. 주선율영화는 이들의 소비취향과 욕망을 만족시키는 방향으로의 진화가 불가피해진 것이다.

결국, 주선율영화가 '신주선율'과 '범주선율'로 진화하게 된 것은 개혁개방 30년 동안 지속된 개방화와 시장화에 따른 영화환경 변화의 시대적 분위기 속에, 국가권력과 시장시스템 사이에 발생한 헤게모니 갈등과 협조관계가 빚어낸 타협적 결과라 할 수 있다. 주선율영화를 통해 국가이데올로기를 지속적으로 견지하려는 국가권력의 욕망, 시장수익과 시장가치를 중시하는 영화시장 주체의 욕구, 그리고 새로운 소비문화를 가진 문화세대의 출현이라는 국가권력-시장-대중의 3중주가 '신주선율' '범주선율'이라는 새로운 주선율 제작 경향을 초래한 것이다. 그 결과, 주선율영화는 기존의 주선율 영역과 상업영화 영역을 넘나들며 새롭게 확장해 나가는 문화패권 경향을 보이고 있는 것이다.

그렇다면, 주선율영화의 개념을 어디까지 확장하여 재정의해야 할 것인가. 먼저, 주선율영화의 제작주체는 국가권력기관(공산당과 정부의 기획, 지원, 국영영화제작소 제작) 중심에서 민영제작사를 포괄하는 개념으로 확장되고 있다. 둘째, 영화 유통과 소비 또한 정부가 개입하고 관객을 동원하는 방식에서 시장시스템에 의해 적응하는 방식으로 전환되고 있다. 셋째, 주선율영화의 이데올로기는 애국주의, 사회주의, 집단주의를 바탕으로 하는 홍색영화(紅色電影) 전통에서, 민족주의와 인본주

---

5) 中國電影家協會産業研究中心, 『2012中國電影産業研究報告』, 中國電影出版社, 2012, 100-101쪽.

의가 보완된 새로운 주제의식으로 확장되고 있다. 이러한 시대적 변화 속에 주선율영화는 '사회주의 가치 중심에서 인류보편적 휴머니즘 가치'로, '정치계몽적 가치에서 일상화된 윤리의식'으로, '집단주의 가치에서 개체화된 가치'로 확장되고 있는 것이다.

3) 주선율영화의 이데올로기 분석 방법론 - '헤게모니론'과 '이데올로기적 국가기구(ISA)'

주선율영화의 이데올로기 창출과 특징을 분석하기 위해서는 먼저, '이데올로기(ideology)'의 개념을 좀 더 명확히 할 필요가 있다. 레이먼드 윌리엄즈(Raymond Williams)는 『키워드(Keyword)』에서 이데올로기를 크게 3가지로 분류하고 있으며, 첫째, 특정한 계급이나 집단을 특징짓는 신념들의 체계, 둘째, 과학 혹은 진정한 지식과 대비되는 허구적 믿음들의 허구적 체계, 셋째, 의미와 이념들의 일반적인 과정들로 분류한다.[6] 주선율영화가 정치이데올로기를 선전하기 위한 목적에서 만들어진 영화라는 측면에서 볼 때, 주선율영화의 이데올로기란, 사실상 '(공산당과 정부라는) 특정한 집단의 신념 체계'이거나, 혹은 자본주의 체제를 비판했던 마르크스의 이데올로기 개념을 원용해 본다면 '지배계급(국가권력)의 지배적 가치로서의 허위의식(false consciousness)'에 가까워 보인다. 따라서 주선율영화의 이데올로기란 국가권력 주체들의 지배와 통치에 정당성을 부여하고, 대중들에게 지배적 가치를 재생산하는 허위의식의 일환으로 볼 수 있다.

주선율영화의 정치이데올로기 선전을 영화관객과의 관계에서 생각

---

6) 로버트 스탐, 『영화이론』, K-Books출판사, 2012, 163쪽.

한다면, 동의와 설득을 통해 국가권력의 정당성과 당위성을 견지하는 '헤게모니(hegemony)' 투쟁 관점에서도 분석할 수 있다. 중국영화를 문화의 장(場)으로 본다면, 상업영화, 예술영화, 할리우드 수입영화 등 다양한 영화가 영화시장 속에 각축하고 있으며, 국가권력은 주선율영화를 통해 자신들의 지배적 가치를 지켜나가기 위한 헤게모니 투쟁으로서 주선율영화를 강조하고 관철시켜 나가고 있는 것이다. 헤게모니론을 주창한 그람시(Gramsci)에 의하면, 헤게모니는 '유기적 지식인'에 의해 구성된다. '유기적 지식인'은 새로운 도전적 지적인 삶을 규정하고 조직하는 것이고, 영화, 텔레비전, 언론, 교육, 문화산업 등이 사례이다. "유기적 지식인은 경제 영역뿐 아니라, 사회 및 정치영역에서도 그 자체의 기능에 대한 인식과 동질성을 부여하는 지식인들이다. 예를 들어, 자본주의 기업가는 자신의 옆에 산업기술자와 정치적 경제전문가, 문화나 법체계의 조직가 등을 새로 양성한다".[7] 네오그람씨 문화연구자들에 의하면, 문화영역은 특정한 이데올로기나 정책을 위한 텍스트 생산물들을 접합, 탈접합, 재접합하는 투쟁인 것이다. 따라서, 헤게모니 투쟁의 일선에서 국가권력의 '동의와 설득'의 통로로써 주선율영화의 역할과 위상을 바라보는 관점도 설득력이 있다고 보여진다.

'이데올로기', '헤게모니'과 함께 주선율영화의 정치이데올로기를 바라보는 또 하나의 이론적 틀은 알뛰쎄르(Althusseur)의 '이데올로기적 국가기구(ISA, ideological state apparatuses)'이다. 알뛰세르는 구조주의적 마르크시즘 입장에서 지배계급의 지배이데올로기가 재생산되는 과정을 두 가지 경로로 설명하고 있는데, 첫 번째, '억압적 국가기구'로서 정부, 군대, 경찰, 법원, 감옥 등이고, 두 번째는 '이데올로기적 국가기구'로서 영화, 가정, 정당, 학교, 텔레비전, 문화제도 등이다. 알뛰쎄르에 의하면,

---

7) 존 스토리, 『대중문화와 문화연구』, 경문사, 2002, 146-148쪽.

지배계급의 이데올로기 재생산은 '이데올로기적 국가기구'에 의해 주체(관객)가 호명(interpellated)됨으로써 작동된다. 호명이란 프랑스 입법절차에서 나온 용어로써, 개인들에게 사회적 정체성을 부여하며, 개인들을 생산관계 시스템 안에서 자신들의 역할을 아무 저항없이 받아들이게 구성하는 방식이다. 즉, "모든 이데올로기는 구체적인 개인을 주체로 부르거나 호명"하고 그것은 필연적으로 라깡의 거울단계와 같이 스스로 정체성의 오인(misrecognition)을 수반하게 된다고 말한다. 알뛰쎄르는 정통 마르크시즘에서 말하는 토대가 상부구조를 결정한다는 입장을 수정하여, 정치적 경제적 이데올로기 세 가지 심급에 의해 상대적 자율성 속에 중층결정된다고 보았다. 그러나, 개인들이 이데올로기적 국가기구에 의해 재생산된다는 입장은 구조주의적 한계를 보인다는 비판을 받았다. 사회변혁의 주체로서의 능동적 개인이 들어설 여지가 없어지기 때문이다. 하지만, 현대영화이론에서는 '이데올로기적 국가기구'로서의 영화론을 수용하여, 영화텍스트와 관객(주체)과의 관계를 설명하는 중요한 이론으로 수용하였다.[8]

영화를 '이데올로기적 국가기구'로 설명하는 이론은 관객을 수동적 입장으로 바라보는 구조주의적 한계점을 가지고, 또한 민주주의 국가의 다원화된 시민사회 문화영역을 설명하는데도 한계를 보이고 있지만, 자본주의체제 지배계급의 이데올로기 재생산 통로로서의 영화를 규명했다는 점에서 큰 의미가 있다. 알뛰쎄르의 '이데올로기 국가기구'는 자본주의체제의 문화이데올로기를 비판적으로 분석하기 위해 고안된 이론이지만, 역설적으로 중앙집중식 권력구조를 가진 사회주의체제의 특수성을 가진 중국의 정치이데올로기 영화인 주선율을 분석하는데 적합한 이론직 방법론이 될 수 있다고 본다.

---

8) 로버트 랩슬리, 『현대영화이론』, 시각과 언어, 1996, 64-65쪽 참조.

이밖에, 현대영화이론에서는 '영화장치', '동일화', '봉합이론' 등 다양한 이론적 방법론이 논의되고 있다. 1968년 프랑스 5월혁명 이후, 영화계가 몰두했던 주제는 영화와 영화장치, 그리고 영화의 내러티브 등이 지배계급의 이데올로기를 어떻게 창출하고 주입하고 있느냐의 문제였다. 보드리(Baudry)는 특정한 영화장치(스크린, 영사기, 어둠 속)와 영화도구(원근법적 이미지, 시점, 편집) 등이 관객을 이데올로기적으로 수동적으로 복종시킨다고 말한다. 특히, 15세기 르네상스 화가들이 대상의 크기가 눈에서 멀어지는 거리의 제곱에 반비례한다는 원근법을 고안하여, 회화에 환영주의를 초래했다고 비판한다. 영화 또한 카메라를 통해 원근법을 재현함으로써 부르조아 이데올로기가 필터를 거쳐 전달된다고 말한다. 지배계급의 이데올로기가 영화를 통해서 관객에게 전달되는 방식을 분석한 것이다.[9] 또한, 1970년대 정신분석학의 성과가 현대영화이론에 유입되면서, 크리스티앙 메츠는 관객은 카메라를 통해 1차 동일화(identification)되고, 내러티브 속 주인공 인물의 심리와 2차적으로 동일화 되면서 영화텍스트가 관객을 이데올로기적으로 수동적으로 주입한다고 주장했다. 이밖에, 우다르(Odart)는 내러티브 편집 관습에서 봉합(suture) 과정이 주체를 단일한 위치의 주체로 만든다고 주장한다. "봉합 기능이란 몽타주에 내재된 분절화를 감추는 것이며, 컷의 위협(거세를 상기시키는)을 추방하고 관객을 영화적 담론 내에 묶어두는 것이다. 우다르는 주류영화가 관객을 정신적으로 구성된 단일한 허구의 공간에 묶어두며, 이것이 부재의 영역을 가린다고 주장했다. 그는 쇼트/카운터쇼트 구조를 예로 설명한다. 관객은 처음에는 주체의 위치로 대화자 중의 한 명의 자리를 선택하고, 다음에는 그 상대방의 자리를 택함으로써, 시선의 주체인 동시에 객체가 되고 결과적으로 환영적인 전체성의

---

9) Jean Louis Baudry, 「Ideological Effects of the Basic Cinematographic Apparatus」, 『Film and Criticism』, Oxford, 2004, 355-258쪽.

느낌을 즐기게 된다". 우다르의 봉합이론에 힘입어 다니엘 다얀(Daniel Dayan)은 "이러한 시스템이 영화약호의 작용을 비가시적인 것으로 만들어 이데올로기 효과가 발생한다"고 말하며, 히스(Heath)는 "쇼트-역쇼트의 관계, 바라보고-대상이 되고-바라보는 3쇼트의 시퀀스에 의해 구성되는 것이 아니라, 관객에게 위치를 부여하는 것은 전체적인 내러티브가 수행하는 역할이다"고 말한다.[10]

이와 같이, 현대영화이론 성과를 중국 주선율영화 이데올로기 연구에 대입해보면, 주선율영화의 정치적 기능과 위상에 대해서는 그람시의 '헤게모니론'과 알튀세르의 '이데올로기적 국가기구론'이 적합한 방법론이며, 영화텍스트가 관객에게 수동적으로 이데올로기를 전달하는 방식으로는 '영화장치론'과 '봉합이론' 등의 이론을 활용할 수 있다.

이와 같은, 연구방법론에 근거하여, 주선율영화의 진화에 따라 출현한 '신주선율'과 '범주선율'영화가 구체적으로 어떠한 특징과 이데올로기를 창출하고 있는지를 대표 작품을 통해 분석하였다. 선정 기준으로는 흥행에 성공한 가장 대중적이면서도, 비평 면에서도 미학의 새로운 이정표를 세운 것으로 평가받는 세 편의 작품을 대표로 선정하였는데, 먼저, 전통적 주선율영화의 원형에서 나온 '신주선율'영화로는 〈건국대업〉(2009)을, 중국식 대작 상업영화의 '범주선율' 경향을 대표하는 영화로는 〈공자〉(2009), 〈탕산대지진〉(2011)을 분석대상으로 정하여, 영화 속 내러티브, 주제의식, 스타일(인물형상화, 편집, 대사, 색채, 구도 등)을 분석함으로써, 새롭게 변모하는 주선율영화의 이데올로기와 미학적 특징을 살펴보고자 한다.

---

10) 스탐, 『영화이론』, K-Books출판사, 2012, 168-169쪽.

4) 주선율영화 분석 – 〈건국대업〉(2009), 〈공자〉(2009), 〈탕산대지진〉(2012)를 중심으로

①'신(新)주선율', 〈건국대업〉(2009) – "주선율 원형의 존속과 탈주"

2009년 제작된 〈건국대업(The Founding of a Republic)〉은 중화인민공화국 성립 60주년 및 중국인민정치협상회의(약칭 '정협') 성립 60주년을 기념한 헌정영화이다. 6,000만 위안을 투자하여, 4.5억 위안의 박스오피스 흥행을 기록하였으며, 2009년 중국 국산영화 흥행 1위를 차지했고, 전체 영화시장에서는 할리우드 영화 〈2012〉, 〈트랜스포머2〉에 이어 3위를 차지했다.[11] 중국 최대의 국영 영화사인 중영(中國電影集團)에서 투자하고 제작하고 배급까지 담당한 전형적인 주선율영화이다. 감독은 중영의 이사장을 맡고 있는 한산핑 감독과 중영 소속의 저명감독인 황지엔신이 공동으로 맡았다. 한산핑(韓三平) 감독은 1953년생으로 중국 최대 국영영화사 이사장을 맡으면서, 주선율과 대작 상업영화 제작에 앞장서고 있는 중국영화의 파워맨이다. 대표적인 창작 작품으로는

〈건국대업〉(2009)

〈마오쩌뚱 이야기〉, 〈건당위업〉(2011) 등이 있다. 한산핑 감독은 〈미국의 앞선 경험을 빌려서, 대자본, 블록버스터, 스타배우를 사용한 〈적벽〉 등

---

11) 中國電影家協會産業研究中心, 『2010 中國電影産業研究報告』, 中國電影出版社, 2010. 25쪽.

의 영화를 제작하고 있다. 중영은 주로 대작 상업영화와 주선율 두 가지 종류를 제작해 왔다. 당연히 대작 상업영화를 주선율에 결합해야 한다. 주선율이 돈을 벌지 못하는 것은 잠시일 뿐이고, 그것은 우리가 잘못 만들었기 때문이다. 해마나 주선율과 대작 상업영화는 높은 흥행을 기록하고 있다. 중국영화그룹의 국유화 문제는 바뀔 필요가 없다고 주장해 왔다. 황지엔신(黃建新) 감독은 1954년생으로 대표적인 작품으로 〈흑포사건〉, 〈건당위업〉(2011) 등이 있다. 현재 중국감독협회 회장이며, 2005년 중국 중앙정부에서 중국영화 100주년을 기념하여 '국가에 특별히 공헌한 영화예술가'상을 받기도 했다. 영화의 주제곡은 중국 청년들에게 인기있는 쑨난(孫楠)이 불렀으며, 흥행과 평단의 호평 속에 2010년 대중영화백화상 최우수작품상을 비롯하여, 중국 정부 영화제인 화표장(華表獎) 최우수 작품상과 감독상 등을 수상했다.

영화는 1945년 일제 패망 이후부터 1949년 10월 중화인민공화국 건국까지의 중국현대사를 중국공산당의 시각과 관점에서 서술하고 있다. 영화의 내러티브는 통사적, 연대기적 서술을 따라 역사적 사실 기록에 충실한 서사구조를 갖추고 있지만, 중국공산당 입장과 관점에서 당시의 제 정파와 인물을 재조명하고 있다는 점에서 당파적인 영화이기도 하다. 영화 첫 장면에 정협 60주년 헌정영화라고 명시한 것에서 알 수 있듯이, 이 영화는 중국공산당이 건국을 위해 주장해온 민주통일전선('정협')의 성립과 건국에 대한 주제를 다루고 있다. 영화의 서사구조는 중국공산당, 국민당, 각 민주당파가 모여 전후 건국 방안 모색하였으나, 국공내전 발발로 회의가 성립되지 못하다가, 1949년 국공내전에서 승리한 공산당의 제안으로 다시 각 민주당파, 국민당 혁명위원회, 소수민족, 화교 등 45개 애국단체 대표 662명이 모여 '정협'을 열고 중화인민공화국을 성립하는 여정을 다루고 있다. 영화는 명확한 시퀀스 분절 속에 이야기 구조가 진행되지 않고, 공산당 - 국민당 - 각 민주당파 등의 씬(scene)을 반복적으로 보여주는 편집으로 내러티브가 구축된다.

영화의 이야기는 1945년 일제 패망 이후 국공합작을 위해 공산당 마오쩌뚱이 옌안에서 충칭으로 가는 비행기에서부터 시작한다. 국민당의 지도자인 장개석과 공산당 마오쩌뚱은 충칭에서 회담을 갖고, 기자회견장에서 똑같은 중산장(中山裝, 쑨원이 고안한 인민복)을 입고, "우리는 모두 쑨원 선생의 제자다"고 공언한다. 이러한 장면은 기존의 사회주의 이데올로기 중심이 아니라 쑨원을 중심으로 중화민족주의와 단결을 강조하는 최근의 새로운 시대적 흐름을 영화에 반영한 것이다. 1945년 10월 국공합작을 약속했으나, 국민당이 협정을 깨면서 국공내전이 발발하게 되고, 영화는 공산당의 주거지인 옌안, 국민당 정부가 있는 난징, 민주정파가 있는 홍콩 등을 오가며 병치편집 형식으로 전개된다. 1947년 7월 국공내전이 전면적으로 발발하고, 1948년 난징에서 장개석은 중화민국 총통에 취임한다. 같은 시간, 옌안에서는 공산당이 국민당 혁명위원회와 민주당파와의 단결을 중시하는 회의를 가진다. 병치편집을 통해, 국민당의 일방적인 국민대표회의 소집과 의결을 보여줌으로써 장개석 총통의 독재 이미지를 유포하고, 공산당의 민주적인 회의 장면을 대비시킴으로써 민족단결과 민주단결의 주체로서의 공산당을 부각시킨다. 1949년 1월 바오딩시에 이어 베이핑(베이징)시가 해방되어, 3월 베이핑에서 공산당 제7차 중앙위원회가 개최되고 마오쩌뚱, 쩌우언라이, 덩샤오핑, 시중쉰(시진핑 5세대 지도자의 아버지), 펑더화이, 리우샤오치, 허룽 등 현대사의 주요 인물이 실제 인물로 분장하여 등장한다. 1949년 6월 베이핑에서 공산당은 각 민주정파의 인사들과 제1차 '정협'을 개최하여, 국기, 국가, 건국이념 등을 토론하고 결정한 후, 마침내 1949년 10월 1일 오후 3시에 천안문 광장에서 건국선포식을 가짐으로써 〈건국대업〉은 완성된다.

〈건국대업〉에서 드러나는 주선율 이데올로기와 창출 방식을 정리하면 아래와 같다.

첫째, 서사구조는 연대기적 방식에 따라 역사적 사실을 객관적으로 서술하고 있는 것처럼 보이나, 실질적으로 카메라의 움직임과 내러티브 상의 시선은 전부 중국공산당을 중심에 놓고 있다. 관객은 영화 내의 카메라의 시선과 주인공의 역할에 의해 동일화하는 이데올로기 효과를 가지게 되는데, 내러티브의 시선과 역할의 중심에 공산당을 배치함으로써 영화관객과 공산당이 동일시(identification)하는 이데올로기 효과를 창출하고 있는 것이다.

둘째, 영화의 내러티브 편집은 '공산당 → 국민당 → 각 민주정파 → 다시 공산당'으로 이어지는 편집방식, 굳이 이름을 만들자면 '순환병치편집'을 통한 대조 이미지를 보여줌으로써 주선율 이데올로기를 창출하고 있다. 영화는 공산당 시선과 관점을 중심으로, 공간적으로는 공산당 거주지역(옌안, 베이핑 등), 국민당 거주지역(난징, 상하이 등), 각 민주정파 거주지역(상하이, 홍콩 등)을 순환하며 보여주고 있으며, 등장인물도 공산당 지도자(마오쩌뚱, 쩌우언라이 등), 국민당 지도자(장개석, 장경국), 각 민주정파 지도자(국민당 혁명위원회 리치셴, 쑨원의 아내 송칭링) 등을 순환병치편집으로 재현하고 있다. 이러한 내러티브 구성은 공산당, 국민당, 각 민주정파간의 입장을 대립과 충돌로써 대조적으로 보여줌으로써, 공산당의 정당성을 부각하는 이데올로기를 관객들에게 전달한다.

공산당/국민당의 '순환병치편집'을 통해 대조적인 이미지가 배열됨으로써 창출되는 정치이데올로기는 i)민족단결세력(내전반대, 민주정파와의 연합 노력, 송칭링 존중 등) 대 민족분열세력(국공내전 촉발, 리종런 쿠데타 음모, 송메이링 미국 방문 등 미국에 의존하는 세력), ii)평화세력(마오쩌뚱 1949년 바오딩시 승선 이후 "더 이상 장강 이북에 전쟁이 있어서는 안된다" 등) 대 전쟁세력 테러세력(펑위상 암살, 애국인사 테러, 건국 선포식 때 베이징 폭격 계획 등), iii)인민과 소통하는 민주세력(민주정파와의 연합 강조, 당중앙위원회 통해 지도자 선출되는 모습 등) 대 독재불통세력(장개석 독재정치 부각 등), iv)친서민세력(공산당의 소박한 움막 회의, 사병의 전사를 위로하는 자상한 지도자 등) 대 특권층귀족세력(국민당의 화려한 집무실, 의상, 사치품 등), v)청렴세력(서민의 안위 걱정하고 담배 즐기는 소탈한 지도자 등) 대 부패세력(상하이 국민당의 탐욕과 부패상 등)이다.

셋째, 정치적으로 객관적이고 합리적인 인물들을 내러티브 곳곳에 배치함으로써 공산당의 정당성과 당위성을 부각하는 이데올로기 효과를 주고 있다. 쑨원의 처이자 장개석의 처형인 송칭링 여사의 공산당에 대한 우호적인 태도, 국민당 혁명위원회 인사들의 국민당에 대한 분노, 홍콩 민주인사들의 공산당 지지 등과 같이 비교적 객관적 위치에 서 있는 주요 인사들을 내러티브 곳곳에 삽입하고 배치하여 공산당에게 민주성, 합리성, 정통성이 있다고 선전하고 있다. 결국, 이들의 등장은 각 민주정파 구성체인 '정협'이 공산당과 함께 중화인민공화국 건국대업을 이루어낸 주체라는 점을 강조하고 있으며, 이들 정협 인사들의 입장을 영화 속에 배치함으로써, 정통적인 사회주의혁명관보다는 민족계급, 민족단결 등 개혁개방 이후 중국식 사회주의시장경제가 주장해온 정치이데올로기를 주요하게 표출하고 있다는 점이다.

넷째, 장개석과 장경국 등 국민당 지도자에 대한 우호적인 재해석을 통해 민족주의 이데올로기를 강하게 부각시키는 것이 기존 주선율과 차별화된 지점이다. 기존 주선율영화에서 국민당 지도자와 국민당 군대는 사회주의의 적으로 묘사되어 왔다. 〈건국대업〉에서는 국민당 정부의 총통인 장개석에 대한 이미지를 비록 독재자이자 부패한 지도자로 몰고 있지만, 장개석과 아들 장경국이 국민당의 부패를 바로 잡으려 노력하고 민족을 위해 고뇌하는 인간적 면모를 강조하고 있다는 점에서 사회주의혁명이데올로기보다는 중화민족단결을 강조하는 이데올로기를 강하게 드러낸다. 중국 대륙의 대표적인 인기배우 장궈리가 장개석 역을, 청춘스타인 천쿤이 아들 장경국 역을 맡은 것도 민족주의에 대한 새로운 포용을 보여주는 사례로 해석된다.

다섯째, 영화의 스타일로 본다면, 〈건국대업〉에서 가장 정치이데올로기를 극적으로 드러내는 스타일은 '감정고조 편집방식'과 '영웅인물 중심 카메라 시선'이다. 먼저, '감정고조 편집방식'이란, 주인공 인물을 중심으로 주변 인물, 군중을 배치한 후, 음악과 슬로우 오션, 과장된 클로즈업 등의 스타일로 점점 관객의 감정을 고조시켜 동일화하는 방식의 편집으로, 〈건국대업〉 1시간 41분 27초 장면에서 두드러진다. (쇼트1) 슬로우 모션/음악) 마오쩌뚱 도착 → (쇼트2) 민주인사 환영: 민주인사들의 시점쇼트로 마오쩌뚱 보여준다 → (쇼트3) 군중들 환호 장면 → (쇼트4) 마오쩌뚱 풀쇼트 → (쇼트5) 열병 대표: "살아있는 자, 죽은 자를 대표하여 경례" 구호 → (쇼트5) 마오쩌뚱 미디엄쇼트 → (쇼트6) 군대 열병: "마오주석 만세, 주더 만 등" 구호 → (쇼트7) 민주인사 풀쇼트 → (쇼트8) 열병 군중쇼트 → (쇼트9) 마오쩌뚱 풀쇼트 → (쇼트10) 열병 군중쇼트 → (쇼트11) 마오쩌뚱 클로즈업 → (쇼트12) 과거 회상 장면(흑백 대장정 등) → (쇼트13) 군중씬 → (쇼트14) 마오쩌뚱 클로즈업 눈물 → (쇼트15) 열병 군중쇼트 → (쇼트16) 마오쩌뚱 클로즈업 눈물 → (쇼트17) 열병 쇼트. 마오쩌뚱 인물을 중심으로 주변 인물, 군중을 배치하고, 음악과 슬로우모션, 극단적인 클로즈업 등을 몽타주로 보여주면서, 관객들의 시선을 봉합하고 관객들에게 감정을 고조시키고 동일시하게 만드는 이데올로기 효과를 준다.

영화는 이러한 카메라 시선과 편집방식을 통해 관객들에게 영화 속 혁명의 위대함과 영웅인물의 헌신에 대한 동일화 효과를 부여한다. '영웅인물중심 카메라 시선'도 이와 유사한 방식으로 관객들에게 감정을 고조시키고 동일시 하는 효과를 주는데, 주로 주인공 영웅인물과 군중들의 장면을 결합하는 편집방식이다. 〈건국대업〉 1시간 20분 장면. 베이

핑 해방 소식이 전해지자, (쇼트1) 마오주석과 쩌우언라이 환호 → (쇼트
2) 바깥 노는 아이들 모습과 시선을 따라 카메라 이동 → (쇼트3) 마오
쩌뚱 풀쇼트 → (쇼트4) 민중들 축제와 환호하는 장면 → (쇼트5) 민중
속 인물 웃는 모습 클로즈업(슬로우 모션) → (쇼트6) 장개석 좌절하는
모습. 마오쩌뚱과 군중들을 교차로 보여주는 편집방식을 통해 마오쩌
뚱의 위대함과 민주적 지도력을 부각하는 효과를 준다. 이러한 사례는
영화의 마지막 장면 정협 회의 개최에서도 회의 참석자들의 환호와 마
오쩌뚱의 클로즈업을 교차편집하여 영웅인물에 대한 감정이입 효과를
부여하고 있다.

여섯째, 다큐멘터리 삽입과 실제 인물을 형상화하여 영화의 사실성
과 객관성을 부각한다. 베이핑 해방과 군중들의 공산당 환영 장면에서
실제 당시의 필름을 삽입하여 보여줌으로써, 관객에게 영화의 사실성,
역사성, 정당성을 강조한다. 또한, 마오쩌뚱, 쩌우언라이 등 배우들을
실제 인물과 똑같이 분장하는 전형적인 주선율 분장을 활용한다.

일곱째, 〈건국대업〉이 언론에서 가장 주목받았던 특이사항은 172명
의 중화권 일류 스타배우들이 노개런티로 출연한 점이다. 영화에는 중
화권 일류 배우들이 총동원되어 관객들에게 쏠쏠한 재미를 제공하고
있다. 영화 속에는 중국 대륙 배우 천쿤, 장꾸어리, 천하오, 장쯔이, 닝
징, 천까이커 감독 등이 출연하였고, 타이완과 홍콩에서는 청룽, 리이엔
지에, 리밍, 황샤오밍, 리우더화 등이 출연하였다. 이와 같은, 스타급 배
우가 대거 출연한 것은 시장마케팅 전략에 따른 것으로 기존의 주선율
영화에서는 시도하지 못했던 상업화 방식이다. 이러한 새로운 상업전략
은 〈건국대업〉의 흥행성공에 기여하였고, 이후 2011년 공산당 창당 90
주년 헌정영화 〈건당위업〉(2011)에서도 똑같은 방식으로 시도되었다.

〈건국대업〉은 "예술성과 상업성이 절묘하게 결합한 영화", "주선율과

상업영화의 강력한 결합"[12] 등과 같이 기존의 주선율 이데올로기를 견지하면서 대폭적인 상업적 요소를 결합한 영화로 긍정적으로 평가하고 있다. 리춘 전매대학 교수는 "홍색 제재 + 스타전략 + 역사의 재해석이라는 새로운 창작 모델을 제시했다"[13], "제작, 선전, 배급상 시장시스템을 충분히 이용하고, 스타배우 대거 기용, 홍보마케팅 강화, 스펙타클전략 등에 집중했다. 중국식 대작 중의 큰 발전을 이룩했다. 또한, 장개석의 인성에 대한 부분을 드러내고, 민족자산계급 인물을 부각하여 민족주의 가치를 보여준 새로운 주선율이다"[14]고 극찬하고 있다.

이와 같이, 〈건국대업〉은 기존의 주선율영화에서 '상업적이고 대중화된 다양한 편집방식', '스펙타클의 활용', '스타마케팅', '국민당 지도자에 대한 재해석과 민족단결' 등을 활용하여 새로운 '신(新)주선율'의 기원을 열었다고 할 수 있다.

② '범주선율': 고전역사극 〈공자〉(2009) – "민족영웅과 중화민족주의의 발현"

〈공자(Confucius)〉는 2009년 중국 최대 국영영화사인 중국영화그룹으로 국가일급 감독인 후메이(胡玫)가 연출을 맡았다. 후메이 감독은 장이모우와 함께 5세대 감독으로 분류되며, 인기 드라마인 〈옹정왕조〉, 〈한무제〉 등을 제작하였으며, 현재는 중국영화그룹 소속 국가일급 감독으로, 전국인민대표, 베이징시 정협위원 등 정치직도 겸하고 맡고 있다.[15] 중국영화그룹이 제작하고 배급한 영화로, 정부가 정면에 나서 홍보를 하고, 후진타오 국가주석이 이례적으로 영화촬영 현장을 방문하기도 했다. 같은 기간 방영된 〈아바타〉가 흥행 돌풍을 일으키자, 〈아바타〉의

12) 中國電影家協會 〈2010中國電影藝術報告〉, 中國電影出版社, 2010, 174쪽.
13) 中國電影家協會 〈2012中國電影藝術報告〉, 中國電影出版社, 2012, 98쪽.
14) 李云雷 〈建國大業: 新模式及其問題〉, 『電影藝術』, 第330期, 2010, 75쪽.
15) 바이두 인물자료 참조. http://baike.baidu.com/view/469556.htm

영화상영을 3D로 제한하는 등 다양한 지원조치를 했지만, 1억 위안의 제작비를 투자하여 박스오피스 1억 위안의 흥행에 그쳐 기대에 미치지 못했다.[16] 영화는 기원전 501년부터 479년까지의 공자의 일생을 에피소드식으로 구성하고 있어, 대중들이 쉽게 몰입하여 볼 수 있는 전형적인 대작 상업영화이다.

〈공자〉(2009)

영화의 내러티브는 대략 13개의 시퀀스를 따라 구성되어 있다.

i)프롤로그: 차를 따르고, 손 씻고 밥을 먹는 예의바른 제자들의 모습. ii)공자의 회상 시작: "꿈속에서 주공을 본지도 오래 되었구나". 기원전 501년 노나라 정공(定公) 시대, 계씨 맹씨 숙씨의 삼환이 섭정하고 있다. 정공의 부름을 받고 조정에 벼슬 시작한다. iii)순장제도 갈등: 대리섭정 세력과 공자가 순장제도로 갈등한다. iv)제나라 경공(景公)과 국경에서의 담판: 설득력과 예를 중시하는 대의명분식 외교술과 뛰어난 군사지략으로 예전의 빼앗긴 땅을 되찾는다. v)공산유의 반란과 진압. vi)개혁좌절: 성벽 허물기와 사병 척결이 좌초된다. vii)주유천하 시작: 기원전 497년. viii)위나라 남자(南子)와의 만남: 미색의 유혹 속에 인간적 면모를 보이지만, 성인의 풍모를 지킨다. ix)기원전 484년 제나라가 노나라 침공하자 공자의 제자를 초빙하여 승리한다. x)고행의 주유천하: 가난, 굶주림, 멸시를 받으

---

16) 中國電影家協會産業研究中心, 『2011 中國電影産業研究報告』, 中國電影出版社, 2011.

며 천하를 떠돈다. xi)애제자 안회의 죽음: 얼음이 깨지면서 물에 빠지자, 죽간을 구하기 위해 안회가 죽는다. xii)공자의 귀환: 수제자 자로는 "죽을 때에도 스승의 가르침을 따른다"는 독백 속에 전사한다. xiii)에필로그: 기원전 479년, 73세로 죽음.

영화는 몇 가지 특징적인 미학적 형식 속에 정치이데올로기를 창출해내고 있다.

첫째, 일반 대중들이 쉽고 분명하게 메시지를 전달받을 수 있는 에피소드식 내러티브로 구성하면서도, 각 에피소드마다 대립축을 활용하여 '공자'를 영웅이자 성인으로 부각하는 편집방식을 활용하고 있다. 영화 속에서, 공자는 순장제도를 옹호하는 기득권 세력인 삼환과의 대립축을 형성하면서 개혁, 용기, 정의, 인본주의 사상을 설파하는 성인 공자의 이미지를 표출하고 있다. 또한, 제나라 경공과의 계곡담판에서는 외교술과 군사지략으로 극복해나가는 영웅인 동시에 현자의 이미지를 보여준다. 사병 폐지와 성벽 허무는 문제에서도 삼환 세력과 대립하는 공자의 이미지를 클로즈업, 음악효과 등으로 부각시키면서 성인인 동시에 민족영웅의 모습으로 묘사하고 있다.

둘째, 공자중심의 주관적 편집으로 공자의 위대성과 영웅적 면모를 부각하고 있다. 공자 중심의 주관적 편집과 카메라 움직임 속에 공자는 가정적이고, 정의감 넘치고, 문무를 겸비한 전략가이고, 심지어 화살의 달인으로 뭐든지 다 해내는 능간(能幹)적 영웅으로 묘사하고 있다. 내러티브상의 위기상황이나 사건이 발생했을 때, 공자의 시선 속에 상황이 전개되고, 공자가 중심이 되어 해결함으로써 해결자로서의 공자 이미지를 표출한다. 수제자인 자로가 벼슬에 나아갈 때 공자의 모습은 클로즈업 되고 자신의 정치철학을 설명하는 식이다. 또한, 영화 속에서 공자의 개혁이 좌절되거나 반대로 성사되었을 때에는 음악과 클로즈업으로 관객들에게 감정을 고조시켜 공자의 심리와 동일시하게 만들어 이데올로기를 표출한다. 영화 속 공자의 노나라 귀환 씬이 대표적인 장면인데, 이를 분석해 보면, (쇼트1) 계씨의 공자 평가 → (쇼트2) 귀환을 고대하는 주변 인물의 반응 → (쇼트3) 군중들 반응 → (쇼트4) 공자의 귀환 모습을 풀쇼트에서 클로즈업으로 보여준다 → 음악을 삽입하여 감정을 고조하여 공자의 영웅인물을 부각한다. 이는 〈건국대업〉의 마오쩌뚱을 묘사한 편집기법과 유사한 방법이다.

셋째, 서사구조상에서 주변 인물들의 입장과 평가를 삽입하여 영웅 숭배를 객관화하고 있다. 이는 중국 전통 화법에 나오는 일종의 '홍탁(烘托)' 효과를 가진다. 홍탁이란 중국 전통화법에서 묵(墨)이나 엷은 색으로 윤곽을 바림해서 형체를 두드러지게 하는 중국 화법(畵法)으로, 문학 작품에서도 측면적인 묘사를 한 다음에 주제를 끌어내 표현하고자 하는 주제를 돋보이게 하는 기법을 말한다. 주변 인물이나 상황을 통해 공자의 사상이나 이데올로기를 관객들에게 더욱 명확하게 전달하는 방식이다. 위나라 남자는 공자를 "백성의 안위를 자기보다 먼저 생각하는 성인 군자"로 높이 평가하고, 제자 자로는 최후의 죽음을 앞두고 공자의 가르침을 읊조리며 죽으며, 공자를 쫓아낸 노나라 계씨는 "난세엔 공자 같은 인물이 필요"하다고 평가하며 공자의 귀환을 고대한다. 이와 같이, 주변 인물의 평가를 삽입하여 공자의 영웅적 면모를 부각하고 있다.

넷째, 스펙타클 전략을 통해 중국 전통문화를 전시하면서 중화민족의 자부심을 강하게 드러내고 있다. 스펙타클 전략은 최근 중국식 대작 상업영화가 할리우드 기법에서 차용한 영화기법으로 관객들에게 볼거리를 제공하여 영화의 흥미를 유발하는 방식이다. 영화 속에는 중국 고대의 웅장한 기마군단, 화려한 집단 무용장면, 국회의사당을 연상케 하는 노나라의 웅장한 회의 장면, 기타 차, 화살, 전쟁기술 등 할리우드 블록버스터에 뒤지지 않은 스펙타클 장면을 배열하고 있다. 이를 통해, 국내 관객들에게는 민족적 자부심을 고취하고 민족주의를 선전하고, 대외적으로는 중국 전통문화의 우수성과 소프트파워를 과시하는 것이다. 이밖에, 애제자 안회가 역사적 사실과는 달리 죽간을 건지기 위해 물에 빠져 죽는 모습은 허구적으로 역사를 재현하여 공자의 문화적 가치관을 강조하기도 한다.

〈공자〉는 관객들에게 쉽고 흥미진진한 상업영화를 표방하고 있지만, '인간 공자'의 인물형상화와 정치이데올로기로서의 '성인 공자'가 비대칭적으로 결합되어 있어, 관객들에게 진실한 감동을 전달하는데 실패한 것으로 보인다. '인간 공자'와 '성인 공자'의 이중화된 인물을 통해 재미와 정치이데올로기를 한꺼번에 영화 속에 담으려 했으나, 그 결과 공자라는 인물이 인간도 영웅도 성인도 아닌 어중간한 불균형적 인물로 묘사되었기 때문이다. 안회의 죽음을 슬퍼하는 장면, 미색 유혹에 흔들리는 장면, 주유천하할 때 상가집 개처럼 처량한 장면 등은 인간적 면모가 강한데 비해, 초인적 군사지략가이자 외교가이자 현자로 보이는 모습은 성인의 풍모가 강하다. 영화 속에 들어있는 인간과 성인의 이중적 모습과 불균형성이 관객들에게 오히려 다가가지 못한 것이다. 이는 인간화된 공자 이미지 외에 민족영웅이자 민족성인으로 숭배할 대상이라는 정치이데올로기가 개입됨으로 생긴 간극으로 보인다.

중국 현지 평론계에서는 "주선율과 상업영화의 강력한 연합으로, 비록 정치가 공자에 비해 교육자로서의 공자는 결핍되어 아쉽지만, 제작의 엄숙도는 긍정적으로 평가할만 하다"[17]는 긍정적인 평가도 있었지만, "앞부분은 공자의 영웅적 서사장르를 보여주더니, 뒷부분에서는 사상가와 실천가로서의 서사장르를 보여주고 있다"[18], "국가주의를 표현

---

17) 中國電影家協會, 『2011中國電影藝術報告』, 中國電影出版社, 2011, 7쪽.
18) 張瑤 「孔子: 英雄敍事與理念敍事的二元立立」, 『電影藝術』, 第332期, 2010, 64쪽.

하는데는 성공했지만, 감독의 작가성을 드러내는데 실패했다"[19] 등의
비판적인 견해도 적지 않다.

〈공자〉는 국영영화사인 중국영화그룹의 제작지원과 배급이라는 막
강한 후원 속에 주선율과 상업영화를 결합한 범주선율영화의 대표적인
사례이다. 영화는 내러티브 대립축을 활용한 영웅인물 부각, 스펙타클
전략 속에 전통문화 우수성 강조, 인본주의 평화사상의 전파자 등을 통
해 중화민족주의 이데올로기를 강하게 표출하고 있다. 중국 전통문화
의 우수성을 강조하고, 중화민족의 자부심을 공감하게 함으로써 상상
의 공동체인 '우리'로서의 중화민족주의를 강화하려는 목적이 있으나,
공자의 정치적 이상이 무엇인지 뚜렷이 드러나지 않고 있으며, 학자나
성인이라기보다는 정치가, 외교가의 모습으로 드러나기도 하고, 동시에
도덕군자이자 위대한 스승으로 묘사되기 때문에 과잉된 민족영웅 숭배
가 오히려 애매모호함만 정치이데올로기로 연결되는 결과를 낳았다. 공
자를 중국뿐 아니라 인류의 위대한 문화적 스승으로 부각하기 위한 정
치이데올로기 기획은 영화 속에 담긴 공자의 불균형적 인물형상화 속에
퇴색되었다.

③ '범주선율' 가정윤리극 〈탕산대지진〉(2011) - "재난영화로 포장된 가정
  윤리극"

〈탕산대지진(Aftershock)〉은 중국 상업영화의 아이콘인 펑샤오깡 감
독의 2011년 작품이다. 펑샤오깡 감독은 중국을 대표하는 상업감독이
다. 1958년생으로 〈뉴욕의 베이징인〉 등 인기드라마 연출을 시작으로
〈갑방을방〉, 〈비성물요〉, 〈야연〉, 〈집결호〉 등을 연출했다. 코미디 장르
를 주로 제작했으며, 설날특선영화(賀歲片)라는 독특한 상업영화 모델

---

19) 余瀟 〈孔子: 成功的國家主義改造與失敗的導演主義自況〉, 『電影藝術』, 第332期,
    2010, 67쪽.

을 만들어 흥행을 주도하고 있다. 중국 최대의 민영영화사인 화의형제 전매그룹이 기획과 제작과 배급을 주도하였다. 화의형제전매그룹(華誼 兄弟傳媒集團)은 중국 최대의 종합엔터메인먼트그룹이다. 왕쭝쥔, 왕쭝 레이 형제가 만든 영화사로 출발하여, 2005년 영화제작, 드라마제작, 투자사, 매니지먼트사업, 오락산업 등 종합그룹으로 성장하였다. 대표 적인 소속 감독으로는 펑샤오깡, 장원 등이며, 대표적인 영화로는 〈비 성물요〉, 〈집결호〉, 〈풍성〉 등이 있다. 영화의 제작비는 민영영화사인 화의형제가 45%, 탕산시 정부가 45%, 중국영화그룹에서 10%를 투자 하여, 민영영화사+지방정부+국영영화사가 연합투자한 영화이다.[20] 총 1.2억 위안 제작비가 투입되었으며, 박스오피스 6.7억 위안의 흥행 기 록으로, 2011년 중국 영화시장에서 〈아바타〉에 이어 흥행 2위를 했다. 영화는 1976년 7월 28일에 발발한 탕산대지진을 소재로 한 장링(張翎) 의 소설 『여진(餘震)』을 각색한 재난영화로서, 〈32년만에 회고하는 23 초〉라는 홍보문구를 넣어, 2008년 발생한 쓰촨성 대지진과 1976년 탕 산대지진을 중첩적으로 서술하면서, 가족간의 사랑과 정을 표현한 대 작 상업영화이다.

영화의 서사구조는 1976년 탕산대지진을 시작으로 대략 9개의 큰 시 퀀스로 구성되어 있다. 빠른 교차편집으로 가족 구성원들의 성장과 변 화를 보여준다.

i)프롤로그: 1976년 7월 탕산시. ii)쌍둥이 아들 딸을 둔 부모와 평화로 운 탕산시의 풍경. iii)지진 발생으로 아버지의 사망과 삶의 터전 파괴. 쌍둥이 둘 중에 하나만 구해야 하는 상황 속에 아들을 구한다. iv)지진 이후 산산조각난 가족관계: 쌍둥이 딸은 군인 가족에게 입양되고, 아 들은 한쪽 팔을 잃은 채 엄마와 살아간다. v)1986년, 탕산시의 어머니

---

20) 中國電影家協會産業研究中心 『2011中國電影産業研究報告』, 中國電影出版社, 2011, 140-141쪽.

는 재단사로 살아가고, 아들은 탕산을 떠나고, 딸은 지진의 트라우마 속에 의대에 진학한다. vi)새로운 가족관계의 변화: 입양했던 부부의 의모 사망하고, 딸은 미혼모가 되고, 아들은 결혼하고 자식을 낳고 산다. vii)2008년 스촨 대지진 발생하고, 딸은 캐나다에서 자원봉사자로 돌아오고, 아들 또한 탕산구조대의 일원으로 자원봉사하다가 둘은 해후한다. viii)쌍둥이 딸은 마침내 탕산에서 엄마와 상봉하고 아버지의 무덤에서 화해한다. ix)에필로그: 1976년 24만 희생자 위령기념비를 보여주면서, "24만 동포에게 애도를 표하고, 재난을 딛고 일어선 탕산 시민에게 바칩니다"라는 자막으로 마무리된다.

〈탕산대지진〉은 대작 상업영화이지만 몇 가지 특징적인 주선율 이데올로기를 표출하고 있다.

첫째, 재난영화는 장르의 특성상 '균형(안정) – 불균형(불안정 상황) – 균형 회복(재안정)'이라는 내러티브 구조를 갖추게 되는데, 균형-불균형-균형의 과정에서 주선율 이데올로기가 표출된다. 일반적으로 재난영화에서 균형을 파괴한 원인을 제공하는 주체가 대개 공동체의 위협자이거나 정치적으로 은유화된 적대세력이며, 불균형을 균형으로 이끄는 해결자와 안정세력이 공동체의 주류이데올로기로 작동하는 경우가 재난영화 장르의 이데올로기 창출방식이다. 할리우드의 경우, 대개의 재난영화에서 균형을 깨뜨리는 주체는 테러집단, 정치적 적대세력, 반문화집단, 사이비 종교 등 주류문화와 주류가치관에 반하는 인물이나 집단을 묘사하는 경우가 많다. 또한, 결말 부분에서 영웅인물이나 주류가치관을 가진 세력이 공동체를 구하고 새로운 균형점을 이루는 것이 장르로서의 재난영화 장르의 특징이다. 하지만, 탈냉전 이후 정치적 적대자, 테러집단보다는 소행성(〈아마겟돈〉, 〈딥임팩트〉), 미지의 외계인(〈인디펜던스 데이〉, 〈우주전쟁〉) 등 정치적으로 은유된 공포세력이 등장하기 시작했다. 〈탕산대지진〉의 불균형은 실재했던 대지진이라는 자연재해에서 비롯된다. 대지진은 1976년과 2008년에 발생하여 중국 공동체의 안정을 해치고 사회적 트라우마를 준 자연재해였다. 대지진으로 공동체의 가족과 인간관계는 훼손되고 상처받는 불안한 상황이 초래되고, 영화는 가족간의 유대와 단결로 재난을 극복하고 새로운 균형점과 안정을 찾는 내용으로 마무리 된다. 결국, 영화는 다시 현실로 돌아와 실제 발생한 쓰촨대지진을 극복하기 위해 중국 공동체가 '닥치고 단결'하자는 논리로 귀결된다. 가족간의 정(情)과 유대가 상상의 공동체로서의 중국 대가족주의로 확장되는 것이다.

둘째, 영화는 두 개의 중첩된 실제 사건, 즉, 과거의 탕산대지진과 현재의 쓰촨대지진을 내러티브 속에 결합함으로써, 과거를 이겨낸 것처럼 현재도 이겨내자는 사회통합과 단결의 이데올로기를 표출한다. 영화 속 주인공들처럼 1976년 지진으로 가족을 잃고, 삶의 터전이 파괴된 사회적 트라우마가 있지만, 2008년 쓰촨대지진은 예전의 상처를 보듬고 현재 고통을 분담하고 동참하자는 대가족주의로서의 민족단결을 강조한다.

셋째, 영화의 곳곳에 배치한 대사를 통해 직접적으로 정치이데올로기를 표출하고 있다. 탕산대지진이 발생했을 때 인민해방군이 헌신하는 공항 장면 등에서 "우리(중국)는 하나의 가족이다"라는 구호가 등장하고, "인민해방군은 탕산의 은인이다"라고 쌍둥이 엄마는 말하고, 쓰촨대지진이 발생했을 때에는 "우리는 함께 뭉쳐야 해"라는 대사가 나온다.

〈탕산대지진〉의 주제의식에는 공동체 대가족주의와 단결이라는 정치이데올로기가 내포되어 있지만, 기본적으로 인도주의적 주제가 외피적으로 강하게 분출되기 때문에 전형적인 주선율영화로 볼 수 있는지 논란이 일 수 있다. 하지만, 중국에서는 휴머니즘 영화인 할리우드 영화 〈라이언 일병 구하기〉를 미국의 주선율영화라고 주장하면서, 영화 속에 주선율 가치가 담기면 모든 영화는 주선율이라고 정의하는 입장이 대부분이기 때문에 중국에서는 이 영화를 주선율영화로 보는 시각이 대부분이다. 인홍(칭화대) 교수가, "재난영화로 포장된 가정윤리극"[21]이라고 주장하는 바와 같이, 직접적인 정치이데올로기 영화로 읽기는 어렵겠지만, 중국에서는 이 영화에 나타나는 휴머니즘을 주선율영화로 폭넓게 포용하는 경향을 보이고 있다. 즉, 사회주의 혁명정신, 민족주의, 사회윤리 등의 정치이데올로기뿐 아니라 인류보편적인 휴머니즘 또한 주선율영화로 바라보려는 것이 현재의 중국영화의 새로운 경향이라는 것을 확인할 수 있는 영화이다.

〈탕산대지진〉에 대한 평가는 거의 긍정 일색이다. 지아레이레이(중국영상자료원)와 장이우(베이징대학)는 각각 "예술성과 주선율의 사상성이 상업성과 결합된 삼위일체의 영화이다", "정(情)의 묘사는 중국영화사에서 찾을 수 있으며, 정정치우 감독부터 시에진 감독까지 중국영화와 대중을 연결한 지점이며, 중국영화 주류에 있어 왔다"[22], 리춘(중국전매대학) 교수는 "박스오피스, 구전홍보, 사회영향력 모든 면에서 종합 1위인 영화이다"[23]고 극찬하고 있다.

〈탕산대지진〉은 쓰촨 대지진 이후 상처받은 중국 국민들에게 가족주의의 유대와 정을 통해 위안과 희망을 준다는 의미에서는 보편적 휴머니즘을 드러내고 있지만, 동시에 중국 공동체에 대가족주의적 민족단결과 유대를 부각한다는 점에서 정치이데올로기이기도 하다. 그런 점에서 이 영화는 휴머니즘을 주제로 하는 대작 상업영화이기도 하고, 동시에 주선율 정신을 표출하는 '범주선율'영화이기도 하다.

---

21) 中國電影家協會〈2010中國電影藝術報告〉, 中國電影出版社, 2010, 165쪽.
22) 〈衆評: 唐山大地震〉, 『電影藝術』, 第334期, 2010, 20-26쪽.
23) 中國電影家協會〈2010中國電影藝術報告〉, 中國電影出版社, 2010, 165쪽.

5) 주선율영화의 이데올로기는 어떻게 만들어지며 무엇을 표현하는가?

이상과 같이 이론적 방법론과 구체적인 작품분석을 통해 최근 주선율영화의 이데올로기 창출방식과 특징은 두 가지 층위에서 평가할 수 있다. 먼저, 주선율영화의 생산, 유통, 소비인프라라는 영화환경의 작동기제를 분석함으로써 주선율영화의 이데올로기 작동방식과 지향점을 명료하게 고찰할 수 있다. 다른 하나는 영화텍스트를 분석하여, 텍스트 안에서 정치이데올로기가 작동하는 방식을 규명하는 것이다. 이 장에서는 먼저, 앞의 세 작품에 대한 구체적인 분석을 바탕으로 '헤게모니론'과 '이데올로기적 국가기구'을 도용하여 주선율영화환경의 모델과 그 특징을 규명하고, 두 번째로, 위의 장에서 진행한 구체적인 작품분석을 바탕으로 영화텍스트에서의 이데올로기가 창출되는 방식과 특징을 규명하고자 한다.

①영화환경과 이데올로기 작동기제 시스템의 변화

〈건국대업〉과 같은 '신주선율'과 〈공자〉, 〈탕산대지진〉과 같은 '범주선율'의 영화환경과 이데올로기 작동기제 모델을 살펴보면, 다음과 같은 공통점과 차이점이 있다.

첫째, '신주선율'영화: '강제적 이데올로기 창출 모델'. '신주선율' 영화는 상명하달식 국가기구에 의해 작동되는 '강제적 이데올로기 창출 모델'이라 할 수 있다. 〈표27〉과 같이, 〈건국대업〉과 같은 '신주선율'은 공산당의 기획과 지도 속에 행정기관인 국무원 국가광전총국 등이 하달하여 국영제작소를 동원하여 제작을 한 후, 영화시장에 방영하고, 기업협찬이나 국가기관의 협력 속에 관객을 동원하며, 우수한 주선율을 영화제에서 포상하거나 부가가치시장에서 수익을 보장하는 방식으로 피드백하는 형태의 모델이다. 이 모델은 국가권력기관인 공산당 선전

부가 기획하고 지도하여 국가광전총국이 직접 제작을 후원하며, '이데
올로기적 국가기구'인 영화제작사, 영화배급사, 영화관, 텔레비전, DVD
부가가치시장 등 생산, 유통, 소비 과정을 통제하면서 작품을 대중들에
게 유포하는 모델이다.

〈표27〉'신주선율'의 '강제적 이데올로기 창출' 계통도

기획 및 지도	공산당 → 국무원(국가광전총국, 문화부 등 관련 부서)
제작주체(감독)	국영영화제작소(주선율 전문 감독, 배우, 스탭 중심) *스타 배우, 스타 감독 기용 등 시장시스템 부분 도입
배급주체	국영 배급사 중심(중국영화집단, 화하배급사)
방영주체	원선제 국영 중심
부가가치시장 및 성과 피드백	기업 협찬 동원, 화표장 수상 포상, TV상영 보장 등 시장수익 보장

이러한 '신주선율'영화모델은 영화시장의 시장시스템에 의존하기보
다는 국가권력의 직접적인 관할인 국가광전총국과 같은 '억압적 국가
기구' 중심으로 작동되는 특징을 가지고 있다. 따라서, 영화는 정치이데
올로기를 전면적으로 부각하는 정치텍스트의 속성으로 귀결될 수밖에
없다. 〈건국대업〉은 〈천구〉(2005), 〈태행산상〉(2005) 등 전통적인 주선율
영화와 마찬가지로 제작, 배급, 방영, 포상 전 과정이 이러한 모델 속에
작동된 대표적인 사례이다. 다만, 전통적인 주선율영화와 같은 모델로
작동했지만, 영화텍스트 속에 상업적 요소인 스타배우 출연, 스펙타클
전략, 홍보마케팅 등을 가미하여 새로운 대중성을 높이려는 노력을 동

반했다는 점에서 전통적인 주선율과 차이점을 보인다. 특히, 할리우드 블록버스터 상업영화에서처럼 홍보마케팅 전략을 강화하여 상영 전부터 열기를 높였다. 2009년 9월 16일 첫 상영 이후, 둘째 날에는 주말이 아닌데도 좌석점유율이 55%에 이르렀다. 그 결과, 다양한 연령층과 직업계층의 관객들을 한데 끌어모았고, 주선율영화에 식상한 영화팬들에게 새로운 신선함을 주었다는 평가를 받았다.

두 번째로, '범주선율'영화: '헤게모니 동의형 모델'. 〈표28〉에서와 같이, '범주선율'영화인 〈탕산대지진〉은 '신주선율' 방식과는 달리, 국가권력과 시장주체가 결합된 '헤게모니 동의형' 모델 방식으로 작동된다.

〈표28〉'범주선율'의 '헤게모니 동의형 모델' 계통도

기획주체	민영영화사 등 시장주체 중심

↓ 정부 개입 검열제도(제작허가증)

제작주체	민영영화사 중심, 민영+국영 연합제작 등. *흥행 감독, 스타배우 기용 등 시장시스템 중심

↓ 정부 개입 검열제도(상영허가증)

배급주체	민영 배급사 중심, 국영 배급사 혼용

↓

방영주체	원선제 민영 중심

↓

부가가치시장 및 성과 피드백	경제수익 보장, 영화제 포상 등

'범주선율'은 '억압적 국가기구'인 공산당과 국가광전총국이 직접적으로 기획하고 개입하지는 않지만, 국가권력기관을 활용한 검열제도와 제작자본 후원 등을 통해 영향력을 행사한다. 또한, 제작과정도 국영영

화제작소가 아닌 주로 민간영화사를 중심으로, 혹은 민영과 국영이 합작한 제작 등의 방식으로 창작되고, 시장시스템을 통해 유통, 소비된다. 현재 영화시장의 실질적 지배자는 대작 상업영화이므로, 국가권력은 시장에서의 주류인 상업영화를 정치이데올로기를 창출하는 주류영화로 제작하기 위해 간접적으로 개입을 시도하고 있는 것이다. 특히, 국가권력은 두 단계에 걸친 검열제도, 즉 '제작허가증'과 '상영허가증'을 통해 시나리오 단계와 촬영 이후 완성단계에 개입함으로써 영향력을 행사하는 것이다. 영화시장 주류인 대작 상업영화는 기본적으로 시장시스템에 의해 작동되고 경제수익을 추구하지만, 중국영화산업의 독특한 속성인 정부주도형 시장화 모델로 인해 정치이데올로기의 유입을 용인하거나 공모하게 되는 것이다.

'범주선율' 모델은 국가기구와 시장시스템이 혼용된 모델이며, 정부주도형 영화산업 특징을 가지고 있는 중국 영화산업의 특성상, 민영영화사가 자발적으로 주선율 가치를 수용했다기보다는 국가권력의 시장에 대한 막강한 영향력을 고려하여 타협적으로 수용한 '헤게모니 동의형' 모델이라 할 수 있다. 이러한 '헤게모니 동의형' 모델에서 제작된 영화텍스트는 기본적으로 상업영화 속성을 지향하되, 국가권력의 검열제도 등 다양한 영향력을 고려하여 스스로 타협적인 정치이데올로기를 텍스트에 부여하는 지향점을 가질 수밖에 없다.

따라서, 〈건국대업〉, 〈공자〉, 〈탕산대지진〉을 기획주체, 제작주체, 감독 신분 , 배급주체, 방영주체 등의 영역에서 재정리하면 아래 〈표29〉와 같다. 〈건국대업〉은 상명하달식 국가기구에 의해 작동되는 전형적인 '강제적 이데올로기 창출' 모델로 볼 수 있으며, 〈탕산대지진〉은 민간영화사가 국가권력의 영향력을 용인하는 '헤게모니 동의형' 모델이라 할 수 있다. 다만, 〈공자〉는 '강제적 이데올로기 창출' 모델을 취하고 있지만, 영화의 장르와 형식상 대작 상업영화를 표방하고 있다는 점에서 '신주선율'이라기보다는 '범주선율'의 정치이데올로기를 표출한다고 할 수 있다.

<표29> 주선율영화의 기획, 제작, 배급, 상영 비교

작품명	건국대업	공자	탕산대지진
기획주체	국가권력/국영영화사	국영영화사	민영영화사 (화의형제)
제작주체	국영그룹 (중국영화그룹 중심)	국영그룹 (중국영화그룹)	민영 중심 연합제작 (민영+국영+시정부)
감독소속	국영영화사 소속 (한산핑, 황지엔신 감독)	국영영화사 (후메이 감독)	민영영화사 소속 (펑샤오깡 감독)
배급주체	중영	중영 중심	화의형제전매그룹
방영주체	원선(국영 중심)	원선 (중영 중심)	원선(민영 중심)

'신주선율'과 '범주선율'이라는 새로운 모델이 나오게 된 배경은 영화 생태계의 환경변화에 스스로 생존하고 적응하기 위한 노력의 일환이다. 2001년 WTO 가입 이후 해외영화 유입과 시장개방은 확대되고 있으며, 영화산업은 이미 시장시스템 완성단계로 접어들고 있다. 또한, 영화소비의 90% 이상이 빠링허우와 지우링허우라는 새로운 청년세대로 변모되고 있다. 이러한 개방화, 시장화, 새로운 소비문화 등의 확산으로 기존의 주선율은 스스로 상업성을 도입하고, 소재, 장르, 인물형상화 등에서 '신주선율' 모델로 다양한 변화를 모색하지 않을 수 없게 된 것이다. 또한, 대작 상업영화는 시장시스템의 최적자(最適者)로서, 시장의 대세로 자리를 잡았지만, 국가권력의 주도적 영향력을 고려하여 정치이데올로기라는 주류가치를 담으면서 타협점을 찾으면서 스스로 '범주선율' 모델로 진입하게 된 것이다.

② 영화텍스트 속의 이데올로기 창출방식 특징

주선율이 '신주선율'과 '범주선율'로 확장되면서 각기 독특한 작동모델 속에 상이한 영화텍스트를 생산하지만, 공통적으로 창출되는 정치이데올로기 작동방식과 특징을 추출하면 아래와 같다.

첫째, 서사구조에서 시선과 관점의 중심에 공산당, 영웅인물, 역사적 인물(공자), 혹은 평범하지만 주선율 가치를 가진 인물을 두면서, 그들의 역할과 해결 속에 내러티브를 진행하며 국가권력의 정치이데올로기를 창출한다. 〈건국대업〉에서 평화와 민주를 가져온 시대의 주체는 공산당과 마오쩌뚱이며, 〈공자〉에서는 개혁가 공자가 휴머니즘에 입각한 중국 정치의 이상을 논하는 위대한 성인으로 나오며, 〈탕산대지진〉에서는 두 번의 지진을 극복하는 주인공들의 단결과 대가족주의 정신을 강조한다.

둘째, 대립된 이미지를 병치편집하며 국가권력의 정치이데올로기를 창출하고 있다. 〈건국대업〉에서는 공산당/국민당이 대조된 이미지를 병치편집으로 보여주면서 민주평화세력/독재전쟁세력 이데올로기를 유포하고, 〈공자〉에서는 공자/계씨, 공자/남자의 대립된 이미지를 통해 중화민족의 개혁가이자 성인으로서의 이데올로기를 보여주고 있으며, 〈탕산대지진〉에서는 가족/자연재해의 대립된 이미지를 통해 가족주의와 단결의 숭고한 이데올로기를 표출하고 있다. 대립된 갈등 상황을 보여준 다음 이를 해결하는 중심 역할에 공산당, 민족영웅, 민족단결 등을 위치하여 정치이데올로기를 분출하는 것이다.

셋째, 객관적이고 합리적인 주변 인물의 평가를 배치하여 정치이데올로기의 정당성을 창출하는 홍탁(烘托) 기법을 사용하고 있다. 〈건국대업〉에서는 쑨원의 처이자 장개석의 처형인 송칭링 여사, 국민당 혁명위원회 민주인사들을 통해 공산당의 정당성을 부각시키고 있으며, 〈공자〉에서는 제자 자로, 계씨 등의 평가를 통해 공자의 위대함을 드러내며, 〈탕산대지진〉에서는 주인공 인물들의 대사를 통해 인민해방군과 정부에 대해 가족주의적 연대를 표현함으로써 공동체 이데올로기를 표출한다.

넷째, 주제의식에서 중화민족 단결과 자부심을 강하게 표출하는 경향이 있다. 〈건국대업〉에서는 기존의 악역이었던 국민당 장개석을 고뇌하고 부패와 싸우는 인물로 묘사함으로써 민족주의라는 측면에서 재해석하고 포용하는 새로운 시도를 하고 있으며, 〈공자〉에서는 공자의 사상과 실천을 통해 중국 전통문화의 위대함과 중화민족주의의 자부심을 분출하고 있으며, 〈탕산대지진〉에서는 지진이라는 재해를 가족주의 가치로서의 민족단결로 극복하자는 메시지를 담고 있다.

다섯째, 영화의 스타일적 측면에서 '감정고조 편집방식'과 '영웅인물 중심 카메라 시선'을 사용하여 정치이데올로기를 표출하고 있다. 이러한 편집방식은 독일 나찌 선전영화 감독이었던 리펜슈탈 감독의 〈의지의 승리〉〈올림피아〉에서도 찾아볼 수 있는데, 조명, 슬로우모션, 편집을 통해 영웅/스타 이미지를 창출하여 영웅 숭배의 이데올로기 효과를 관객들에게 주입한다. 〈건국대업〉에서는 슬로우모션, 음향효과, 군중씬을 통해 관객들의 감정을 고조시키면서 주인공 마오쩌뚱의 영웅적 면모를 드러내고, 관객들에게 동일시 효과를 주입하고, 〈공자〉에서는 공자를 중심에 둔 편집과 카메라 시선으로 영웅인물이자 성인으로서의 공자의 이미지에 몰입하게 만드는 효과를 부각하며, 〈탕산대지진〉에서는 쌍둥이 딸과 어머니의 상봉을 드라마틱하게 편집하고, 지진으로 희생된 아버지 무덤 앞에서 화해함으로써 관객들에게 고조된 감정 속에 가족주의 가치가 자연스럽게 스며들게 만든다.

여섯째, '신주선율'영화는 상업적 요소를 영화 속에 대거 반영하고, '범주선율'은 정치이데올로기를 자연스럽게 접목시키는 시도를 하고 있다. '신주선율' 〈건국대업〉에서는 172명의 중화권 일류 스타배우들을 동원했으며, 할리우드의 스펙타클 전략과 홍보마케팅 등 상업적 요소를 대거 도입하여 정치이데올로기 확산을 위한 대중성 강화를 시도하였으며, '범주선율' 〈공자〉, 〈탕산대지진〉에서는 상업영화임에도 중화민족의 우수한 전통과 정신, 가족주의의 연장으로서의 민족단결 정치이데올로기를 상업적 서사구조 속에 자연스럽게 분출하고 있다.

일곱째, 일반 대중들이 쉽고 분명하게 메시지를 전달받을 수 있는 고전적 할리우드 내러티브를 활용한다. 〈건국대업〉〈공자〉〈탕산대지진〉은 발단-전개-위기-절정-결말, 닫힌구조(closed text), 현실감있게 보이는 연속편집 등 상업영화에 주로 사용하는 고전적 할리우드 내러티브 형식을 차용하면서, 관객들이 영화 속 정치이데올로기를 '그럴듯하게' '현실 그대로인 것처럼' 수동적으로 수용하게 만든다.

따라서, 이러한 이데올로기 작동기제와 창출방식을 통해 주선율은 아래 〈표30〉과 같이 전통적인 '주선율'에서 '신주선율'과 '범주선율'로 영화시장에서 점점 영역이 확장되고 있는 새로운 국면에 접어들고 있다는 것을 확인할 수 있다. 주선율영화는 '신주선율'(빨간색 영역)을 통해 상업적 영역으로 대거 이동하고 있고, 시장의 주류인 대작 상업영화(하얀색 영역)는 '범주선율'(분홍색 영역) 경향 속에 확장해 나가고 있기 때문에, 주선율영화의 영화시장에서의 범위가 확장되고, 정치적 헤게모니가 견지되고 있다는 것을 확인할 수 있다.

〈표30〉 다원화 국면 속의 주선율의 영화시장 확장 현상

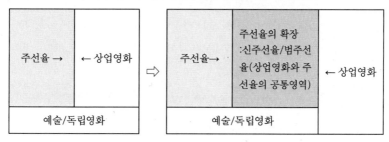

이러한 주선율영화의 새로운 경향은 중국 특색의 새로운 장르영화의 부상이라고 표현할 수 있다. "〈건당위업〉, 〈신해혁명〉 등 주선율의 장르영화화 경향이 커지고 있다. 평범한 인물 형상화, 세밀한 스토리구조, 휴머니즘 탐색의 장르영화"로 진화 중인 것이다.[24] 장르영화란 토마스 셔츠가 말했듯이, "경쟁세력들을 중재하거나 통합하는 캐릭터, 해결사로서의 캐릭터 등을 통해 공동체의 갈등을 통합하는 '문화적 의식'"을 가진 영화적 기능을 수행한다.[25] 결국, 최근의 주선율영화는 영화산업과 영화텍스트 이데올로기라는 두 가지 층위에서 국가권력의 일방적 개입과 역할 속에서 이루어지는 것이 아니라, 어떤 영화산업이든, 어떤 영화텍스트든 '주선율적 정치이데올로기를 표출하는 영화가 곧 주선율영화'라는 새로운 개념으로 확장되고 있는 것이다. 이러한 새로운 주선율 경향, '신주선율', '범주선율'영화는 중국 영화산업, 영화텍스트, 그리고 관객(주체) 사이를 이데올로기적으로 자유롭게 순환하면서 중국사회를 통합해나가는 문화적 제례를 하는 유사장르 역할을 수행하고 있는 것이다.

위의 세 작품을 분석하면, 시대적 변화가 주선율 이데올로기에도 그대로 재현되고 있음을 알 수 있다. 〈건국대업〉은 개혁개방 이후 경제발전의 주체로 새롭게 등장하고 있는 민족자본가계급에 대한 정당성을 부여하고, 장개석의 인간적 고뇌 등을 포용적 관점에서 재조명함으로써, 노농병 중심의 정통 사회주의혁명정신에서 중화민족단결로의 확장된 정치이데올로기를 표출하고 있다. 〈공자〉 또한 공자의 정치적 이상인 유가사상을 부각하여, 빈부격차, 민족갈등 등의 사회모순을 '조화로운 사회'라는 유교적 이념이 가미된 정치이데올로기로 극복하고, 대외

24) 陳鴻秀 〈論〈主旋律」影片的類型整合及敍事〈進化」〉, 『喜劇文學』, 第10期, 2008年, 92쪽.
25) 로버트 스탐, 『영화이론』, K-Books출판사, 2012, 156쪽.

적으로는 공자와 유가이념의 이상을 보여줌으로써 문화강국이자 정치선진국으로서의 국가브랜드를 홍보하는 소프트파워 외교전략에 부응한 영화이다. 〈탕산대지진〉은 기본적으로 영화산업 시장화라는 시장의 요구에 부응한 상업영화로써 쓰촨대지진을 겪은 중국 대중들의 아픔을 반영하고, 가족주의의 외연 확장으로서의 민족단결 메시지를 담아 '상상 속의 우리'라는 중국 공동체 이데올로기를 전파하는 주선율 가치를 드러낸다.

이와 같이, '신주선율'과 '범주선율'은 공히 '사회주의, 집체주의, 애국주의'의 전통적인 주선율 가치에서 '민족주의, 휴머니즘, 가족주의' 가치로 점차 이데올로기의 외연을 확장해 나가고 있는 뚜렷한 방증으로 읽힌다. 또한, 국가권력의 정당성을 부여하고, 대중들에게 상상적 중화민족주의를 강조함으로써 '상상된 우리, 결속된 우리'라는 대국굴기 시대의 국가이데올로기를 뒷받침하는 문화적 텍스트로도 읽힌다.

6) 향후 전망 - '통치의 기예'와 '영화시장 생존'의 결합을 꿈꾸다!

지금까지 주선율영화의 변환과 이데올로기 창출 특징을 살펴보았다. 주선율영화는 개혁개방 이후 30년간 추진된 시장화와 개방화에 의해 달라진 영화환경 속에 새로운 활로와 생존을 모색하고 있다. 시장개방과 WTO 가입을 거치며 달라진 영화환경에 적응하면서도, 국가권력의 문화영역에 대한 이념적 헤게모니 구축이라는 근본적 목적과 요구에 더욱 강하게 부합하는 경향으로 발전하고 있다.

전통적인 주선율영화는 대중화 노선에 입각한 새로운 '신주선율' 영화로 진화하였고, 영화시장의 지배자인 대작 상업영화는 국가권력과의 타협과 공모 속에 '범주선율' 경향을 보여주고 있다. 이러한 경향은 '신주선율'과 '범주선율'의 대표적인 사례인 〈건국대업〉〈공자〉〈탕산대지진〉의 영화인프라의 작동 모델과 영화텍스트의 이데올로기 표출이라는 두 가지 층위에서 규명할 수 있었다.

그 결과, 전통적인 '주선율'영화는 대중성이 가미된 '신주선율'로, 대작 상업영화는 '범주선율'로 확장되고 있으며, 영화텍스트 속의 정치이데올로기 또한 '사회주의, 애국주의, 집단주의'를 넘어서 '인류보편적 휴머니즘, 일상의 윤리의식, 중화민족문화' 등으로 확산되고 있다는 것을 확인할 수 있었다. 주선율영화는 이제 확장된 영화시장 영역 속에 영화산업, 영화텍스트, 관객(주체) 사이를 자유롭게 오가면서 중국 사회를 통합하는 문화적 의식(儀式) 역할을 수행하고 있는 것이다.

주선율의 정치이데올로기를 어떻게 평가할 것인가 하는 문제는 일종의 가치판단과 선택의 영역이며, 중국과 한국의 관객은 바라보는 입장이 다를 수밖에 없을 것이다. 이러한 질문은 세계영화사 속에서 지가 베르토프그룹이 '카메라의 눈'(kino-eye)이라는 영화의 도구적 인식론적 힘이 사회주의 건설에 기여할 수 있다는 신념, 에이젠스타인이 몽타주라는 영화의 의미화작용을 통해 세상을 변혁할 수 있다는 믿음, 고다르가 카운터시네마를 통해 자본주의사회의 모순을 혁파할 수 있다는 확신과도 닿아있다. 반면, 앙드레 바쟁은 『영화란 무엇인가』에서 설파했듯이 영화란 재현하는 현실의 모호성이 그대로 투영되어야 하며, 관객들의 인식과 자아형성 속에서 구성되는 것이 더 좋은 영화라는 상반된 입장을 보이기도 했다. 분명한 사실은 주선율영화의 사회주의, 민족주의, 애국주의 이데올로기는 우리보다는 중국 관객들에게는 더욱 절실하고 와닿는 실질적 주제의식일 것이며, 당대 중국 사회가 처한 정치적 사상적 흐름과 연결되어 관객들이 평가할 문제이다. 스튜어트 홀은 영화 속 이데올로기 창출과 수용 주제는 이미 텍스트에서 관객의 문제로 이동되었으며, 이에 대한 수용자의 '동화', '협상', '저항' 등의 다양한 독해로 이어진다고 진단한다. 그런 점에서, 주선율영화에 대한 평가는 여전히 현재진행형이다. 개인의 가치, 공동체의 여론, 국적과 민족의 차이 등에 의해 다양하게 읽힐 수 있는 살아 움직이며 실천하는 담론(discours)이기 때문이다.

최근 중국의 영화학계에서는 주선율, 상업영화, 예술영화라는 다원화 국면 속에서도 "주선율영화와 시장 유행영화가 이원적으로 병립하고 있는 것이 중국영화의 특수한 현상이다. 국가이데올로기와 시민생활 이데올로기의 충돌, 국가의 전파와 대중문화의 전파의 충돌, 기본문화건설요구와 개성 및 다양성 미학간의 충돌. 중국 주류영화는 이러한 이원대립을 합쳐 나가야 한다", "주선율영화는 주류영화의 하위개념이다. 주류영화가 주류성, 예술성, 상업성 삼원대립의 해결자가 되어야 한다"[26]와 같이, 주선율 가치로 집중되는 새로운 주류영화를 지향해야 한다는 목소리가 커지고 있다. '신주선율'과 '범주선율'은 국가권력과 시장의 공모 속에 관객의 동의와 타협을 얻으며 흥행과 비평에서 좋은 평가를 받고 있는 것이 작금의 중국 사회의 현실이다. 주선율은 상업영화, 예술영화와 상호침투를 시도할 것이고, 이에 따라 향후 중국영화의 주선율 경향과 영역은 더욱 강화될 것으로 예상된다.

반면, 영화예술의 속성에 비춰본다면, 정치적 계몽주의와 공리주의라는 이름으로 국가권력에 의해 생산, 유통, 소비되면서 '통치의 기예(art of government)', '국가권력 집단의 헤게모니'를 위한 전제주의적 창작은 개체로서 생산되고 소비되는 예술정신과 배치될 것이다. 주선율영화는 국가권력의 강권적 의지에 의해 공리와 정의의 이름으로 도구적 예술로서의 사명을 다해왔지만, 역설적으로 주선율 스스로가 만들어낸 민주, 평등, 정의의 가치를 가진 개체, 즉 향유자인 '참여관객'들의 수용여부에 의해 밀려나거나 또다시 재구성될 가능성도 없지 않다.

---

26) 黎風, 李立, 〈主流電影與流行電影觀察〉, 『電影藝術』, 第343期, 2012, 80쪽. 王紅進, 〈主旋律槪念泛化分析〉, 『影視評論』, 2008年, 27쪽.

3

새로운 관객 욕구와 장르영화의 진화
– 무협영화 〈용문객잔〉시리즈를 중심으로

1) 최근 장르영화의 발전 현황과 특징

최근 영화산업의 시장화 드라이브가 성공적으로 진행되면서 중국 영화시장의 장르영화가 새로운 진화된 양상을 보이고 있다. 미국 할리우드 영화에서 정착된 장르영화는 영화시장과 밀접한 관계를 맺으며 발전해왔다. 영화에서 장르(genre)란 내러티브 체계, 주제, 스타일, 인물, 시청각적 요소 등 공통적인 구성요소를 가진 영화를 유형별로 분류한 것으로, 뮤지컬, 공포영화, 재난영화 등과 같이 내러티브, 플롯, 캐릭터 등에 반복적이고 관습적인 구성요소를 포함하는 영화를 말한다. 토마스 샤츠에 의하면, 장르영화란 1930년대 할리우드 황금기에 고착된 것으로 "상업영화 제작 그 자체의 물질적 조건의 결과이며, 하나의 '특권적' 영화스토리의 정형이라는 것, 둘째, 관객과 제작사의 상호작용의 산물인 영화장르는 장르로 명명될 수 있을 정도의 친숙한 의미체계가 될 때까지 전차 그 자체가 속한 문화의 한 부분을 구성해나가는 것"으로 정의하고 있다. 장르이론은 감독에 특권을 부여한 작가주의 이론에 대한

대안으로 등장하였고, 구조주의 영향 속에 산업-텍스트간의 관점에서 확장하여 고찰하는 영화이론이다.[27]

뮤지컬, 서부영화, 멜로영화 등의 구분이 그것이며, 이러한 친숙한 의미체계를 부여하는 내적 요소로는 공식(포뮬라, formula), 관습(컨벤션, convention), 도상(아이콘, icon) 3가지이다. 먼저, 공식(formula)은 장르영화의 가장 커다란 단위로서, 장르영화로서의 예측가능한 이야기구조를 말한다. 예를 들면, 재난영화(disaster film)란 평화로운 사회나 공동체에 갑작스런 재난이 찾아오면서 위기가 시작되고, 주인공과 조력자들이 합심하여 위기를 극복하면서, 다시 안정을 되찾는 식의 익숙하고 친숙한 이야기구조를 가진 영화이다. 다음으로, 컨벤션(convention)이란 장르영화에 나타나는 익숙한 에피소드나 관습을 의미하는 것으로, 예를 들면, 뮤지컬 영화에서 남녀 주인공이 사랑을 나눌 때는 춤과 노래가 등장하고, 서부영화에서는 반드시 악당과 주인공의 최후의 총격전 장면이 등장하는 식이다. 마지막으로, 아이콘(icon)이란 장르영화의 가장 작은 단위로서, 의상, 도구, 연기자, 특정 건물 등의 요소를 말한다. 예를 들면, 서부영화에서 반드시 등장하는 아이콘으로는 총, 말, 역마차, 술집, 카우보이 모자 등이 그것이다.

장르와 관객과 산업의 삼각관계는 떼려야 뗄 수 없는 특수관계이다. 장르영화는 영화시장을 겨냥한 것이고, 영화시장은 장르영화에 의존해 성장해 왔고 관객이 외면하는 장르영화는 도태되었고 애호하는 장르는 발전해왔다. 영화산업과 장르영화와 관객은 변증법적 교감 속에서 상호영향을 끼치며 발전해왔다. 장르영화의 발전이 영화시장 발전으로 이어졌으며, 영화시장 성장이 장르영화 확산으로 연결되어왔다.

최근 중국 영화시장에서의 두드러진 특징은 장르영화의 진화와 소재

---

27) 토마스 샤츠, 『할리우드 장르의 구조』, 한나래, 1996, 41쪽.

의 다양성이다. 〈표31〉에서와 같이, 2009년 중국영화의 장르 구성은 가
정윤리극 23.7%, 애정영화 14.1%, 청춘영화 13%, 어린이 영화 11%, 혁
명역사제재 8%, 무협액션 8%, 코미디 5%, 인물전기 5%, 공포영화 5%,
재난영화 3%, 공익영화 1%, 역사극 1%, 희곡영화 1.2%, 체육편 1% 등
을 보이고 있다. 이러한 통계를 보면, 가정윤리영화와 애정청춘영화가
중국영화의 거의 절반을 차지하고 있고, 뒤이어 혁명역사/영웅인물전
기, 무협영화와 코미디 장르가 차지하고 있음을 알 수 있다.

〈표31〉 2008-2009 중국영화 장르별 제작편수(제작 허가증 얻은 영화)

장르구분	가정윤리극	애정편	청춘물	어린이	코미디	무협액션	인물전기
2008년	60	36	31	14	17	21	13
2009년	84	50	45	39	18	30	19
	혁명사	공익	역사극	쓰릴러	희곡	체육	재난
2008년	12	8	8	12	1	15	5
2009년	30	4	3	17	3	4	9

(자료 출처: 『2010 중국영화산업연구보고』 참조하여 재구성)

〈표32〉 2011년 중국영화 장르 통계

장르	수량	박스오피스(만 위안)	천만 위안 이상 흥행수	1억 위안 이상 흥행수
애정물	41	15.5억	19	4
애니메이션	17	3.2억	6	1
코미디	38	11.3억	10	4
액션	20	12.2억	12	5
공포서스펜스	18	2.4억	9	0
역사	7	5.2억	1	2

전쟁	4	5.5억	2	1
다큐멘터리	2	5만	0	0

(자료출처: 中國電影家協會産業硏究中心,
『2012中國電影産業硏究報告』, 中國電影出版社, 2012. 100~101쪽.)

　　장르형 상업영화는 현재 영화시장의 신흥 강자로 각광받고 있다. 2012년 흥행 1위부터 10위를 보면, 〈로스트 인 타일랜드〉, 〈화피Ⅱ〉, 〈십이생초〉 등 장르형 상업영화가 흥행을 주도하고 있다. 중국영화가협회의 통계조사에 의하면, 2012년도의 극장에 상영된 208편의 영화 중에서 장르영화는 156편, 비장르영화 52편이다. 그 중 애정영화는 42편으로 26.9%, 코미디 37편으로 23.7%, 쓰릴러물 26편 16.7%, 액션영화 16편 10.3%, 경찰영화, 서스펜스영화, 어린이영화는 각각 6편으로 3.8%, SF영화는 3편으로 1.9%를 차지하고 있다. 이를 통해, 중국영화의 핵심 장르는 코미디영화와 애정영화임을 알 수 있다.[28] 이들 영화는 액션+코미디+어드벤쳐+애정 등이 결합된 장르혼합 경향을 보이면서, 대중의 만족도를 높이고 영화시장의 흥행을 보장받는 상업영화를 지향한다.

　　특히, 〈로스트 인 타일랜드〉는 장르형 상업영화를 대표하는 영화로써, 2012년 12월 12일 연말연시특별영화으로 상영되어, 2013년 1월 8일 현재 박스오피스 12억 위안을 기록한 중국 역대 최고 흥행작이다. 2010년 〈로스트 온 로드(人再囧途)〉의 속집으로 제작된 코미디영화이다. 이 영화에는 쉬징(徐崢) 감독, 왕바오챵, 황보 등 청년관객이 선호하는 청년감독과 배우들이 출연하여 할리우드에 맞설 수 있는 본토 중국영화의 가능성을 보여주었다. 영화에 대한 대중과 학계의 평가는 대부분 '기적', '성공' 등 긍정적이다. "탐정영화의 서사구조를 따라가며 실마리를

---

28) 中國電影家協會産業硏究中心, 『2013 中國電影生産硏究報告』, 中國電影出版社, 2013, 43쪽.

풀어나가는 이야기형식을 갖추고 있는데, 주인공들이 단서를 찾지 못하고 곤경에 처할수록 관객들은 즐거워하는 코미디장르이다".[29]

장르영화가 흥행에 성공하면서, 〈로스트 인 타일랜드〉, 〈화피II〉와 같이 시리즈물이 제작되는 경향이 대두되고 있다. 대표적인 시리즈 흥행물은 3D영화 〈화피II〉이다. 2008년 〈화피〉에서 시작하여, 2012년 〈화피II〉로 각색되었으며, 미국 할리우드 대작에 맞설 수 있는 중국 본토 블록버스터 3D영화로서의 가능성과 한계를 동시에 보여준 영화로 평가된다. 〈인민일보〉에서는 '믿음은 황금보다 귀하다'라는 제목의 글에서, "〈화피II〉는 화피시리즈에서 시작되었으며, 중국영화산업에 풍부한 콘텐츠를 제공한 일대 이정표가 된 작품이다. 세계영화의 발전 추세에 비추어 볼 때, 3D기술의 운영과 효과는 미래 중국영화의 중요한 요소가 될 것이다. 〈화피II〉는 중국영화와 고기술이 결합된 영화로서 미래 중국영화의 새로운 방향을 제시한 영화이며, 영화시장에 새로운 상품성을 제시하고 관객들에게 새로운 감상을 주었다는 점에서 중국영화의 새로운 진로를 연 작품이다"로 평가하고 있다.[30] 이러한, 시리즈 영화가 흥행몰이에 성공한 것은 할리우드 영화 〈해리 포터〉, 〈반지의 제왕〉, 〈스타워즈〉, 〈트랜스포머〉 등에 비견할 만한 징후이다. 중국영화에서 시리즈물의 성공은 장르영화 스스로가 자신의 상품성을 완성해가고 대중들의 호응을 얻고 있다는 장르영화의 성공적 진화를 보여주는 사례이다. 2012년도 박스오피스 1억 위안 이상의 21편 중에서 시리즈물로 나온 영화는 6편이나 된다. 1위 〈로스트 인 타일랜드〉, 2위 〈화피II〉을 비롯

---

29) 陳令孤. 2013. 「〈泰囧〉: 一個喜劇品牌的誕生」, 時光網, 인터넷 인용. "'경(囧)' 글자는 원래 '빛나다(光明)'라는 의미이다. 그러나, 2008년 인터넷에서는 '경'을 그 모양새 때문에 '우울함, 슬픔, 어쩔 수 없음' 등의 부호로 사용해 왔다. 2012년 우리에게 '경(囧)' 글자는 즐거움을 뜻하는 말로 다시 돌아왔다. 사실 즐거움은 연말에 가장 좋은 소비방식이다". 張世豪. 「快樂就是最好的賀歲」, 『成都商報』, 2012. 12. 25.
30) 劉陽, 「〈畵皮II〉票房成功意義: 信心貴比黃金」, 『人民日報』, 2012. 7. 20.

하여, 〈청풍자〉, 〈희양양과 회태랑4〉, 〈태극1〉, 〈태극2〉 등이 시리즈물
이다.

이와 같이, 최근 영화시장에서는 장르영화가 부상하는 새로운 현상
이 나타나고 있다. 그 특징을 일별하여 정리해 보면, 첫째, 제작규모(대
작, 중작, 소작)에 따른 영화장르가 정착되고 있다. 대작인 중국형 블록버
스터 영화는 역사물, 액션물, 전쟁, 무협, SF 등이 특징적 장르로 자리잡
고 있으며, 〈적벽2〉, 〈10월위성〉, 〈풍성〉 등이 이러한 경향을 대표한다.
중형 규모의 영화 장르는 주로 경찰, 코미디, 멜로 등의 장르로 구성되
며, 〈비상완미〉, 〈삼창백안경기〉 등이 여기에 해당한다. 그리고 소형 영
화들의 주요 장르는 대부분 희극 편이 주를 이루고 있다. 이와 같이, 제
작자본에 의한 대형, 중형, 소형영화의 장르구분이 정착단계를 보이고
있다.

둘째, 장르가 이전보다 훨씬 다양해지고 있다. 2009년의 경우 정부
수립 60주년 기념영화로 '조국 헌정영화'를 표방한 주선율영화 〈건국대
업〉은 기존 주류 대작과는 다른 스파이 영화장르를 표방하며 주선율영
화의 새로운 가능성을 보여주었다. 로맨틱코미디로는 〈비상완미〉가 있
고, SF 장르로는 〈낭재기(狼災記)〉, 〈기계협(器械俠)〉 등이 제작되었고,
다큐멘터리 〈대명궁(大明宫)〉, 예술영화 〈달달(達達)〉, 전쟁코미디 〈투
우〉, 인물전기 〈사랑스런 중국(可愛的中國)〉, 재난영화 〈경천동지(驚天動
地)〉, 역사극 〈맥전〉, 주선율 경향의 상업영화 〈10월위성〉, 애니메이션
〈희양양(喜羊羊與灰太狼)〉 등 전례없이 풍부한 장르가 출품되어 다양한
영화시장 관객층을 흡수하였다. 영화시장에서 장르영화의 발전은 영화
산업화의 필수 요소라 할 수 있다. 제작자의 입장에서는 대중이 좋아하
는 장르를 제공하여 관객층을 넓힐 수 있고, 관객의 입장에서도 다채로
운 장르형 영화를 통해 영화소비 욕구를 만족시킬 수 있기 때문이다. 장
르영화 발전은 영화시장의 자본투자 위험을 줄이고 안정적 성장을 도

모할 수 있는 장점이 있다. 이와 같이, 중국 영화산업의 시장화에 따른 친시장적 장르영화가 대거 양산되면서 흥행을 이끌고 있다.

셋째, 스파이영화와 같은 새로운 장르영화가 출현하여 인기를 끌었다. 2009년 스파이영화(諜戰片)의 등장과 흥행 성공은 중국 영화시장에 새로운 장르영화가 영화시장에서 어떻게 성공할 수 있는지를 보여준 사례이다. 원래 스파이영화는 50년대 중반에 최고 인기를 얻었던 장르로서, 주요내용은 신중국 수립 직후 신생 정부와 이에 대적하는 적들과의 스파이전을 다루고 결국은 인민해방군과 공안국이 최종 승리한다는 결말로 종결되면서 대중들에게 재미와 교훈을 동시에 제공했던 구시대적 장르로서, 80, 90년대 이후에도 반간첩드라마(反特片) 〈암산〉, 〈잠복〉 등이 TV드라마를 통해 인기몰이를 한 바 있다. 이러한 역사적 배경을 가진 스파이영화는 2009년 신중국 수립 60주년 기념 헌정영화 장르에 새롭게 도입되어 이른바 스파이영화 3부작인 〈풍성〉, 〈추희(秋喜)〉, 〈동풍우(東風雨)〉 등이 상영되어 정부의 정치이데올로기와 가치관에 호응하면서도 영화시장의 대중적 욕구에 충실한 영화를 지향하며 흥행에 성공을 거두었다. 특히, 〈풍성〉은 황샤오밍, 주쉰, 리빙빙, 징한위 등 스타급 배우들이 총출동하였고, TV시리즈로 인기를 끌었던 전설적인 드라마 〈잠복〉에 빗대어 '영화로 만든 〈잠복〉 드라마'라는 극찬을 받았다.

넷째, 코미디영화의 수익이 급증했다. 2009년 중국 박스오피스 흥행순위를 살펴보면, 30위권 안에서 중국영화는 15편이며, 그 중 코미디장르 영화는 〈삼창백안경기〉, 〈유용희봉〉, 〈비성물요〉, 〈크레이지 경기용차〉, 〈대내밀탐 영영구〉, 〈비상완미〉, 〈희양양여회태랑〉 등 8편에 달한다. 이들은 2009년 전체 국산영화 시장점유율 53% 중에서 무려 27%를 차지하고 있으며, 수입영화와 견줄 수 있는 국산영화 장르로 급부상하고 있다. 〈표32〉와 같이, 박스오피스 300만 위안 이상을 기록한 중국영화 중에서 코미디장르 영화가 차지하고 있는 비율은 2008년 40%, 2009

년 48%로 거의 절반에 해당하고 있다.

다섯째, 애니메이션영화의 수익이 상승하고 있다. 2009년의 경우 애니메이션영화는 27편이 제작되면서 역대 연도별 최다 제작을 기록하고 있다. 특히, 600만 위안 제작비가 투입된 〈희양양여회태랑: 우기충천〉은 2009년 연말연시 특별상영작 성수기인 하세편 방영기간 중에 상영되었으며, 텔레비전에서 인기를 끈 애니메이션 시리즈라는 지명도를 활용한데다, 인물형상화와 주제를 더욱 사실적으로 보완하였으며, 'OSMU(one-source-multi-use)' 마케팅 방식을 추구하면서 개봉 19일 동안 8,600만 위안 흥행을 기록하였다. 또한, 〈희양양〉이 활용된 각종 도서, 완구, 음반 등 부가가치시장에서 4,000만 위안의 성과를 거두면서 국산애니메이션 영화의 새로운 수익모델을 제시하였다.

〈표32〉 2008-2009 박스오피스 300만 위안 이상의 중국영화 중 코미디 수량과 점유율

	2008	2009
코미디영화	19	30
300만 위안 이상 중국영화	48	62
코미디영화 점유비율	40%	48%

이와 같이, 중국 영화시장의 작품창작 경향은 시장화와 개방화의 파고 속에 도전과 시도를 통해 새로운 발전의 양상을 보이고 있지만, 아직도 장르영화 활성화와 영화시장 발전을 위해서는 보다 다양한 발전방안이 강구되어야 한다는 주장이 대두되고 있다.

첫째, 장르의 다양화를 추구해야 한다. 〈표31〉과 같이, 장르는 특정 소재에 집중된 경향이 있으며, SF, 재난, 서스펜스영화 등 다양한 장르 제작이 여전히 부족한 편이다. 중국영화는 여전히 멜로, 무협액션, 코미디 장르에 편중되어 있으며, 장르의 모방과 중복된 영화 제작이 지속되

고 있다. 장르가 부족한 원인으로는 국가상황(國情)을 판단의 기준으로 삼으며 여전히 엄격한 잣대를 재고 있는 영화심사제도가 주요한 것으로 보인다. 심사제도의 완화뿐 아니라, 영화등급제의 도입도 필요할 것이다. 현재 전인대에서 논의단계에 있는 영화등급제가 실시된다면 추리영화, 조폭영화, 재난영화, 뮤지컬 등 연령별 계층별 영화관객의 수요에 맞는 다양한 장르가 정착하는데 기여할 것이다.

둘째, 영화인 스스로가 개방화와 시장화 시대에 맞는 국제감각, 창의적 장르 시도, 다양한 소재 발굴 등의 자질을 갖추어야 할 것이다. 중국 특색의 문화와 국제문화가 잘 혼합되고 영화시장 소비자가 만족할 수 있는 영화창작의 길로 나가야 한다. 예를 들면, 2009년 역사극 〈화피〉는 역사 소재를 채택하면서도, 젊은 관객이 좋아하는 SF장르가 배합된 혼합장르 영화를 표방했으며, 스타배우, 현대적 홍보마케팅, 그리고 성수기 방영시기 조절 등이 상업적으로 결합되어 흥행에 성공한 사례이다.

셋째, 새로운 첨단 영화기술을 영화에 적극 도입해야 한다. 영화의 디지털화는 세계 영화시장의 제작, 배급, 상영 등 모든 단계에 직접적인 영향을 미치고 있다. 할리우드의 3D영화인 〈아바타〉, 〈아이스 에이지 3〉, 〈2012〉 등은 중국 영화시장 진출 이후 관객과 영화인들에게 새로운 시청각적 체험을 안겨 주었기 때문에 3D기술의 발전 여부는 중국영화산업에도 지대한 영향을 줄 것으로 보인다. 이러한 3D기술 발전은 스타시스템에 의한 흥행 의존도를 줄일 수 있으며, 3D기술이 영화창작과 결합된다면 영화산업에 새로운 활력을 줄 것이다.

넷째, 국제적 안목에 맞는 소재와 창작형식을 갖춰야 한다. 중국영화가 국제영화시장에서 성공하기 위해서는 미국 할리우드에서 제작된 〈쿵후 팬더〉와 같이, 지구화 배경 속에 할리우드급의 기술과 중국 전통문화가 결합하거나, 홍콩영화 〈무간도〉와 같이 아시아 문화가치를 담았지만 국제영화시장에서 소통할 수 있는 영화제작을 추구해야 한다.

이와 같이, 중국 장르영화는 급속한 진화와 발전상을 보이고 있는데, 다음 글에서는 장르영화의 진화와 발전의 원인과 특징을 중국을 대표하는 장르영화인 '무협영화' 〈용문객잔〉 시리즈를 중심으로 살펴보고자 한다.

2) 중국을 대표하는 장르영화, '무협영화'란 무엇인가?

중국 무협(武俠)영화란 무협소설, 역사적 사건, 민담에서 유래된 무협 서사구조를 영화로 차용한 중국영화의 독특한 장르로서, "무와 협이 있는 영화, 즉, 중국의 독특한 무술인 쿵푸나 격투 방식을 가지고 중국 고유의 무협정신을 가진 협객의 형상을 체현하는 것이 이야기 구성의 기초가 되는 영화이다."[31]

최초의 무협영화는 일반적으로 1920년 상하이 상무인서관활동영희부(商務印書館活動影戲部)에서 제작한 〈황산득금(荒山得金)〉을 기원으로 삼고 있다.[32] 무협영화는 1920-30년대 상하이를 중심으로 제작된 신괴(神怪)무협영화 등이 초창기 무협영화의 원형을 형성하였으며, 1940-50년대 상하이와 홍콩을 중심으로 〈황비홍시리즈(黃飛鴻片集)〉가 제작되어 유행하였고, 1960년대 후반에는 장처와 후진취앤 감독의 홍콩 '신파 무협영화'의 유행을 거쳐, 1970년대에는 리샤오룽(李小龍)으로 대변되는 '쿵푸영화'가 대중들의 인기를 끌었다. 1980, 90년대에는 홍콩에서는 청룽(成龍)과 쩌우싱츠(周醒馳)의 〈코믹쿵후〉, 특수효과를 가미한 쉬커(徐克) 감독의 〈SFX 무협영화〉 등이 인기를 이어왔고, 1997년 홍콩반환 이후에는 중국 대륙을 중심으로 본격적인 '블록버스터 무협영화'를

---

31) 중국현대문학학회, 『영화로 읽는 중국』, 2008, 103쪽.
32) 陳墨, 『中國武俠電影史』, 風雲時代出版社, 2006, 7-8쪽.

제작하기 시작했다. 최근에는 홍콩과 대륙이 합작하는 블록버스터 무협 영화가 제작되어 중국어권뿐 아니라 세계 영화시장에서도 주목을 받고 있다.

무협영화는 2000년대 이후 중국 영화시장 박스오피스의 상위권을 차지해왔다. 2001년 12월 WTO 가입 이후 시장개방의 격랑 속에서 제작된 2002년 〈영웅〉(장이모우 감독)은 박스오피스 2.5억 위안으로 흥행 1위를 차지하며, 국제적 경쟁력을 갖춘 중국식 블록버스터 상업영화의 이정표를 보여주었다는 평가를 받고 있다.[33] 또한, 최근 연구결과에 의하면, 2001년 WTO 가입 이후 10년간 중국 영화시장 흥행 순위 10위권 이내 영화에서 무협장르가 1위로써 가장 많은 수를 가지고 있다. 2004년에도 〈연인〉(장이모우)이 1.53억 위안으로 1위를, 〈쿵후 허슬〉(쩌우싱츠 감독)이 1.25억 위안으로 흥행 2위를, 〈천기변2〉가 8위를 차지하고 있으며, 2005년도에는 〈무극〉(천카이꺼 감독)이 1.7억 위안으로 흥행 1위를, 〈신화〉가 2위, 〈칠검〉이 3위를 차지하고 있고, 2006년도에는 〈황후화〉(장이모우)가 2.3억 위안으로 1위, 〈야연〉(평샤오깡 감독)이 2위, 〈곽원갑〉이 3위, 〈용호문〉이 6위를 차지하고 있으며, 2007년도에는 〈투명장〉이 흥행 1위를, 2008년도에는 〈화피〉가 2위를, 2009년도에는 〈십월위성〉이 1위, 2010년도에는 〈적인걸〉이 3위, 〈엽문2〉이 4위, 2011년도에는 〈용문비갑〉이 3위, 〈신소림사〉가 4위, 〈풍운2〉가 5위, 〈무림외전〉이 9위를 차지하는 등 중국 대륙과 중국어권 영화시장 흥행을 주도하는 장르로 자리잡고 있다.[34] 역대 북미(北美) 영화시장에서 흥행한 중국영화 순위에서도 1위 〈와호장룡〉(2000), 2위 〈영웅〉(2004), 3위 〈쿵후 허슬〉(2005), 4

---

33) 中國電影家協會産業研究中心, 『2011 中國電影産業研究報告』, 中國電影出版社, 2012. 尹鴻, 〈2011年中國電影産業備忘錄〉, 『電影藝術』, 總343期, 2012. 7쪽. 참조.
34) 강내영, 장수현, 〈중국식 블록버스터 상업영화의 변천과 이데올로기 연구〉, 『중국과 중국학』, 제18호, 2013. 2, 10-11쪽.

위 〈철후자〉(2001), 5위 〈연인〉(2004) 등 무협영화가 상위권을 모두 차지하고 있는 것에서도 알 수 있듯이, 세계 영화시장에서도 무협영화는 지속적인 주목과 인기를 얻고 있다. 2002년-2011년 10년간 중국 대작 상업영화의 장르별 통계에 의하면, 무협영화가 1위, 멜로드라마가 2위, 역사극이 3위, 코미디가 4위, 범죄드라마가 5위, 가정윤리극이 5위 등의 순서로 흥행되고 있다.[35] 이와 같이, 무협영화는 중국의 고유하고 독특한 문화전통 속에 태동한 영화장르로 중국 관객뿐 아니라, 세계 영화시장 관객들의 주목을 받고 있는 중국영화를 대표하는 대표적 장르 브랜드라는 것을 알 수 있다.

무협영화는 중국의 대표적인 장르영화로서 대중들의 취향, 영화테크놀리지의 발달, 제작스튜디오의 상업전략 등의 다양한 영화환경에 의해 형식과 주제의식 면에서 다양한 변천을 겪어왔다. 무협영화 속에 멜로드라마와 코미디요소가 들어가기도 하고, 혹은 다른 영화장르 속에 무협장르가 하위장르로 섞이는 등 혼합장르의 추세 속에 진화해 나가고 있다. 무협영화는 정통무협영화, 쿵푸영화(功夫), 코믹쿵후, SFX무협 등 다양한 네이밍(命名)을 가지게 되었으며, 이에 따라, 중국 무협영화의 장르적 변천의 요인과 특징, 그리고 개념에 대한 재정의가 필요해지고 있는 시점이다.

장르의 구성요소 속에 무협영화를 정의한다면, 무협영화란 칼과 창 등의 전통 '무(武)'를 사용하여 '협의정신(俠義精神)'을 발현하는 영화로 요약할 수 있다. 장르의 3가지 구성요소로 고찰한다면, 먼저, 공식(formula)이라는 측면에서 본다면, 일반적으로는 주인공이 살고 있는 강호(江湖), 공동체, 사회에 악당 무리(부패한 권력층, 탐욕적인 무협고수 등)에 의해 위협에 빠지거나 고통을 당하게 되고, 주인공은 여러 난관을 극

---

35) Stanley Rosen, 「全球化時代的華語電影」, 『當代電影』, 總130期, 2006, 26쪽.

Ⅲ 작품 동향과 특징: 다원화 국면과 새로운 변환 235

복하고 무술의 고수가 되어, 조력자의 도움 속에 악당 무리와 최후의 대결을 벌이게 되고, 악당을 물리치고 공동체 평화를 회복한 주인공 일행은 마지막에 표표히 떠나는 식의 공식을 가진다. 즉, 공동체의 평온 → 악당의 등장과 위기 → 주인공과 조력자의 협력과 최후의 대결 → 공동체의 재안정과 떠남 등의 공식을 가지고 있으며, 주인공은 정의, 공공선, 의리 등 '협의정신'이라는 주제의식을 실천하는 캐릭터이다. 다음으로, 컨벤션(convention)으로 본다면, 주인공이 온갖 고난을 극복하고 무술의 고수가 된다든지, 악당 우두머리와 최후의 대결을 펼친다든지 하는 식의 에피소드를 가지며, 마지막으로, 최소 단위인 아이콘(icon)으로 본다면, 칼, 창, 강호인, 권법, 주점 등이 갖춰진 영화를 무협영화라 할 수 있다.

　무협영화 장르를 구성하는 가장 특징적인 요소는 '협의정신'이라는 주제의식의 표출에 있다. 무협영화의 핵심가치인 '협의'라는 개념은 시대와 관점에 따라 다양한 개념을 내포한다. '협의'는 '협(俠)'과 '의(義)'의 결합인데, 먼저, '협'은 중국 고대 춘추전국 시대를 거치면서 형성된 개념으로, 중국 상고 시대인 주(周)나라 때 사(士)라는 문과 무를 겸비한 특수한 계급이, 중앙정부가 붕괴되고 전국(戰國)의 혼란을 맞게 되면서 일부는 정치권력 안으로 들어가는 유사(儒士)가 되고, 일부는 세도권력자에게 의탁하는 협사(俠士)가 되는 경로를 밟는데, 특히, 협사는 의리를 중시하는 자유로운 신분으로 나중에 협의 기원이 된다.[36] 사마천의 역사서인 〈사기(史記)〉에서는 섭정(聶政), 형가(荊軻) 등이 등장하는데, 이들은 신의와 명예를 위해 목숨을 던지는 긍정적인 인물상을 보여주면서도, 한편으로는 법질서와 제도를 존중하지 않는 제도권 밖 재야인사로서의 거친 면모를 보인다는 점에서 부정적으로 인식되기도 했다. 〈사

---

36) 장동천, 『영화와 현대 중국』, 고려대학교출판부, 2008, 337-338쪽.

기〉에 등장하는 형가와 섭정은 자객으로 권력자에 대한 암살을 시도하다가 목숨을 잃는다. 사마천은 "협이란 무엇인가. 그 말 속에 믿음이 있고, 그 행동에는 반드시 행함이 있고, 이미 허락한 것에는 반드시 성실히 하고, 자신의 몸을 아끼지 않으며, 곤란함에 다가간다. 목숨을 던질 줄 알며, 자신의 능력을 자랑하지 않으며, 공덕을 부끄러워한다."[37] '협'은 신의를 바탕으로 행동하는 열정을 보여주고 있지만, 법과 제도적 관점에서 본다면 위험천만한 낭인일 수도 있는 것이다. 〈한비자(韓非子)〉는 "유가는 문으로써 법을 어지럽히고, 협은 무기로써 금기를 범했다", "사람이 신하된 자로서 제멋대로 하고 싶은 것을 일컬어 협이라고 한다", "세상을 버리고 제 좋아하는 것과 사귀는 것을 협이라고 한다"라고 법질서를 어지럽히는 부정적인 존재로 묘사하고 있다.[38] 이러한 양면성을 가진 '협'은 '의(義)'와 만날 때 보다 정의, 공공선에 다가서는 개념으로 발전될 수 있다. 당나라 이덕유(李德裕)는 〈호협론(豪俠論)〉에서, "의는 협이 아니면 설 수 없으며, 협은 의가 아니면 완성될 수 없으니 함께 겸하기 어려운 것이다"며, '협'을 '의'와 결합하여 정의하고 있으며, 중국 무협연구가 리우루어위(劉若愚) 또한 협을 8가지로 구분하면서 '의'의 실현에 무게를 두고 있다. "남을 돕는 것을 즐기고, 공정하고, 자유로우며, 친우에게 충성하는 것, 용감하고, 성실하며, 신뢰를 중시하며, 명예를 중시하고, 기개있고, 재물을 가벼이 여기는 것이다"고 말하며, 무협소설가 양우생도 "무협에 있어서 무(武)란 일종의 수단이며, 협(俠)은 목적에 해당한다"고 말한다.[39]

따라서, 장르로서의 무협영화는 '협'과 '의'가 결합된 '협의정신'이라

---

37) 사마천, 『사기』, 천지인, 2008, 531-550쪽 참조.

38) 천산, 『중국무협사』, 동문선, 2000, 30쪽 참조.

39) 劉若愚, 『中國之俠』, 上海三聯, 1991.
    김지석, 『홍콩영화의 이해』, 한울, 1995, 136쪽.

는 주제의식이 표출되면서 완성되는 것이다. 따라서, 무협영화 장르에 등장하는 협객은 국가권력에 대해 냉소하고 자유롭게 방랑하면서, 법질서에 근거하지 않고 무술을 사용하여, 정의와 공공선을 실행하면서도 공동체의 주체가 될 수 없는 운명, 그것이 무협영화에 등장하는 주인공 '협객'의 실체인 것이다. 이와 같이, 무협영화 장르는 장르로서의 공식, 관습, 아이콘 등 세 가지 구성요소 외에 협의정신이라는 독특한 가치관을 가진 영화장르라 정의할 수 있다.

3) 무협영화의 변천과 발전단계

무협영화는 중국 무협소설이나 전통설화, 민담 등에서 소재를 차용하면서 시작되었다. 무협영화는 1920년대 '남향북조(南向北趙)'라고 불리우던 샹카이란(向愷然)이 평강불초생(平江不肖生)이라는 필명으로 쓴 〈강호기협전(江湖奇俠傳)〉과 자오환팅(趙煥亭)의 〈기협정충전(奇俠精忠傳)〉에서 직접적인 영향을 받아 제작되었다. 1928년 5월 13일 상하이 중앙대희극원에서 개봉되어 중국영화사의 흥행 신기록을 수립한 기념비적인 무협영화 〈불타는 홍련사〉는 〈강호기협전〉 중의 단편소설을 영화로 각색한 것이다. 최초의 무협영화에 대해서는 여러 주장이 있으나, 일반적으로 1920년 상하이 천춘성(陳春生)이 시나리오를 쓰고, 런펑녠(任彭年) 감독이 연출하고 상무인서관활동영희부(商務印書館活動影戲部)에서 제작한 〈황산득금(荒山得金)〉을 최초의 무협영화로 꼽고 있다. 〈황산득금〉은 주인공 송금랑(宋金郎)이 강도를 만나고 병까지 걸려 헤매다가, 산 속에서 우연히 도적들이 숨겨놓은 보물과 검술비법을 연마하여, 도적들을 물리치고, 아내를 되찾는다는 줄거리를 갖고 있는 전형적인 무협서사 영화이다. 『홍콩쿵후영화연구(香港功夫電影硏究)』에서 린친난

(林琴南)의 소설『초두란액(焦頭爛額)』을 각색한 런펑녠 감독의 또 다른 작품 〈차중도(車中盜)〉를 최초의 무협영화라고 주장하기도 하지만, 〈황산득금〉이 강호의 혼란, 무술, 협의정신, 정의 구현 등 본격적인 무협영화의 장르적 형식을 갖췄다는 점에서 최초의 무협영화로 인정하는 것이다.[40]

무협영화는 거시적 관점에서 본다면, 시대별로 다음과 같은 변천단계 과정을 거쳤다 할 수 있다. 제1단계: 1920-30년대 중국 무협영화의 출발기. 주로 1920-30년대 상하이를 중심으로 제작된 무협액션영화 부류를 말한다. 1919년부터 1922년까지는 상무인서관활동사진영희부, 중국영화제작공사(中國影片製造公司), 밍싱영화사(明星影片公司)를 중심으로 영화제작활동이 시작되었고, 특히, 1926년부터 1930년까지 4년 동안 상업영화의 열풍 속에 시대극영화(古裝片), 신괴영화(神怪片) 등과 함께 무협영화가 제작되었다. 당시 무협영화는 유행하던 무협소설을 기반으로 영화화 되었으며, 중국 영화학자 쩌우싱의 구분에 따르면, 〈대협 간펑즈(大俠甘鳳池)〉(양소중 감독)와 같은 '패권을 다투는 영화', 천껑란 감독의 〈소녀 영웅(兒女英雄)〉과 같은 '복수극 영화', 런펑녠 감독의 〈방세옥 무술시합에 나가다(方世玉打擂臺)〉와 같은 '무예겨루기 영화', 소취옹 감독의 〈야광주(夜光珠)〉와 같은 '보물 탈취형 영화' 등 네 가지 유형을 벗어나지 못했다고 한다.[41] 주제의식에서도 무술 고수인 주인공이 약한 자를 돕고, 의리를 지키고, 부자의 재물을 약탈하여 가난한 자에게 나누어 주고, 마지막에 공을 세우고 물러나는 내용 등 무협소설의 원형을 보여준다.

재미있는 것은 당시 무협영화가 대중들의 폭발적인 인기를 끌자, 미국 할리우드 스튜디오시스템과 같은 방식을 도입하여 무협영화를 제

---

40) 陳墨,『中國武俠電影史』, 風雲時代出版社, 2006, 7-9쪽.
41) 周星,『中國電影藝術史』, 北京, 北京大學出版社, 2005, 41쪽.

작한 것이다. 예를 들면, '대중화백합영화사(大中華百合公司)'는 관객들이 좋아하는 무협배우 스타인 왕위안롱, 왕정신 등을 소속사에 보유하거나 육성하는 등 원시적인 형태의 할리우드 스타시스템을 운영하기도 했다. 당시 대중들의 무협영화에 대한 관심은 각별하였는데 1928년에는 무협영화가 다른 장르를 압도하여 80여편의 영화가 만들어지기도 했다.

특히, 무협영화의 유형으로 '신괴무협영화'가 유행하였다. '신괴무협영화'란 〈불타는 홍련사(火燒紅蓮寺)〉 시리즈와 같이, 무협영화를 바탕으로 하되, 요술겨루기, 하늘을 날아다니거나, 신선요괴의 법술이 자주 등장하는 영화를 말한다. '신괴무협영화'의 대표적인 영화 〈불타는 홍련사〉는 〈강호기협전〉 소설 중의 단편을 각색한 것인데, 중국 1세대 영화인인 정정치우(鄭正秋)가 시나리오를, 장스촨(張石川) 감독이 연출을 맡았으며, 1928년 5월 13일 상하이 중앙대희극원에서 개봉되어 중국영화사의 흥행 신기록을 수립한 기념비적인 무협영화이다. 〈불타는 홍련사〉에 대해 중국의 저명 소설가인 마오둔(茅盾)은 "〈불타는 홍련사〉는 소시민계층에게 마력적인 환호를 받았다. 영화가 상영되었을 때 영화관에서 금지된 소리 지르고, 박수 치고 하는 모습을 볼 수 있다. 국산영화가 광범위한 호응을 일으킨 최고의 영화는 〈불타는 홍련사〉이다"라고 언급하고 있어, 당시 무협영화가 얼마나 인기를 끌었는지를 짐작할 수 있다.[42] '신괴무협영화'가 관객들에게 인기가 높아지자, 1928년 제작된 〈불타는 홍련사〉는 1931년까지 총 31편이 시리즈처럼 제작되었고, 1930년 〈황강의 여협(荒江女俠)〉은 1931년까지 9편으로 제작되었다. 또한, 〈불타는 홍련사〉의 흥행 성공에 힘입어 이른바 '불타는(火燒)' 시리즈가 〈불타는 평양성(火燒平陽城)〉, 〈불타는 청룡사(火燒青龍寺)〉 등으로

---

42) 陳墨, 『中國武俠電影史』, 風雲時代出版社, 2006, 50쪽.

남발되어 제작되기도 했다.[43] 1920-30년대 초창기 무협영화의 유행은 1937년 중일전쟁이 발발하면서 중단되었다.

무협영화 변천의 제2단계는 1940-50년대 상하이의 제작자와 감독들이 대거 홍콩으로 이주하면서 만든 '광동어 무협영화' 발전단계이다. 1937년 중일전쟁이 발발하자 스투헤이민(司徒慧敏), 차이추셩(蔡楚生) 등 상하이 영화인들 다수가 홍콩에 안착했고, 1949년 대륙에 사회주의 정부가 들어서면서, 중국 상업영화는 홍콩을 중심으로 제작되었다. 1937년 중일전쟁 이전 홍콩 무협영화는 32편에 불과했으나, 전쟁 이후 5년 동안 50편이 제작되었다가, 1950년대에는 230편이나 제작되었다. 1940년대말 홍콩 무협영화는 1930년대 상하이 영화시대의 〈불타는 홍련사〉와 같은 신괴무협영화 전통을 이어받아 〈아미산검객〉, 〈칠검13협〉 등을 제작하였으나, 1950년대 이후에는 주로 광동어를 사용하는 무협영화를 다수 제작하여 흥행에 성공하였다. 대표적인 작품으로는 1949년 후평(胡鵬) 감독이 실존 인물인 황비홍과 역사적 사건을 접목한 무협영화 〈황비홍전(黃飛鴻傳)〉이 있다. 황비홍(1847-1924)은 광동성 불산에 실존했던 일대 협객이자 의사였다. 부친 황기영은 '광동십호(十虎)' 중 한명으로 꼽히는 권객의 달인이었다. 황비홍은 수많은 제자를 길러 낸 저명인사였다. 그의 사후, 홍콩의 일간지를 중심으로 그에 대한 소설이 게재되면서 50년대 홍콩 무협영화의 원형으로 등장하였다. 이 영화가 공전의 히트를 기록하자, 홍콩 각 영화사들은 앞다투어 황비홍시리즈를 제작했으며, 1950-60년대 후평 감독의 황비홍 시리즈만 무려 51편에 이르고 있다.[44] 후평 감독의 〈황비홍시리즈〉는 '협의정신'과 '무술'을 역사적 사건과 결합했다는 점에서 현실에 기반한 무협영화의 탄생이라는 점에서 의의가 있다.

---

43) 루홍스, 슈샤오밍, 『차이나 시네마』, 동인출판사, 2008, 51-57쪽.
44) 周星, 『中國電影藝術史』, 北京, 北京大學出版社, 2005, 401-402쪽.

제3단계로는 1960-70년대 '홍콩 신파무협영화'의 출현과 유행단계라 할 수 있다. 1960년대와 1970년대는 홍콩 신파(新派) 푸통화(國語)무협영화가 출현하고, 전설적인 쿵푸영화인 리샤오롱(李小龍)이 등장했다는 점에서 무협영화사에서 가장 특기할 만한 시대라 할 수 있다. 홍콩 쇼브라더스 영화사를 중심으로 신예 장처(張徹) 감독과 후진취앤(胡金銓) 감독은 미국의 서부영화와 일본의 사무라이영화를 참조하여, 자신만의 독특한 경지를 이룬 중국 정통무협영화를 제작했고, 이러한 영화를 이전의 무협영화와 구별하여 '신파(新派)무협영화'로 불렀다. 신파무협영화란 1950년대 유행한 황비홍시리즈가 더 이상 관객들의 호응을 받지 못하고, 현대인의 정서를 대변하지 못하자, 전통 무협영화이면서도 현대적인 관객의 정서를 담아낸 새로운 영화의 등장을 의미하는데, 쇼브라더스영화사 장처 감독의 〈외팔이검객〉(1966)과 후진취앤 감독의 〈대취협〉(1967)을 신파무협영화의 출발로 삼는다.

장처 감독의 회고에 따르면, 처음으로 무협영화를 연출하던 시기에 미국의 서부영화, 일본 사무라이영화를 주로 연구했다고 한다. 당시 미국 서부영화의 쇼트의 숫자는 1천개 이상이었는데, 중국 무협영화는 300개 정도였다고 회상하면서, 이것이 중국어 영화가 관객들의 환영을 받지 못하는 이유가 되었다고 분석하였다. 또한, 일본 구로사와 아끼라 감독의 〈미야모토 무사시〉, 〈7인의 무사〉 등 중국무협영화와 유사한 영화를 분석하면서, 무술동작과 촬영방식을 연구하였고, 이러한 분석을 바탕으로 1920, 30년대 상하이 무협영화와 접목시킨 것이 '신파무협영화'가 되었다고 술회하고 있다.[45] 후진취앤 감독은 1931년 베이징에서 출생하여, 베이징회문(匯文)고등학교를 졸업하고 1949년 홍콩에 안착했다. 1950년내에 상성영화사 미술부를 거쳐, 쇼브러더스영화사에서 저

45) 陳墨, 『中國武俠電影史』, 風雲時代出版社, 2006, 121-122쪽.

명 감독인 리한상(李翰祥) 감독의 〈천녀유혼〉, 〈양축〉 등의 조감독과 시나리오 작가 생활을 거쳐 1966년 〈대취협〉으로 데뷔했다. 장처 감독은 1923년 상하이에서 출생하여, 중일전쟁 당시 국민당 교육부에서 항일운동에 참전한 경험이 있고, 연극활동을 하다가, 1960년대 이후 〈강호기협〉 등 무협시나리오 작가로 명성을 날리다가 1967년 〈외팔이검객〉으로 데뷔하였고, 당시 백만 위안 이상을 벌어들여 홍콩 영화 최고의 흥행을 기록했다. 후진취앤 감독은 베이징경극의 동작과 전통음악을 바탕으로 〈대취협(大醉俠)〉(1966), 〈용문객잔〉(1967) 등을 연출하여 중국 전통의 그림자극 미학을 계승발전시켰다는 점에서 '영희미학(影戲美學)'의 대가로 불리워지고 있으며, 장처 감독은 남성적 패기와 협객정신이 맞물린 선굵은 〈외팔이검객(獨臂刀)〉(1967), 〈금연자〉(1968) 등을 연출하면서 '양강미학(陽剛美學)'의 대가라는 호칭으로 평가받고 있다.

한편, 1970년대 홍콩에는 또 다른 풍격의 권법영화가 새롭게 등장한다. 전설적인 영화인 리샤오롱이 등장하여 세계적으로 유행하게 되면서, 쿵푸영화(功夫片)라는 독특한 무협장르의 신기원을 열었다. 리샤오롱(1940-1973)은 미국 샌프란시스코에서 출생하여, 어린 시절부터 연기활동을 했으며, 〈인지추〉(1951), 〈뇌우〉(1957) 등 영화에도 출연하였다. 그는 홍콩 골든하비스트영화사와 태국에서 촬영한 〈당산대형〉으로 스타덤에 올랐다. 영춘권 권법을 바탕으로 하는 쿵푸영화를 제창하여 관객들의 환호를 받았고, 전 세계에 중국 쿵푸를 알리는데 공헌했다. 그의 때이른 죽음으로 쿵푸영화는 신화화 되었고, 청룽, 쩌우싱츠 등 후배들의 코믹쿵후영화에 지대한 영향을 미쳤다. 〈당산대형〉(1971), 〈정무문〉(1972), 〈맹룡과강〉(1972), 〈용쟁호투〉(1973), 〈사망유희〉(1973) 등 그가 출연한 영화는 몇 편에 불과했지만, 쿵푸영화는 전 세계 관객들의 인기를 얻었고, 중국 무술을 글로벌하게 알리는데 기여했다. 특히, 리샤오롱영화는 그 동안 중국 고대역사를 배경으로 칼과 창을 사용하던 기존의 정통무협영화와는 달리, 권법과 발차기 기술을 앞세운 새로운 중국 쿵푸를 선보였는데, 이후, 쿵푸영화는 중국 무협영화의 또 다른 갈래로 자리잡으며 현재에 이르고 있다.

제4단계는 1980-90년대 홍콩 '코믹쿵후영화'와 'SFX(Special Effect, 특수효과)무협영화' 유행단계이다. 1980년대 이후 홍콩 무협영화는 서서히 침체기를 겪으며, 1980년 142편, 1982년 34편, 1988년 17편, 1989년 10편으로 급격히 줄어들게 된다. 1970년대 전성기를 구가하던 정통무협영화는 반복되는 내용과 주제로 인해 관객들에게 진부함을 주었고, 1980년대 주요 관객층인 20대의 취향에도 맞지 않았다. 기존 정통무협영화가 식상해지고 관객들의 취향이 변화함에 따라, 정통무협영화는 코믹쿵후와 SFX무협영화라는 새로운 장르변천을 통해 활로를 모색하게 된다. 또한, 리샤오롱의 요절 이후 쿵푸영화의 새로운 계승자를 찾던 홍콩 영화계는 1978년 〈취권〉(원화평 감독)의 흥행 열기와 청룽의 등장에 열광하였다. 청룽은 〈소권괴초〉(1979), 〈사제출마〉(1980), 〈용소야〉(1982) 등을 연속적으로 히트시키며 코믹쿵후라는 독특한 장르를 개척했으며, 이후 〈폴리스스토리〉 시리즈를 통해 경찰의 정의감과 코믹쿵푸가 결합된 오락쿵후영화를 통해 큰 인기를 누렸다. 오락쿵후영화는 이후 쩌우싱츠의 〈희극지왕〉(1999), 〈소림축구〉(2001), 〈쿵후 허슬〉(2004) 등으로 계보가 이어지고 있다. 한편, 장처와 후진취앤 감독의 정통무협영화는 새롭게 발달된 영화기술과 접목되면서 더욱 화려하고 과장된 SFX무협영화로 계승되었다. 특히, 1980년대 홍콩 뉴웨이브를 선도한 쉬커 감독은 1983년 〈신촉산검객〉을 시작으로, 〈소호강호〉(1992), 〈신용문객잔〉(1992), 〈동방불패〉(1992), 〈황비홍〉 시리즈 등 신세대 감각에 맞는 빠르고 화려한 미샹센과 특수효과를 가미한 무술동작으로 'SFX무협영화'의 신기원을 열었다.

제5단계는 2000년대 이후, 중국 대륙을 중심으로 제작된 '블록버스터 무협영화' 발전단계이다. 1980년대 개혁개방 정책이 시작되면서, 그동안 무협영화 제작이 금기시 되었던 중국 대륙에서도 무협영화가 제작되기 시작했다. 장화쉰(張華勳) 감독은 1980년 〈신비한 불상(神秘的大佛)〉을 연출했고, 장즈언(張子恩) 감독은 〈황하대협〉(1987)을 연출하였고, 2000년대 이후에는 중국 대륙과 홍콩이 합작하는 방식의 블록버스터 무협영화가 제작되기 시작했다. 특히, 2000년대 이후 중국 무협영화의 특징은 '블록버스터 상업영화'를 지향한다는 데 있다. 2002년 5세대 감독 대표 주자인 장이모우 감독은 〈영웅〉을 연출하여, 당대 최고의 흥행 기록을 달성하였고, 평론에서도 좋은 평가를 받았다. 〈영웅〉의 대성공으로 2001년 WTO 가입 이후 본격화된 시장개방 시대를 맞아 중국 전통정신을 유지하면서도 국제경쟁력을 갖출 수 있는 장르로 블록버스터 무협영화가 주목받았다. 천카이꺼와 같은 5세대 감독들도 SFX무협영화인 〈무극〉(2005)을 연출하였고, 대표적인 코미디영화감독인 펑샤오깡도 〈야연〉(2005)을 연출하였다. 또한, 1997년 홍콩반환 이후 침체기를 겪던 홍콩영화인들도 대륙과의 합작을 통해 새로운 활로를 모색하였는데, 쉬커 등 홍콩 무협영화 감독들은 대륙과 합작으로 〈적인걸: 측천무후의 비밀〉(2010), 〈용문비갑〉(2011) 등 '블록버스터 무협영화'를 제작하였다. '블록버스터 무협영화'는 거대한 제작비를 들여 세계 영화시장 진출을 지향하였고, 상업적 성공을 위해 무협영화 외에 멜로, 코미디, SF 등을 버무린 장르혼합을 시도하면서 '블록버스터 무협영화'는 새로운 무협영화 장르를 열고 있다. 이와 같이, 중국 무협영화는 1920년대 출발기를 거쳐, 1960년대 홍콩 '신파무협영화' 시대에 절정을 구가했으며, 1970, 80년대 '쿵푸오락영화', 1990년대 'SFX 무협영화' 시대를 거쳐, 현재는 '블록버스터 무협영화'라는 장르의 변용 속에 발전되고 있다.[46]

---

46) 학자에 따라 단계를 나누는 방식은 약간씩 다르다. 이시활은 1920-40년대 상하이 영화시기, 1950-70년대 홍콩과 타이완 시대, 1980년대 이후 중국 대륙과 홍콩 중

4) 장르변천과 무협영화 장르의 재정의

무협영화의 장르 변천은 산업적 측면에서 본다면 관객과의 상호조응 관계 속에서 구축/재구축되는 상호텍스트성에 의해 진행되었다. 장르는 관객과의 상호작용(기대와 쾌감) 속에 형성되고, 제작자는 흥행을 위해 관객들이 좋아하고 검증된 장르를 반복적으로 생산하는 경향이 있다. 따라서, 장르영화는 관객의 기호와 수용태도에 의해 퇴조하거나 변용되기도 하고, 장르영화 제작자들은 흥행에 성공한 장르영화의 공식, 컨벤션, 아이콘을 반복적으로 재생산하거나, 시대의 조류에 맞게 변용을 시도하게 된다. 미국 서부영화는 1950년대부터 1970년대까지 유행했지만, 1980년대 이후 관객의 관심에서 멀어졌고, 1990년대초에는 에로틱 스릴러물(〈원초적 본능〉, 〈위험한 정사〉)이 유행하다가 사라지기도 했다. 한국에서도 검열제도 등 영화제작환경과 정치사회적 분위기가 억압적이었던 70년대, 80년대에는 에로틱멜로영화가 유행하다가, 코믹에로사극(〈변강쇠〉 시리즈)으로 변천되었고, 1990년대 이후에는 관객들의 취향이 변함에 따라 자연스럽게 소멸되었다. 이처럼 장르영화는 관객과의 대응관계 속에 일정한 유행의 주기를 타게 된다.

또한, 장르영화는 생물학의 적자생존이라는 진화론과 같은 변용을 거치며 발전해왔다. 토마스 샤츠는 콜린스의 주장을 언급하며, 영화장르는 '실험단계 → 고전적 단계 → 세련단계 → 바로크단계'로 나아간다고 말한다. '실험단계'는 영화가 성공을 거두면 유사영화가 만들어지는 단계이며, '고전적 단계'로서 장르의 관습이 확정되는 시기이며, '세련단계'는 형식과 스타일의 특정한 요소가 형식을 장식해 가는 단계이며, 마지막 '바로크단계'는 장르영화의 형식과 관습 요소들이 파괴되거

심으로 나눈다. 중국 대륙에서는 일반적으로 5단계 발전으로 서술하고 있다.
한국중국현대문학학회, 『영화로 읽는 중국』, 2008, 104-107쪽.

나 패러디되는 단계를 말한다.[47] 즉, 형성단계(관객과의 상호작용과 공식화) → 변용단계(관객 취향의 변화와 제작자의 재창조 전략) → 변용된 장르의 재탄생을 거치는 것이다. 이와 같이, 장르영화는 끝없는 반복과 재변용의 과정을 거치기 때문에, 생명의 주기를 가지며 일종의 진화론적 과정과 같이 생존해나간다. 결국, 장르영화는 아래 〈표1〉에서와 같이, 관객의 취향, 제작자의 전략과 유기체적 삼각관계 속에 구축되는 상호텍스트적 특징을 가지고 있다.

〈표1〉 장르영화 – 관객 – 산업의 유기적 삼각관계

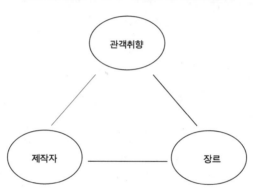

무협영화는 전형적인 장르영화로서 이와 같은 삼각관계 속에 발전되어 왔다. 대중의 흥미와 장르적 쾌감을 주지 못하거나 관객들이 식상해 할 경우, 제작자는 전략적으로 영화텍스트를 변용하면서 새로운 재창조로 조응해 왔던 것이다. 칼과 창을 주로 사용하던 정통무협영화가 유행하다가, 1970년대 리샤오롱의 등장으로 권법 중심의 쿵푸영화라는 새로운 장르가 등장하였고, 1980년대 이후에는 쿵푸오락영화로 변천되었다. 1990년대에는 발달된 특수효과를 영화 속에 활용한 SFX무협영화

---

47) 샤츠, 앞의 책, 69-70쪽.

로 발전되었고, 현재는 스펙타클 전략을 위주로 제작된 블록버스터 무협영화로 변용되고 있다. 따라서, 현재 무협영화 장르는 '정통무협', '쿵푸', '코믹쿵후', 'SFX무협', '블록버스터 무협' 등 다양한 이름으로 명명되거나 하위장르로 분화되는 현상이 나타나고 있으며, 현재 중화권에서도 무협영화 장르를 무협영화(武俠片), 쿵푸영화(功夫片), 무술영화(武打片) 등으로 혼용하여 부르고 있다. 손발 무술을 주로 사용하고 현대를 배경으로 하는 액션영화를 '쿵후영화'로 정의하거나, 코미디가 가미된 쿵푸영화를 '코믹쿵후영화'로 구분하고 있으며, 손발이나 무기를 동반한 무술을 사용하는 영화에 대해서는 '우따(武打片)', '우슈(武術片)' 등으로 다양하고 포괄적으로 명명하는 경향이 있다.

따라서, 무협영화의 장르 변천을 수용하면서도 고유의 의미에 맞게 재정의를 시도한다면, 무협영화란 시대적 배경이 고대이든 현대이든, 공간적 배경이 중국이든 외국이든, 중국 전통무술인 '무(武)'를 사용하는 영화이어야 하며, 그 주제의식에는 중국 전통문화에서 배태된 '협의정신'을 표출한다면 포괄적으로 '무협영화' 장르라고 명명할 수 있겠다. 다만, 용어의 구분은, '무협영화' 장르라는 범주 속에, 손발 기술을 위주로 사용하는 '쿵후영화', 코믹동작의 상업성을 가미한 '코믹쿵후영화', 특수효과를 가미한 'SFX무협영화', 혼합장르와 스펙타클을 강조하는 '블록버스터 무협영화' 등을 무협영화의 하위장르(sub-genre)로 분류하는 것이 장르적 정의에 적합한 재구분이라 보여진다.

5) 무협영화 사례분석 - 〈용문객잔〉, 〈신용문객잔〉, 〈용문비갑〉

그렇다면, 무협영화는 어떠한 요인과 배경 속에 변천되었으며, 어떤 특징을 가지고 있는 것일까. 이 장에서는 무협영화 장르의 변천과 그 의

미를 연구하기 위해 무협영화사
에서 지속적으로 리메이크되어
오면서, 제작시대와 제작 공간에
따라 다양한 장르 변용을 겪어온
무협영화 〈용문객잔〉시리즈를
중심으로 통시적 고찰을 시도하
고자 한다.

〈용문객잔〉은 1968년 홍콩 쇼
브라더스영화사와 후진취앤 감
독이 제작한 '신파무협영화'의 대
표적인 작품이며, 1992년 〈신용
문객잔〉은 〈용문객잔〉을 특수효
과와 화려한 액션으로 리메이크

〈용문객잔〉(1967)

한 리헤이민 감독 연출, 쉬커가 제작을 맡은 영화로서 'SFX무협영화'의
대표적인 작품이며, 〈용문비갑〉은 2011년 쉬커 감독이 연출한 홍콩과
대륙의 합작 '블록버스터 무협영화'를 대표하는 작품이다. 이 장에서는
이들 세 작품을 서사구조, 스타일, 주제의식 등 세 부분으로 구체적으로
비교분석한 후, 이를 통해 무협영화 장르변천의 특징과 의미를 규명하
고자 한다.

① 용문객잔(龍門客棧, Dragon Gate Inn, 1967) – 1960년대 '신파 국어무협영화'

후진취앤(胡金銓) 감독의 〈용문객잔〉은 그의 데뷔작인 〈대취협〉
(1966)에 이은 두 번째 무협영화로, 중국 푸통화(대륙 표준어)를 사용하
는 '홍콩 신파 국어무협영화'의 흐름을 대표하는 영화이다. 후진취앤 감
독은 1931년 중국 베이징 출생으로 베이징회문중학고중부(北京匯文中
學高中部)를 졸업하고, 1949년 홍콩에 정착했다. 1951년 〈작은 마을의

봄(小城之春)〉으로 유명한 대륙 출신 페이무(費穆) 감독이 운영하는 용마영화사에 들어가 디자인과 미술 담당으로 일했다. 1953년에는 〈금봉(金鳳)〉 등 몇 편의 연극에 연기자로 참여했고, 1958년에 역사영화의 대가였던 리한샹(李翰祥) 감독의 조감독으로 〈천녀유혼〉, 〈양축〉 등의 제작에 참여했다. 1964년 〈대지아녀(大地兒女)〉의 시나리오와 감독을 맡아 데뷔했지만, 실질적인 자신의 최초 연출작은 1966년 〈대취협〉이며, 1968년에는 〈용문객잔〉을 연출했다. 이후, 35년간 14편의 영화를 연출하였는데, 대표작으로는 1970년 〈협녀〉, 1973년 〈영춘각의 풍파〉, 1979년 〈산중전기〉 등이 있으며, 1990년에는 정소동 감독과 공동연출한 〈소오강호〉가 있다. 장처 감독과 함께 이른바 60, 70년대 쇼브라더스 시대의 홍콩 무협영화 전성기를 이끌었고 1997년 1월 영면했다. 2011년 그의 탄생 80주년을 맞아, 중국 영화학술지 〈당대전영(當代電影)〉은 '금전학파(金銓學派)'라는 용어를 동원하며 '중국 무협영화의 거장'으로 추앙하면서 대대적인 심층 추도의 글을 게재하기도 했다.[48] 〈용문객잔〉은 1967년 개봉 당시, 한국, 타이완, 필리핀 등에서 흥행에 성공했으며, 홍콩에서는 박스오피스 200만 위안을 달성하여, 무협영화로는 홍콩 역사상 최고의 흥행 기록을 수립했다. 또한, 1968년 베를린국제영화제에 참가했으며, 타이완 금마장을 수상하기도 했다.[49]

〈용문객잔〉이 당시 무협영화의 최고봉으로 인정받은 이유 중의 하나는 역사적 사실과 허구적 내러티브의 절묘한 결합에 있다. 영화는 명나라 권력집단인 환관 동창(東廠)과 이에 맞서는 충신들의 선악대립에 근거한 서사구조를 가지고 있는데, 주석과 같은 10개의 시퀀스로 구성되어 있다.

---

48) 〈胡金銓生平及電影創作年表〉, 『當代電影』, 第181期, 2011, 31-33쪽 참조.
49) 當代電影, 〈中國武俠電影大師 – 紀念胡金銓誕辰80周年電影論壇〉, 『當代電影』, 第185期, 2011, 89-108쪽.

i)프롤로그: 1457년 명나라 동창 챠오샤오친(曹少欽)은 위치엔(于謙)을 참수하고 그 자식들을 유배시킨다. ii)동창이 위치엔 자식들을 죽이려 하나, 여자협객(朱輝) 일행이 나타나 구출한다. iii)동창 일당은 국경지역인 용문으로 향하고, 도착 후 짐꾼들과 국경수비대를 살해한다. iv)남자주인공 협객 샤오샤오즈(蕭少滋)가 용문객잔에 오고, 동창 선발대와 실랑이 벌인다. 용문객잔주인이 오고, 협객남매도 용문객잔에 도착한다. v)한밤중 객잔, 동창 무리가 기습하고, 객잔주인과 여협 남매는 서로의 정체를 알고 힘을 모은다. vi)새벽녘, 용문객잔 안팎에서 동창 일당과 협객 일행이 대결을 펼친다. 여자협객은 객잔 밖에서 동창 3인자인 마오종시엔(毛宗憲)과 대결하고, 협객 샤오는 동창 2인자인 피샤오탕(皮紹棠)과 대결하여 마오종시엔은 죽고 나머지는 도망간다. vii)객잔 안에서 부상 당한 여자협객을 치료하고, 다친 자와 약자를 돌보는 협객들의 협의정신에 반해 타타르인 형제가 투항한다. viii)챠오샤오친 본진이 용문객잔에 도착하여, 국경수비대 대장을 살해하고, 주인공 일행은 도주한다. 도주 중에 타타르인 형제가 동창 2인자 피샤오탕을 제거한다. ix)챠오샤오친과 주인공들의 마지막 결전. 챠오샤오친과 4명의 협객(샤오, 타타르인 형제, 객잔주인) 대결에서 동창 우두머리인 챠오는 마침내 죽는다. x)에필로그: 위장군 자녀들을 안전하게 국경 밖으로 보낸 후, 협객들은 어디론가 떠나간다.

먼저, 서사구조 측면내러티브 측면에서 〈용문객잔〉은 첫째, 간단명료한 서사구조로 구성되는 특징이 있다. 영화 속 플롯과 스토리는 복잡하거나 혼란스럽지 않고, 동창 일당과 이에 맞서는 협객들 이야기로 단순 구성되어 있으며, 음악, 무술동작 등 영상스타일이 영화의 주제를 보여주는 특징을 가지고 있다. 둘째, 영화는 선과 악의 이분법과 대결이라는 명징한 이항대립 구도를 가지고 있다. 악당 세력은 부패권력인 챠오샤오친 동창들이며, 이에 맞서는 협객들은 나라에 충성하고 약자를 돕는 협의정신으로 충만한 선한 세력이다. 특히, 내러티브의 주된 시선은 협객들의 시선과 감정을 따라가고, 관객에게 협객 캐릭터와 동일시(identification)하게 만들고, 악당들의 시선은 아예 배제시켜, 명징한 권선징악의 관점을 유지하는 특징을 가진다. 셋째, 영화가 단순한 내러티브임에도 흥미진진하게 긴장감을 주는 힘은 서스펜스에 있다. 서스펜스(suspense)가 구축되는 대표적 씬은 동창 선발대가 용문객잔에서 싸우는 동안 용문으로 모여드는 동창 본진 무리들을 인서트(insert)이다. 또한, 악당과 협객들이 서로의 신분을 속여가며 긴장관계를 형성할 때, 등장인물은 서로 모르나 관객은 이미 알고 있기 때문에 서스펜스가 강화된다. 그리고, 주요 등장인물이 등장할 때마다 중국 전통음악이 배경효과음으로 나오면서 긴박감을 고조시키고, 객잔의 좁은 내부와 넓은 객잔입구를 오가며 생사의 대결을 벌이면서 객잔은 마치 하나의 결투장 무대처럼 설정되어 관객에게 긴장감을 불러일으킨다. 이밖에, 할리우드 첩보영화에나 나올법한 악당과 협객들의 은밀한 뒷거래와 매수 장면이 서스펜스를 구축하기도 한다. 이러한 매수와 은밀한 뒷거래를 통한 서스펜스 구축은 후 감독이 당시 유행한 007시리즈를 보고 스파이영화장르에 자극을 받아 이 영화를 만들었기 때문이다. 후감독 자신도 스스로 "사실, 〈용문객잔〉은 중국 고대 첩보영화라 할 수 있다. 당시 유행하던 007시리즈에 자극을 받아 만들었기 때문이다"고 술회하고 있다.[50]

다음으로, 영화스타일 측면에서 살펴보면, 첫째, 음악과 동작의 배음(倍音) 몽타주를 들 수 있다. 영화는 주요 인물이 극중에 등장하거나, 악당과 대결을 벌이거나, 내러티브의 분위기가 고조되는 장면에서는 반드시 중국 전통음악이 배경음으로 들려온다. 이것은 마치 중국 경극(京劇)

50) 陳墨, 『中國武俠電影史』, 風雲時代出版社, 2006, 167쪽.

의 인물 등장이나 액션 장면에서 악기가 합주하는 것과 유사한 결합이다. 〈사진1〉에서와 같이, 프롤로그 자막이 열릴 때는 중국 전통의 두루마리 그림이 열리면서 중국 전통취주악이 연주하는 〈소도회(小刀會) 서곡〉이 웅장하게 등장한다. 또한, 동창 무리가 용문객잔에 도착하는 장면이나, 마지막 결전에서 동창 우두머리 쨔오샤오친을 참수하는 장면에서도 전통취주악이 울려퍼져 극적 효과를 극대화하는 배음의 몽타주를 보여준다. 둘째, 중국 전통회화에서와 같은 여백의 아름다움을 활용한 장면을 들 수 있다. 〈사진2〉에서와 같이, 악당과 마지막 결전을 벌이는 산마루 씬을 보면, 배경으로 안개와 구름이 자욱한 산봉우리가 멀리 산수화 병풍처럼 걸려있다. 마지막 8분여 동안 거대한 산과 몽환적인 구름을 배경으로 자그마한 인간 군상이 모여 목숨을 건 마지막 결전을 벌이는 장면은 마치 한 폭의 중국 전통산수화에 들어가는 듯한 기분에 젖게 만든다. 이러한 중국 전통산수화의 여백미는 후진취앤 감독의 대표적인 스타일인데, 이후 〈협녀〉나 〈공산영우〉 등 작품에서도 계속 사용되어진다. 후감독은 〈공산영우〉(1979)에서 구름 장면을 담기 위해 스모그 효과를 사용한 것에 대해, "스모그는 화면장식용이 아니다. 난 여백의 공간을 화면에 잡아놓기 위해 구름장면을 집어넣은 것이다. 서구 회화와는 달리 중국 회화는 자연풍경을 사실적으로 묘사하지 않는다. 중국회화에는 여백의 공간이 많다. 여백은 중국 회화 구도의 중요한 부분이다"라고 답하고 있다.[51] 셋째, 〈사진3〉에서와 같이, 무협영화의 백미인 대결 장면에서는 중국 경극을 연상케 하는 아름다운 무술 동작과 전통검술의 진중한 현실감이 표출된다. 이 영화에서는 실제 경극 배우 출신들 다수가 연기자로 참여했다. 이러한 영화스타일에 대해 후진취앤 감독은 인터뷰에서 다음과 같이 말한다. "내 영화에는 플롯이 없다. 플

---

51) 『씨네21』, 영화감독사전.

롯이 간단하면 스타일이 풍부해질 수 있다. 플롯에 신경을 쓰면 줄거리를 설명하는데 시간을 너무 많이 쓰게 된다. 그러면 스타일이 약해질 수밖에 없다", "내 영화는 스타일의 순수한 결집체. 내용이 별 것 아니더라도 음표를 연주하듯 찍은 장면이 많다". 후진취앤의 영화스타일은 이후 수많은 감독들에게 영향과 영감을 주었는데, 리안 감독이 〈와호장룡〉에서 신비스러운 구름낀 산이 나오고, 마치 경극의 동작같은 우아한 무술을 장쯔이에게 투영한 것은 후감독에 대한 오마주로 알려져 있다.[52]

〈사진1〉

〈사진2〉

〈사진3〉

---

52) 『씨네21』 영화감독사전.

마지막으로, 영화의 주제의식을 살펴보면, 영화는 1960, 70년대 홍콩 신파무협영화의 주된 이데올로기인 유교적 충성과 인간적 의리라는 고전적 '협의정신'으로 가득차 있음을 확인할 수 있다. 악의 존재는 동창과 같은 부패한 권력층으로 조직폭력배처럼 무리를 지어 몰려다니며 민간인을 잔인하게 고문하고 살해하는 세력이며, 자신들의 이해관계를 위해서는 수단과 방법을 가리지 않는 집단이다. 반면, 협객들은 조정에 충성하고, 민간공동체의 공공선을 수호하거나, 사회정의를 실현하고, 재물보다는 의리를 지키고, 약자를 돕는 전형적인 중국 무협정신인 '협의'로 무장되어 있다.

주인공 협객 캐릭터에 협의정신이 강하게 투영되어 있다. 주인공 협객들은 재물이나 명예보다는 친구와의 의리를 중시하며, 공공체의 정의를 위해 헌신하며, 약자를 돌보고, 서민층에 친근한 사람이면서도, 방랑과 자유를 즐기는 개체적 실존이다. 이러한 가치관은 동창이 협객 샤오를 돈으로 매수하려 하지만 그는 객잔주인과의 의리를 더 중시하는 장면, 부상당한 동창들을 자상하게 치료해주거나, 결투 과정에서 여협에게 "뒷쪽으로 먼저 빠져나가라, 저들을 내가 막겠다"고 용감하게 나서는 장면 등에서 여실히 드러난다. 동창이 "친척도 아닌데, 왜 나서는가"라고 묻자, 협객은 "한쪽을 택하면 그 쪽을 배신하면 안된다. 돈과 명예의 문제가 아니다. 동창이 백성들에게 인기가 없어서 그런다"고 단언하기도 한다.

특히, 협의정신의 대미를 장식하는 것은 떠남과 비움이다. 공동체의 정의와 공공선을 실현한 다음에는 자신의 성과나 공덕에 머무르지 않고 표표히 떠나는 떠남과 비움의 정신에서 협의정신의 이데올로기를 확인할 수 있다. 이와 같이, 〈용문객잔〉은 서사구조, 영화스타일, 주제의식 측면에서 60년대 홍콩 국어무협영화의 특징인 정통무협액션과 고전적 협의정신으로 구성되어 있음을 알 수 있다.

② 신용문객잔(新龍門客棧, Dragon Inn, 1992) − 1990년대 'SFX무협영화'
시대의 흥행작

〈신용문객잔〉은 〈용문객잔〉을 쉬커 감독이 제작자로 리메이크한 작
품이다. 〈신용문객잔〉의 연출은 리헤이민 감독이 맡았지만, 제작자가
쉬커 감독이라 실질적으로는 쉬커 감독의 풍격이 많이 반영된 영화이기
도 하다. 이 영화는 1992년 개봉되어, 당시 홍콩에서 할리우드 영화를
제치고 박스오피스 1위를 차지했다. 영화는 등장인물의 이름과 캐릭터
만 약간 변형되었을 뿐 기본적으로 전편과 똑같은 이야기구조를 가지
고 있다. 영화의 내러티브 구조를 시퀀스에 따라 분절해보면, 주선과 같
이 9개 부분으로 나눌 수 있다.

   i)프롤로그: 명나라 환관세력인 동창은 국정을 장악하고, 병권을 쥔 양
   장군 자식들을 미끼로 저항세력인 쩌우화이안 일행을 소탕하려고 계획
   을 꾸민다. ii)동창 우두머리인 챠오샤오친 일당은 양장군 자녀들 습격
   하지만, 여협 모옌 일행이 구조한다. iii)용문객잔에 모옌 일행이 도착한
   다. iv)주인공 쩌우화이안이 객잔에 도착하고, 연인 사이인 모옌과 상봉
   한다. v)동창 선발대가 객잔에 도착하고, 쩌우 일행과 대립한다. vi)한
   밤중에 동창이 쩌우 일행을 급습한다. vii)동창 선발대를 축으로 쩌우
   일행, 국경수비대, 객잔주인 네 세력이 합종연횡하며, 비밀통로를 알아
   내기 위해 쩌우와 객잔주인은 가짜 결혼식을 치른다. viii)동창 우두머
   리 챠오샤오친이 객잔에 도착하고, 챠오샤오친과 3명(쩌우, 모옌, 객잔
   주인)은 최후의 대결을 펼친다. 챠오샤오친을 죽이는데 성공하나 그 과
   정에 모옌도 죽는다. ix)용문객산을 떠나는 쩌우, 객잔 여주인은 이를
   따라 나선다.

먼저, 〈신용문객잔〉의 서사구조 특징을 살펴보면, 부패한 권력집단인 동창과 이에 맞서는 협객들의 대결 구도라는 점에서 후진취앤 감독의 전편과 기본적으로 유사한 골격을 유지하고 있다. 그러나, 내러티브를 구축하는 플롯과 스토리는 〈용문객잔〉을 변형시켜 복잡하게 재구성하여 내러티브를 더욱 풍성하게 구성하고 있다. 영화는 전편과는 달리 충신 양장군의 동조세력을 소탕하기 위해 동창이 의도적으로 함정을 파서 양장군의 자녀들을 유배 보내는 것으로 시작한다. 등장하는 협객들의 인물 설정도 더욱 다양하고 복잡해졌다. 동창 세력과 이에 맞서는 양장군을 추종하는 협객이라는 기본 대립구도 외에, 용문객잔 여주인 진샹위(金鑲玉, 장만옥 분)가 양쪽을 오가는 독립변수로 등장한다. 객잔 여주인은 동창과 협객들 사이를 오가다가 종국에는 협객들의 편에 서게 된다. 전편에 비해 가장 큰 차이점은 〈사진4〉에서와 같이, 협객들 사이에 애정관계라는 멜로드라마를 구축해놓은 것이다. 협객 쩌우와 여협 모옌은 서로 사랑하는 사이이며, 난세를 만나 개인적인 사랑보다는 대의를 위해 희생하는 인물들로서, 이들의 사랑과 죽음이 영화를 더욱 애틋하게 만든다. 1992년의 〈신용문객잔〉은 무협영화 장르에 멜로드라마 장르를 혼합시키면서, 영화적 재미와 감동을 강화하는 특징을 가지고 있다.

다음으로, 〈신용문객잔〉의 영화 스타일은 특수효과를 가미한 스펙타클을 강화했다는 점에 특징이 있다. 영화는 전편과 같이 배음 몽타주를 그대로 답습하고 있는데, 프롤로그 부분의 〈소도회 서곡〉이 전편과 같이 그대로 쓰이고 있으며, 주요 인물이 등장할 때마다 후진취앤 감독이 그랬듯이 중국 경극의 한 장면처럼 전통음악이 배경으로 깔리는 음악과 동작의 배음 몽타주가 이루어지고 있다. 다만, 극 중 흥미를 유발하는 서스펜스는 더욱 복잡하고 빠르게 전개된다. 〈용문객잔〉과 마찬가지로 동창 본진이 객잔으로 몰려오는 인서트 장면이 곳곳에 삽입되어 곧 다가올 최후의 대결에 대한 긴박감을 조성하는 서스펜스 구축 방식은 동일하나, 전편과는 달리 동창, 쩌우 일행, 객잔 여주인이라는 세 세력들간의 긴장과 이합집산이 영화의 서스펜스를 더욱 고조시킨다. 영화에서 가장 큰 차이점을 보이는 것은 SFX를 차용한 과장되고 비현실적인 무술이다. 영화에서는 유도탄 같은 화살 등 다양한 신종무기가 등장하고, 등장인물들은 전부 경공술의 달인으로 날아다닌다. 검술 대결 또한 비현실적 동작과 무서운 파괴력을 보여주는데, 가장 압권은 〈사진5〉, 〈사진6〉에서와 같이 마지막 결투 장면에서 동창 우두머리 챠오샤오친의 손발을 일개 주방장이 순식간에 뼈만 남기고 살을 제거해버리는 비현실적 장면이다. 이와 같이, 하늘을 날아다닌다든가, 비현실적인 무술을 하는 것은 정통무협영화에서는 찾아보기 힘든 것이었는데, 이는 1990년대 당시 관객들이 정통무협보다는 환타지가 가미된 무술동작에 호응을 하면서, 이를 뒷받침할 특수효과 등을 적극 도입한 결과로 보인다.

마지막으로, 영화의 주제의식은 〈용문객잔〉과 마찬가지로 협의정신을 바탕으로 하고 있다는 점에서 정통무협영화를 계승하고 있지만, 연인의 죽음이라는 멜로드라마 주제를 가미한 장르혼합적 특징을 보이고 있다. 쩌우화이안, 모옌, 객잔 여주인은 각자의 욕망 속에 기묘한 삼각관계에 처하지만, 결국 대의와 의리 속에 동창과 맞서는 협력관계로 전환한다. 〈신용문객잔〉은 멜로드라마 장르를 혼합하여, 협의정신 외에도 개인의 사랑, 감성, 욕망을 강하게 표출하고 있다는 점에서 전편과는 가장 큰 차이점을 보인다.

특히, 영화 속 쩌우화이안과 모옌의 비극적 사랑에 홍콩 관객들이 공감한 것은 1997년 중국 반환을 앞둔 홍콩시민의 사회심리적 정서와 무관치 않다고 보여진다. 영화 속 "태평성대는 언제 오려나, 험한 세상일 수록 사랑은 소중하다" 등의 대사는 반환을 앞둔 홍콩 사회의 불안정하고 흔들리는 사회적 심리를 반영하고 표출한 것으로 보인다. 영화에서 특히 흥미로운 것은 객잔 여주인 캐릭터이다. 전편에서 객잔주인이 조정에 대한 충정으로 가득한 전직 장군이었던 것에 비해, 〈신용문객잔〉의 객잔주인은 미모의 여인인데다 사막의 도적이다. 그녀는 세상과 사람에 대한 불신으로 가득 차 있으며 재물과 이해관계를 중시하고, 자유분방하면서도 주체적이고 개인주의적인 인간이다. 그러나, 종국에는 부하와의 의리, 사랑의 힘에 대한 공감 때문에 협객들의 편에 서서 동창과 대적하게 된다. 객잔 여주인이 협객들과 동조하는 이유는 협의정신이 아니라 개인적 이해관계와 자유의지에 의해 비롯된다. 재물을 밝히는 현실적인 인물이면서도 한편으로는 의리를 중시하는 입체적인 객잔 여주인 캐릭터는 역시 홍콩 반환을 앞둔 시민들의 가치관이 투영된 것으로 보여진다.

〈사진4〉

〈사진5〉

〈사진6〉

결국, 1992년 〈신용문객잔〉은 1968년 〈용문객잔〉의 서사구조와 무협영화 공식을 그대로 답습하고 있지만, 첫째, 내러티브의 구조를 더욱 복잡하게 구축하여 관객의 흥미를 극대화하는 방향으로 변화시켰으며, 둘째, 삼각관계를 설정하여 무협영화장르에 멜로드라마 장르를 혼합했으며, 셋째, SFX 기술에 환호하는 관객들의 시대적 트렌드에 맞게 특수효과 등 영화기술을 활용한 장면을 많이 연출했으며, 넷째, 1990년대 홍콩 반환을 앞둔 시민들의 사회심리를 반영한 캐릭터와 주제의식을 표출하는 새로운 특징을 보이는 'SFX무협영화'를 대표한다고 볼 수 있다.

③ 용문비갑(The Flying Swords of Dragon Gate, 2011) – '블록버스터 무협영화' 시대의 대표작

〈용문비갑〉은 2011년 홍콩의 쉬커 감독이 대륙과 합작으로 만든 IMAX-3D용 '블록버스터 무협영화'이다. 2011년 중국 전역에서 상영되어 5.3억 위안의 흥행을 기록했다. 영화는 〈용문객잔〉의 원형에 기대고 있지만, 직접적으로는 1992년 쉬커 감독이 제작했던 〈신용문객잔〉을 리메이크 텍스트로 삼고 있다. 당시 쉬커 감독은 〈신용문객잔〉의 시나리오, 제작을 책임지고 있었고, 사실상 영화 연출의 가이드라인을 설계한 인물이기 때문이다. 쉬커(徐克) 감독은 1951년 베트남에서 태어나, 1964년 홍콩으로 이주한 후, 미국 텍사스 메소디트 대학을 졸업했다. 1977년 홍콩으로 돌아와, TV-B에 입사하여 연출활동을 하다가, 1979년 〈접변〉으로 장편영화에 데뷔했다. 그는 홍콩 영화시장이 기존의 무협영화에 식상하고 퇴조하고 있을 때, 특수효과를 가미한 화려한 무협테크닉을 바탕으로 새로운 무협액션영화 시대를 개척했다. 1981년 〈귀마지다성〉으로 대만금마장을 수상했고, 1983년에는 무협영화에 SF장르를 가미한 〈촉산전〉을 연출했고, 1984년에는 〈최가박당〉을 통해 3천만 홍콩달러를 벌어들이는 등 주로 액션, 코미디, 무협영화 등을 오가며 다양한 연출활동을 했다. 1990년대 들어서 〈황비홍〉 시리즈, 〈소오강호〉, 〈칼〉, 〈양축〉, 〈청사〉 등 특수효과를 가미한 무협영화를 연출했으며, 2000년 대 이후에는 〈칠검〉, 〈적인걸〉, 〈용문비갑〉 등 주로 시대극에 특수효과 를 사용한 '블록버스터 무협영화'를 연출하고 있다. 〈용문비갑〉은 〈신 용문객잔〉의 주인공들과 이름과 다르지만, 시간적으로는 〈신용문객잔〉 영화의 3년 후를 배경으로 하고 있으며, 주인공 인물들은 전편의 캐릭 터를 그대로 계승함으로써 후속 시리즈처럼 보여진다. 영화 속 서사구 조를 시퀀스로 분절하면 주석과 같이 10개로 나눌 수 있다.

i)프롤로그: 동창 세력의 고문 현장에 협객이 등장하여 구원한다. ii)대 각사에서 환관집단인 서창(西廠) 수장인 위화티엔(雨化田)이 권력의 중 심을 잡고, 황제의 아이를 임신한 궁녀를 살해하라고 지시한다. iii)적벽 계곡에서 링옌치우(凌雁秋)가 등장하여 궁녀 수혜이룽(素慧容)을 구출 한다. iv)서창의 배 위에서의 짜오화이안(趙懷安)과 위화티엔이 대결한 다. v)용문객잔의 예전 여주인인 링옌치우는 용문객잔에 도착하여 비 밀통로에 숨는다. 서창 선발대가 도착하고, 타타르족 도적들도 객잔에 모여든다. vi)객잔에 모인 인물 관계가 드러난다. 그들은 60년 만에 오 는 모래폭풍 때 지하궁전의 보물을 훔치기 위해 모인 보물사냥꾼들(객 잔주인, 타타르족 도적, 펑리다오 일행)이다. 링옌치우와 짜오화이안은 상봉하고, 서창 세력 대 비서창 세력으로 결집된다. vii)서창 우두머리 가 용문객잔에 도착하여 결전을 치르고 모래폭풍 속에 들어간다. viii) 지하궁전에서 서창 우두머리 대 서창 반대세력(짜오, 링옌치우, 타타르 족, 펑리다오 등)이 대립한다. 수혜이룽은 서창의 이중첩자로 드러나고, 결국 위화티엔은 죽는다. ix)링옌치우는 이룰 수 없는 사랑에 어디론가 떠나버리고, 짜오는 뒤따라 찾아 나선다. x)도적 펑리다오(風理刀)와 타타르 일행은 궁궐에 들어가서 실세 귀비를 독살하고 권력을 잡는다.

먼저, 〈용문비갑〉 서사구조에서의 시간적 배경은 〈신용문객잔〉 이후의 3년 뒤를 다루고 있으며, 공간적 배경은 여전히 용문객잔이다. 영화는 권력을 전횡하던 동창 세력이 밀려나면서, 그 자리를 서창이 차지하고, 환관정권에 맞서는 충신들과 협객들을 일거에 제거하기 위해 음모를 꾸미는 것에서 시작된다. 전편에서 충신의 자녀들을 용문으로 유배시키는 설정 대신, 황제의 아이를 임신한 궁녀의 살해를 둘러싼 용문에서의 최후의 대결이 주요 서사구조이다. 서사구조에서 전편과의 연속성은 등장인물과 공간구조에서 확실히 나타난다. 남자주인공인 짜오화이안(리린지에 분)은 조정 충신들과 친분이 있는 협객으로 설정되어 있으며, "조정의 일에 강호 무림인들이 나서야 하는" 시대를 한탄하면서도, 협의정신으로 목숨을 건 대결을 벌이는 인물인데, 〈신용문객잔〉의 쩌우화이안과 성은 다르나 이름이 같으며, 자신을 사랑하며 뒤쫓는 용문객잔 전 여주인 링옌치우(쩌우쉰 분)가 등장하고, 전편에서 사랑의 증표로 등장한 피리가 다시 등장하는 장면 등은 이 영화가 전편 〈신용문객잔〉의 연속선에 있음을 암시한다. 여협으로 등장하는 여주인공 링옌치우는 짜오를 찾기 위해 그의 이름으로 가장하며, 그의 흔적을 뒤쫓고 있다. 우연히 만난 궁녀 수혜이롱을 돕기 위해 다시 용문객잔에 가고, 그곳의 비밀통로에서 그녀가 이전 여주인이었음이 밝혀진다. 영화 속에서 그녀는 3년 전 동창 세력을 제거한 후, 잠적한 것으로 언급되고 있는데, 이것은 전편의 여주인(장만위 분)과 동일 인물임을 암시하는 것이다. 다만, 짜오와 링의 사랑관계는 〈신용문객잔〉의 스토리와 직접적인 연속선상에 있지는 않다. 전편에서는 남자주인공이 사랑하는 여주인공을 잃고 홀로 떠나고, 객잔 여주인이 이를 흠모하여 쫓아가는 것으로 마무리 되었던 반면, 〈용문비갑〉에서는 짜오가 강호의 무림인으로 떠돌며 협의정신을 실천하기 위해 개인적인 욕망(사랑)을 포기하고 마음을 비운 협객으로 등장하고 있으며, 링은 이런 짜오를 그리워하고 사랑하며 뒤쫓는 애틋한 멜로드라마적 관계로 재설정되어 있다.

내러티브의 서스펜스를 구축해나가는 방식도 이전과 유사하다. 서창의 우두머리가 용문객잔으로 이동하는 인서트 장면을 곳곳에 넣어 최후의 대결이 긴박하게 다가오고 있음을 지속적으로 암시하고 있다. 용문시리즈에 등장하는 전편과는 달리 비밀통로를 더욱 크고 화려하게 꾸며, 용문객잔 안과 밖이라는 공간 외에, 지하라는 거대한 영화적 공간을 마련함으로써, 용문객잔의 안-밖-지하라는 확장된 공간을 무대로 활용하여 극적 긴장감을 확산시킨다. 특히, 전편들에서 찾아볼 수 없는 전설의 지하궁전을 최후 대결의 공간으로 배치하고, 영화의 극적 재미를 위해 마지막 부분에서 수혜이룽이 이중첩자라는 반전을 삽입해놓았다. 이와 같이, 영화의 서사구조는 전작들에 비해 더욱 복잡하고 재미있게 얽혀놓고, 할리우드식 반전을 마지막에 배치하여 무협영화 서사구조의 극적 쾌감을 극대화하는 특징을 가지고 있다.

다음으로, 영화의 스타일에서 본다면 〈용문비갑〉은 더욱 화려하고 방대한 스펙타클을 보이고 있다. 특히, 3D 양화를 지향하면서 입체적이고 과장된 무술 장면이 들어갔다. 〈사진7〉에서와 같이, 첫 장면에서 거대한 항구 모습을 특수효과로 묘사한 장면이나, 〈사진8〉과 같이 짜오와 동창 우두머리가 서로 날아다니며 대결하는 비현실적 무술 경지, 〈사진9〉에서와 같이, 링옌치우가 궁녀를 구출할 때 날아다니는 모습 등은 3D 영화를 의식한 대표적인 장면이다. 이와 같은, 3D촬영은 할리우드에 필적할 새로운 도전으로 평가받을 수 있으나, 특수효과가 지나치게 남용되면서 영화 전체가 SF영화처럼 보이고, 주제의식의 진지함을 반감하는 효과를 낳은 부정적인 면모도 가진다.

〈사진7〉 〈사진8〉

〈사진9〉

　마지막으로, 〈용문비갑〉은 주제의식 면에서도 전편과는 구별되는 몇 가지 특징을 가지고 있다. 첫째, 〈용문객잔〉, 〈신용문객잔〉에서 근간을 이루던 충의와 정의의 '협의정신' 대신, 인물의 개인적 이해관계가 이합집산하는 오락영화로 변질되었다. 〈용문비갑〉에서는 부패권력에 대한 처벌이나 '협의정신'이 아니라, 지하궁전에 파묻힌 보물 때문에 이합집산하는 구도가 귀결된다. 이러한 변화는 고전적 '협의정신'과 같은 계몽적이고 고고한 정치이데올로기보다는 자극적이고 흥미로운 시청각적 쾌락을 더 추종하는 새로운 관객들을 겨냥한 상업적 동기에서 비롯된 것으로 보인다. 특히, 고대 지하궁전과 보물찾기라는 소재는 할리우드 영화 〈미이라〉 시리즈 등에 나타난 상업영화의 중국적 재탕으로 보이며, 3D 촬영에 기반한 스펙타클과 시청각적 자극에 지나치게 의존하면서, 정작 무협영화의 주제의식인 협의정신은 실종되고 말았다. 둘째, 〈용문비갑〉은 전편에 비해 멜로드라마뿐 아니라, 어드벤쳐영화, 코미디 장르도 혼합시키고 있다. 영화 속 주인공 협객들은 "한 남자를 기다리고 있다"(링옌치우), "겨울같이 차가운 강을 건너 도망가는 강호인이 어찌 연인을 만나길 기대하겠는가"(짜오화이안) 등의 대사와 센티멘탈한 멜로드라마를 표출하면서, 대의와 협의정신은 하나의 영화적 배경으로만 깔고 있다. 또한, 할리우드 블록버스터 상업영화인 〈캐러비안의 해적〉〈미이라〉 시리즈에서와 같은 모험영화, 코미디 장르가 사실상 영화 전체를 지배하고 있다. 셋째, 이 영화는 중화권 스타(대륙, 홍콩, 타이완)가 총출동한 중국 '블록버스터 무협영화' 제작 경향을 대표한다. 홍콩 감독의 연출에, 대륙 배우인 천쿤, 쩌우쉰, 리위춘 등이 주연급으로 출연했고, 타이완에서는 꾸이룬메이 등이 대거 참여하였다. 이 영화는 중국 대륙과 홍콩 합작으로 7천만불 제작비가 들어간 블록버스터 3D 프로젝트로, 제작과 배급에도 중국의 대표적인 국영영화사인 중잉그룹(中國電影公司集團)과 민영영화사 보나집단(博納影業集團)이 주동적으로 참여하여 중국 대륙의 흥행을 겨냥한 중화권 프로젝트 영화이다. 이러한 블록버스터의 등장은 2003년 중국대륙과 홍콩이 CEPA를 체결하면서, 대륙과 홍콩이 합작할 경우 외국영화가 아닌 중국 국산영화로 인정받게 되었고, 이에 따라, 2004년 43편, 2005년 32편 등 중국과 홍콩의 영화합작은 점차 증가하고 있는데, 〈용문비갑〉은 이러한 중국 대륙-홍콩 합작 트렌드를 상징하는 현상이라 할 수 있다.

이밖에, 〈용문비갑〉에는 오마주와 소소한 볼거리를 재미있게 배치하고 있다. 주인공 여협은 사랑하는 남자의 이름을 사칭하고 다니며, 일을 저지르면서 그 남자가 자기 앞에 나타나기를 유도하고 있는데, 이것은 1967년 홍콩 쇼브라더스영화사의 대표적인 무협영화 감독인 장처의

〈금연자〉에서 남자주인공(왕위 분)이 사랑하는 여협 금연자(정패이패이 분)를 강호로 불러내기 위해 사건을 일으키는 내러티브를 오마주한 것으로 보인다. 또한, 영화의 첫 장면에서 70년대 최고의 홍콩 액션스타인 무협스타 리우지아휘를 늙은 동창 우두머리로 설정하여, 1990년대 최고 액션배우인 리린지에와 영화적 대결을 함으로써, 중화권 신구 최고 무협스타의 맞대결로 서두를 여는 것도 재미있다. 한편, 이 영화 특수효과에 한국기술진들이 대거 참여했다. '이클립스 스튜디오', 'SK인디펜던스' 등 한국의 영화기술팀들이 참여하여 영화의 완성도를 높이는데 기여했다.

〈용문비갑〉에 대한 중국 영화계의 평가는 엇갈리지만, 대체로 긍정적이다. 중국영화연구센터의 천무(陳墨)는, "3D기술 발전은 있지만, 인형 장난감 같은 영화"로 비판하고 있지만,[53] 베이징영화학원의 천산(陳山) 교수는, "종합예술을 사용한 블록버스터 상업영화의 대표작"이라 말하고 있으며, 베이징대학 천쉬광(陳旭光) 교수는, "비록 이전의 감독 작품을 넘어서지 못하고 장르가 복잡해졌지만, 무협과 3D무술을 결합함으로써 무협영화의 새로운 출발을 보여준 영화이다"라고 평했으며, 칭화대학교 인홍(尹鴻) 교수는, "서사구조는 일류가 아니나, 스펙타클만큼은 일류이다"라고 대체로 3D기술과 무협영화의 결합을 높이 평가하고 있는 분위기이다.[54]

이와 같이, 〈용문비갑〉은 첫째, '블록버스터 무협영화' 시대로 접어든 2000년대 이후의 새로운 중국 무협영화 제작 흐름을 대변하는 영화이며, 둘째, 상업성과 대중성의 확장을 위해 무협영화의 전통 속에 멜로드라마, 어드벤쳐, 코미디 장르 등을 뒤섞은 혼합장르 영화로 변용되었으며, 셋째, 최초로 3D영화로 촬영한 무협영화로써 특수효과를 사용한 블

53) 陳墨,「龍門飛甲: 錫兵玩偶적3D雜耍」,『電影藝術』, 第343期, 2012, 44쪽.
54)『中國電影藝術報告』, 中國電影出版社, 2012, 110-121쪽.

록버스터급 스펙타클 장면을 성공적으로 보여주고 있으나, 무협영화의 정수인 협의정신이 화려한 SFX와 CG의 시청각적 자극에 퇴색되는 한계를 드러내고 있다.

6) '용문'시리즈의 장르 변용의 특징과 그 요인

① 서사구조 – 단순대립 구도에서 복잡다단 서사구조로의 변용

용문시리즈는 동일한 역사적 시간대와 장소와 사건을 배경으로 하고 있다는 점에서 시리즈 영화라 할 수 있다. 용문시리즈는 명나라 경제를 옹립하려는 위치엔과 영종을 옹립하려는 환관 챠오지샹(曹吉祥) 세력간에 벌어진 역사적 사건인 '토목지변(土木之變)'을 배경으로 한다. 토목지변은 1449년 명나라 영종 때 명나라와 몽골 사이의 전쟁으로, 당시 황제였던 영종은 환관세력의 주장을 듣고 직접 친정(親征)을 단행했다가 토목에서 패전하고 적의 포로가 된다. 이에 북경 조정은 영종의 이복동생인 주기옥(朱祁鈺)을 새로운 황제로 옹립하여 대종 경태제(代宗 景泰帝)가 황위에 올랐다. 에센족은 포로로 잡은 영종이 협상에 아무런 영향을 주지 못하자 1450년에 명나라 조정에 송환했고, 영종은 태상황(太上皇)이 되었으나 궁에 유폐되었다가 경태제가 병으로 자리에 눕게 되자 환관들에게 의해 추대되어 황제의 자리에 복위했다. 이때, 위치엔은 반역을 도모하려고 했다는 죄명으로 처형되고 그 아들과 부인은 변방으로 끌려 갔다. 실제, 위치엔은 조정의 명신으로 반역죄로 처형당하는데, 일반 백성들은 이에 대해 분개했다고 전해진다. 〈용문객잔〉에서는 충신 이름을 위치엔이라는 실명 그대로 사용하고 있으나, 환관 우두머리는 챠오지샹 대신 챠오샤오친이라는 이름으로 바꾸어 등장시키고 있다.

이후 용문시리즈는 이러한 배경을 기본 골격으로 유지하고 있다. 비록, 등장하는 주인공 이름이 다르고, 〈용문비갑〉은 전편의 3년 이후라는 상황에서 시작되지만, 기본 서사구조와 등장인물은 동일한 페르소나이다. 〈용문객잔〉의 주인공 협객 샤오샤오즈는 〈신용문객잔〉의 쩌우화이안(周淮安)로 이름이 바뀌고, 〈용문비갑〉에서는 쨔오화이안으로 등장하지만, 이들은 공통적으로 주인공 협객 역할을 하고 있다. 또한, 〈용문객잔〉의 샤오와 〈신용문객잔〉의 쩌우는 우산칼 무기를 사용하고 있으며, 〈신용문객잔〉의 쩌우와 〈용문비갑〉의 쨔오는 성과 이름은 달라도 동일한 인물로 이야기가 전개된다. 따라서, 용문시리즈는 명나라 영종 때의 역사적 사실을 배경으로 같은 시대와 동일한 공간인 용문객잔에서 최후의 대결을 한다는 점에서 공통적인 서사구조를 가진 시리즈물이다.

용문시리즈의 서사구조는 단순구도에서 복잡다단한 구도로 전환되는 특징을 보인다. 1968년 〈용문객잔〉은 가장 전통적인 무협영화 장르의 서사구조를 따른다. 1992년 〈신용문객잔〉에서는 남녀협객 사이의 애정관계가 협의정신과 동등한 위치를 가지고 있다. 2011년 〈용문비갑〉은 전편들에 비해 훨씬 더 복잡한 서사구조를 가지고 있다. 다양한 인물 군상을 배치하여, "사람이 있는 곳이 강호이며, 강호에는 은원이 있다(有人就有江湖, 有江湖就有恩怨)"는 식의 이해관계 속에서 영화의 서사구조를 풀어내고 있다. 용문시리즈를 멜로드라마적 관점에서 본다면, 〈용문객잔〉은 사랑이라기보다는 존경의 감정에 가깝고, 〈신용문객잔〉에서는 무언의 사랑을 나누고 있지만, 협의정신의 대의의 뒷전에 밀린 '그림자 사랑(影情)'이며, 〈용문비갑〉에서는 사랑을 전면에 내걸고 갈구하고 찾아다니며 협의정신보다 소중한 가치로 제시하고 있다. 따라서, 용문시리즈는 부패권력과 맞서는 협객들의 대결을 기본축으로 구성하되, 점차 멜로드라마 장르가 들어오고, 점차 코미디, 특수효과가 강조된 SF영화

요소 등이 혼합되면서, 서사구조 또한 혼합장르의 에피소드를 위해 복잡다단한 서사구조로 변용되고 있다.

② 영상스타일 - 사실적 스타일에서 SFX 스타일로의 전환

용문시리즈에 나타나는 특징적인 영상스타일을 정리하면, 첫째, 용문객잔이라는 주점을 강호의 축소판으로 도입하고 있다. 영화시리즈는 공통적으로 국경 지역의 주점인 '용문객잔'을 무대로 전개된다. 후진취앤 감독이 "고대의 객잔, 특히 황야의 객잔은 영화 소재로 적합한 장소이다. 한 객잔에서 시공간적으로 모이는 것은 폭발하기에 적합한 곳이다"라고 말한 바와 같이[55], 용문객잔은 국경을 넘나드는 도적 떼와 사기꾼들이 우글거리는 악당들의 집합처이자 만남의 장소이며, 은원과 갈등이 존재하는 무협영화의 무대인 강호(江湖)를 상징하는 장소이다. 둘째, 주제음악 〈소도회(小刀會) 서곡〉을 주로 사용하여 배음의 몽타주를 보여준다. 〈소도회(小刀會) 서곡〉은 1959년 중국의 가극 〈소도회〉에 사용된 서곡으로, 작곡가는 상이(商易)이다. 원래 〈소도회〉는 1853년 상하이에서 봉기한 혁명투쟁을 소재로 만든 가극이다. 봉기, 승리, 항의, 야습, 구원, 돌파, 결전 등 7막으로 구성된 혁명가극으로, 1959년 신중국(사회주의공화국) 수립 10주년을 맞아 상하이 실험극장에서 초연한 작품이다. 용문시리즈의 공통점은 〈소도회 서곡〉을 프롤로그의 배경음악이자, 주제음악으로 차용하고 있다는 점이다. 이 음악은 용문시리즈 외에도 쩌우싱츠 주연의 〈서유기(大話西遊)〉의 주제곡으로도 사용되어 유명해졌다. 용문시리즈에서는 공히 소도회 서곡을 사용하고 있으며, 특히 주요 등장인물이나 대결이 벌어질 경우에는 경극 음악의 지휘봉격인 고반(鼓板)에 맞춰 동작이 진행되면서 긴장감을 불어넣는 것도 공통점이다. 셋

---

55) 중국 바이두 사이트 검색 결과. http://baike.baidu.com/view/126314.htm

째, 특수효과(SFX)를 사용한 영화스타일이 갈수록 강하게 투영되고 있다. 용문시리즈는 1966년에서 2011년까지 45년이라는 영화기술 발달의 격차를 보여준다. 〈용문객잔〉은 영화의 무술감독을 맡은 한잉지에(韓英杰)는 "경극의 미감(美感)에서 빌려온 무술동작이다"라고 술회하고 있듯이, 과장되지 않고, 사실적이며, 동시에 경극 동작의 우아하고 아름다운 무술을 기본으로 한다. 반면, 〈신용문객잔〉과 〈용문비갑〉은 발달된 영화기술과 특수효과를 영화 속에 차용하여 화려하고 과장된 무술동작을 선보인다. 특히, 〈용문비갑〉은 3D영화로 촬영된 작품이다. 쉬커 감독은 3D 기술과 중국 전통무협과의 연관성에 대해, "3D 기술은 영화의 미래가 될 것이다. 2D 영화에서는 액션 동작을 강조하고 공간감이나 입체감을 만들어 내기 위해 많은 촬영과 편집이 필요했다. 반면, 3D에서는 상대적으로 신경쓸 부분이 적어진다. 사실 3D기술은 할리우드가 강하다. 그러나 중국에서는 오랜 역사를 바탕으로 한 스토리가 있다. 이것은 서양과는 다른 아시아인만의 상상력이다. 이런 상상력을 영화적인 기술을 통해 표현할 수 있는 가능성은 할리우드에 비해 훨씬 풍부하다"고 인터뷰에서 말한다.[56] 특히, 〈용문비갑〉은 중국권 최초의 IMAX용 3D영화이다. 중화권에서는 이 영화가 개봉되었을 당시 "〈아바타〉 3D 영화가 혁명을 일으킨 2년 뒤에 비로써 중국인 스스로가 대작 3D 영화를 만들었다"는 애국주의 여론이 일기도 했다.[57]

이와 같이, 용문시리즈의 영상미학 스타일은 〈용문객잔〉의 사실적인 스타일에서, 점차 영화기술과 다양한 장르가 혼합되면서 특수효과를 사용한 스펙타클한 영상스타일로 변화하고 있다.

---

56) 쉬커 감독 인터뷰, 〈아시아의 상상력, 무협 3D로 구협하겠다〉,『씨네21』, 2011. 10. 8.
57) 중국 바이두 사이트 검색. http://baike.baidu.com/view/3916321.htm

③ 주제의식 - 고전적 협의정신의 퇴조와 오락적 카타르시스의 확장

무협영화의 주제의식과 이데올로기는 주인공의 캐릭터, 악의 무리에 대항하는 가치, 서사구조의 선악 대립구도 속에 찾을 수 있다.[58] 특히, 서사구조의 마지막 대결에서 주제의식이 확연히 드러난다. 무협영화는 평화롭고 안정된 공동체나 사회(발단)에 이를 위협하는 악당들이 등장(전개)하고, 이에 맞선 영웅들이 최후의 대결(위기, 절정)을 통해, 악의 무리를 물리치고 다시 안정을 되찾는 부분(결말)으로 귀결된다. 결국, 악당의 정체성과 이에 맞서는 협객들의 최후의 대결에서, 이들이 목숨을 걸고 지키고 수호하려는 가치관에서 주제의식과 이데올로기가 확연히 분출된다.

〈용문객잔〉에서 주인공 협객 일행은 백성들의 삶을 훼손하는 부패한 권력층에 맞서 목숨을 건 투쟁을 하고 승리함으로써 공공선, 정의, 협의정신을 실현한다. 〈신용문객잔〉에서도 부패한 권력층에 맞서 싸우는 영웅 협객들의 이야기라는 점에서 협의정신이 들어있지만, 마지막 결전을 앞두고 동창 세력에 맞서는 세력 중에는 자유분방하고 개인적 이해관계에 의해 움직이는 객잔 여주인이 포함되어 있다. 돈과 재물, 자신의 이해관계를 중시하던 전형적인 객잔 여주인은 결국 인간적 유대감 속에 협객들의 편에 서게 된다. 그런 점에서 이 영화는 협의정신을 강조하는 전형적인 무협영화라기보다는 인간적인 감성과 유대관계 속에 협객에 동조하는 민간인을 부각했다는 점에서 현대적 휴머니즘과 개인주의적 가치가 들어있다. 〈용문비갑〉은 유교적 충성, 공공선 등의 협의정신보다는 보물, 사랑 등 자신들의 개인적 이해관계와 사랑에 더 충실한 특징을 드러내고 있다. 그런 점에서 이 영화는 전통적인 무협영화보다는 개인주의, 사랑 등의 가치를 가진 할리우드 블록버스터 영화의 가치관

---

58) 賈磊磊, 〈中國武俠動作電影的文化價値觀〉, 『電影藝術』, 第340期, 2011, 5-8쪽.

에 가까우며, 흥미와 오락을 추구하는 젊은 관객층의 취향에 충실한 영화이다.

〈용문객잔〉에서는 정의와 의리라는 확고한 협의정신 속에 연합을 이뤄 대적하나, 〈신용문객잔〉에서 객잔 여주인은 자신의 이해관계와 감정으로 연대하기 때문에 협의정신은 주변화되며, 〈용문비갑〉에서는 아예 협의정신보다는 개인적 물질적 이해관계 속에서 연합하고 대적함으로써 협의정신은 퇴색하고 있다.

7) 왜 무협영화 장르가 변용되고 있는가?

장르영화는 관객의 취향과 제작자의 전략 사이에서 끊임없이 '장르형성과 재창조'라는 이중적 속성을 가지는 상호텍스트이다. 이러한 장르의 속성과 운명을 릭 알트만(R. Altman)은 네 가지 단계로 서술하고 있다. "첫 단계, 그들 고유의 성공영화를 모방하면서, 스튜디오들은 우선 팔기 쉽고 그 고유한 라벨에 합치될 영화시리즈를 전수시키려고 노력한다. 두 번째 단계, 만약 이 시리즈가 성공하고 다른 스튜디오들이 동일한 제작법의 성분들을 모을 수 있다면, 시리즈는 장르가 된다. 세 번째 단계, 이때 형용사 속에 포함되어져 있었던 시리즈의 한정은 명사화되며 새로운 장르 이름 자체가 된다. 네 번째 단계, 일단 스튜디오 전체가 장르를 인정하고 공유한다면 혹은 장르가 포화상태가 되었을 때, 이 장르로부터 새로운 장르화 과정을 착수하게 되는, 새로운 시리즈를 창조하거나 버리는 것이 더 이익을 가져다준다."[59]

그렇다면, 장르는 왜 변용되고 재창조되는가. 이러한 물음에 대해서

---

59) 라파엘 무안, 『영화장르』, 동문선, 2009, 186쪽.

는 토드 기틀린(Todd Gitlin)이 연구한 방송프로그램에서 흥행의 불확실성을 줄이기 위한 제작자의 전략에서 해답을 찾을 수 있다. 첫 번째는 스핀오프(spin-off) 전략으로 성공한 프로그램의 인물을 주인공으로 해서 다른 속편 프로그램을 만드는 식이다. 그 인물의 캐릭터를 견지하면서 약간씩 변화를 가미하는 방식으로, 미국 할리우드 〈아이언맨〉 시리즈가 대표적이다. 중국 무협영화에서도 〈소림사〉(1982)로 데뷔하여 무술달인의 이미지를 가진 리린지에를 〈황비홍〉(1991), 〈동방불패〉(2002)로 계속 활용하여 흥행을 이어가는 것에서 찾을 수 있다. 둘째, 복제(copy) 전략으로 성공한 프로그램을 그대로 베끼는 것이다. 예를 들면, 1990년 진용의 소설을 각색한 SFX무협영화 〈소오강호〉가 흥행에 성공하자, 〈동방불패〉, 〈육지금마〉 등 특수효과를 활용한 SFX무협영화가 양산된 것이 대표적인 사례이다. 셋째, 재조합(recombination) 전략으로, 여러 흥행 요소를 하나의 프로그램 안에 버무린 것을 말한다. 역사상 최고의 흥행 기록을 달성한 제임스 카메룬 감독의 〈아바타〉에는 SF환타지 장르 외에도 서부영화, 멜로드라마, 액션 등의 흥행요소가 혼재되어 있고, 〈본 얼티메이텀〉(2007) 시리즈에도 스파이영화 외에 멜로드라마, 액션영화 요소를 조합하여 흥행 보장과 리스크헤징을 하고 있다.[60] 기틀린이 언급한 스핀오프, 카피, 조합의 제작 전략은 프로그램의 흥행 보장을 위한 관객-제작자간의 상호조응관계에 기반한 방법론인데, 영화 장르에도 그대로 적용될 수 있다.

　장르영화가 관객의 취향, 제작자의 전략, 장르의 상호텍스트성 등 장르영화 특유의 속성을 가지고 있는 한, 장르의 혼합과 변용은 필연적이기 때문이다. 용문시리즈에서도 이러한 장르혼합과 변용을 보이고 있는데, 요인을 정리하면 아래와 같다.

---

60) Todd Gitlin, 『Inside Prime Time』, Pantheon Books, 1985, 69-75쪽.

첫째, 무협장르는 본질적으로 상호텍스트성의 운명을 가진다. 조종흡에 따르면, "장르는 상품에 대해 두 가지 필요를 충족시킨다. 한편으로는 표준화의 친근함을, 다른 한편으로는 상품의 차별화를 시도한다. 만약 모든 영화텍스트가 서로 비슷하거나 같다면, 관객들은 곧바로 영화보기를 포기할 것이다. 따라서, 장르는 표준화를 추구하는 만큼 텍스트와 관객의 차별화를 유도한다. 다시 말해서, 장르는 텍스트에 한정된 개념일 수 없다. 장르는 모든 텍스트를 아우르는 상호텍스트적 개념"인 것이다.[61] 그런 점에서 용문시리즈는 출발부터 1960년대 유행하던 서부영화, 007시리즈, 일본 사무라이영화의 영향 속에 제작된 영화이다. 중국 무협영화는 당시 관객이 좋아하는 친숙한 상업영화 장르를 참조하여 제작되었으며, 그 결과 중국 고유의 협의정신을 다루고는 있지만, 서부영화, 사무라이 영화와 유사한 서사구조와 영화스타일을 내포하게 된다. 또한, 1980년대 이후 친숙한 정통무협영화가 점차 식상해지고, 1990년대 이후 달라진 관객의 취향과 발달된 영화기술이 접목되면서 〈신용문객잔〉과 같은 'SFX무협영화'가 유행하게 되었고, 2000년대 이후에는 중국 대륙이 본격적인 무협영화 제작의 중심지가 되면서, 국제경쟁력을 지향하는 범중화권 프로젝트로서의 '블록버스터 무협영화'로 변용되고 있는 것이다.

둘째, 산업적 측면에서 보면, 흥행 보장을 위한 제작자의 장르혼합 전략이 변용의 요인이 되었다. 용문시리즈는 당대 최고의 흥행작이다. 관객들의 취향과 기대를 최대한 만족시킨 최고의 장르영화였기 때문이다. 시대에 따라 관객의 가치관과 취향이 변하자, 제작자는 상업성을 고려하여 자연스럽게 이들의 변화된 새로운 기호를 따라 변용된 무협영화를 제작하게 된다. 장르혼합은 관객들의 달라진 취향을 반영하고, 영화

---

61) 조종흡 외,『장르 혼합 현상에 나타난 산업과 관객의 상호텍스트적 관계』, 영화진흥위원회, 2004, 19쪽.

의 리스크헤징을 통한 흥행성을 보장한다는 점에서 무협영화 변용의 핵심 요인이다.

셋째, 영화기술의 발달과 스펙타클 상업화 전략이 결합하면서 장르의 변용을 가져왔다. 1960년대 홍콩 '정통무협영화'는 중국 경극에서 차용한 우아한 동작과 사실적인 전통무술의 결합을 통해 현실감과 진중함을 보여주었지만, 1990년대 이후 'SFX무협'에서는 특수효과가 차용되면서 협객들이 아예 날아다니거나 장풍이 폭발하는 등의 과장되고 비현실적 SF무술이 지배적인 관습이 되었다. 한편, '블록버스터 무협영화'에서는 할리우드 스펙타클 전략을 수용하여 무술장면을 더욱 과장되면서도 화려하고 신비로움을 일으키는 블록버스터 스펙타클 전략으로 선회하여, 시각적 쾌락을 극대화한다. 특히, 〈아바타〉의 흥행 이후 중국 사회에서는 중국 국산3D영화에 대한 자성과 소명의식이 일었고, 그 결과, 중국 영화사상 최초의 IMAX-3D무협영화 〈용문비갑〉이 등장하게 된 것이다.

넷째, 중국 사회의 컨텍스트적 문화요소가 도입되어 장르 변용을 가져왔다. 무협영화는 중국인들이 자신의 민족과 사회에 대한 무의식적 소속감과 정체성을 투영한 장르이다. 1960년대 홍콩의 정통무협영화에서는 부당한 권력에 대한 저항, 잃어버린 정의에의 갈구, 유교적 충효와 같은 전통문화 요소는 명백히 중국 대륙의 문화대혁명과 연관된 주제의식으로 보인다. 중국 대륙의 사회주의체제에 대한 심리적 저항, 중국 고유의 전통문화를 거부하는 문화대혁명에 대한 비판의식 등이 〈용문객잔〉과 같은 홍콩 정통무협영화의 주제의식에 일정한 영향을 미쳤던 것이다. 1992년 〈신용문객잔〉은 홍콩 반환을 앞둔 홍콩 시민들의 사회심리적 불안감과 우울한 정서를 반영한 측면이 있다. 난세를 만나 비극으로 끝나는 협객간의 애틋하고 센티멘탈한 사랑은, 마치 정치적 권력관계에 의해 알 수 없는 미래로 끌려가는 어지러운 홍콩 사회의 자화상을 은유적으로 표출한 것이다. 2011년의 〈용문비갑〉은 홍콩 쉬커 감독, 타이완의 여배우 꾸이륜메이, 중국 대륙의 쩌우쉰, 천쿤 등이 영화에서 만나, 중국권(대륙, 홍콩, 타이완)의 문화적 통일을 상징적으로 표출하며, 중국 대륙의 관객과 영화시장을 겨냥한 측면이 있다.[62] 이처럼, 중국 사회의 사회문화적 컨텍스트 요소가 영화에 반영됨으로써, 장르와 주제의식에 변화를 주고 있는 것이다.

마지막으로, 장르 변용은 주제의식에도 일정한 변화를 가져왔다. 관객의 취향과 제작자의 전략 속에 변용되어온 무협영화는 변용될수록 스스로 무협영화장르의 관습과 정체성이 훼손되는 이율배반적 결과로 귀결되고 있다. 무협영화는 중국민족의 전통문화를 대표하는 중국영화이지만, 장르가 변용되면서 점차 전통문화와 중국적 정체성이 약화되는 아이러니가 나타나고 있기 때문이다. 특히, 2000년대 이후 무협영화는 중국 대륙에서 중점적으로 제작되면서, 산업적으로는 글로벌 수출전략에 입각한 스펙타클과 오락성이 강화되고, 이데올로기적으로는 중국 전통의 고전적 협의정신보다는 인류보편적인 휴머니즘, 남녀간의 순수한 사랑 등을 강조한 보편적 주제의식이 개입되면서, 무협영화 특유의 협의정신과 정체성은 점차 옅어지는 역설적 현상을 낳고 있는 것이다.

지금까지, 용문시리즈를 중심으로 중국 무협영화 장르변용 요인과 그 의미에 대해 살펴보았다. 이를 통해, 1920년대 태동된 중국 무협영화는 90여 년 동안 홍콩과 중국 대륙을 중심으로 '정통무협영화', 'SFX무협영화', '장르혼합형 블록버스터 무협영화'로 끊임없이 진화하고 있다는 것을 확인할 수 있었다. 그리고, 장르의 변용 요인으로는 첫째, 장르

---

62) 2005년 오디션 프로그램 '초급여성(超級女聲)' 출신인 중성적 매력의 대륙 가수 리위춘과 정순가련형의 타이완 배우 꾸이륜메이를 삼각관계로 설정하여, 대륙-타이완과의 은유적 장치를 도입함으로써, 중국 영화시장의 90%에 달하는 20-30대 관객층을 위한 소소한 재미를 제공하고 있다.

영화의 본질적 속성인 상호텍스트성, 둘째, 제작자의 혼합장르 전략, 셋째, 관객의 취향 변화, 넷째, 영화기술의 발달과 스펙타클 상업화 전략, 다섯째, 중국 사회의 컨텍스트적 문화요소가 개입된 결과라는 것을 고찰할 수 있었다.

현재 중국 무협영화는 대륙을 중심으로 제작되는 '장르혼합형 블록버스터 무협영화' 시대를 맞고 있다. 이러한 대작 무협영화는 화려한 특수효과를 활용한 스펙타클 시대를 열었고, 다양한 장르를 혼합하여 관객에게 흥미와 쾌락을 극대화하는 대중성 확장이라는 점에서는 큰 성과가 있었다. 반면, 주제의식 측면에서 볼 때, 정의, 자유, 물질주의가 아닌 정신적 가치, 의리 등으로 계승된 정통적 '협의정신'은 점차 쾌락과 오락성에 밀려 주변화 되고 있는 분위기이다. 특히, 세계 영화시장을 겨냥한 글로벌 전략이 '블록버스터 무협영화' 제작에 반영되면서, 중국 전통 가치관에 기반한 무협정신은 점차 인류보편적 휴머니즘과 남녀간의 사랑이라는 주제의식으로 전환되면서, 스스로 정체성을 약화시키는 길로 나가고 있다. 중국 블록버스터 무협영화는 관객들에게 '무협'이라는 스펙타클과 오락이라는 코스프레(costume play)를 제공하지만, 정작 협객들의 정신은 박제시켜버리는 퇴행 현상을 보이고 있는 것이다.

4

거세게 부는 세대교체 바람
– '시장형 청년영화'의 흥행

1) 청년영화의 새로운 도전 – '시장형 청년영화'의 탄생과 개념

중국영화사를 세대론에 입각하여 바라보려는 관점은 총체적 시각의 결핍이라는 점에서 온전한 접근법이 아니다. 4세대, 5세대, 6세대 등 세대론에 입각하여 중국영화사를 바라보는 관점은 여러모로 한계를 가진다. 세대론은 공통된 집단정체성과 경험을 중시한다는 점에서 중국영화사를 독해하는 중요한 문화코드로 삼을 수는 있겠지만, 각 세대의 공통된 기준을 명확히 제시하기 어려우며, 영화사를 감독집단에 의한 발전으로 보는 협소한 사관도 문제적이며, 특히 중국영화사는 시대정신과 사회가치관의 변화, 영화산업구조의 변천, 대중의 수용문제 등 다양한 영화생태계의 유기적 요인들 속에 종합적으로 바라보는 것이 타당하다고 본다. 그렇지만, 중국영화 발전과정을 살펴보면, 당대 청년감독들의 주류질서에 대한 저항과 전복에서 새로운 영화발전이 태동되는 세대교체적 성향이 영화발전을 추동해온 요인이었다는 점은 명확해 보인다. 최근 중국영화에서도 청년감독들의 등장과 부상이 새로운 변화를 예감하고 있다.

세대론에 근거하여 최근 동향을 고찰하면, 1980년대 굴기하여 현재까지 중국영화를 주도해온 5세대 영화감독들은 여전히 강력한 영향력을 가지고 있다고 보여진다. 특히, 2001년 WTO 가입 이후 10여 년간 장이모우, 천카이꺼, 평샤오깡 등 3명의 국민감독은 2002년부터 2012년까지 1억 위안 이상의 흥행을 올린 영화는 총 17편에 달한다. 칭화대 인홍 교수는 이들 3명의 저명감독을 위, 촉 오로 정립했던 삼국지(三國演義)에 빗대어 '삼국지 감독'이라 부르기도 한다. 2015년에는 65세를 맞은 장이모우 감독은 2002년 〈영웅〉 이후, 대작 상업영화 연출 외에 2008년 베이징올림픽 개막식 연출 등 영화와 공연을 넘나드는 연출 활동을 선보이고 있다. 2013년 〈금릉의 13소녀〉에 이어 〈5일의 마중〉을 연출하여 흥행하기도 했다. 63세의 천카이꺼 감독은 〈무극〉(2005), 〈조씨고아〉(2011) 등 대작 상업영화에 몰두하는 경향을 보이고 있으며, 2012년 〈수색〉을 연출하여 2억 위안 정도의 흥행을 기록했다. 천카이꺼 감독의 〈수색〉은 루쉰문학상을 받은 인터넷소설 〈나를 용서해줘요(請你原諒我)〉를 각색한 영화로, 현대 네티즌의 인터넷 검색(人肉搜索)을 소재로 다룬 영화이다. 천쉬광 북경대학 교수는 "영화는 비교적 어둡고 진중하다. 미디어의 윤리도덕성에 대한 비판정신을 담고 있는데, 이는 감독의 엄숙한 비판적 이성정신의 결과이다"로 평가하는 등 평단의 반응은 좋은 편이었으나, 대중 관객에게서는 큰 호응을 얻지 못했다.[63] 평샤오깡 감독은 2010년 〈탕산대지진〉으로 흥행의 기록을 이어갔지만, 2013년 〈1942〉에서는 4억 위안 흥행에 4억 위안에 그쳤다.

6세대 감독군들 또한 여전히 활발한 창작 활동을 보이고 있다. 관후의 〈살생(殺生)〉, 왕샤오솨이의 〈나 11(我11)〉, 장양의 〈날으는 양로

---

63) 陳旭光. 2012. 「〈搜索〉研討會紀要」, 『電影藝術』, 9期.

원〉, 왕취앤안의 〈백록원〉, 러우예의 〈부성미사(浮城謎事)〉, 지아장커의 〈천주정〉이 개봉되었지만, 흥행 면에서는 여전히 부진한 편이다. 〈백록원〉은 비록 1억 위안을 돌파했지만, 제작비를 회수하지 못했고, 〈살생〉은 2000만 위안, 〈나 11〉과 〈날으는 양로원〉은 고작 몇 백만 위안 수익에 머물러 영화시장에서 두각을 나타내지 못했다. 6세대 감독군은 활발히 예술성 강한 영화를 선보이고 있지만, 영화시장에서는 흥행의 뒷전에 밀려나 있는 상황이라 할 수 있다.

이에 비해, 포스트 6세대에 해당하는 신진 청년감독의 활약은 부각되고 있다. 비록 포스트 6세대 선두주자를 자임하고 있는 루촨 감독의 〈왕의 성찬〉이 '천둥소리는 큰데, 비는 작게 온다(雷聲大雨点小)'는 말처럼 기대에 미치지 못하고 흥행에서 참패했지만, 앞의 〈표18〉, 〈표19〉 2012년, 2013년, 2014년 박스오피스도 통계를 보면, 포스트 6세대 청년감독들이 영화시장의 흥행의 중심으로 부각되고 있는 현상을 확인할 수 있다. 2012년도에는 박스오피스 1위와 2위를 모두 청년감독(쉬징, 우얼샨 감독)이 차지하고 있으며, 1억 위안 이상 흥행을 보인 영화 중 닝하오의 〈황금대겁안〉, 리위(李玉)의 〈2차폭광〉, 펑더룬 〈태극1, 2〉, 루지엔칭 감독의 〈콜드 워〉 등이 차지하고 있어 박스오피스 흥행의 대부분을 40세 전후의 청년감독이 주도하며 흥행의 강자로 부상하고 있다는 것을 알 수 있다.

이와 같이, 최근 중국 영화시장을 보면 5세대 감독들의 건재 속에 지아장커, 왕샤오솨이, 러우예 등의 6세대 연령층, 그리고 루촨, 닝하오, 리위, 쉬징 등 '포스트 6세대'감독의 연령층들이 경합하고 공존하는 경향을 보이고 있는 현황을 알 수 있다. 주선율, 상업영화, 예술영화라는 다원화된 영화창작 분위기 속에서 5세대, 6세대, 포스트 6세대가 뒤섞이고 경쟁하게 되면서, 베이징영화학원 정동티엔 감독이 표현한대로 "대없는 시대(無代的代)"를 형성하고 있는 것이다. 다양한 개성을 가진 신진 청년감독들의 장르형 상업영화가 새로운 영화시장의 강자로 부상하면서 '삼국지(三國演義)에서 춘추전국(春秋戰國) 시대로'의 현상이 두드러지고 있다.

특히, 6세대 이후 '포스트 6세대' 영화는 기존 영화에 비해 훨씬 시장친화적이고 대중적이면서도 개성넘치는 영화작품을 선보이고 있다. 1971년생 루촨은 "나는 6세대가 아니다"고 주장하면서 〈커커시리〉(2004), 〈난징! 난징!〉(2009), 〈왕의 성찬〉(2012) 등 상업성과 예술성을 혼용하는 독특한 미학으로 스타감독으로 부상했으며, 〈크레이지 스톤〉(2006)으로 일약 스타덤에 오른 1977년생 닝하오 감독은 〈황금대겁안〉(2012) 등 청년세대의 욕망과 관심을 상업적으로 구현한 상업영화를 창작해오며 흥행을 이어가고 있다.

최근 부상하고 있는 청년감독들의 영화는 첫째, 영화시장시스템 속에서 청년대중들의 소통과 지지 속에 흥행에 성공하고 있으며, 둘째, 청년세대의 욕망과 내면의식을 반영한 결혼, 사랑, 돈, 직장 등 청년문화를 소재로 삼으며, 셋째, 청년주인공을 통해 청년세대의 현실인식을 반영하는 공통점을 가지고 있다. 2010년 중국 영화시장 흥행 10위를 기록한 〈두라라 승진기〉(2010), 2011년 국산영화 흥행 4위를 기록한 〈실연 33일〉, 그리고 2012년 흥행몰이를 하고 있는 〈황금대겁안〉(2012) 등이 대중적 청년영화의 대표적인 사례이다.

필자는 이러한 청년영화의 새로운 경향을 '시장형 청년영화'로 명명(命名)하고, 이 장에서는 이들 작품이 등장한 시대적 배경과 사회문화적 의미를 정리하고자 한다. 먼저, '시장형'이라는 표현은 이들 영화가 공히 시장시스템에 충실한 상업적이고 대중적인 영화라는 의미이며, 둘째, '청년영화'라는 용어는 영화창작의 주체가 생물학적 연령으로 청년세대이거나, 혹은 영화의 주제의식에서 청년세대의 욕망과 현실을 다루고 있는 청년문화의 정신과 가치를 내포하는 영화를 말한다.

이들 '시장형 청년영화'는 영화산업이라는 측면에서 본다면, 개혁개방 이후 지속적으로 추진해온 '정부주도형 영화산업 시장화' 정책의 파생물이자 주도자라 할 수 있다. 쉽고 재미있는 소재로 일반 대중들의 욕망을 반영하고 충족시켜 주면서, 수익창출이라는 시장가치에 충실한 대중적 상업영화이기 때문이다. 또한, 이들 청년영화는 개혁개방 이후 출생한 빠링허우('80後), 지우링허우('90後) 청년세대의 새로운 소비 욕망과 내면의식을 충실히 반영하고 있으며, 기존 5, 6세대 청년영화의 '체제외(體制外)' 정치성향에서 완전히 자유로운 시장맞춤형 영화이다.

또한, 영화미학적 차원에서 볼 때, 5세대 감독들의 대작 상업영화 창작 경향에 비해 저예산 상업영화를 지향한다는 점에서 차이가 있고, 6세대 감독의 진중한 현실주의 창작에 비해 비판정신이 부족하다는 점에서 일정한 차이가 존재한다.

특이한 것은 사회주의나 정부이데올로기를 배제하고 자유와 재미를 중시하는 '시장쾌락적 개인주의' 주제의식을 보이고 있다는 점에서 새로운 문화정치학의 징후로도 읽힌다. 이들 영화에는 경제성장의 성과 위에 형성된 문화적 자신감이 넘치고 있으며, 영화기술과 연출에서도 한 단계 도약한 수준을 보이고 있다는 점에서 이들의 부상은 중국영화계의 판도를 바꿀 주목할만한 새로운 경향이라고 할 수 있다.

이들 '시장형 청년영화'가 아직은 영화시장에서 확고한 장르영화로서의 입지를 굳힌 것은 아니며, 예술미학적 측면에서도 명확한 공통된 창작 면모를 보이고 있지는 않지만, 영화시장에서의 영화관객의 주류인 청년대중들의 환호와 흥행 성공을 보이고 있다는 점에서 주목하지 않을 수 없다. 이런 점에서, 이들 '시장형 청년영화'는 '대(代)없는 시대의 대 잇기'라는 계보학적 측면에서 볼 때, 중국영화의 새로운 세대교체의 문화적 전조인지, 아니면 과도기적 간존(間存)영화로서 소멸해갈지 주목된다.

'시장형 청년영화'는 기존 국내외 영화연구에서 상업성이 강한 대중영화라는 이유로 저평가되거나 배제되어온 경향이 있었다. 그동안 우리 영화학계에서도 국가권력과 공모한 대작 상업영화나 현실비판 경향의 감독을 중국문화 연구차원에서 선별적으로 연구해온 경향이 많았다. 하지만, 중국영화와 중국사회를 온전히 이해하기 위해서는 기존의 이와 같은 엘리트주의 취향의 연구뿐 아니라, 대중들이 열광하고 사랑하는 대중영화의 새로운 경향에 대해서도 진일보된 진지한 접근과 분석이 동반되어야 한다고 본다.

이들 영화의 특징과 시대적 의미를 분석하기 위해서는 텍스트 분석뿐 아니라 중국사회와 문화연구를 포함한 사회맥락적(context) 접근이 필요하다. 이를 수행하기 위해 중국 영화시장의 산업적 동향, 중국사회 시대정신의 변화와 청년세대의 가치관 등 하부구조로서의 영화산업과 상부구조로서의 문화가치관의 변화를 유기적으로 결합하려는 방법을 시도했다.

'시장형 청년영화'는 2001년 이후 가속화된 시장화와 개방화라는 중국영화의 생태환경 변화와 밀접한 관련이 있다. 영화시장시스템 중심의 환경변화에 따라, 보다 시장친화적인 형식과 주제를 담으려는 대중화 전략이 새로운 제작 경향으로 부각하였는데, '시장형 청년영화'는 이러한 시대적 상황에서 필연적으로 증장할 수밖에 없는 경향이라 할 수 있다.

먼저, 영화시장의 규모가 커지면서 중국 전역에 영화전공 고등교육 기관이 설립되었다. 베이징영화학원 중심의 인력 배출은 전국의 대학 교육기관으로 확산되었고, 디지털카메라(DV)의 기술발달과 보급 확산으로 누구나 손쉽게 영화창작할 수 있는 기술적 기반이 마련되었다. 정부 또한 2009년 국가광전총국 프로그램인 '청년감독 우수 시나리오 지원 계획(扶持靑年優秀電影劇本計劃)'을 비롯하여 젊은 감독들이 다양한 장르와 소재로 영화를 제작할 수 있는 환경을 조성하였다. 이러한 배경 속에 양칭 감독의 〈밤·클럽(夜·店)〉, 야오수화 감독의 〈백은제국(白銀帝國)〉, 티엔몽 감독의 〈굴강라복(倔强蘿卜)〉, 그리고 〈게으른 사내〉로 2006년 로테르담영화제 금호랑이상을 수상한 한지에(韓杰) 감독의 〈Hello! 수선생〉(2012) 등이 제작되었다. 포스트 6세대의 대표 감독인 루촨은 〈사기〉를 현대적으로 각색한 〈왕의 성찬〉(2012)을 연출했고, 상업영화의 대표주자인 청년감독 닝하오는 〈황금대겁안〉(2012)을 연출했다.

'시장형 청년영화'의 탄생은 이러한 시대적 분위기와 배경 속에 부상하였다. 중국영화의 대중화 추세와 다원화 양상의 틈바구니 속에서 주요 관객층인 청년세대의 문화가치와 욕망을 소재로 삼아 대중성을 확대하고, 시장시스템 중심으로 변모한 영화생태계에 충실히 적응하려는 시대적 분위기 속에 '시장형 청년영화'가 탄생한 것이다. "청년영화란 청년이 주인공이며, 그들의 생활, 사상, 행동을 반영하는 영화"인 것이다.[64] '시장형 청년영화'는 문화변동의 징후이자 새로운 주제의 등장을 예후하는 것이다.

따라서, '시장형 청년영화'의 개념은 다음과 같이 정의할 수 있다. 첫째, '시장형'이라는 표현은 시장시스템에 부합하는 시장맞춤형 영화를 지향한다는 뜻이다. 따라서, 일반 대중들의 눈높이와 정서에 맞는 쉽고 보편적인 욕망을 주제로 삼고, 대중들의 욕구를 만족시키는 내러티브와 주제의식을 담는다. 둘째, '청년영화'의 의미는 생물학적으로 영화의 창작주체가 청년감독이거나, 원작이 청년작가라는 말이다. 생물학적인 청년의 개념을 놓고 다양한 논의가 있었다. 중국에서의 대표적인 관변 청년단체인 공산주의청년단 가입 연령은 14세에서 28세이며, 유네스코

---

64) 周學麟, 「表現青年: 靑年電影研究和新中國靑年電影發展」, 『當代電影』, 總193, 2012, 第4期, 91-92쪽 참조.

에서 규정하는 청년은 16세부터 34세이고, 중국 국가통계국은 청년의 연령을 15세에서 34세로 정하고 있다. 예를 들면, 〈두라라 승진기〉는 청년작가 빠오징징의 인기 소설을 청춘스타 쉬징레이 감독이 영화화한 것이며, 〈실연33일〉은 인기 청년작가 리커의 소설을 영화화한 작품이다. 이들 모두 청년작가, 혹은 청년감독들이다. 셋째, '청년영화'의 의미는 문화가치적으로 볼 때, 청년세대의 꿈, 욕망, 결혼, 연애 등 '청년문화'와 '청년정신'을 담고 있다는 뜻이다. '청년영화'는 빠링허우, 지우링허우로 대변되는 청년세대를 정면 겨냥한다. 자유로운 개성을 중시하면서도 도시취향의 세련된 물질소비와 정신문화를 지향하는 청년문화를 반영한다. '청년영화'에는 청년세대의 돈, 도시생활, 서구화, 세계화, 개성존중, 패션, 헤어스타일, 취미, 언어, 화장, 인터넷, 음악, 스마트폰, 노트북, 영어, 차, 명품, 프리섹스 등 청년문화의 기호와 외양을 반영한다. 영화의 스타일 면에서도 청년세대가 좋아하는 빠르고 세련된 영상과 음악을 활용한다. 따라서, '시장형 청년영화'는 시장을 지향하는 영화로써, 생물학적인 청년세대의 영화뿐 아니라 문화가치로서 청년문화를 재현하는 영화를 말한다.

또한, '시장형 청년영화'는 다양한 하위개념과 장르를 포함하고 있다. 예를 들면, 중국 대륙에서 최근 여성취향의 샤오니우(小妞, Chick Flick Movie) 장르영화 흥행 현상이 두드러지게 나타나고 있는데, 〈두라라 승진기〉(2010), 〈실연33일〉(2011) 등이 대표적이다. 이 영화들은 대중적인 도시청년영화이자 트렌드멜로영화라는 점에서 '시장형 청년영화'의 하위개념에 포함된다 할 수 있다. 최근 중국영화평론계에서도 영화시장에 폭발적인 흥행을 가져온 〈두라라승진기〉와 〈실연33일〉을 중심으로 이른바 샤오니우(小妞, Chick Flick Movie) 장르영화를 특집으로 다룬 글이 많다. '샤오니우' 영화장르란 미국영화 〈브릿지 존스의 일기〉와 같이 도시여성들의 일상과 패션, 유행 등 직장에서의 성공과 사랑을 다루고 있는 일련의 여성용 영화를 말한다. 중국에서는 〈비상완미〉의 개봉을 효시로 본다.[65] 또한, 닝하오 감독의 상업영화인 〈황금대겁안〉(2012) 또한 역사극 형식의 혼합장르 영화로써 청년세대의 분노와 용기를 다루고 있는데, 청년주인공의 꿈과 문화가치를 다루고 있다는 점에서 '시장형 청년영화'의 하위장르에 포함된다고 할 수 있다.

이러한 '시장형 청년영화'는 청년문화의 특징인 욕망의 당당한 분출, 참된 자아실현, 출세의지, 솔직한 내면세계 표현, 새로운 미래가치 추구 등 중국사회의 현재와 미래를 청년의 관점에서 밝고 미래지향적 관점에서 바라보려는 긍정성이 들어 있다. 그러나, 청년문화는 기본적으로 다계급문화이며 도시청년의 전유물이 아니다. 청년문화에는 도시직장인 외에, 고졸 공장노동자, 시골농사꾼, 중소도시 화이트칼라 등 다양한 지역과 계층에 걸쳐 존재한다. 따라서, 이들 영화 속에는 중국사회와 청년세대에 도사린 내밀한 현실문제들인 청년실업, 도농격차, 빈부격차, 정치적 저항 등의 사회현실을 은폐하거나 망각하게 하는 허위의식(false consciousness)으로 작용하기도 한다. 그럼에도 불구하고, '시장형 청년영화'는 대중과의 소통과 공감이라는 차원에서 시장경쟁에서 생존할 수 있는 영화생태계의 최적자(最適者)이며, 중국 청년세대의 고민과 욕망을 적나라하게 드러내고 있다는 점에서 향후 중국영화의 새로운 미래를 선도할 주력영화로 성장할 가능성이 충분하다고 본다.

---

65) 鮮佳, 「"小妞電影": 定義, 類型」, 『當代電影』, 總194, 2012, 第5期, 46-47쪽 참조.

2) '시장형 청년영화' 읽기 – 〈두라라 승진기〉, 〈실연33일〉, 〈황금대겁안〉

그렇다면, '시장형 청년영화'란 구체적으로 어떠한 영화들인가. 이 장에서는 대표적인 '시장형 청년영화'로 〈두라라 승진기〉(2010), 〈실연33일〉(2011), 〈황금대겁안〉(2012) 3편의 영화를 선정하고 이를 구체적으로 살펴보았다. 이들 세 작품을 선정한 이유는 최근 3년 동안 중국사회의 청년문화와 청년세대의 욕망을 성공적으로 재현한 영화로 호평받았으며, 시장흥행에도 성공하여 평론계와 언론의 주목을 가장 크게 받은 작품이기 때문이다. 〈두라라승진기〉는 2010년 중국국산영화 박스오피스 10위를 차지하고 있으며, 〈실연33일〉은 2011년 박스오피스 4위를 기록했다. 참고로, 2011년 중국국산영화 박스오피스 순위는 1위 〈금릉십삼차〉(4.6억 위안), 2위 〈용문비갑〉(4.1억 위안), 3위 〈건당위업〉(4억 위안), 4위 〈실연33일〉(3.5억 위안), 5위 〈신소림사〉(2.1억 위안), 6위 〈풍운2〉(2.1억 위안), 7위 〈백사전설〉(2.1억 위안), 8위 〈애정은 장차 어디로 갈까(將愛情進行到底)〉(1.9억 위안), 9위 〈무림외사〉(1.8억 위안), 10위 〈화피〉(1.7억 위안)이다.[66] 따라서, 이들 3편의 '시장형 청년영화'를 중심으로 영화의 문화적 정체성, 특징, 사회적 의미를 구체적으로 살펴보려 한다.

① 〈두라라 승진기(杜拉拉昇級記, Go LaLa Go!)〉 – "남자친구냐, 직장 출세냐"
〈두라라 승진기〉는 2010년 저명한 배우이자 인기감독인 쉬징레이(徐靜蕾)가 감독과 주연을 맡은 영화이다. 이 영화는 동명 소설인 리커(李可)의 원작 소설을 바탕으로 하고 있다. 소설은 2007년 9월 〈두라라 승진기〉, 2008년 12월 〈두라라2: 화년사수(華年似水)〉, 2010년 5월 〈두라라3〉, 2011년 10월 〈두라라 최종편〉을 출판하여 400만부 이상이 팔린

---

66) 尹鴻 外, 「2012年中國電影産業備忘」, 『電影藝術』, 第343期, 北京, 中國電影家協會, 2012, 8-11쪽 참조.

〈두라라 승진기〉(2010)

베스트셀러이다. 리커는 해리포터를 창작한 작가에 빗대어 '중국의 조앤 롤링'으로 불리워지고 있다. 두라라 시리즈는 중국 청년세대에 폭발적인 인기를 누리면서, 2008년 라디오드라마로, 2008년에는 드라마로, 2009년에는 상하이에서 연극으로 공연되고, 2010년에는 영화로 상영되는 등 '두라라 신드롬'을 가져왔다. 리커는 한 인터뷰에서 "나는 자유로운 영혼의 소유자이다. 가장 행복한 것은 건강과 스스로 시간을 자유롭게 지배하는 것이다", "덩샤오핑과 클린턴대통령을 좋아하며, 이세민과 푸틴도 좋아한다". 젊은 세대의 자유분방하고 개성 넘치는 취향과 가치관을 반영하는 소설로 중국 대중문화의 상징적 인물이 되었다.[67]

영화는 직장과 사랑에서 성공을 실현해나가는 현대 중국 젊은이들의 일상을 다루고 있다. 영화의 서사구조는 '라라'라는 27세 여성의 직장생활을 따라가며, 직장에서의 성공과 사랑, 그리고 일상의 욕망과 꿈에 대한 이야기를 담고 있다. 영화는 시작과 함께 베이징 중심가인 국제무역빌딩의 마천루를 보여주며 시작한다. 27세의 두라라는 세계 500대기업에 꼽히는 DB기업에 입사하고 3개월의 견습 생활을 시작한다. 엘리베이터에서 만난 사장 데이비드는 "빨리빨리(馬上, 立刻)"를 입에 달고 사

---

67) 李可, 『杜拉拉昇級記』, 陝西師範大學出版社, 2008.

는 전형적인 기업 간부이다. 1년 후 28세가 된 두라라는 승진하여 월급이 3,500위안으로 오르고, 사장 데이비드와 간간이 저녁 일과를 마친 후 분수대가 있는 공원, 휴대폰으로 사진찍기 등 가벼운 데이트를 한다. 영화는 낮의 바쁜 직장 생활과 밤의 여유롭고 화려한 베이징 거리를 교차하며 보여준다. 가까워진 두 사람은 회사 야유회가 열리는 태국 파타야에서 잠자리를 같이 하고, 다시 베이징으로 돌아온 라라는 복잡한 심정이다. 직장 상사와의 사랑인데다가, 회사 규정상 사내에서 연애하면 한 명은 퇴사해야 되기 때문이다. 라라는 "성공을 위해 회사를 그만 둘 수 없다"고 독백하며 일에만 매진한다. 다시 1년 후, 29세가 된 라라의 월급은 6,000위안으로 오르고 사장 데이비드의 비서로 일한다. 이들은 사무실과 집을 오가며 연애하며 농도 짙은 연애와 애무를 과감히 표현한다. 1년 후, 30세가 된 라라는 승진하여 월급이 12,000위안으로 오르나, 데이비드와 직장 동료인 로즈가 옛날 연인관계라는 것을 알게 되고 마음이 복잡해진다. 울적한 마음을 달래기 위해 저축한 돈을 깨서 외제 오픈카를 사기도 하고, 백화점을 오가며 명품을 구입해본다. 그 사이 데이비드는 사직하고 로즈 또한 회사를 떠난다. 2년 후 33세가 된 두라라는 승진하여 월급 25,000위안으로 오르고, 예전의 데이비드를 잊지 못해 태국 파타야를 찾는데, 그곳에서 주점을 하는 데이비드와 재회하고 사랑을 되찾는다.

〈두라라 승진기〉는 2010년 두라라 열풍을 등에 업고 흥행에 성공한 영화이다. 이 영화의 주인공인 라라는 20대 후반에서 30대 초반의 전형적인 빠링허우 세대를 대변하는 여성 주인공이다. 이 영화에는 중국 청년세대가 갖고 있는 로망과 욕망이 담겨 있다. 대기업 직장 생활, 돈, 출세, 도시생활, 베이징 밤문화, 외제차, 명품 패션, 휴대폰, 클럽 등 화려한 문화트렌드와 청년의 출세지향적 욕망이 표출되고 있다. 영화의 등장인물들은 일과 사랑에서 성공을 꿈꾸는 전형적인 도시청년들이다. 라라는 직장에서의 성공과 멋진 사랑을 동경하고 그것을 이루기 위해 달려가는 전형적인 빠링허우 세대의 모습을 표현하고 있으며, 직장 상사로 나오는 데이비드와 로즈는 이들이 꿈꾸고 도달하고자 하는 하나의 목표이다. 영화는 공간적으로 베이징 빌딩숲과 산리툰에 있는 클럽을 오가며 도시청년의 일과 문화적 공간을 펼쳐 보인다. 베이징 다운타운의 빌딩숲, 분수대가 있는 공원, 화려한 고급 레스토랑, 뷔페식 구내 식당, 호텔 무도회장, 그리고 태국 파타야로 이어지는 자유로운 여가활동과 여행의 이상향이 파노라마처럼 연결된다.

영화의 스타일에서는 청년세대를 직접 겨냥한 특징이 들어있다. 빠른 화면 전환과 강렬한 비트가 담긴 도시풍의 음악을 배경으로 깔면서, 도시생활의 화려함과 즐거움을 감각적으로 그려내고 있다. 영화의 주제곡인 〈choices〉는 로즈역의 머원웨이가, 〈go〉는 데이비드역의 황리싱이 직접 노래하고 작곡을 했다. 등장인물들이 입고 있는 패션과 헤어스타일도 그 자체가 청년세대의 욕망을 대변하고 있는 문화적 기호(記號)이다. 라라는 직장과 집을 오길 때마다 이에 걸맞는 다양한 패션을 선보이고 있다. 직장인들이 선호하는 출근용 가방, 세련된 원색 원피스, 짙은 화장, 하이힐, 팔찌, 스마트폰이 등장하며, 고급 호텔의 무도회에서는 연회용 드레스를 받쳐입고, 집에서조차 세련된 운동화와 활동복을 착용하고 있으며, 간식으로 먹는 음식은 고급 초콜렛이다. 또한, 데이비드의 과거를 알고 속이 상한 라라는 그동안 알뜰하게 모은 저축통장을 해지하고 신용카드로 외제오픈카와 명품을 사며 소비를 통해 스트레스를 풀기도 한다. 이 영화에 등장하는 소품들은 대부분 간접광고방식(PPL)으로 협찬을 받은 것이다. 영화에 나오는 흥업은행, 리엔샹컴퓨터, 이다초콜렛, 립톤홍차, 마쯔다자동차 등 간접광고에 대해 쉬징레이 감독은, "영화기획단계에서부터 간접광고는 영화의 수준을 떨어뜨릴 것이라는 우려가 있었다. 그러나, 7,8백만 위안 규모의 광고 정도는 괜찮다고 판단했으며, 영화를 더 아름답게 만들 수 있다고 생각했다."[68] 이밖에, 등장인물들은 영어이름을 사용하고 간간이 영어로 대화한다. 데이비드, 로즈, 에바, 헬렌 등으로 서로 부르며, 중국어를 사용하다가도 영어로 대화한다. 영어와 영어이름을 사용하는 것이 현대화와 국제화의 표상으로 보는 도시청년세대의 욕망이 들어간 대목이다.

〈두라라 승진기〉를 논할 때 빼놓을 수 없는 것이 감독이자 주연을 맡은 쉬징레이이다. 〈두라라 승진기〉는 중국 대중문화의 파워우먼인 쉬징레이가 주연과 감독을 맡았다는 것만으로도 화제가 된 영화이다. 쉬징레이는 1974년 베이징에서 태어나 베이징전영학원 연기학과를 졸업했고, 배우로서는 〈애정마라탕〉(1997), 〈상성〉(2006), 〈명장〉(2007). 〈신주쿠 사건〉(2009) 등에 출연한 바 있고, 감독으로는 〈미지의 여인에게서 온 편지〉(2004)로 제52회 세바스찬영화제 최우수 감독상을 수상한 바 있으며, 〈두라라 승진기〉(2010)는 그녀의 5번째 영화이다. 스스로 외모보다는 내면의 아름다움(內在美)이 더 많다고 주장하는 쉬징레이는 '재녀(才女)', '지성미녀(知性美女)' 등으로 불리워지며 자타가 공인하는 중국 최고의 청춘우상이다. 짜오웨이, 쩌우쉰, 장즈이 등과 함께 중국의 '4대 꽃미녀(四大花旦)', 혹은 '청춘옥녀(靑春玉女)'로 호칭되고 있으며, 그녀가 운영하는 블로그(blog.sina.com.cn/xujinglei)와 웨이보(http://t.qq.com/xujinglei)는 중국에서 최단기간 내에 가장 많은 방문객 수를 기록하기도 했다. 2006년 블로그를 개통한 이후 2008년 3월 방문객수 2억명을 돌파했으며, 2011년 4월 개통한 쉬링레이의 웨이보는 2011년 6월 천만 명 팬덤을 보유하여 중국 최단기간 방문객수 기록을 가지고 있다. 이를 통해, 쉬징레이가 39살임에도 불구하고 청춘세대와 소통할 줄 아는 중국 청춘세대의 우상임을 확인할 수 있다. 또한, 쉬징레이는 자신만의 독특

---

68) 丁亞平, 『大電影時代』, 文化藝術出版社, 2011, 106-107쪽 참조.

한 손글씨체를 개발하여 '방정쉬징레이간체'라는 컴퓨터체를 만들어내는 등 다방면에 걸쳐 재능을 보여주고 있다.

〈두라라 승진기〉로 2010년 제6회 중미영화제에서 최우수 감독상, 제3회 화정장에서 최우수 연기자상, 2011년 제2회 청년영화감독협회의 청년감독상을 수상했으며, 미국 캘리포이나주에서는 2010년 10월 30일을 '쉬징레이의 날'로 정하기도 했다. 2011년 〈두라라〉에 이어 또다른 트렌드상업영화인 〈친밀한 적수(親密敵人)〉를 쉬징레이가 감독하였는데, 베이징의 시사회에는 지아장커, 장양 등 저명감독이 참석하는 등 쉬징레이의 대중적 인기를 보여준 바 있다.

쉬징레이는 자신감 넘치는 엘리트 미녀, 감독, 배우 등 중국 청춘의 문화트렌드를 반영하는 인물이다. 쉬징레이의 대중적 인기는 높다. 최근 쉬징레이의 성공비결이라는 책도 출간되었다. "나는 꽃병이 아니고, 천재도 아니다. 나의 꿈은 잡가(雜家)일 뿐이다", "〈두라라〉는 예술성과 상업성을 완전한 결합이다", "사람 사이의 관계는 학문과 같다. 성공한 여성에게는 좋은 인간관계가 있다. 좋은 스승과 이익을 주는 친구가 있는 것은 성공의 중요한 요인이다", "철의 낭자, 강한 여성 등 다양한 칭호가 있지만, 쉬징레이는 그저 '즐기자(玩) 주의'다" 등의 주장이 들어 있다.[69] 〈두라라 승진기〉는 쉬징레이의 스타성과 청년세대의 취향과 욕망을 충실히 반영하면서, 2010년 1억 2천만 위안 박스오피스를 기록했다. 중국전영집단의 한산핑 대표의 예측대로, "중국 최초로 1억 위안 이상의 흥행을 기록한 여자감독의 영화가 탄생"[70]한 것이다. 자유분방하고 개성 넘치는 면모는 다양한 그녀의 취향에서도 확인할 수 있다. 쉬징레이는 한 인터뷰에서 "문예취향과 이별하고, 상업영화를 찍었다", "중국 최초의 대작 트렌드영화"라고 말한다. 실제 영화의 제작운영과 마케

---

69) 方丹, 『徐靜蕾知慧人生』, 湖北人民出版社, 2011.
70) 〈人民網〉, 2010. 4. 16.

팅 방식도 할리우드 상업영화 방식을 따랐는데, 영화촬영기간 중 20여 기업으로부터 간접광고 협찬을 받아, 제작비를 660만 위안을 덜었으며, 〈악마는 프라다를 입는다〉의 할리우드의 유명 디자이너 패트리샤 필드(Paticia Field)를 영화의 디자인감독으로 초빙하여 일하기도 했다.[71]

영화에 대한 중국 현지의 영화연구자와 비평가들의 반응은 엇갈리고 있다. "잘생긴 청춘남녀가 유행하는 패션을 걸치고 베이징 고층건물 속에 등장한다. 그러나, 화이트칼라들이 직면하고 있는 주거문제, 생활문제가 결핍되어있다. 또한, 평범한 보통사람들의 이야기가 결핍되어 있다"[72]와 같은 부정적인 반응도 있지만, 대체로 긍정적인 평가가 많다. "화이트칼라와 직장생활을 묘사한 것은 중국영화가 결손하고 있는 부분을 풍부하게 채워주는 것이다"(상하이대학 천스허 교수), "영화 소재는 화제성과 상업성을 구비하고 있다. 촬영부터 마케팅까지 산업적으로 새로운 모델이 될 만한 영화이다"(중국 전매대학 쩌우용 교수), "화이트칼라의 일과 인생의 지침서로서, 관객들에게 최신 유행 생활을 체험시켜 주었다"(저장대학 판지엔 교수), "화려한 시각디자인과 풍요로운 장면들은 현대 대도시의 유행과 미적 생활의 흐름을 전해주고 있다"(베이징영화학원 관린 교수).[73]

〈두라라 승진기〉는 젊은 여성의 직장에서의 출세와 사랑을 당당하게 묘사하며 청년세대의 욕망을 솔직히 표현했다는 점에서 기존의 상업영화와는 차이점을 보이고 있다. 그러나, 여전히 문제가 되는 점은 그것이 청년세대의 꿈과 욕망일지언정 진정한 현실이냐는 완전히 다른 문제인 것이다. 중국의 청년실업문제, 경쟁과 해고가 교차되는 '정글' 같은 직

---

71) 〈國際金融報〉, 2010. 4. 19. 인터뷰.

72) 丁亞平, 『大電影時代』, 文化藝術出版社, 2011, 72-73쪽 참조.

73) 中國電影家協會理論評論工作委員會, 『2011中國電影藝術報告』, 中國電影出版社, 2011, 167-177쪽 참조.

장생활이 단지 화려하고 멋스러운 외장으로 포장되어 있는 것이다. 특히, CEO가 극 중에서 반복하는 "그 기획은 돈이 되느냐, 예산항목에 적합한 투자냐" 등 시장만능주의적 가치관은 영화에서 오히려 직장생활의 멋과 출세의 덕목으로 치장되기도 한다. 또한, 여성감독의 입장에서 "직장 출세냐, 남자친구냐"를 고민하는 여성의 자의식을 표출하고는 있지만, 사내연애에서 왜 꼭 여성직원이 해고당해야 하는지에 대한 비판의식은 없어 보인다. 〈두라라 승진기〉는 청년세대의 꿈, 사랑, 욕망 등을 솔직하게 담고 있다는 점에서 미덕이 있으나, 중국사회의 청년세대가 실제로 직면하고 있는 직장에서의 현실이나 주거문제 등 청년문화의 사실적 요소가 은폐되거나 배제되어있어, 마르크스가 말한 '지배계급의 허위의식으로서의 이데올로기의 전형을 드러낸다는 점에서 문제적이다.

② 〈실연33일(失戀33天, Love is not Blind)〉 - "청년세대의 솔직한 연애관"

2011년 11월에 개봉된 〈실연33일〉은 청년세대의 사랑과 이별, 그리고 새로운 사랑을 찾는 연애방정식을 적나라하게 보여준다. 〈실연33일〉은 청년세대의 최대 관심사인 연애의 문제를 솔직하고 쿨(cool)하게 표현했다는 점에서 흥행과 비평에서 성공한 작품이다. 원작은 1985년생 신예 청년작가 빠오징징(鮑鯨鯨)의 동명 소설을 기반으로 하고 있다.[74] 빠오징징은 2008년 베이징영화학원 시나리오학과를 졸업했고, 이 영화의 시나리오에도 참여했다. 이 영화는 〈사랑에서 영혼으로〉(2007)로 유명한 텅화타오(騰華濤) 감독이 연출을 맡아 폭발적인 인기몰이를 했다. 텅화타오 감독은 1995년 베이징영화학원 문학과를 졸업했고 중국 대륙에서 영화와 드라마 연출가로 유명한 청년감독이다. 2007년 리

---

74) 鮑鯨鯨, 『失戀33天』, 中信出版社, 2010.

밍, 판빙빙, 리우뤄잉 등 중화권 스타들이 출연한 미스테리멜로 영화 〈사랑에서 영혼으로(心中有魂)〉을 연출했으며, 〈나혼시대(裸婚時代)〉(2011) 등 다수의 드라마를 연출했다. 아버지는 4세대 영화감독인 텅원지(滕文驥)이다. 영화의 흥행에 대해 감독은, "〈실연33일〉은 영화시장에 나와 있는 99%의 중국영화와는 다른 영화이다. 간단하게 말하자면, 이 영화에는 사람답게 사는 이야기(人話)가 들어 있다"[75]고 자평하고 있다.

〈실연33일〉(2011)

2011년 11월 8일 개봉하였고, 900만 위안이라는 적은 예산을 들여 총 3억 5천만 위안의 흥행을 기록하여, 2011년 국내영화 박스오피스 순위 4위에 올랐다. 11월 개봉 당시 할리우드 블록버스터인 〈리얼 스틸〉, 〈혹성탈출〉과 같이 상영되어 경쟁했으나, 개봉 당일 〈리얼 스틸〉의 박스오피스 두 배를 넘는 의외의 대박 흥행을 했다. 특히, 11월 11일 독신데이(光棍節)를 맞아 '독신 치유영화'로 청년관객들의 환호를 받으며, 당일에만 4,600만 위안 박스오피스를 기록하는 등 개봉 4일 만에 1억 위안을 벌었고, 11월 23일 3억 위안을 돌파했다.

---

75) 중국판 〈金融報(Financial Times)〉, "失戀33日走紅揭秘" 2011. 11. 15. 한편, 일부 언론보도에는 〈실연33일〉이 11월 11일 '고독데이' 시즌을 겨냥한 마케팅전략, 인터넷을 통한 홍보전략, 보통사람의 이야기를 담은 것 등 3가지를 흥행 원인으로 지목하고 있다. 〈華西都市報〉, 2011. 11. 15.

〈실연33일〉은 청춘남녀의 다양한 이별 사례를 보여주며, "헤어지는 것은 또 다른 사랑을 찾을 기회다"라는 독백으로 시작한다. 주인공인 황샤오시엔은 27살 여성으로서 결혼대행업체에 근무하고 있는데, 7년 동안 연애하며 결혼을 앞둔 남자친구 루란(陸然)이 자신과 가장 친했던 고등학교 단짝 여자친구와 바람을 피우고 있는 사실을 알게 되고 절망한다. 실연을 선언한 이후 직장과 사회생활이 달라져 보인다. 남자친구와 연애에 몰두했던 때는 몰랐던 다양한 직장생활을 재발견하게 된 것이다. 직장 사장인 아버지같은 왕사장과 직장 동료인 왕샤오지엔의 배려 속에 착실히 직장생활을 이어간다. 황샤오셴은 실연의 상처를 잊지 못하고, 취중에 헤어진 남자친구 루란을 전화로 부르고, 다시 말다툼을 벌인다. 뒤늦게 사과하려는 것을 직장 동료 왕샤오지엔이 나타나 만류한다. 동료 왕샤오지엔(小賤)은 한발 더 나아가 황샤오셴이 초청받은 결혼식에 남자친구로 가장해서 참석하여 황샤오셴의 옛 남자친구를 완전히 떠나가게 만든다. 급격히 가까워진 왕샤오지엔과 황샤오셴은 거주 문제로 고민하다가 같은 집에서 살게 된다. 황샤오셴에게 금혼식을 준비해 달라는 노부부가 찾아오고 준비 와중에 노부인이 죽음을 맞는데, 노부부의 이별을 통해 진정한 사랑이 인생에 주는 의미에 대해서 조금씩 알게 된다. 황샤오셴은 직장동료 왕샤오지엔의 전화를 받고 창가로 가는데 야외 영상광고판에는 'FAITH'가 찍혀있고, 왕샤오지엔은 전화로 "당신이 어떤 일이 있건 1미터 이내에 같이 있겠다"고 사랑을 고백하고, 두 사람은 새로운 사랑이 찾아왔음을 알게 된다.

〈실연33일〉은 청년세대의 가장 큰 관심거리인 '닥치고 연애', '닥치고 결혼'에 대한 이야기이다. 영화 속 인물과 공간과 스타일에는 청년문화가 깔려 있다. 등장인물들은 대도시 결혼대행업체에서 일하는 세련된 도시청년들이다. 여자주인공인 황샤오셴은 청바지와 후드티를 즐겨 입는 자유롭고 활동적인 평범한 젊은 여성을 대변하고 있다. 여주인공의 매력에 대해 텅화타오 감독은 "나는 여주인공 바이바이허를 미인으로 보지 않는다. 영화에서 예쁜 캐릭터는 불필요하며, 관객들에게 거리감을 줄 것이다. 나는 관객들에게 일상의 느낌을 줄 수 있는 친밀한 감정을 가진 여성을 주인공으로 삼았다"고 인터뷰하고 있다.[76]

　　남자 주인공 왕샤오지엔은 영화에서 가장 매력적인 캐릭터로 관객의 환호를 받았다. 그는 여성스러우며(gay로 보이기도 한다), 동시에 가볍게 보인다. 항상 세련된 패션과 헤어스타일을 착용하고, 입술과 손등에 로션을 바르며 피부를 관리하며, 알없는 멋쟁이 뿔테를 쓰고 있으며, 8부 바지 위에 체크무늬 남방이나 가디건, 혹은 재킷을 즐겨 입고, 귀걸이를 차고 있으며, 아이패드와 스마트폰을 즐겨 사용하는 전형적인 도시청년이다. 그는 영화에서 여주인공 황샤오셴의 '꾸이미(閨蜜, 단짝친구)'로 나온다. '꾸이미'는 최근 중국 대륙에서 유행하고 있는 단어이다. 은밀한 얘기를 나누고 마음의 위로를 받을 수 있는 단짝친구를 의미하는데, 현재 청년세대에게 가장 중요한 인간관계의 상징이다. 이밖에, 주인공들이 일하는 회사 사장 또한 신세대이다. 왕사장은 "sorry", "none of your bisiness" 등 영어를 자유자재로 사용하며, "고기 먹고 와인 마시고 푹 쉬어라" 등 젊은 직원들에게 자상하고 소통할 줄 아는 청년세대가 꿈꾸는 이상적인 아버지상이 들어있다. 이외에도, 미모의 여성 고객 리커(李可)는 타이완인이 발음하듯 베이징 표준말을 쓰지만 "타이완인이냐?"는 질문에 사실은 "허난성 사람이다"고 답하여 웃음을 유발하는데, 중국 대륙의 타이완인에 대한 태도와 허난성에 대한 차별인식을 간접적으로 보여준다. 또한 리커와 나이 많은 부자 남성 커플은 돈과 미모가 결혼으로 결합하는 중국사회의 물질주의 세태를 표출하고 있다.

　　탄탄한 원작 소설에 기반한 영화는 명대사로도 청년대중들의 환호

76) 〈華商網〉, 2012. 7. 15.

를 받았다. 청년세대의 내면을 반영한 영화의 명대사는 인터넷을 중심으로 빠르게 유행하였다. "냉장고를 살 때, 보장기간은 3년인데, 다른 사람에게 시집갈 때, 일평생 보장받을 수 있겠느냐, 문제가 생기면 수리해야 하지 않느냐", "현재 젊은 남자들의 우정과 의리는 천근에 불과하다. 가슴은 가벼워 4냥(兩)에도 미치지 못한다! 남자들이라는 게 오래된 것을 피하고 새로운 것을 좋아하는 종(種)인데, 여자들은 죽느니 사느니 소란을 피운다"(주인공 회사 사장), "비록 고급스런 향수 냄새를 풍기지만, 불량스런 맛이 저절로 난다"(돈 많은 남자와의 가상 데이트에서), "세상에서 가장 존귀한 것은 자존심이다"(옛 남자친구 루란의 말). 이와 같은, 대사들은 물질주의 가치를 좇으면서도 진정한 사랑을 추구하는 청년세대의 솔직한 이중적 감정을 드러내어 대중들의 호응을 받았다. 〈실연33일〉은 여성용 영화이기도 하다. 2011년 10월 인터넷 설문조사에 따르면, 〈실연33일〉 영화시사회에 참석한 84%가 빠링허우세대 여성들이며, 이들 중 52%가 '특별히 좋아한다'고 응답했으며, 86%가 '친구들에게 추천하겠다', 그리고 77.3%가 '자기 돈으로 표를 사서 볼 영화'라는 응답을 했다. 남성 관객들도 31%가 '자신들의 이야기'라고 응답하고 있으며, 52%가 '11월 11일 여성과 같이 볼만한 영화'로 꼽고 있다.[77]

　　〈실연33일〉에 나오는 베이징의 공간은 단번에 청년세대의 인기 데이트 장소가 되었다. 남녀주인공이 데이트를 했던 왕푸징거리의 동방신천지 백화점 앞 분수대 계단은 연인들의 명소가 되었다. 마지막 장면에서 등장한 야외 영상광고판이 있는 산리툰은 베이징 젊은이들의 거리이기도 하다. 영화 속에는 청년문화와 욕망이 곳곳에 포진해 있다. 술 취해 쓰러진 황샤오셴을 집으로 데리고 가서 깰 때까지 왕샤오지엔은 게임놀이를 한다. 영화 속 커플들은 대체로 휴대폰 문자를 통해 이별을 통

---

77) 〈搜狐娛樂〉, 2011. 10. 31.

보하기도 하고 농담을 주고받는 데이트를 즐기는데, 영화에서는 이들 휴대폰 문자를 아예 영상으로 띄워 영화장면으로 사용하고 있다. 산리툰에서 영상광고판을 통한 사랑고백은 첨단 기기와 공공장소를 통해 특별한 사랑을 확인하고 싶어하는 청년세대의 개성이 반영되었다 할 수 있다. 또한, 주인공 회사에서 주최하는 소개팅박람회(8분간 참가자들이 돌아가며 소개팅하는 행사)에서 '살찐 여자를 싫어하고', '베이징 호적을 가진 남자를 원하는' 등 청년세대의 연애관과 결혼관을 솔직하게 드러내고 있다. 영화에서 청년세대의 결혼관은 돈 많은 성공남과 미모의 여자 커플관계에서 적나라하게 드러난다. 성공한 돈 많은 남자는 왜 시골 정원에서 결혼하고 싶으냐는 질문에, "베이징에 처음 올라왔을 때, 정원이 있는 시골집, 새벽 4시에 일어나 출근하더라도, 이런 곳에서 저녁에 맥주 마시며 영화보고 싶었다"고 답하며, 왜 얼굴만 예쁘고 허영심 가득찬 여성과 결혼하느냐는 물음에는 "그녀에게 애정은 사치품이고, 루이뷔똥은 필수품이다"라며 최근 중국사회의 결혼풍속도를 비판적으로 드러내기도 한다.

〈실연33일〉은 할리우드 영화 〈브리지스 존스의 일기〉와 같이 유행하는 대중소설을 영화화했다는 점에서 할리우드의 장르영화와 닮아 있고, 지나치게 남녀주인공의 연애에만 집중하는 한계도 있다. 그러나, 중국 현지의 영화연구자와 비평가들의 반응은 열광적이고 긍정적이다. "지우링허우 세대의 감성과 인터넷 문제를 영화화했다"(베이징영화학원 천산 교수), "현실에 근거하여, 청년관객들의 공감을 불러일으켰다. 독특한 대사도 흥행 요인이다"(중국예술연구원 짜오우에광 연구원), "청년관객 중 특히 여성관객들의 심리에 친밀한 영화로서, 청년세대의 이데올로기 증후를 보여준 것이다. 박스오피스의 기적의 배후에는 필연적인 이유가 있었다."(베이징영화학원 천쉬광 교수), "실연당한 사람이건, 아니건, 모두가 사랑할 수 있는 영화이다."(베이징영화학원 관린 교수), "청년의 실연을 다루고 있지만, 청년들의 현실생활을 사실적으로 묘사함으로써, 독창적이고, 개성적이고, 현실감까지 갖추고 있다"(베이징영화학원 황스쉔 교수)[78].

〈실연33일〉은 〈두라라 승진기〉에 비해 비교적 솔직하고 사실적으로 이별의 아픔, 복수의 통쾌함, 가슴시린 추억, 치유되는 사랑 등 청년세대의 연애관과 결혼관을 보여주고 있다. 실연을 또 다른 사랑의 기회로 바라보려는 쿨한 모습, 지나간 사랑에 얽매이지 않으며, 돈과 결혼 모두에 성공하고 싶은 청년세대의 열망을 솔직하고 당당하게 표현하여 청년대중들의 사랑을 받은 것이다. 2012년 베이징대학생영화제에서 청년대학생 특별상을 받은 이유도 그런 이유에서 찾을 수 있을 것이다.

③ 〈황금대겁안(黃金大劫案, Guns and Roses)〉 - "청년관객의 성장과 용기를 자극하다"

〈황금대겁안〉은 중국 상업영화를 대표하는 청년감독 닝하오(寧浩)의 2012년 작품이다. 닝하오는 1977년 산시성 출신으로 베이징사범대학 예술학과와 베이징영화학원 촬영과를 졸업했다. 2006년 중화권 스타인 리우더화가 추진한 '아시아 신진 감독 프로젝트'에서 지원받아 연출한 〈크레이지 스톤〉으로 일약 스타상업감독으로 부상하였다. 300만 위안을 지원받은 〈크레이지 스톤〉은 2,300만 위안을 벌어들여 저예산 상업영화의 새로운 모델로 중화권 영화계의 주목을 받았고, 2007년 베이징대학생영화제에서 최우수 감독상을 받았다. 2009년에는 1천만 위안을 투자한 〈크레이지 자전거〉로 1억 위안 이상 흥행을 기록하여, 장이모우, 천카이꺼, 펑샤오깡에 이어 1억 위안 이상의 흥행을 기록한 감독 대열에 합류했다.

〈황금대겁안〉은 5,000만 위안을 들여 제작한 코미디, 액션, 모험, 멜

---

78) 中國電影家協會理論評論工作委員會, 『2012中國電影藝術報告』, 中國電影出版社, 2012, 111-123쪽 참조.

로 등이 뒤섞인 혼합장르 영화로써, 2012년 4월 24일 개봉되었다. 4월 23일부터 29일까지 개봉 첫 주 동안 박스오피스 6,600위안을 기록하였고, 상영 9일만에 1억 위안을 돌파하였다.[79] 닝하오 감독은, "자신의 작품 중에서 역대 최고의 예산을 사용한 영화이다. 1930년대 만주국 시대의 동북지방, 혼란스러운 시대에 진실한 꿈에 대한 영화를 만들고 싶었다. 이전의 '크레이지' 시리즈와 마찬가지로 평범한 소시민 인물을 주인공으로 삼았다. 이 영화는 중국 해방 이전 시기의 〈크레이지 스톤〉이라 할 수 있다"라고 영화제작의 동기를 밝히고 있다.[80]

〈황금대겁안〉(2012)

〈황금대겁안〉은 일제 침략시기 만주국이라는 역사극으로 포장하고 있지만, 실제 내용은 청춘 주인공의 내면과 욕망을 악당(일본군과 외세) 대 선인(독립운동)의 대결구도로 풀어놓은 청년영화이다. 영화의 서사구조는 억압자와 저항자의 대립관계로 구조화되어 있는데, 억압자로는 일제 침략자(관동군), 외국 공사(이탈리아 파시즘, 무기거래상), 돈 밝히는 여자 집주인, 경찰관료 등으로 묘사하면서, 제국주의 세력, 자본주의 세력, 매국관료 등을 억압자 대열에 포함하고 있다. 한편, 저항자이자 피지배자로는 주인공의 아버지 금표십삼랑(金鏢十三郎), 만주영화배우 여후(滿洲第一后), 혁명당, 그리고 주인공 동베이가 대립축을 형성

79) "〈黃金大劫案〉票房突破億", 〈新京報〉, 2012. 5. 4.
80) 중국 바이두 검색: http://baike.baidu.com/view/397281.htm

하고 있으며, 조력자로는 가톨릭 신부, 동베이와 사랑에 빠지는 부잣집 딸(富家千金) 등이 서사구조에 들어있다. 영화는 비교적 복잡한 플롯과 이야기로 구성되어있지만, 기본적으로는 거리의 부랑청년 동베이(東北)와 그를 둘러싼 제국주의와 혁명당의 투쟁, 그리고 주인공의 각성과 영웅적 행동으로 귀결된다.

영화의 배경은 1930년대 일제침략시기의 만주국이다. 거리의 부랑아이자 소매치기인 주인공 동베이는 소매치기를 하다가 경찰서에 잡혀간다. 거리의 극장에서는 혁명단과 일본군의 총격전이 벌어지고, 주인공은 영화배우와 영화제작자들로 가장한 혁명당원과 한패가 되어 일본군이 무기구입에 사용할 황금을 터는데 동참한다. 주인공은 부잣집 딸인 마리를 이용하나 서로 사랑하게 되고, 황금을 훔치는데 성공했으나 일본군이 주인공의 미치광이 아버지를 잡아가자 동베이는 자수하고 혁명당 당원들의 아지트를 밀고하게 된다. 졸지에 배신자로 낙인찍힌 동베이는 방황하다가 독립군 출신의 미치광이 아버지의 활약으로 일본군으로부터 탈출하게 되나, 아버지는 장엄하게 죽음을 맞게 된다. 아버지의 죽음으로 정신을 차린 동베이는 혁명당원들과 합심하여 일본군으로부터 황금을 다시 되찾기 위해 쳐들어간다. 그 과정에 혁명당 동지들은 실패하고 죽음을 맞게 되고, 동베이는 혁명당원들의 묘비명을 세우며 결의를 다지고 다시 일본군을 공격한다. 일본군에게 통쾌하게 복수를 하였으나, 그 과정에서 사랑하는 여자 마리를 잃게 된다. 마지막 장면에서는 큰 배가 닻을 올리고, 배 위로 나비는 춤추고, 마치 동베이와 마리의 사랑, 그리고 중국의 새로운 미래를 암시하듯 멀리 바다로 떠난다.

〈황금대겁안〉은 대규모 자본이 투입된 대작 상업영화답게 액션, 멜로, 역사물, 가족드라마 등이 뒤섞인 혼합장르 형식을 취하면서, 일제에 항거하는 혁명당원의 투쟁이라는 주선율 형식으로 이야기를 풀어나간다. 등장인물들의 면면을 보면 과거의 인물이라기보다는 현대 중국사회의 인물에 가깝게 전형화되어 있다. 남자주인공 샤오동베이는 1930년대 유행하던 줄무늬 티셔츠와 모자를 즐겨 쓰는데, 1930년대 상하이 영화 〈거리의 천사(馬路天使)〉의 모던보이(modern boy) 쟈오단의 스타일을 연상하게 하는 동시에, 현대 중국사회에도 어울릴법한 멋쟁이 청년의 형상을 보여주고 있다. 또한, 1930년대 만주공간을 차용하고 있지만, 돈에 대해 집착하는 집주인과 권위적인 경찰관료를 통해 중국사회에 만연된 물질주의와 권위의식을 풍자하고 은유적으로 비판하고 있다. 상업영화를 지향하는 닝하오 감독답게 할리우드 액션영화를 방불케하는 현란한 카메라워킹, 줌인과 줌아웃의 빈번한 사용, 특수효과 등 다양한 영화기교를 사용하고, 이야기가 고조되는 액션장면이나 로맨스 장면에서 오리지널사운드트랙을 삽입하여 극적 효과를 극대화하고 있다.

〈황금대겁안〉에는 복잡한 스토리와 인물들 등장만큼이나 다양한 주제의식과 이데올로기가 들어 있다. 영화는 기본적으로 애국주의라는 주선율 이데올로기를 내포하고 있다. 길거리의 소매치기에서 일본군과 맞서는 민족영웅으로 거듭나는 청년의 성장담을 보여주면서, 거리의 하류계급이자 비천한 신분인 청년이 스스로의 실존적 자각과 결단 속에 점차 영웅으로 변모해나가는 웅장한 스토리가 서사구조를 이루고 있다. 감독은 한 인터뷰에서, "모든 사람들이 다 영웅이 될 수 있다. 희생정신, 다른 사람에 대한 책임감, 죽음을 두려워 않는다면 영웅이 될 수 있다"고 말한다.[81] 또한, 중국 전통가치인 유교적 효(孝)를 부각시키고 있다는 점에서도 주선율 성향이 강한 영화이다. 주인공 동베이는 아버지가 일본군에 볼모로 잡혀가자, 아버지를 위해 자수하는 자기희생을 보여준다.

그러나, 이 영화 전반에 흐르는 주제의식과 가치관은 주선율 이데올

---

81) 〈網易娛樂〉, 2012. 4. 27. "專訪〈黃金大劫案〉寧浩".

로기로 보기 어렵다. 이 영화에서 민족영웅으로 거듭나는 주인공의 내적 변화는 사회주의혁명이나 민족주의와는 일정한 거리가 있어 보인다. 영화 중의 대사를 보면, 혁명당원들에게 주인공 동베이는 이렇게 말한다. "너희들은 혁명당이냐, 나는 길거리의 부랑당이다, 우리는 같은 당도 아니고, 같은 배를 타지도 않았다". 동베이는 황금 때문에 내적 변화를 일으킨 것도 아니다. 그것은 뒤틀린 세상과 아버지의 죽음이 부른 개인적 결단이며, 샤르트르가 말한 개인의 실존적 자각과 실천에 가까운 탈이데올로기적 용기에서 나왔다. 영화는 민족주의와 반외세에 입각한 반제국주의 사회주의혁명이데올로기로 위장하고 있지만, 실제적 가치는 청년주인공의 실존적 결단과 자유의지의 승리를 보여주고 있다. 또한, 영화는 혁명당의 실패와 민간 도적단체의 성공을 대비시키면서, 일본군과의 투쟁은 혁명의식과 잘 조직된 혁명당에 근거해서가 아니라 민초의 자발적 결단에 의해 진행되었음을 간접적으로 암시하고 있다. 또한, 주인공과 마리의 사랑은 단순한 연애감정이 아니라 양심과 휴머니즘의 발현으로, 계급과 신분을 초월한 숭고한 사랑으로 승화되는 정신적 가치를 보여준다. 이밖에, 일본군과 싸우는 혁명당원이 영화제작자와 배우로 가장한 것은 흥미로운 설정이다. 영화라는 꿈의 공장과 1930년대 주인공들의 꿈, 그리고 지금 중국사회의 꿈을 닝하오 감독은 동일시하고 싶었던 것 같다.

〈황금대겁안〉은 '시장형 청년영화'에서 독특한 위치를 차지하고 있다. 첫째, 영화는 상업성과 주선율 가치인 정치이데올로기를 결합하고 있다. 〈공자〉, 〈탕산대지진〉 등 주선율 대작 상업영화와 같은 항렬에 세울 수 있는 상업성과 정치이데올로기 결합이 깔려 있다. 감독이나 제작자가 의도했는지 확인할 길 없으나, 중국 정부 입장에서는 애국주의 청년영웅의 이야기로 치장된 청년감독 닝하오의 대작 상업영화 제작을 은연중에 환영했을 것으로 추정된다. 둘째, '시장형 청년영화'에서 보기 드문 혼합장르 전략을 취하고 있다. '시장형 청년영화' 대부분은 청년세대의 결혼, 돈, 성공 등을 담고 있는데 비해, 이 영화는 액션, 멜로, 스펙타클 등 상업성이 강하게 투영된 혼합장르를 표방함으로써 상업적 요소를 더욱 많이 가미하고 있다. 특히, 일본군과 이탈리아외교관 등 억압자와 악당에 대한 잔혹한 복수극 형식은 관객에게 심리적 쾌락을 제공함으로써 카타르시스와 억압된 욕구를 충족시켜준다. 셋째, 영화는 중국사회의 현실을 풍자하고 은유하고 있다. 주인공이 싸우는 직접적인 악당은 일본침략군이지만, 부패하고 권위적인 경찰관료와 돈에 집착하는 탐욕스러운 집주인을 풍자하고 조롱함으로써 현재 중국사회의 물질주의와 관료주의를 은유하고 있다. 넷째, 영화는 청년세대의 열정과 저항성을 보편적인 휴머니즘과 실존적 자각 속으로 승화하고 있는 독특한 지점을 형성하고 있다. 거리의 민초에서 영웅으로 변모해가는 청년주인공의 모습은 정치이데올로기에 의한 각성과 충동이 아니라 인류보편적 가치인 효, 정의감, 양심 등의 표출에 의해서 완성된다. 심지어 주인공과 마리의 사랑조차 양심과 휴머니즘적 감정에서 비롯되고 있는 것이다. 다섯째, 영화는 관객의 눈높이와 요구에 정확히 맞추려는 시도 속에 제작되었다.

닝하오는 한 인터뷰에서 "국내 영화시장이 팽창하고 있으며, 중국영화가 굉장히 필요한 시기이다. 이러한 때에 관중의 요구를 고려하지 않을 수 없다. 그러나, 자신의 생각을 완전히 버릴 수도 없다, 그럴 경우 무슨 의미가 있겠는가. 이런 과정 속에 균형감각을 잃지 않으려 했고, 위기감도 있었다, 할리우드가 이런지 모르겠다. 이런 마음 속에 되도록 빠른 시간 안에 영화를 만들었고, 결국 국내 영화관중들이 모여들었다"고 말한다. 또한, 이전의 대작 상업영화와는 달리 신인을 과감히 기용하여 제작비를 효율적으로 아끼며, "대부분 제작비는 영화배우들이 가져간다고 듣고 있다. 그러나, 나의 영화에서 제작비의 대부분은 좋은 영화

를 만들기 위해 영화 속에 들어간다. 영화 속 배우들은 기본적으로 신인 들이다"라고 말한다.[82]

닝하오의 〈황금대겁안〉은 주선율적 가치를 바탕에 깔고 있으며, 관객에게 쾌락을 제공하는 상업영화의 쾌락원칙(principle of pleasure)에 충실한 전형적인 시장맞춤형 청년영화이다. 그러나, 이 영화에는 정치이데올로기와 영웅인물에 대한 이야기라기보다는 청년의 실존적 용기와 사랑에 관한 실존적 가치로 귀결되고 있는 특징을 가지고 있다. "내 생각엔 성장 그 문제는 어떻게 용기를 얻느냐의 문제이다. 나는 그 문제를 염두에 두고 〈황금대겁안〉을 제작했다"[83]. 〈황금대겁안〉은 청년세대의 저항정신과 격정적인 사랑이야기를 담고 있으며, 시장과 대중들에게 욕구충족과 쾌락을 제공하는 내러티브를 취하고, 정부의 동의를 쉽게 구할 수 있는 주선율적 형식을 차용하면서도 인류보편적인 글로벌한 휴머니즘과 정의감에 호소하고 있다. 이러한 주제의식을 수준 높은 연출력과 특수효과, 그리고 청년취향의 빠르고 감각적인 화면편집의 웰메이드 영화로 재현했다는 점에서 성공적인 '시장형 청년영화'라 할 수 있다.

3) '시장형 청년영화'는 어떤 특징과 사회적 의미를 가지는가?

3편의 '시장형 청년영화'를 분석하면 다음과 같은 몇 가지 공통된 특징을 확인할 수 있다.

첫째, '시장형 청년영화'는 중국 영화시장의 주류 관객인 빠링허우,

---

82) 〈新京報〉, "〈瘋狂〉過後以情動人", 2012. 4. 27.
   http://baike.baidu.com/view/397281.htm
83) 寧浩 林旭東 對談錄, 『寧浩, 混大成人』, 廣西師範大學出版社, 2012, 204쪽.

지우링허우 청년세대의 욕망과 문화가치를 담아, 영화시장의 새로운 강자로 부상했다. 2011년 영화산업 통계에 의하면, 중국 영화시장 관중의 비율은 남성 45.4%, 여성 54.4%이다. 그 중 연령별로 보면, 18-30세가 75.5%, 31세-40세가 15.8%, 18세 이하가 4.3%, 41-60세가 3.4%, 60세 이상이 0.8%를 차지하고 있는 것을 확인할 수 있다.[84] 통계에 의하면, 빠링허우와 지우링허우 청년세대는 영화관중의 약 90%에 달하는 절대적 위치를 차지하고 있음을 알 수 있다. '시장형 청년영화'는 이들 주류 관객의 호응과 환호 속에 부상하고 있다는 점에서 향후 영화시장의 주류로 자리잡을 가능성이 크다.

둘째, '시장형 청년영화'는 청년세대의 감성을 담고 소통하는 영화이다. 이들 영화는 청년세대가 좋아하는 인기 유행소설을 영화화한 공통된 특징을 가지고 있다. 최근 일련의 청년감독들은 유행하는 소설을 각색하여 영화화하려는 경향이 두드러지고 있다. 〈강철 피아노〉(장멍 감독), 〈관음산〉(리위 감독), 〈유행과의 동거〉(인리촨 감독), 〈Hello! 수선생〉(한지에 감독) 등이 대표적인 사례이다. 현재 중화권에서 유행하고 있는 용어를 빌리자면, 청년관객의 감성을 'hold住'한 것이다. 'hold住'는 2011년 영어와 중국어가 섞인 조어로써, 2011년 홍콩의 〈대학생이냐?〉 프로그램에서 '미스 린'이라는 출연자가 우스꽝스런 옷차림으로 대학생들에게 패션을 소개하면서 "모든 장면을 hold住 할 것이다"고 희화화한 대사에서 유래되었다. 중국 대륙에서도 '장악하라, 잡아라, 유지하라' 등의 어법으로 유행하고 있다.

이처럼, 〈실연33일〉이 1,000만 위안 이하의 저예산영화임에도 3.6억 위안 이상의 흥행을 올린 것은 청년관객의 감성을 잡았기 때문이다. 중국 대륙의 국민감독으로 불리우는 펑샤오깡 감독은, "어느 날 저녁 〈실

---

84) 中國電影家協會産業研究中心, 『2012中國電影産業研究報告』, 中國電影出版社, 2012, 100-101쪽 참조.

연33일〉을 보고 마음이 편안해졌다. 마치 우연히 술친구를 만나 누가 권하지도 않았는데 벌써 술잔이 비워진 느낌이었다. 내 기준으로 본다면, 이 영화는 아주 좋은 영화이다. 인물들이 정을 나누는 것에서 오랜 여운이 남았다"고 평하고 있다. 이밖에, "청년관객들의 취향과 정수를 겨냥함으로써, 저예산영화지만 막대한 수익창출에 성공했다. 중국 영화 산업과 상업미학에 중요한 의의를 준 영화"(중국전매대학 수야빈 교수), "관중의 심리요인을 잡았기 때문에 흥행에 성공했다. 이러한 영화제작 방식은 중국영화에 교훈이 될 것이다"(왕런인 〈전영예술〉 주편) 등 긍정적인 평가가 대부분을 차지하고 있다.[85] 칭화대학 인홍 교수는 "도시청년의 감성 뿌리(貼地氣)에 기대어 묘사한 것이 성공의 비밀이다"고 말하고 있다. 〈두라라〉에서는 여주인공 '라라'의 일상을 통해 직장에서의 성공과 사랑을 쟁취하고자 하는 청년여성의 자의식과 감성을 담고 있으며, 〈황금대겁안〉은 앞의 두 영화와는 장르가 완전히 다른 대작 상업영화를 표방하고 있지만, 거리의 소매치기가 영웅으로 거듭나는 실존적 자각과정을 통해 돈, 권력, 억압자를 뿌리치고 당당하게 살아가려는 중국 청년세대의 감성적 가치를 담아 관객들의 환호를 받았다. 이들 영화들은 평범한 청년들의 이야기를, 마치 자신의 단짝(閨蜜)에게 말하듯 표현하여 청년관객들의 공감과 동일화를 유도하는데 성공했다. 전환기를 맞고 있는 중국사회의 청년의 감성을 형상화하고, 청년세대의 일상생활을 재발견하고, 이들에게 공감할 수 있는 감성을 실었기 때문에 흥행과 비평에서 공공한 것이다.

셋째, '시장형 청년영화'는 탈(脫)정치이데올로기 경향을 가지고 있다. 〈두라라 승진기〉와 〈실연33일〉은 중국사회 현실문제나 일상의 부조리에 주목하지 않고, 청년세대의 욕망의 흐름을 좇아가는 지극히 개인

---

85) 中國電影家協會理論評論工作委員會, 『2011中國電影藝術報告』, 中國電影出版社, 2011. 32쪽 참조.

적인 내면 의식에 주목한다. 영화는 사회현실을 베이징 대도시 공간으로 한정하고, 등장인물을 중산층 이상의 계급으로 제한함으로써 특정한 계급에 속한 청년세대의 얘기만을 다루고 있다는 점에서 허위의식이 유포될 위험성도 있다. 그러나 역설적으로 그렇기 때문에 사회주의, 애국주의, 혁명가치, 모범인물, 전통문화 존중 등 정치이데올로기가 배제되는 성향을 가지게 되었다. 기성세대의 사회주의가치관이나 애국주의 성향의 영화로부터 벗어난 자유롭고 신선한 청년영화로 만들어진 것이다. 〈황금대겁안〉도 표면적으로는 주선율 성향의 정치이데올로기를 부각하고 있지만, 거리의 부랑아 청년이 민족영웅으로 성장하는 연유는 사회주의가치관이나 숭고한 혁명의 열정이 아니라 양심과 사랑이 가져다준 인간 본연의 자각과 실존적 결단이다. 주인공 샤오둥베이는 "사회적 존재가 의식을 규정"한다는 사회주의 철학에 가깝다기보다는 "실존은 본질에 앞선다", "인간은 스스로 자신을 만들어 나가는 존재", "미래를 향해 스스로 던지는 존재이며, 주체적으로 자기의 삶을 살아가는 하나의 기투(企投)", "행동의 제1조건은 자유"라는 샤르트르의 실존주의 제1원칙에 가깝다.[86] 그런 점에서 사회주의가치관이나 주선율 성향의 정치이데올로기를 표출하기보다는 청년세대의 개인주의적 용기와 자각을 중시한다는 점에서 탈이데올로기적인 영화다.

넷째, '시장형 청년영화'의 등장은 시장시스템에 충실하면서도 정부 검열제도에 자유로운 새로운 대중영화의 출현을 상징한다. 중국영화는 '정부주도형 시장화 모델' 속에 영화시장을 발전시켜왔고, 2001년 WTO 가입 이후 글로벌 시대에 맞는 신자유주의적 시장시스템에 충실한 영화를 추구해왔다. 동시에, 검열제도와 규제정책을 통해 정부의 정치적 지향점, 사회주의 가치를 견지하려는 이데올로기 통제에 부합하는 영화

---

86) 샤르트르, 『존재와 무II』, 삼성출판사, 1994, 194-257쪽 참조.

를 장려해왔다. 그런 점에서 '시장형 청년영화'는 중국 정부가 추진해온 정책과 영화시장시스템에 딱 부합하는 맞춤형 영화라 할 수 있다. 정부의 검열제도를 존중하고 정부의 정치이데올로기에 저항하지 않으면서도, 시장시스템에 맞는 상업영화를 지향하기 때문에, 어떤 의미에서는 현재의 중국영화의 요구에 적합한 영화라 할 수 있다. '시장형 청년영화'는 양면의 칼을 가지고 있다. 기존 5세대, 6세대의 출현은 정부 검열과의 불화와 투쟁 속에서 성장했고, 그것이 하나의 브랜드가 되어 세계영화시장에 진출한 바 있다. '체제 외', '지하영화'를 지향하는 기존 청년영화들에 비해 '시장형 청년영화'는 검열제도를 따르고 시장가치를 오히려 제작의 기반으로 활용하고 있기 때문에 정부 입장에서 본다면 환영할만한 대중영화이다. 다른 한편으로는, '시장형 청년영화'에는 경제발전 성과와 세련된 도시문화를 향유하고 있는 중산층 이상의 주인공들만 등장하고, 농민청년, 저학력 노동자, 중소도시 청년, 실업청년 등의 각계각층의 청년세대의 현실상과 진실한 욕구를 반영하지 못한 '반쪽의 청년영화'라는 비판에서 자유로울 수 없다. 따라서, '시장형 청년영화'는 중국 기성사회와 사회관습에 새로운 충돌과 도전을 주었지만, 동시에 현실을 미화하거나 은폐하는 허위의식을 유포하는 양면적 날을 가진 영화라 할 수 있다.

다섯째, '시장형 청년영화'는 대국굴기 시대 중국 청년세대의 문화적 자신감이 담겨 있다. 세 편의 영화에는 중국의 경제발전의 성과를 바탕으로 새로운 미래를 열어가려는 중국사회의 자신감 넘치는 분위기가 반영되어있다. 〈두라라 승진기〉와 〈실연33일〉에서는 글로벌 세대에 걸맞게 영어를 일상적으로 구사하고, 외국문화와 현대적인 패션을 자연스럽게 소화하는 청년세대의 당찬 모습과 자신감을 보여준다. 영어이름을 일상적으로 사용하고 있으며, 패션, 스마트폰, 아이패드 등 개인용품과 일상문화에서도 글로벌한 모습이 강하게 부각된다. 〈황금대접안〉은 과

310

거 일제 침략기의 영화를 다루고 있지만, 비루한 거리의 부랑아일지라도 돈이나 권력에 굴하지 않은 청년세대의 패기와 당당함을 보여주고 있으며, 마지막 장면에서 바다로 떠나는 거대한 배를 상징적으로 보여줌으로써 새로운 세계로 나아가려는 중국 청년의 기개와 미래를 웅장하게 표출한다.

여섯째, '시장형 청년영화'는 중국 영화시장 장르의 대세를 반영한 영화이다. 2011년 상영된 중국영화 장르영화의 박스오피스별 통계에 따르면, 애정영화가 28%로 1위를 차지하고 있고, 액션물이 22%로 2위, 코미디가 20%로 3위, 기타, 전쟁영화 10%, 역사영화 9%, 애니메이션 6%, 공포서스펜스물 5% 등을 차지하고 있다. '시장형 청년영화'는 장르의 대세를 겨냥하여 제작되었고, 그 결과 이들 영화는 개봉 당시 성수기가 아닌데도 불구하고 대흥행을 이끌어 낼 수 있었다. 전통적으로 중국 영화시장은 여름휴가(42억 위안, 28.5%), 연말연시(14억 위안, 9.9%), 설날(3.2억 위안, 2.4%), 국경절(3.1억 위안, 2.1%) 등 4대 성수기가 주도하고 있다.[87] 그러나, 〈두라라 승진기〉, 〈실연33일〉〈황금대접안〉 등은 각각 4월, 11월, 4월 비성수기에 개봉하여 성수기에 못지않은 흥행의 성공을 거두었다. '시장형 청년영화'는 틈새시장 속에서 스스로 성수기를 만들어 갈 수 있는 대중적 힘을 가진 영화라는 것을 입증한 것이다.

이와 같이, '시장형 청년영화'는 과거 청년영화와는 다른 산업적 미학적 특징을 내포하고 있다. 이들 영화는 문화정치학적으로 2013년 중국 지도부의 세대교체, 경제강국에서 문화강국으로의 전화, 지역강대국에서 글로벌 강국을 지향하는 중국사회의 욕망이 드리워진 문화적 징후로도 읽힌다. 중국영화사라는 관점에서 볼 때, 이들 영화는 개혁개방 30년이 조성한 시장시스템에 부합하는 새로운 상업영화이며, 주류영화관

---

87) 中國電影家協會産業研究中心, 『2012中國電影産業研究報告』, 中國電影出版社, 2012, 126-127쪽 참조.

객인 빠링허우 지우링허우 청년세대의 소비욕구와 내면의 욕망을 만족시켜주는 영화시장의 최적자이며, 정부의 검열제도에 저촉되지 않은 탈정치영화이자 글로벌 시대 중국 청년세대의 자신감과 보편적 가치관을 표출하고 있는 뉴 차이나 시네마(New China Cinema)의 한 흐름을 대변하고 있다고 평가할 수 있다.

4) 청년영화의 즐거운 반란 - 간존(間存)영화냐, 세대교체냐

'시장형 청년영화'에 대한 평가는 긍정과 부정의 양면성을 가지고 있다. 이 영화를 어떻게 평가할 것인가의 문제제기는 그 자체가 '중국사회에서 과연 영화가 무엇인가'를 되묻는 문화정치학적 질문이기도 하다.

먼저, 산업적 측면에서 본다면, '시장형 청년영화'는 무엇보다 시장시스템과 수익창출에 충실한 대중적 상업영화를 지향하면서, 흥행뿐 아니라 청년대중들과 소통하는데 성공했다. 그런 점에서 '시장형 청년영화'가 갖는 최대의 성과는 통유(通流)로서의 대중성을 가진 영화라는 점이다. 원래 통유라는 말은 육조단경에 나오는 말이다. 〈덕이본〉에 "통유되어야 그것이 진짜 도다"라는 대목이 있다. "마음이 머물러 있지 않으면 곧 통하여 흐르는 것이고, 머물러 있으면 곧 속박되는 것이다. 만약 앉아서 가만히 있는 것이 옳다면, 유마힐이 숲 속에 편안히 앉아 있는 사리불을 꾸짖었음은 합당치 않은 것이리라. 마음이 머물러 있지 않으면 (不住在) 곧 통하여 흐르는 것이다"는 의미를 가지고 있다.[88]

'6세대' 청년영화와 비교한다면, 통유로서의 청년영화의 의의는 더욱 명료해진다. 비판적 현실주의를 표방해온 6세대 영화는 정치적 저항성

---

88)『혜능 육조단경』, 일빛출판사, 2010.

을 담보하면서 필연적으로 지식인 취향의 엘리트주의와 소중(小衆)주의로 나갈 수밖에 없게 되었다. 비판정신, 사실주의, 정치적 저항성 등이 정조준하고 있는 것은 인간과 삶에 대한 진중하고 고독한 성찰이며, 감독 개인의 고양된 예술감각의 구현이기 때문이다. 그런 점에서 6세대 청년감독의 작품은 다른 나라 영화에서 찾기 어려운 숭고한 저항정신과 예술정신을 보유한 예술영화라고 높이 평가할 수 있다. 그러나, 6세대의 미학적 성향은 검열제도와 시장시스템이라는 이중적 질곡 속에 폐쇄된 영화, 대중들과 쉽게 소통할 수 없는 고독한 영화로 주변화되고 있다. 6세대 영화가 대중의 욕망과 동떨어진 고고한 '천상의 고독' 속에 머물고 있다면, '시장형 청년영화'는 수용과 효용이라는 점에서 청년세대와 통유하는 대중성을 가지고 있는 것이다.

'시장형 청년영화'의 대중성이라는 말은 시장가치와 동의어가 아니다. 대중성은 시장가치 외에도 '다수, 일반, 보통' 등을 포함한 다가치적 문화개념이지만, 시장가치는 경제적 이해관계 속에서 대중성을 바라보려는 단선적 경제개념이다. 대중과의 소통을 중시하는 대중성의 개념을 시장가치로 제한해서 비판할 필요는 없을 것 같다. 왜냐하면, '시장형 청년영화'는 내재된 영화의 힘 속에 본능적으로 시장만능주의 가치를 넘어서려는 긍정성이 들어 있기 때문이다. 시장시스템에 충실하고, 대중의 소비욕구와 욕망을 분출하고 충족시킨다고 해서 시장가치만을 내포하지는 않는다. 대중성을 지향하는 영화는 시장의 노예처럼 보일 수도 있겠지만, 영화는 현실의 재현물이기에, 필연적으로 현실의 문제점을 이미지화하고 드러낼 수밖에 없다. 영화가 가지고 있는 미학적 본능 그 자체는 시장가치를 넘어서는 문화이미지의 힘을 가지게 되는 것이다. 〈두라라 승진기〉와 〈실연33일〉에서 주인공들은 화려한 소비사회와 물질적 욕망을 동경하지만, 한편으로는 물화(物化)된 조연급 인물들을 등장시켜 조롱하거나 풍자한다. 〈황금대겁안〉에서도 주인공은 혁명의 대의나

물욕 때문이 아니라, 자신의 운명을 압제하는 현실을 타파하기 위해 저항하며, 종국에는 황금을 비웃듯 버린다. 시장형 영화라고 해서 반드시 시장가치에 종속되는 영화는 아닌 것이다.

반면, '시장형 청년영화'는 내포된 이데올로기와 주제의식에서는 적지 않은 한계와 문제점을 가지고 있다.

첫째, '시장형 청년영화'는 허위의식(false consciousness)의 영화가 될 가능성이 크다. 영화는 사회주의시장경제를 표방하는 중국사회의 지배계급인 정부와 시장가치의 이데올로기를 확대재생산하는 '허위의식' 효과를 표출하고 있다. 사회주의체제인 중국에서 자본주의체제의 허위의식을 보여주는 청년영화가 존재한다는 사실은 아이러니이다. 장 보드리야르(Baudrillard)가 "개인의 시장행동과 사회 일반의 사고방식은 생산자의 필요와 전문기술 관리계급의 목표에 순응하는 것"이라는 말과 같이, 시뮬라시옹(simulation) 속에 자신이 아닌 타인의 이미지를 소비하면서, 소비의 목표에 순응하게 되는 것이다.[89] 타인의 삶 속에 자신의 욕망을 만족하며, 소비의 욕구를 채우면서 스스로를 소외시키는 영화, 그 속에 중국사회의 현실은 철저히 망각되거나 은폐되어있다. 시장시스템에 적합하고 정부이데올로기에 순응하는 이들 영화는 중국 사회현실에서 도피하거나 순응하는 이데올로기의 재생산에 기여하는 한계가 있다.

둘째, '시장형 청년영화'에는 신자유주의적 시장만능주의 가치가 숭배되고 있다. 청년문화는 도시중산층뿐 아니라 중소도시 화이트칼라, 농민, 노동자, 무직 등의 다계급연합체라 할 수 있다. '시장형 청년영화'는 대도시 중산층 청년들의 욕망에 집중함으로써 '제한된 청년문화'의 정체성을 보여주고 있으며, 영화의 주제의식에서도 개인의 능력에 따른 출세와 돈이 가져다주는 자유로운 일상을 분출한다. 재벌2세(富2代), 기

---

89) 장 보드리야르, 『소비의 사회』, 문예출판사, 2001, 90쪽 참조.

업CEO, 고위직 화이트칼라 등이 주인공 인물로 등장하여, 화려한 호텔 무도회장, 고급 클럽, 레스토랑 등을 오가며 대중들의 꿈을 대리만족시키게 함으로써, 물질주의와 출세주의 가치관은 정당성을 얻게 된다. 이러한 측면은 농촌, 노동자, 중소도시 청년관객의 동일시를 제한하여 대중성 확장에 장애가 될 것이다. 1990년대 신자유주의의 전 세계적 확산 이후 중국사회에 몰아닥친 출세주의, 개인주의, 시장만능주의와 같은 신자유주의가치가 영화에서 우월과 숭배의 대상이 되는 것은 문제이다.

결국, '시장형 청년영화'는 현실을 놓고 거짓과 진실을 오가는 신기루 같은 존재이다. 청년대중들은 현실 속에 실현되기 어려운 욕망을 꿈꾸고, 영화는 '거짓 꿈'으로 이들을 충족시킨다. 그들의 '진짜 꿈'은 현실에 있는 것이 아니라 영화 속에 박제되어버린다. 그러나, 영화보기와 관객간의 소통을 통해 청년대중들은 영화를 통해 다시 현실로 돌아오게 되고, 현실 속에서 '진짜 꿈'을 꾸게 된다. '시장형 청년영화'는 거짓 꿈을 보여주지만, 현실 속의 진짜 꿈을 찾아가는 성찰과 자각의 효과를 주는 영화가 될 수 있는 연유가 여기 있다. 6세대 현실주의 영화는 진짜 현실을 보여주었지만, 청년세대의 욕망과 꿈에 대해서는 생략하거나 좌절시켜버린다. 비판적 현실주의 영화는 청년들의 꿈과 욕망을 만족시켜주지 않음으로써 완성되는 부정(否定)의 미학이기 때문이다. 반면, '시장형 청년영화'는 영화 속 가짜현실에서 욕망을 충족시켜주면서도, 영화 읽기와 관객간 소통을 통해 진짜현실과 대조하고 성찰하는 힘을 내재하고 있다. 그런 점에서, '시장형 청년영화'는 진짜현실과 허위위식이 통유(通流)하는 영화이며, 청년세대의 꿈과 희노애락이 담긴 충실한 삶의 기록물이라는 점에서 시대적 의의가 있다.

결국 '시장형 청년영화'의 부상은 사회주의가치를 추구해온 영화전통이 시장가치의 젊은 영화로 전환되는 중국 대중문화의 새로운 문화적 징후로 보인다. 또한, 비판적 사실주의라는 고고한 천상의 고독 속에 중국사회를 표현해온 청년감독의 예술전통이 보다 대중적인 청년영화로 전환하는 새로운 창작경향을 반영하는 예후(豫候)이기도 하다. '시장형 청년영화'는 아직 미완의 사조이며, 현재진행형이다. '대(代) 없는 시대'에 포스트 6세대를 이을 세대교체의 주역이 될지, 아니면 '정부도형 시장시스템' 속에서 잠시 영화시장의 환호를 받다가 서서히 소멸해 갈 간존(間存)영화가 될지 주목거리가 아닐 수 없다.

'시장형 청년영화'가 중국 영화생태계의 최적자(最適者)임은 틀림없지만, 영화시장에서의 위치는 불안해 보인다. 중국 영화시장은 대작 상업영화들이 80% 가까이 점유하고 있고, 더구나 주선율 정치이데올로기와 결합하면서 정부의 보이지 않은 후원까지 업고 있다. 대작 상업영화가 영화시장의 주류로써 맹위를 떨치고 있는 시기에, 청년세대의 욕망과 문화가치를 표출하는 '시장형 상업영화'가 어떻게 진화할 것인가? 과연 주류의 위치로 올라설 수 있을까? 현실적으로 대작 상업영화, 주선율영화, 예술영화가 존재하는 현재의 중국 영화시장에서 '시장형 청년영화'가 오롯이 자신들의 미학과 주체역량으로 세대교체로 나아갈 수 있을까?

'시장형 청년영화'가 중국영화의 주류로 올라서기 위해서는 반드시 넘어야할 산이 많다. 첫째, 정부의 영화시장 통제가 엄존하는 상황에서 주류가 되기 위해서는 주선율 가치와의 결합을 어떻게 가져갈 것인지 고민해야 한다. 사회주의가치, 가족윤리, 애국주의, 혁명이데올로기, 모범인물, 권선징악의 건강한 결말 등 대중들의 욕망과 거리가 있어 보이는 이러한 주선율 가치관을 수용하지 않고서도 주류영화의 위치로 올라갈 수 있을지는 무척 의문스럽다. 수용이냐, 거부냐, 타협이냐에 따라 '시장형 청년영화'의 영화시장에서의 위상이 달라질 것이다. 현지 영화학계에서는 '시장형 청년영화'의 흥행이 주류이데올로기영화로 편입되는 과정이라는 성급한 관측도 나오고 있다. 베이징영화학원 천슈광 교수는 "그동안 영화계에서 주변화되어왔던 '청년영화'는 '주류영화'를 지향하고 있는 추세를 반영하고 있다. 주류영화는 중국 특색의 영화로써, 다원화 국면의 상황 속에서 이데올로기적으로 '공모'하는 영화이다. 현재 중국 영화시장의 환경 속에 주선율, 예술영화, 청년영화 등 모든 영화는 '주류화' 경향이 두드러진다"고 주장한다.[90)]

둘째, 정부의 검열제도를 존중하면서도 어떻게 관객의 외연을 확장할 것인지 해답을 구해야 한다. 영화조례에 10가지 영화검열 원칙이 있고, 정부 당국의 사전사후 검열제도가 시행되고 있으며, 상영제도에서도 등급제가 없어 오로지 건전한 영화를 상영해야하는 제도적 현실이 존재한다. 이러한 현재의 중국 영화시장 제도와 현실에 순응하면서 창의적이고 도전적인 영화를 만들어 관객층을 확장해나갈 수 있을 것인지 고민해야 할 것이다.

세 번째, '시장형 청년영화'가 상업성을 표방하면서도 시장만능주의를 넘어선 문화가치를 영화에 담아내야 할 것이다. 수익창출 중심의 제작환경 속에서 중국사회에 비판적이고 의미있는 문화가치를 담을 수 있는 청년영화로 진로를 모색해야 한다. 가령, 필름메이킹(film-making) 자체가 도전적이었고 문제적이었던 6세대 선배세대가 보여준 삶에 대한 존중과 성찰을 영화 속에 수용해 나간다면 한단계 수준 높은 대중영화로 성장해나갈 수 있을 것이다.

네 번째, 대중성을 추구하면서도 청년감독의 철학과 개성적 미학을 담으려는 노력을 기울여야 한다. 영화감독의 생명은 개성과 창의력에 있다. 사람의 삶을 규격화하려는 전체주의적 문화에 맞서 살아있는 존중받는 개체로서의 삶을 표현해야 하는 것이 예술정신이다. 개체로서의 삶에 대한 자각과 성찰을 추구하는 것이 영화창작의 기본이며, 소통하

---

90) 陳旭光, 「女性自覺視角, 小資情調, 物質主義與靑年電影的'主流化'病後」, 『當代電影』, 2012, 第1期, 35쪽 참조.

고 공감하고 교류하는 것이 영화문화의 진정한 가치이다. 영화를 통해 개인과 개인이 만나 유대하고, 공동체에 대한 나눔과 위로로 걸어온 것이 6세대와 포스트 6세대 청년감독에게서 계승해야할 문화가치이다. 이러한 시대적 과제 속에 '시장형 청년영화'의 항로가 결정될 것이며, 이는 오로지 청년감독 스스로 판단해나갈 몫이다.

현 시점에서 '시장형 청년영화'가 향후 어떻게 발전해나갈지 예측하기는 쉽지 않다. 최근 몇 년간의 영화시장에서의 유행과 인기가 계속 지속될 지도 의문스럽다. 다만, '시장형 청년영화'는 '시장'의 흥행을 통해 성장하고 부상했기 때문에 필연적으로 시장이 요구하는 방향으로, 즉 '더 많은 관객, 더 많은 경제수익'의 방향으로 나아갈 것으로 보인다. 그것은 〈탕산대지진〉과 같이 주선율과 결합된 대작 상업영화 형태일 수도 있고, 아니면 닝하오 감독과 같이 중소형 상업영화틀을 유지하면서 더 많은 대중성을 확보하려는 노력일 수도 있다. 그것은 전적으로 창작주체인 '시장형 청년감독'들의 철학과 영화적 판단에 달렸다.

향후 '시장형 청년영화'가 중국영화사뿐 아니라 세계 영화시장에서 의미있는 사조로 자리잡기 위해서는 특유의 장점인 대중과의 소통 능력을 최대한 살리되, 시장가치를 넘어선 문화가치를 살리는 방향으로 진화해야 한다. 대중성이라는 명목 하에 천착해온 소비욕망과 물질주의적 가치관이 영화 속으로 역류되어 지배할 가능성이 크다. 시장가치를 따르는 표피적 쾌락과 경박한 오락성을 중국사회 현실과 삶에 대한 성찰과 주제의식과 결합하여 대중적으로 담아내려는 노력이 절실하다. "영화는 일종의 오락이다. 영화를 수호하기 위해서는 오락의 권리를 유지해야 한다. 그러나, 다원화 국면에서 오락성을 강조하는 것이 능사가 아니다. 문화를 상실하는 것은 최후의 보류이다. 대중들의 열광과 환호는 새로운 전횡의 시작이다"라는 지아장커 감독의 말은 '시장형 청년영

화' 감독들이 경청할 만한 대목이다.[91]

　대중과 시장시스템 속에서 부상했지만, 시장가치를 뛰어넘어야 하는 역설의 영화, 그것이 '시장형 청년영화'가 넘어야할 시대적 과제이다. "큰 힘에는 큰 책임이 따르는 법"이다. 대중의 환호와 시장의 성공에 취해 문화가치와 인문학적 가치를 희생시키거나 배제한다면, 잠깐의 빛을 발하다가 점점 소멸되는 간존(間存)영화가 될 것이다. 반면, 대중성의 기반 위에 공동체 삶에 대한 청년의 책임의식과 예술정신이 결합된다면 충분히 중국영화 전체를 뒤흔드는 세대교체의 길로 나갈 수 있을 것으로 본다.

　'시장형 청년영화'의 세대교체에서 '청년관객'도 중요한 변수이다. 영화시장의 절대다수인 청년관객의 인기 속에 출현한 '시장형 청년영화'의 미래는 결국 그들의 선택 속에 또다시 변모해나갈 것이다. 연애, 결혼, 출세 등 청년문화에 환호했던 청년관객들이 현실에 대한 성찰과 문화가치를 옹호한다면, 새로운 중국영화사가 쓰여질 것이다. '시장형 청년영화'의 창작주체가 현실성찰에 기반한 문화가치를 담고, 향유자인 '참여관객'이 통유의 박수를 보낸다면, 이들은 중국영화 세대교체의 담지자가 될 것이 분명하다.

　문화의 세대교체는 언제나 즐거운 반란이다. '시장형 청년영화'의 창작주체와 '참여관객'들이 통유와 소통 속에 아래에서부터 위로 아버지 세대에 대한 반란이라는 축제 한판을 벌이길 기대한다. 어느 시인이 "아버지의 집에 내 문패를 달았다. 나와서 보라, 집보다 아름다운 이 문패를"라고 노래했듯이, 반란은 즐거운 축제이다!

---

91) 程青松 主編, 『青年電影手冊』, 新星出版社, 2011, 229쪽.

Ⅳ 중국영화의 전망

21세기 차이니즈 드림(中國夢),
영화대국(電影大國)에서 영화강국(電影強國)으로!

"영화에 대한 인식의 대전환 – 문화사업에서 문화산업으로"

지금까지 중국영화의 오늘을 살펴보았다. 이 글을 통해 중국영화의 성장과 발전은 정부-영화시장-작품 사이의 긴밀하면서도 유기적인 관계 속에서 이루어졌다는 것을 확인할 수 있다. 이러한 세 가지 영화요인의 결합 속에 영화의 발전을 이룩한 것은 중국의 독특한 체제가 가진 특수성 때문이다.

중국은 1949년 중화인민공화국 수립 이후 영화를 사회주의이데올로기 선전을 위한 교육적 기능에 중점을 둔 '문화사업(文化事業)'으로 인식해왔다. 이러한 인식은 1978년 개혁개방 이후 새로운 전환을 모색해야 하는 상황에 처했다. 영화가 가진 이데올로기 성격뿐 아니라 경제성, 오락성, 예술성 등을 새롭게 고려해야 하는 새로운 시대적 요구에 직면한 것이다. 특히, 사회주의시장경제체제를 표방한 1992년 이후에는 영화를 문화사업뿐 아니라 경제발전에 필요한 '문화산업(文化産業)'으로 인식해야 한다는 논리가 본격적으로 등장하기 시작했다. 이러한 움직임은 2001년 WTO 가입을 계기로 하나의 국가정책으로 가시적으로 추진되었다. 최근의 중국영화가 보여주는 성과는 이러한 역사적 궤적의 분투와 성과에서 기인한다.

먼저, 영화에 대한 인식의 대전환이 본격화되었다. 과거 사회주의 이데올로기 선전의 장(場)이었던 영화는 문화사업이라는 고유의 울타리를 벗어나 국가기간산업이자 미래 성장동력산업으로서의 가능성을 인정받기 시작했다. 또한, 21세기 대국굴기 시대의 글로벌 위상에 걸맞는 중국의 소프트파워가 될 수 있음을 확신했다. 따라서, 이러한 영화에 대한 인식의 대전환을 바탕으로 중국 정부는 영화산업을 통제 하에 대폭 지원하는, 정확하게는 통제가능한 범위 내에서의 최대한 지원(sustainable support)하는 새로운 정책을 시행하였다. 정부가 선제적으로 영화발전의 전략과 로드맵을 제시하고 실행하는 탑다운(top-down)식 '정부통제하의 발전'을 시행한 것이다. 이러한 지원정책은 상명하달식 관료주의, 엄격한 사전사후 검열제도라는 통제력의 바탕 위에 영화산업의 시장시스템을 정착시키는 이른바 '정부주도형 영화발전 모델'로 정의된다.

"독특한 중국식 영화발전 경로 – '정부주도형 영화발전 모델'"

'정부주도형 영화발전 모델'이 중국 영화산업 발전에 결정적인 기여를 한 것은 분명해 보인다. 대내적으로는 정부의 영화제도 개혁에 힘입어 새로운 성과가 나타났다. 국유영화사 중심의 영화제작 시스템은 민영영화사 중심으로 전환되었고, 국가 중심의 영화자본 투자도 은행, 해외합작 등 다양한 경로로 확장되어, 이제 영화제작수는 700여 편을 오르내리는 수준으로 안정적인 성과를 보이고 있다. 복잡했던 영화배급 단계도 원선(院線)제도의 정착으로 간소하게 개혁되어, 중앙과 지방을 연결하는 전국 배급망이 일원화되어 원활해졌다. 또한, 영화제작사와 배급사간의 수직통합이나, 영화콘텐츠 관련 기업과의 대규모 수평적 병합, 그리고 미국 할리우드 극장체인과의 글로벌 합병 등 할리우드의 하이컨셉(high concept)을 벤치마킹한 대규모 수직통합과 합병이 추진되어 영화산업 시스템이 합리화되었다.

대외적으로는 개방화와 해외합작이 성공적으로 추진되었다. 2002년 홍콩과의 CEPA, 2010년 대만과의 ECFA를 추진하여 중화권 영화의 합작과 문화적 통일에 진일보한 성과가 있었으며, 2012년 2월 18일에는 미중영화협정을 체결하여 영화시장 개방과 수입규제 완화 등의 개방화 조치를 시행하였다. 2015년에는 우리나라와도 한중FTA를 체결하는 등 다양한 국가와의 영화합작을 추진하는 개방화 정책을 구체화하고 있다.

그 결과, 중국 영화시장은 30%에 달하는 성장세를 보이면서 2012년 일본을 제치고 세계 영화시장 2위의 영화대국으로 발돋움했으며, 영화에 대한 국내수요가 폭증하여 하루 10개의 스크린이 중국 전역에 건설되는 폭발적 영화수요증가 현상이 나타나고 있다. 이러한 속도와 추세가 지속된다면 13억 인구의 잠재력을 볼 때, 향후 5-7년 이내에 적어도 영화산업 규모면에서는 세계 최대 시장인 북미대륙시장을 넘어설 가능성이 있을 것으로 예상된다.

'정부주도형 영화발전 모델'은 영화산업 발전뿐 아니라 작품의 창작과 흥행에도 적지 않은 영향을 미치고 있다. 현재 중국 영화작품들은 정부의 통제와 시장시스템의 자율성 사이에서 다양한 진자운동 양상을 보이고 있다. 정부의 막강한 '보이지 않는 손'의 위력과 포섭에 동의하는 작품이 나오는가 하면, 관객을 중시하는 시장시스템에 충실한 관객지향형 상업영화가 제작되기도 한다. 또한, 정부와 시장시스템의 상생관계 속에 독립영화와 예술영화의 생존공간은 점점 축소되고 있다.

이러한, 상황 속에 정부와 영화산업이 공모를 통해 상생관계를 모색하려는 경향이 나타나고 있다. 중국 영화시장을 주도하는 블록버스터 상업영화가 점점 정부이데올로기 영화로 변화하는 관변화 현상이 대표적인 사례이다. 〈진링의 13소녀〉, 〈1942〉 등 최근 일련의 국민감독들로 추앙받는 장이모우, 펑샤오강 등의 블록버스터 상업영화에 인류보편적 휴머니즘 기조 위에 사회주의 혁명정신, 애국주의, 민족주의 등의 국가 이데올로기가 강하게 개입하는 새로운 현상이 나타난 것이다. 앞의 작품 동향과 분석에서 이러한 논제를 입증한 바 있다.

반면, 시장시스템과 관객의 욕구에 충실히 부응하려는 새로운 시도들도 잇따랐다. 정부가 직접 제작하고 배급해오던 주선율영화는 21세기 들어 시장시스템과 관객의 관심에서 밀려나게 되었고, 이러한 생존의 위기와 절박감 속에 보다 대중의 욕구에 충실하려는 신(新)주선율영화라는 새로운 변환(transformation)을 시도하고 있다. 또한, 청년세대의 욕구에 충실한 다양한 장르영화가 시장에 출현하기 시작했다. 중국 영화시장 관객의 90%는 20대, 30대로 구성된 청년세대이다. 1980년대, 90년대 출생한 바링허우와 지우링허우 청년세대가 영화시장의 주류를 형성하게 되면서, 이들 청년세대의 욕망과 정서에 충실한 〈실연33일〉, 〈황금대겁안〉, 〈로스트 인 타일랜드〉 등 새로운 '시장형 청년영화'가 흥행 돌풍을 일으키며 중국영화의 세대교체 바람을 불어넣고 있다.

"대국굴기 시대의 중국몽(中國夢) – 영화대국에서 영화강국으로!"

중국영화 성공을 논할 때 빼놓을 수 없는 근본적인 요인은 중국영화인들의 투철한 사명감과 고군분투이다. 중국은 19세기 아편전쟁 이후 서구 제국 열강의 침략과 반(半)식민지의 질곡에 빠졌고, 100여 년간의 민족해방과 사회변혁을 위한 눈물겨운 투쟁의 역사 끝에 통일된 사회주의국가를 수립하였다. 하지만, 중국사회의 꿈과 이상은 달성하지 못했고, 문화대혁명의 고난과 격랑을 거치며, 개혁개방과 사회주의시장경제체제라는 새로운 이상사회 건설을 위한 다양한 실험과 도전을 반복해오고 있다. 역사적으로 중국의 영화인들은 중국사회의 꿈과 이상을 향한 도전의 최선두에 서있었다. 역사적 격변기마다 투철한 예술정신으로 현실을 비판하고 투쟁해왔으며, 시대에 따라서는 목숨을 건 숱한 희생을 치러왔다. 중국영화사에서 보여준 중국영화인들의 치열한 분투와 현실을 초극하여 이상사회로 가려는 강인한 예술혼이 작금의 중국영화 발전의 토대가 되었다고 확신한다.

지금도 중국영화인들은 대국굴기 시대의 '차이니즈 드림(中國夢)'을 꿈꾸고 있다. 정치적으로는 경제성장의 어두운 이면에 있는 빈부격차와 도농격차를 딛고 조화로운 사회와 대동사회로의 꿈을 향해 달려가고, 경제적으로는 영화산업을 국가기간산업이자 미래 중국의 성장동력으로 발전시켜나가려는 희망을 품고 있다. 또한, 대외적으로는 중국의 강대국 부상에 따른 세계 각국의 중국위협론을 불식시키고 평화와 공영을 실현하는 매력국가로서의 소프트파워를 표현하고자 한다. 중국영화 110년의 발전상을 바탕으로 영욕의 현대사를 넘어 신흥강대국으로 부상하는 대국굴기 시대의 중국사회의 꿈을 세계인에게 보여주는 영화강국의 의지를 보여주려는 것이다.

"남겨진 문제 – 검열제도와 시장시스템의 폐해"

중국영화 발전상에 남겨진 문제도 적지 않다. '정부주도형 영화발전모델'은 영화시장과 작품에 대한 정부의 개입을 필연적으로 초래하였다. 엄격한 사전사후 검열제도와 잦은 입김 속에 영화산업은 정부의 눈치를 볼 수밖에 없는 기묘한 공모관계가 형성되었다. 이제 상업영화 제작에서도 정부의 후원과 검열제도를 의식하는 자체검열 속에 영화감독의 창작과 표현의 자유는 위축되었으며, 대작 상업영화 속에도 국가 이데올로기가 공공연한 주제의식으로 나타난다. 중국 정부의 엄격한 사전사후 두 단계 검열제도는 당분간 지속될 것으로 보인다. 2001년 WTO 가입 이후 검열제도 완화여론이 있었고, 한때 정부에서는 사회주의혁명, 전쟁, 역사 등 중대 소재를 다룬 영화를 제외하고는 사전 시나리오 검열을 1,000자 이내로 간소화하는 제도를 발표하기도 했다. 그럼에도 불구하고, 〈중국영화조례〉에 명시되어있는 심사제도 조항과 10가지 기준의 본질은 준수되고 있다. 검열제도와 관련한 등급제(分級制) 시행도 여전히 불투명한 상황이다. 입법부에 상정된 기초 초안은 여전히 표류 중에 있으며, 과연 어디까지 허용하고 언제부터 완화시켜나갈 것인가에 대한 당정간 합의가 이루어지지 않고 있다. 이것 또한 '정부주도형 영화발전 모델'이 남겨진 과제로 보인다.

'정부주도형 영화발전 모델'에 의해 만들어진 시장시스템은 영화산업 발전의 견인차 역할을 수행한 것은 분명하지만, 동시에 새로운 고민거리를 던지고 있다. 정부의 강력한 개입이 줄어들고 시장시스템에 의한 자율성이 확장될수록 시장시스템의 욕망에 충실한 배금주의와 시장만능주의 작품이 영화시장을 지배하려는 움직임이 일고 있기 때문이다. 영화가 선도해온 예술적 사회가치는 시장가치에 의해 빠르게 대체되고 있으며, 감독의 예술성보다는 관객의 즉자적 흥행에 의해 작품을 창작하려는 경향이 확산되어 있다. 특히, 그동안 정부의 검열제도와의 힘겨운 분투 속에 작품 활동을 이어온 6세대 영화인들에게 시장시스템의 정착은 약(藥)이 아니라 독(毒)이기도 하다. 6세대 대표감독인 지아장커 감독은 "정부 검열제도보다 더 위험한 것이 시장시스템"이라고 언급했듯이, 이제 시장시스템은 예술영화와 다양성영화를 영화시장 주변으로 밀어내고, 영화 고유의 예술적 사회적 가치보다는 관객의 입맛에 따르는 대중주의적 영화창작을 부추기고 있다.

최근 중국의 영화작품은 이러한 정부의 개입과 시장시스템 사이를 진자운동하며 절충하려는 경향을 보이기도 한다. 정부의 검열제도와 정치이데올로기를 수용하면서도 시장수익을 보장받는 장르형 상업영화 제작이라는 새로운 경향이 대두되고 있는 것이다. 정부와 시장의 공모적 상생관계에 의해 중국영화는 사회주의 이데올로기와 시장수익이라는 두 마리를 동시에 쫓는 '욕망하는 체제의 기계'로 변모하고 있다.

'정부주도형 영화발전 모델'은 정부의 통제와 시장가치의 만연이라는 새로운 풍조를 낳았고 그 성과만큼이나 지대한 어두운 그늘을 남기고 있는 것이다.

"향후 중국영화는 어떻게 발전해 나갈 것인가 – '정부주도형 영화발전 모델'에서 '동반형 영화발전 모델'로!"

향후 정부–시장–작품의 3중주가 빚어내는 중국영화가 어떻게 발전해나갈지 예단하기는 어렵다. 특히, 그동안 중국영화 발전을 주도했던 '정부주도형 모델'이 향후 어떠한 방식으로 변화해나갈지는 현재로서는 예측하기 무척 어려운 상황이다. 정부가 지원정책을 강화할수록 시장시스템은 공고히 성장하며 새로운 자율성을 요구하는 역설적인 상황이 초래될 수 있다. 세계 영화시장 2위 규모의 영화시장을 정부가 일방적으로 조절할 수 있는 입지는 분명 줄어들고 있으며, 정부가 일방적으로 시장을 통제하는 시대는 이미 종언을 고하고 있다. 영화시장에서 새롭게 흥기한 영화인과 관객들의 증폭하는 아래로부터의 자율적 욕구도 변수가 될 것이다. '정부주도형 영화발전 모델'은 어떠한 방식으로든 정부–시장–작품 3자간의 사회적 합의(social consensus)에 의해 변환될 것이 분명해 보인다. 당분간은 정부주도형 영화발전 방식은 지속될 것으로 보이지만, 향후 중국영화는 정부가 헤게모니를 관철시키는 방식 속에 영화시장과 영화인을 동등한 파트너로 삼는 '동반형 영화발전 모델'

전략으로 유연하게 발전시켜나갈 가능성이 높아 보인다. 중국 정부의 헤게모니전략은 지속되겠지만, 유구한 영화의 역사를 보면 결국 영화는 영화주체인 영화인과 관객의 선택이 발전의 향방을 갈라왔기 때문이다. 영화는 자유로운 인간의 예술이며, 무엇보다 영화인과 대중 스스로의 것이다. 한국의 어느 시인이 노래했듯이 "꽃피는 나무는 스스로 꽃피는 나무"이기 때문이다.

"우리에게 중국영화는 무엇인가"

우리에게 중국영화는 무엇인가. 한중 영화교류는 단순한 경제적 이익만으로 환산할 수 없는 값진 문화적 가치를 가진다. 중국영화는 세계적 수준의 영화자본, 콘텐츠 원형, 거대한 영화시장을 가지고 있는 영화 대국이며, 한국영화는 배우, 시나리오, 감독, 특수효과 측면에서 우세를 보이고 있는 영화 강소국(强小國)이다. 중국의 개혁개방과 한국의 성공한 민주화가 만나 1992년 한중국교 수교로 이어졌듯이, 지금의 한중 영화는 서로가 윈윈(win-win) 할 수 있는 더없이 좋은 영화적 토양을 갖고 있다. 지난 2014년 11월 한중FTA이 체결되었고, 서비스협정 조항에 한중영화합작에 대한 구체적 범위와 내용이 명시되어 21세기 새로운 한중합작발전의 기대치가 오르고 있다. 한중FTA를 계기로 앞으로 적어도 30년을 바라보는 한중영화합작과 교류가 진행될 것이라 기대된다. 그러나, 한국과 중국이 처한 비대칭적 영화환경에 냉엄한 주의를 기울이지 않으면 안된다. 한국영화의 우세한 경쟁력이 언제까지 지속되리라는 보장은 없다. 스스로 혁신하지 않으면 전락할 수 밖에 없다. 중국을 넘어 글로벌 세계시장으로 달리는 중국영화에게 우리 한국영화의 우세가 퇴보한다면 최종 목적지까지 같이 가는 동반자가 아니라 지역의 협업자 수준의 지위로 전락할 수도 있다. 한류의 열기에 취해 지금 우리의 우세한 영화합작 분야가 향후 5년 뒤에도 지속될 것이라는 기대는 그야말로 자만이다. 세계 영화시장을 상대하는 중국과 중국에 의존하려는 우리의 인식에는 지금 일정한 비대칭적 상호인식 관계가 존재한다. 이러한 엄중한 현실인식의 기반 위에 새로운 한중영화합작의 디딤돌을 놓고, 한중영화합작의 백년지계를 세워나가야 한다. 한중FTA가 발효되는 현 시점에서 가장 중요한 것은 영화인들 상호간의 믿음과 신뢰이다. 향후 한중영화합작은 중국 당나라 시인 왕보(王勃)가 노래했듯이, "이 세상에 나를 알아주는 벗이 있다면, 하늘 끝에서라도 이웃과 같다(海內存知己, 天涯若比鄰)"는 우의(友誼)의 진심에서 출발되어야 한다.

참고문헌

국문자료

〈단행본〉

강내영,『중국의 한류콘텐츠 수용에 대한 연구』, 중화TV출판사, 2008.

강동엽 편저,『동아시아 문화의 통섭과 역동성』, 박이정, 2010.

강만석 지음,『중국방송콘텐츠시장과 규제정책연구』, 한국방송영상산업진흥원, 2007.

강성률,『동양철학사』, 평단출판사, 2009.

경원대학교 아시아문제연구소,『동아시아 지식사회와 문화 커뮤니케이션』, 역락, 2010.

김동하, 2011,『차이나 소프트파워』, 무한출판사.

김동호 외,『한국영화정책사』, 나남출판사, 2006

김지석,『홍콩영화의 이해』, 한울, 1995.

다니엘 지로디 외,『미술관/박물관이란 무엇인가』, 화산문화, 1996

달라이 라마,『티벳의 자유를 위하여』, 미지의 코드, 2008.

동북아역사재단,『동아시아공동체 논의의 현황과 전망』, 동북아역사재단, 2009.

라이언, 켈너,『Camera Politica』, 서울, 시각과 언어사, 1996

라파엘 무안,『영화장르』, 동문선, 2009.

로버트 랩슬리,『현대영화이론』, 시각과 언어, 1996.

로버트 스탬,『영화이론』, K-Books출판사, 2012.

루훙스, 슈샤오밍,『차이나 시네마』, 동인출판사, 2008.

마이클 센델,『돈으로 살 수 없는 것들』, 와이즈베리, 2012.

마츠모토 시로,『티벳 불교철학』, 불교시대사, 2008년.

먼훙화,『중국의 매력국가 만들기: 소프타파워전략』, 성균관대학출판부, 2014.

문헌선,『무협』, 살림, 2013.

박영환,『문화한류: 문화한류로 본 중국과 일본』, 동국대학교출판부, 2009.

박정수,『중국 영화산업 현황과 한중 공동제작』, 영화진흥위원회, 2011.

박희성 외 지음,『영화분야 한류 현황과 활성화 방안 연구』, 영화진흥위원회, 2006.

백원담 지음,『동아시아의 문화선택, 한류』, 펜타그램, 2005.

백령,『멀티미디어시대의 박물관 교육』, 예경, 2005.

베리 랭포드,『영화장르: 할리우드와 그 너머』, 한나래, 2009.

베케 존스톤,『티벳에서의 7년』, 맑은소리, 1997년.

샤르트르,『존재와 무I, II』, 삼성출판사, 1994.

서울역사박물관,『21세기 박물관의 역할과 발전방향』, 서울역사박물관, 2005.

소영현,『부랑청년 전성시대』, 푸른역사, 2008.

쑨꺼,『아시아라는 사유 공간』, 창비, 2003.

스테판 크라머,『중국영화사』, 서울, 이산, 2000.

심혁주,『티벳의 활불제도』, 서강대학교출판부, 2011년.

여동완,『티벳 속으로』, 이레출판사, 2000년.

영화진흥위원회,『2006년 한국영화 결산』, 서울, 영화진흥위원회, 2007.

_____,『WTO 가입 이후 중국영화산업의 변화와 전망』, 영화진흥위원회, 2005.

_____,『2012년 한국영화연감』, 커뮤니케이션북스, 2012.

_____,『2013년 한국영화연감』, 커뮤니케이션북스, 2013.

_____,『2014년 한국영화연감』, 산지니, 2014.

안상혁,『중국 6세대 영화, 삶의본질을 말하다』, 성균관대학교출판부, 2009.

알뛰세르,『마르크스를 위하여』, 백의, 1992.

육소양,『세계화 속의 중국영화』, 서울, 신성, 2006.

워런 벅랜드,『영화 인지기호학』, 커뮤니케이션북스, 2008.

원테쥔,『백년의 급진』, 돌베개, 2013.

이욱연,『포스터사회주의 시대의 중국문화』, 서강대학교출판부, 2009.

임대근,『중국영화이야기』, 서울, 살림출판사, 2006.

임춘성 엮음,『21세기 중국의 문화지도』, 현실문화, 2008.

장동천,『영화와 현대 중국』, 고려대학교출판부, 2008.

장 보드리야르,『소비의 사회: 그 신화의 구조』, 문예출판사, 2000.

_____,『시뮬라시옹』, 민음사, 2003.

장수현,『중국은 왜 한류를 수용하나』, 학고방, 2005.

장수현 외,『중국의 한류, 어떻게 이해할 것인가?』, 학고방, 2006.

전성흥,『중국모델론: 개혁과 발전의 비교역사적 탐구』, 부키출판사, 2008.

전주국제영화제 편저,『발리우드 너머의 영화들』, 텐징 소남(Tenzing Sonam), "고
    요한 폭풍: 페마 체텐과 티벳영화의 출현", 2013년.

조경란,『현대 중국사상과 동아시아』, 태학사, 2008.

조영남,『21세기 중국이 가는 길』, 나남출판사, 2009.

_____,『용과 함께 춤을 추자』, 민음사, 2012.

조영남,『중국의 꿈』, 민음사, 2013.

조한혜정 등,『한류와 아시아의 대중문화』, 연세대학교출판부, 2003.

존 스토리,『대중문화와 문화연구』, 경문사, 2002.

존 포크 외,『박물관 교육의 기본』, 미진사, 2007.

지그문트 바우만,『액체 근대』, 강, 2009.

쫑카파,『깨달음에 이르는 길』, 지영사, 2005년.

초우 레이,『원시적 열정』, 서울, 이산, 2005.

천산,『중국무협사』, 동문선, 2000.

최환,『중국영화의 이해와 감상: 체제 전환시기를 중심으로』, 대구, 영남대학출판
    사, 2005.

추이즈위안,『자유사회주의와 중국의 미래: 프티부르주아 사회주의 선언』, 돌베개,
    2014.

토마스 샤츠,『할리우드 장르의 구조』, 한나래, 1996.

파드마삼바바, 『티벳 사자의 서』, 시공사, 2000년.

푸코(M. Faucault), 『감시와 처벌: 감옥의 탄생』, 강원대출판부, 1996.

한국문화콘텐츠진흥원, 『중국 문화산업 비즈니스 가이드』, 2008.

한국방송광고공사, 『동아시아 방송한류 저변확대 방안 연구: 중국, 일본, 대만』,
　방송광고공사, 2006.

한국 중국현대문학연구회, 『영화로 읽는 중국』, 서울, 동녘, 2006.

――――――――――――, 『중국영화의 이해』, 동녘, 2008.

혜능, 『육조단경』, 일빛출판사, 2010.

〈학술논문〉

강내영, 「전환기 중국영화 연구」, 『중국학연구회』, 제41집, 2007.

____, 「중국의 한국영화 수용에 대한 연구」, 『영화연구』, 2010.

____, 「중국의 항한류 연구」, 『중국학연구』, 2008.

____, 「간존(間存)영화인가, 세대교체인가? : 중국 대륙의 '시장형 청년영화' 경
　향에 대한 비판적 독해」, 『현대영화연구』, 2012.

____, 「전환기 중국영화산업의 새로운 동향과 특징」, 『영화연구』, 2011. 6.

____, 「중국영화의 생산, 유통, 소비인프라 연구: 정부, 시장, 대중의 3중주」, 『현
　대중국연구』, 제13집 2호, 2012.

____, 「중국문화산업 발전역정과 특징: '정부주도형 시장화 발전모델'」, 『중국
　문학연구』, 제48집, 2012.

____, 「중국영화의 생산에서 소비까지: 시장, 정부, 대중의 3중주」, 『현대 중국
　의 지식생산 구조』, 도서출판 길, 2012.

강내영, 장수현, 「중국식 블록버스터 상업영화의 변천과 이데올로기 연구」, 『중국
　과 중국학』, 제18호, 2012.

강소원, 「부산국제영화제의 아시아 관련 프로그램의 변화와 그 성격과 의미에 대
　한 연구: '개/폐막식', '아시아영화의 창', '뉴커런츠'를 중심으로」, 2009.

공봉진, 「중국 소수민족주의와 중화민족주의」, 『국제정치연구』, 제12집 1호,

2009.

권순관, 「역사박물관에서의 디지털매체적용에 관한 고찰」, 『정보디자인연구』, 2009.

김경석, 「무협 텍스트의 근대적 변용」, 『비교문화연구』, 2011. 3.

김미현, 「한류담론과 한국영화산업의 동아시아진출」, 『영화연구』, 제37집, 2008.

____, 「전 지구화의 대중문화, 한류 담론과 한국 영화산업의 동아시아 진출」, 『영화연구』, 37호, 2006.

____, 「문화적 혼종성의 수용과 공동제작 영화의 인정 정책에 대한 연구」, 『현대영화연구』, 9권, 2010.

김백현, 「티벳 토착종교 뵌뽀교 연구」, 『중국학연구』, 제28집, 2004년.

김선아, 「내셔날/트랜스내셔날 영화의 세 가지 지형에 대하여」, 『현대영화연구』, 2009.

김성수, 「티벳 전통사회에서의 사원과 '티벳불교 문화권'의 형성」, 『몽골학』, 제21호, 2004년.

김소영, 「박물관 교육프로그램의 서비스 품질 측정과 기대 효과에 관한 연구」, 『문화경제연구 제12권』, 2009.

김소영 외, 「자연사박물관 중앙홀의 전시경향과 전시주제연구」, 『J. Paleon. soc. korea 24』, 2008.

김영구, 「개혁개방 이후 중국공산당의 영화에 대한 통제방식의 변화」, 『방송통신대논문집』, 2004.

김영순, 「공간 텍스터로서 도시 '부천'의 텍스트성 분석」, 한국 만화박물관 공간의 의미 분석, 2009.

김영진, 「티벳 활불 사상의 연구」, 『중국학연구』, 제28집, 2004.

김윤태, 「중국 티벳 민족주의 발전의 본질: 민족이익과 민족자존회복」, 『중국학연구』, 제28호, 2004.

김재기, 「티벳 문제에 대한 국제사회의 개입과 중국의 대응: 2008년 3월 유혈분쟁과 북경올림픽을 중심으로」, 『한국동북아논총』, 제55집, 2010.

김재준, 김성언, 「1990년대 이후 중국 민족주의가 중국영화산업에 미친 영향」, 『국제·지역연구』18권 1호, 2009.

김정현, 「중국의 항일전쟁 기념관의 애국주의와 평화문제」, 『역사학연구』, 2009.

김종국, 「서구 유럽영화제의 사회정치적 맥락」, 『언론학연구』, 18권, 2014.

김태만, 「798예술촌, 도시의 흔적과 기억의 공간」, 『현대중국연구』 제13집, 2012.

문창현, 「박물관 관광 서비스품질의 관람객 만족도에 관한 연구」, 『지역사회연구 제17권』, 2009.

민병원, 「동아시아 네트워크: 산업과 정책의 패러다임을 넘어서」, 『국제지역연구』, 17권, 2008.

박병원, 「세계화 시대, 중국영화비평 속의 '중국'독해」, 『중국연구』, 제37권, 2006.

박만준 외, 「종교 국가 사회관계에서 바라본 중국의 티벳문제: 민족주의 귀속문제와 현 사회적 쟁점들의 역사적 함의를 중심으로」, 『현대중국연구』, 제15집 2호, 2014.

박경석, 「동아시아의 전쟁기념관과 역사 갈등: '중국인민항일전쟁기념관'을 중심으로」, 『중국근현대사연구 제41집』, 2009.

박정수, 「거대 문화자본의 형성과 국가: 중국 영화산업의 구조적 양극화」, 『중소연구』35권 1호, 2011.

박종호, 「아시아 영화교육에 대한 연구: 아시아영화아카데미 사례를 중심으로」, 『영화연구』, 28호, 2006.

박희성, 「백화제방(百花齊放)의 시기에 접어든 중국 영화에 대한 고찰: 중국식 상업영화의 등장과 홍콩의 영향력을 중심으로」, 『씨네포럼』11호, 2010.

백정희, 「티벳의 전통극과 라마 참에 대한 고찰」, 『대한무용학회』, 제43호, 2003.

서진영, 「동아시아 신질서와 중국위협론의 실체」, 『현대중국정치론』, 나남출판사, 1999.

손일화, 「박물관 방문동기에 대한 척도 개발」, 『관광연구저널 22호』, 2008.

송낙원, 「영화제 이론과 평가 방법론에 대한 연구: 서울시 지원 영화제를 중심으로」, 『영화연구』, 54호, 2013.

신동주, 「어린이박물관의 유아체험교육프로그램 개발을 위한 기초연구」, 『유아교 육논총』, 2010.

양은경, 「동아시아 문화정체성의 형성과 텔레비전의 소비: 배용준의 일본팬 커뮤 니티 가족 담론을 중심으로」, 『한국방송학보』, 20-3권, 2004.

양혜진, 「미디어를 통한 어린이박물관의 공감각적 체험효과 고찰」, 2009.

엄소연, 「박물관 저시와 사회적 맥락의 함의관계」, 『한국공예논총』, 2007.

유경철, 「장이머우의 무협영화, 무협 장르에 대한 통차로가 위험한 시도」, 『중국 현대문학』, 제42호, 2007.

유선영, 「아시아 문화연구의 현황과 과제」, 『한국문화연구학회 1차 워크숍 자료』, 2011.

육상효, 「한국영화와 TV드라마에 나타난 베트남 여성상 고찰」, 『동남아시아연 구』, 20권, 2010.

윤성은, 「현대 중국 영화의 내셔날리즘」, 『현대영화연구』, 2008.

이상옥, 「중국 당대 이데올로기의 문화 정향」, 『범한철학』, 제43집, 2006.

이상준, 「트랜스내셔날 영화사 연구를 위한 제안」, 『현대영화연구』, 2009.

이후석, 「문화관광상품으로서 박물관 서비스품질에 대한 중요도 만족도 분석」, 『관광연구저널』, 2008.

이욱연, 「지구화 시대 중국의 문화 담론과 문화 발전 전략」, 『중국현대문학』 37 호, 2006.

_____, 「중국의 문화대국 전략: 그 내용과 한국에 대한 영향을 중심으로」, 『동아 연구』 56집, 2009.

이응철, 「국가, 사회, 시장의 공모: 현대 중국 영상산업의 사례」, 『비교문화연구』 12집 1호.

_____, 「중국 저예산 영상물 제작현장에 대한 인류학적 연구: 전지구적 시장, 국 가, 현대성의 상호작용」, 『서울대 대학원 인류학과 박사학위 논문』.

_____, 「현대 중국의 주선율영화와 독립 다큐멘터리」, 『비교문화연구』, 제14집 호, 서울대학교 비교문화연구소, 2008.

_____,「세계화 시대의 중국 대중문화와 내셔널리즘」,『한국문화인류학』, 한국문화인류학회, 2009.

이지연,「국제영화제와 현대 중국 영화의 어떤 경향」,『영화』, 4권, 2012.

이희옥,「새로운 중국모델의 대두와 지배이데올로기의 재구성: 과학적 발전관을 중심으로」,『중소연구』, 116호, 2008.

임대근,「최근 중국 영화산업의 쟁점들」,『중국학연구』 35집, 2006.

_____,「포스트뉴웨이브 시대 중국 영화와 국가 이데올로기」,『중국문학연구』 37집, 2008.

_____,「사회주의 중국의 국가권력과 영화의 상관성」,『중국연구』 39호.

_____,「초기 한중 영화교류의 한 면모: 해방 이전에 한국에 유입된 중국영화를 중심으로」,『영상예술연구』, 10호, 2007.

임춘성,「중국 대중문화의 한국적 수용에 관한 초국가적 연구」,『중국학보』, 57집, 2008.

장수현,「중국 한류의 현재와 미래」,『친디아저널』, 제7권, 포스코경제연구소, 2007.

장윤미,「중국 모델에 관한 담론 연구」,『현대중국연구』, 제13권 1호, 2011.

정현경,「영화로 재현된 디아스포라 연구」,『어문연구』, 67집, 2011.

조재송,「티벳과 몽고의 문화친연성 연구」,『중국학연구』, 제28집, 2004.

지만수,「중국 개혁의 재시동」,『성균 차이나브리프』, 성균중국연구소, 2013.

최연철,「티벳 불교의 역경사적 전개와 학적 의의」,『한국 불교와 티벳불교의 만남 워크숍 주제발표』, 2011.

하세봉,「대만 박물관과 전시의 정치학: 3대 박물관을 중심으로」,『중국근현대사연구』, 제45집, 2010.

한홍석,「중국 문화산업의 제도적 특징과 발전」,『현대중국연구』 현대중국학회 제6집, 2006.

호결,「세계화 과정에서 중국민족영화산업 발전전략 연구」, 서울대 석사논문, 2004.

홍병혜, 「티벳 명절문화의 유형과 특징」, 『중국학연구』, 제32집, 2005.

홍용락, 「한국 TV 드라마의 중국 내 유통에 관한 연구」, 서강대 박사학위논문, 2006.

황동열, 「박물관, 미술관의 미술정보표준화 체계 연구」, 『한국공예논총』, 2009.

중문자료

〈중문단행본〉

姜乃碤, 『市場開放以後韓中電影的變化和特徵比較研究』, 北京師範大學 博士學位論文, 2007.

陳少峰 朱嘉 著, 『中國文化産業十年(1999-2009)』, 金城出版社, 2010.

張曉明, 胡惠林 主編, 『2010, 2011年中國文化産業發展報告』, 社會科學文獻出版社, 2011.

張京成 主編, 『2011年中國創意産業發展報告(上, 下)』, 中國經濟出版社, 2011.

王君 主編, 『中共中央關于深化文化體制改革推動社會主義文化大發展大繁榮若干重大問題的決定』, 中共中央黨校出版社, 2011.

王列生 主編, 『中國文化政策研究報告』, 社會科學出版社, 2011.

宋磊 主編, 『中國文化産業50問』, 光明日報出版社, 2011.

胡惠林 主編, 『中國文化産業評論』, 第14券, 上海人民出版社, 2011.

葉朗 主編, 『北大文化産業評論2010年』, 金城出版社, 2010.

中國電影家協會(産業研究中心), 『2012, 2013中國電影産業研究報告』, 中國電影出版社, 2013.

中國電影家協會(理論評論工作委員會), 『中國電影藝術報告』, 中國電影出版社, 2013.

周星, 『中國電影藝術史』, 北京, 北京大學出版社, 2005.

李道新, 『中國電影文化史』, 北京, 北京大學出版社, 2005.

李道新, 『中国电影批評史』, 北京大学出版社, 2009.

胡克, 『中國電影理論史評』, 北京, 中國電影出版社, 2006.

國家廣電總局發展改革研究中心, 『2006年中國廣播影視發展報告』, 北京, 社會科學文獻出版社, 2006.

國家廣電總局, 『改革開放與中國電影30年: 紀念改革開放30周年中國電影論壇文集』, 中國電影出版社, 2009.

_____, 『2010年 中國廣播電影電視發展報告』, 新華出版社, 2011.

_____, 『中國電影年鑒』. 2006, 2007, 2008, 2009.

_____, 『中國電視收視視年鑒』, 2007, 2008.

国家广电总局发展改革研究中心, 『2009年中国广播影视影发展报告』, 社会科学文献出版社, 2009.

中国社会科学院文化研究中心, 『2010年: 中國文化产业发展报告』, 北京, 社會科學文獻出版社, 2010.

中国电影艺术中心, 『WTO与中国电影』, 中国电影出版社, 2002.

劉潘, 『電影產業經濟學』, 文化藝術出版社, 2011.

林日葵, 『中國文化產業政策法規與典型案例分析』, 江工商大學出版社, 2011.

中國電影家協會理論評論工作委員會, 『2012, 2013中國電影藝術報告』, 中國電影出版社, 2013.

中國電影家協會產業研究中心, 『2012, 2013中國電影產業研究報告』, 中國電影出版社, 2013.

劉若愚, 『中國之俠』, 上海三聯, 1991.

陳墨, 『中國武俠電影史』, 風雲時代出版社, 2006.

鮑鯨鯨, 『失戀33天』, 中信出版社, 2010.

程青松 主編, 『青年電影手册』, 新星出版社, 2011.

丁亞平, 『大電影時代』, 文化藝術出版社, 2011.

方丹, 『徐靜蕾知慧人生』, 湖北人民出版社, 2011.

李可, 『杜拉拉昇級記』, 陝西師範大學出版社, 2008.

林日葵,『中國文化產業政策法規與典型案例分析』, 浙江工商大學出版社, 2011.

寧浩 林旭東 對談錄,『寧浩, 混大成人』, 廣西師範大學出版社, 2012.

虞吉,『中國電影史要綱』. 西南師範大學出版社, 2008.

李名,『中國獨立電影導演放談』, 電子工業出版社, 2012.

崔衛平,『中國獨立電影』, OXFORD출판사, 2008.

程青松,『我的攝影機不撒謊: 先鋒電影人檔案』, 山東畵報出版社, 2010.

碧珊,『中國新生代80後影像作者記實錄』, 中國電影出版社, 2006.

陆绍阳,『1977年以来中国当代电影史』, 北京大学出版社, 2004.

钟大丰·舒晓明,『中国电影史』, 中国广播电视出版社, 1995.

胡克,『中国电影理论史评』, 中国电影出版社, 2005.

丁亞平,『影像時代中國電影簡史』, 中國廣播電影出版社, 2010.

中國電影家協會,『中國金鷄百花電影節20年: 1992-2011』, 中國電影出版社, 2011.

張會軍·黃欣 主編,『崛起的力量-韓國電影研究』, 中國電影出版社, 2008.

中国电影家协会,『中国电影新百年：合作与发展』, 第十四届中国金鸡百花电影节
    学术研讨会论文集, 中国电影出版社, 2006.

陈犀禾·石川 主编,『多元语境中的新生代电影』, 影视新视野学术丛书, 2003.

中国电影艺术中心,『WTO与中国电影』, 中国电影出版社, 2002.

陆绍阳,『1977年以来中国当代电影史』, 北京大学出版社, 2004.

钟大丰·舒晓明,『中国电影史』, 中国广播电视出版社, 1995.

戴锦华,『电影批评』, 北京大学出版社, 2004.

胡克,『中国电影理论史评』, 中国电影出版社, 2005.

『2013中國獨立影像年度展(The 10th China Independent Film Festival』, 자료집,
    2013.

〈중문논문〉

姜乃礴,「市場開放以後韓中電影的變化和特徵比較研究」, 北京師範大學 博士學位
    論文, 2007.

姜乃碟,「市场开放以后, 韩国电影政策变迁)」,『上海新作』, 2008, 12.

賈磊磊,「如何進一步作大作强國産電影」,『當代電影』, 第194, 2012.

王文斌,「〈黃金大劫案〉:後"瘋狂"時代的類型敍事與革命奇觀」,『創作與評論』. 4期, 2012.

劉陽,「〈畫皮II〉票房成功意義: 信心貴比黃金」,『人民日報』, 2012. 7. 20.

尹鴻,「2012年中國電影産業備忘錄」,『電影藝術』, 總349期, 2013.

張世豪,「快樂就是最好的賀歲」,『成都商報』, 2012. 12. 25.

中國電影家協會(産業研究中心),『2012中國電影産業研究報告』, 中國電影出版社, 2013.

_____,『2012電影創意研究』, 中國電影出版社, 2013.

中國電影家協會(理論評論工作委員會),『中國電影藝術報告』, 中國電影出版社, 2013.

陳旭光,「〈搜索〉研討會紀要」,『電影藝術』, 9期, 2012.

劉帆,「网絡流媒體模式觀影研究」,『中國電影新100年:合作與發展』, 北京, 中國電影出版社, 2006.

張燕,「電影版權和盜版反應」,『中國電影新100年:合作與發展』, 北京, 中國電影出版社, 2006.

浩東,「中國電影市場調研報告」,『中國民營影視現狀發展』, 北京, 中國電影出版社, 2005.

胡錦濤,「2006年新年賀詞:携手建設持久和平, 公同繁榮的和諧世界」, 2006. 1. 4.

溫家寶,「第13屆全國人民代表大會第4次會政府工作報告中强調加强社會主義文化建設」, 2006. 3. 7.

胡錦濤,「2006年新年賀詞:携手建設持久和平, 公同繁榮的和諧世界」, 2006. 1. 4.

尹鴻,「2013年中國電影産業備忘」,『電影藝術』, 355期, 2014. 2.

尹鴻 外,「2011年中國電影産業備忘」,『電影藝術』, 第337期, 中國電影家協會. 2011.

尹鴻 外,「2012年中國電影産業備忘」,『電影藝術』, 第343期, 北京, 中國電影家協會, 2012.

尹鴻 外, 「2011年中國電影產業備忘」, 『電影藝術』, 第337期, 中國電影家協會, 2012.

候克明, 「女性主義背景的英雄主義敍事」, 『電影藝術』, 總342期, 2012.

李長春, 「繼承傳統改革創新爭取大繁榮」, 『電影藝術』, 第307期, 北京, 中國電影家協會, 2006.

李春, 「對主流電影的再思考」, 『當代電影』, 總190期, 2012.

周鐵東, 「好萊塢與中國電影的全球戰略」, 『電影藝術』, 總346期, 2012.

張會軍 外, 『中國電影產業發展報告 2010-2011』, 中國電影出版社, 2011.

葉非, 「近5年全球主要電影產業國發展情況」, 『電影藝術』, 總337期, 2011.

尹鴻, 「2011年中國電影產業備忘錄」, 『電影藝術』, 總343期, 2012.

王一川, 「主流電影與中式主流大片」, 『電影藝術』, 總330期, 2010.

李云雷, 「建國大業: 新模式及其問題」, 『電影藝術』, 總330期, 2010.

中國電影家協會產業研究中心, 『2012中國電影產業研究報告』, 中國電影出版社, 2012.

中國電影家協會, 『2012中國電影藝術報告』, 中國電影出版社, 2011, 2012.

李云雷, 「建國大業: 新模式及其問題」, 『電影藝術』, 第330期, 2010.

張瑤, 「孔子: 英雄敍事與理念敍事的二元並立」, 『電影藝術』, 第332期, 2010.

余瀟, 「孔子: 成功的國家主義改造與失敗的導演主義自況」, 『電影藝術』, 第332期, 2010.

張慧瑜, 「唐山大地震的文化意義」, 『電影藝術』, 第335期, 2010.

陳鴻秀, 「論「主旋律」影片的類型整合及敍事「進化」」, 『喜劇文學』, 第10期, 2008.

黎風, 李立, 「「主流電影」與「流行電影」觀察」, 『電影藝術』, 第343期, 2012.

王紅進, 「主旋律概念泛化分析」, 『影視評論』, 2008.

當代電影, 「中國武俠電影大師-紀念胡金銓誕辰80周年電影論壇」, 『當代電影』, 第185期, 2011.

Stanley Rosen, 「全球化時代的華語電影」, 『當代電影』, 總130期, 2006.

陳旭光,「女性自覺視角, 小資情調, 物質主義與青年電影的'主流化'病後」,『當代電影』, 第1期, 2012.

賈磊磊,「中國武俠動作電影的文化價值觀」,『電影藝術』, 第340期, 2011.

_____,「如何進一步作大作強國産電影」,『當代電影』, 第194, 2012. 5.

_____,「衆評: 唐山大地震」,『電影藝術』, 第334期, 2010.

_____,「關于中國'六代'電影導演歷史演進的主體報告」,『當代電影』, 第134期, 2006.

王君 主編,『中共中央關于深化文化體制改革推動社會主義文化大發展大繁榮若干重大問題的決定』, 中共中央黨校出版社, 2011.

張頤武, 尹鴻,「2011年的中國電影」,『當代電影』, 第3期, 2012.

周學麟,「表現青年: 青年電影研究和新中國青年電影發展」,『當代電影』, 總193, 第4期, 2012.

鮮佳,「'小妞電影': 定義, 類型」,『當代電影』, 總194, 第5期, 2012.

吳冠平,「青年電影的表情和華語」,『電影藝術』, 第336期, 中國電影家協會, 2011. 1.

鄭洞天,「青年導演的第四條路」,『電影藝術』, 第329期, 中國電影家協會, 2009. 6.

_____,「代與無代: 對中國導演傳統的一種描術」,『當代電影』, 中國電影藝術研究中心, 第130期, 2006. 1

_____,「代與無代: 對中國導演傳統的一種描術」,『當代電影』, 中國電影藝術研究中心, 第130期, 2006.

王一川,「想像的公民社會跨文化對話: 藝術公賞力視野中的〈南京!南京!〉」,『電影藝術』, 第327期, 中國電影家協會, 2009. 4.

張惠瑜,「後冷戰時代的抗戰書寫與角川角度」,『電影藝術』, 第327期, 中國電影家協會, 2009. 4.

郝建,「面對大屠殺: 罪責思考與藝術呈現-評〈南京!南京!〉的散亂敘事與價值縣空」,『電影藝術』, 第327期, 中國電影家協會, 2009. 4.

陸紹陽,「卷軸式鋪陣與歷史敘事:〈南京!南京!〉敘事特證分析」,『電影藝術』, 第327

期, 中國電影家協會, 2009. 4.

李道新 等,「〈南京!南京!〉短評」,『電影藝術』, 第327期, 中國電影家協會, 2009. 4.

陸川・戴錦華 等,「華語大篇時代的新青年電影」,『電影藝術』, 第324期, 中國電影家協會, 2009. 1.

陸川 等「部分著名導演答本刊問」,『電影藝術』, 第305期, 中國電影家協會, 2005. 6.

陸川・胡克・王一川・張衛・郝建,「新作評議:〈南京!南京!〉」,『當代電影』, 中國電影藝術研究中心, 第160期, 2009. 7.

陸川・倪震・鄭洞天,「中小成本電影的市場出路」,『當代電影』, 中國電影藝術研究中心, 第154期, 2009. 1.

賈礵礵,「關于中國"第六代"電影導演歷史演進的主體報告」,『當代電影』, 中國電影藝術研究中心, 第134期, 2006. 5.

陸川・倪震「〈可可西里〉影片分析」,『當代電影』, 中國電影藝術研究中心, 第123期, 2004. 6.

郝建,「情節削減與境遇凸出」,『當代電影』, 第123期, 2004. 6.

何亮,「80'後 電影: 一個尚未開始的故事」,『電影藝術』, 第338期, 2011. 3.

崎路,「寧浩: 朴素的荒誕生動的狂歡」,『影視圈』, 6期, 2012.

李運雷,「從〈瘋狂的賽車〉說起」,『電影藝術』, 2期, 2009.

王陳,「寧浩訪談」,『大衆電影』, 2012. 9.

杜文明,「淺析寧浩瘋狂的系列電影中所蘊含的草根文化」,『戲劇之家』, 2013. 5.

程青松 主編,『青年電影手冊』, 新星出版社, 2011.

王陳,「寧浩訪談」,『大衆電影』, 2012. 9.

萬瑪才旦,「嘛呢石, 靜靜的敲」, 中國民族攝影藝術出版社, 2014. 2.

新華網,「專訪藏族導演萬瑪才旦」, 2014. 10. 8.

羊城晩報,「眞正靈魂的回歸難」, 2014. 6. 22.

西海都市報,「萬瑪才旦放談」, 2014. 7. 7.

藤迅娛樂,「80分的主旋律命題作文」, 西岨克, 2014. 6. 23.

青海臺,「藏族電影與世界的對話」, 2013. 9. 23.

蘭州晨報,「像寫小說一樣拍電影」, 2007. 12. 25.

高山,「主流電影的新座標-〈唐山大地震〉座談會綜述」,『當代電影』, 2010第9期,
　　2010.

陳旭光,「〈金陵十三釵〉的贊與非」,『電影藝術』, 總343期, 2012.

丁亞平,「文化强國與入世以來中國電影的發展及趣向」,『當代電影』, 總189期,
　　2011.

邢建毅,「中國電影博物館側記」, 2008.

電影藝術,「部分著名導演本刊問」,『電影藝術』, 中國電影家協會, 第296期, 2005.

李長春,「繼承傳統改革創新爭取大繁榮」,『電影藝術』, 中國電影家協會, 第307期,
　　2006.

張全中,「重讀新時期以來關于中國電影民族化的論爭」,『電影藝術』, 中國電影家協
　　會, 第311期, 2006.

王太華,「記念中國電影100周年國際論壇」,『當代電影』, 國家廣播電影電視總局,
　　總130期, 2006.

趙實,「落實科學發展觀在新起点上開倉中國電影的新紀元」,『中國電影報』, 中國文
　　化部, 1期, 2006.

張燕, 譚政,「市場開放以後中國與韓國電影產業化比較」,『現代傳播』, 5期, 2008.

張燕,「大學生與中韓電影產業的關係」,『上海新作』, 4期, 2008.

張燕, 任晟姝,「中韓大學生電影觀衆的觀影調查」,『北京電影學院學報』, 2008.

張燕,「韓國電影的危機呈現」,『當代電影』, 6期, 2008.

張燕,「回歸, 顚覆: 韓國倫理電影之文化呈現」,『當代韓國』, 秋季號, 2008.

陳明華,「韓國電影的產業化之路與本土身分的建構」,『電影文學』, 13期, 2008.

宋世峰, 張紅秋,「韓國電影產業"大片化"制作方針分析」,『當代電影』, 6期, 2008.

宋世峰,「韓國電影發展簡史(1919-1999)」,『當代韓國』, 春季號, 2007.

趙慕援,「韓國的電影市場; 中國電影票房的艱難廷進」,『當代電影』, 2期, 2007.

萬娟,「影響韓國電影發展的政府因素」,『電影評論』, 2008.

黃建翰,「韓國電影產業發展對臺灣電影的啓示」,『外國電影』, 2008.

杜春絶,「中韓戰爭電影的對比」,『電影文學』, 2007.

崔維利,「中韓電影題材選擇: 對歷史和現實的態度比較」, 2008.

姜寶龍,「李滄東: 作家導演的詩性電影」, 2008.

宋紅玲,「韓國倫理電影初探」,『電影評價』, 2008.

高洪艷,「韓國電影中的儒學彰顯」,『電影文學』, 2007. 1.

林移剛,「當代韓國影視業崛起的原因分析」,『電影文學』, 2008.

張瑞,「解讀韓國女性電影中的女性形象」,『電影文學』, 2008.

陽慧,「韓國電影中的兄弟隱喩」,『文化與傳媒』, 2008.

內欣,「基督教文化視覺的韓國電影」,『東方叢刊』, 2008.

郭明明,「韓國戰爭片的人文情懷」,『電影文學』, 2007.

範小靑,「韓國電影與社會文化」,『電影藝術』, 2期, 2009.

宋紅巖,「從「8月照相館」看韓國電影的東方美學意蘊」,『電影評介』, 2009. 11.

倪祥保 ,「金基德電影研究」, 蘇州大學 碩士學位論文, 2008.

雷雲,「韓國電影導演許秦豪藝術風格研究」, 山東大學校 碩士學位論文, 2007.

黃琳,「金基德電影導演藝術研究」, 重慶大學校 碩士學位論文, 2007.

沈國芳,「論韓國"後好萊塢"時代的軍事電影」, 南京師範大學 碩士學位論文, 2007.

王丹倩,「韓國愛情電影研究」, 南昌大學 碩士學位論文, 2007.

周月亮,「李滄東電影的悲劇性研究」, 中國傳媒大學 碩士學位論文, 2008.

蘇丹,「論朴贊郁"復讐三部作"中的基督教義」, 華東師範大學 碩士學位論文, 2008.

顏純鈞,「民族形象的自我書寫」, 福建師範大學 博士學位論文, 2005.

〈언론보도〉

「〈黃金大劫案〉票房突破億」,〈新京報〉, 2012. 5. 4.

「〈瘋狂〉過後以情動人」.〈新京報〉, 2012. 4. 27.

「用生命對土地的着念-電影「白鶴」」,『藝術匯』, 2013. 8期.

「獨家專訪李睿珺:拍「白鶴」不想模倣第五代風格」,『鳳凰網』, 2013. 10.

「讓人歎息的鄕土題材電影: 評「白鶴」」,『文學報』, 2013. 7. 25.

「第23屆金鷄百花電影節9月上約蘭州」,『每日甘肅省』, 2014. 6. 9.

「金鷄百花電影節最佳故事片獎下"雙黃蛋"」,『中國網』, 2013. 9. 28.

「第22屆金鷄百花電影節述評」,『中國網』, 2013. 9. 30.

「2013金鷄百花電影節瘦身述變"宿骨鷄"」,『新快報』, 2013. 9. 26.

「金鷄百花獎電影節恢復最佳編劇獎」,『北京晚報』, 2012. 9. 27.

「金鷄百花: 需要觀衆多一點耐心」,『中國文化報』, 2012. 10. 11.

「第14屆華表獎口碑票房雙瀛大篇上榜」,『文匯報』, 2011. 8. 30.

「第14屆華表獎獲獎影編巡禮」,『光明日報』, 2011. 8. 29.

「程靑松批金鷄獎不專業: 評委老化跟不上時代」,『揚子晚報』, 2011. 10. 24.

「金鷄獎冷成了"金氷箱"?」,『重慶商報』, 2011. 10. 25.

「評論:中國只有101個電影觀衆?」,『深圳商報』, 2010. 10. 18.

「編劇要爭百花獎, 那別的行当呢?」,『深圳商報』, 2010. 10. 12.

「評論: "百花獎"101名觀衆評委能否代表大衆?」,『沈陽日報』, 2010. 10. 17.

「評論: 遙望釜山, 金鷄百花差在哪里?」,『遼沈晚報』, 2010. 10. 18.

「金鷄百花獎電影節兩大論壇"冷"氣十足」,『深圳特別報』, 2010. 10. 14.

「走進中國電影博物館」,『北京娛樂信報』, 2005. 12. 30.

〈기타〉

중국영화박물관 DVD 자료,「與"影"同行」

중국영화박물관 홈페이지, http://www.cnfm.org.cn/

부산국제영화제 홈페이지, http://www.biff.kr/

중국문화부 홈페이지, http://www.ccnt.gov.cn/

중국영화가협회 홈페이지, http://www.cflac.org.cn

중국학술논단, http://www.cnki.net/

한국영화진흥위원회 홈페이지, www.kofic.or.kr

中国电影集团公司, www.beijingfilm.net

國家新聞出版廣播電影電視總局, www.chinasarft.gov.cn

〈인터뷰 도움주신분〉

중국베이징대학 장이우 교수

중국 칭화대학 인홍 교수

중국베이징사범대학 예술학원 쩌우싱(周星) 교수

중국베이징사범대학 예술학원 장옌(張燕) 교수

중국상하이대학 영시학원 왕칭푸(王慶福) 교수

중국호남대학 영시학원 쩌우칭핑(周淸平) 교수

중국하남대학 문학학원 취이쥔(崔軍) 교수

중국영화가협회 라오슈광 비서장

중국영화의 오늘
영화대국에서 영화강국으로

초판 1쇄 발행 2015년 7월 30일

지은이 강내영
펴낸이 강수걸
편집장 권경옥
편집 양아름 정선재 문호영
디자인 권문경 박지민
펴낸곳 산지니
등록 2005년 2월 7일 제14-49호
주소 부산광역시 연제구 법원남로15번길 26 위너스빌딩 203호
전화 051-504-7070 | 팩스 051-507-7543
홈페이지 www.sanzinibook.com
전자우편 sanzini@sanzinibook.com
블로그 http://sanzinibook.tistory.com

ISBN 978-89-6545-308-6 94680
ISBN 978-89-92235-87-7 (세트)

*책값은 뒤표지에 있습니다.
*2013년도 정부(교육부)의 재원으로 한국연구재단의 지원을 받아 연구되었음
 (NRF-2013S1A5A8022296)
*이 도서의 국립중앙도서관 출판예정도서목록(CIP)은 서지정보유통지원시스템
 홈페이지(http://seoji.nl.go.kr)와 국가자료공동목록시스템(http://www.nl.go.
 kr/kolisnet)에서 이용하실 수 있습니다.(CIP 제어번호: CIP 2015018040)